신학과 신앙의 큰 그림을 그려주는 책

삼위일체와 교회사회

조기원 지음

나는 포도나무요 너희는 가지라 그가 내 안에, 내가 그 안에 거하면
사람이 열매를 많이 맺나니 나를 떠나서는 아무것도 할 수 없음이라
(요한복음 15:5)

삼위일체와 교회사회
신학과 신앙의 큰 그림을 그려주는 책

초판 1쇄　2021년 12월 25일

증보판 1쇄　2022년　3월　1일

지은이　조기원

펴낸곳　도서출판 글땁

펴낸이　심연주

편　집　장영래 홍창민

주　소　전라북도 군산시 공단대로 571, 2층

연락처　010-2535-9798, 063-465-0118(Fax)

ISBN　979-11-965500-9-7　　03230

책값은 뒤 표지에 있습니다.

삼위일체와 교회사회

일러두기

* 본문에 인용된 성서 본문은 대한성서공회에서 펴낸 개역개정판을 따랐다.

| 차례 |

머릿말 / 9

제 1장 성서에 나타난 서로 사랑의 세계 / 15
    1. 성서 / 16

    2. 삼위일체 하나님 / 50

    3. 성서적 인간론 / 64

    4. 최초의 이웃 관계(창 2:18-25) / 75

제 2장 천지 창조 / 85
    1. 하나님이 창조한 세상, 하나님의 집 / 86

    2. 주체의식을 갖는 그리스도인의 삶 / 92

    3. 주체로서 탈신화화와 재신화화 / 96

    4. 신 존재 증명 / 104

    5. 하나님의 창조와 그 방법 / 111

    6. 안식일 / 128

제 3장 선악과와 인간의 타락 / 133

    1. 선악을 알게 하는 나무의 열매 / 134

    2. 자기만을 사랑하는 존재의 등장 / 146

    3. 하나님의 창조질서를 파괴한 인간 / 150

    4. 원죄의 의미 / 165

    5. 죄인이 된 인간에 대한 하나님의 긍휼과 재판 / 175

    6. 하나님이 재판(심판)을 한 이유 / 191

제 4장 가인의 세계 / 197

    1. 맏아들 리더십 / 198

    2. 가인은 누구인가? / 201

    3. 독처하는 마음이 만들어 낸 가인 사회 / 213

    4. 가인 사회를 대항하는 미약한 인간 사회 / 226

    5. 가인 사회와 아벨 사회의 대립관계 / 229

    6. 완성된 가인 사회의 바벨론 / 239

제 5장 예수 그리스도의 세계 / 251

    1. 예수가 선포한 복음 / 254

    2. 예수의 사명과 죽음의 목적 / 262

    3. 예수의 대속으로 인한 은혜 / 273

    4. 예수를 영접하는 자의 변화 / 281

    5. 하나님은 인간을 어떻게 거듭나게 했나 / 291

제 6장 우리로 사는 교회 사회 / 303

    1. 교회 사회 / 304

    2. 사도행전 교회 / 315

    3. 교회의 경제 제도 / 345

    4. 교회 사회와 하나님 나라 / 359

부록 : 신앙생활을 어떻게 할 것인가? / 380

    1. 회개하는 신앙생활 / 383

    2. 하나님을 사랑하는 신앙생활 / 390

    3. 자기 자신을 사랑하는 신앙생활 / 396

    4. 이웃을 사랑하는 신앙생활 / 409

    5. 말씀을 실천하는 신앙생활 / 415

    6. 맏아들 역할을 하는 신앙생활 / 421

| 머리말 |

이 책을 쓰게 된 동기는, 첫째, 나 스스로 하나님을 깊이 믿고 싶기 때문이다. 목회를 하는 과정에서 나를 만난 과거와 현재, 미래의 그리스도인들에게 못다한 말을 쓰고 싶었던 간절함의 결과물이기도 하다. 아울러 나의 이웃이 하나님을 믿게 되는데 도움이 되고 싶었기 때문이다. 예수를 믿는 사람으로서 삶과 동떨어진 설교와 성서를 읽어도 이해하지 못하는 사람들에게 도움이 되고 싶었다.

둘째, 이 책은 나를 만나는 사람들이 확고하게 예수를 믿게 해 주어야 한다는 의무감 때문에 쓴 책이다. 평신도들이 어려운 조직신학 책을 다 읽어서 신학을 개념정리 하기는 어려운 일이다. 사실 읽어도 애매하고 무슨 의미인지 모를 때가 많았다. 수많은 책이 출판되었지만 더 무지하게 만드는 역효과가 나타나는 경우도 있기 때문이다. 이 책은 성서를 바르게 해석하고 단어에 대한 개념을 정확하게 표현하고자 노력했다. 단어와 문장에 대한 바른 개념을 가져야 바른 신앙생활, 기존의 신앙과는 다른 생활을 할 수 있기 때문이다.

셋째, 이 책은 개인적으로는 한국인이 성서를 보고, 세계를 이해한 것을 정리한 책이다. 마틴 루터 킹이 흑인과 백인이 함께 행복하게 사는 꿈을 꾸고 예언했다면, 나는 세계가 교회사회를 통하여 행복하게 사는 세상을 꿈꾸었기 때문이다. 또한 사도행전적 교회사회를 형성하여 하나님의 나라를 세워 나가는 것을 목적했다. 사람은 바뀌지 않는다. 역사가 증명해 왔다. 다만 사상의 영향을 받은 법이 조직과 생활방식을 바꿀 뿐이다. 신구약 성서가 언약이라고 하는 법을 만들어 실행한 이유이다. 법으로 바르게 살 수 있도록 공동체를 만들어 서로 돕고, 서로 격려하며, 틀린 것을 책망하며 같이 살게 한 것이다.

나는 한국 교회를 사랑한다. 그런데 어쩔 수 없이 내가 이 책에서 한국교회를 비판하는 대목을 조금 쓰고는 마음이 아파 죽을 심정이었다. 그날 하루 종일 우울했고, 괴로웠다. 당연히 밤에 잠도 자지 못했다. 내가 교회이기 때문이다. 이 책은 교회를 비판하기 위해서 쓰지 않았다. 끊임없이 나 자신의 신학의 위치와 역사성을 알아보고자 통찰한 결과물이다. 욕망을 가진 사람들의 말에 속지 않아야 하겠다는 마음으로 성서를 연구하는 과정 속에서 중국이라는 선교지에서 12년 동안 쓴 책이다. 신학과 과학에 대한 무지를 극복하고, 교회개혁의 대안을 가진 지성적 존재가 되고자 하는 마음으로 썼다. 성서에 대한 바른 이해가 있어야 교회가 변할 것이기 때문이다.

추천한다면 이 글의 순서대로 설교를 하거나, 서로 읽고 토론을 해 보기를 바란다. 한결 이해하기 쉬울 것이다. 여러 가지 형식의 글이 있지만 이 글은 특별히 설교의 형식으로 썼다. 때문에 약간의 내용 중복을 피하지 않았다. 책을 한 번 읽고 책꽂이에 꽂아 두는 것보다 실전에서 목회자의 설교와 평신도들의 세미나로 빠르게 전파되는 것을 목적했다.

읽기 전에 이 책의 개요를 소개한다면 다음과 같다.

제 1장에서는 성서의 기록이 예수의 하나님 됨, 예수가 알려준 삼위일체와 인간의 창조 이유, 인간에게 처음 준 이웃, 남녀평등에 대하여 기록했다. 또한 성서가 그리스도인에게 원하는 삶이 무엇인지 해명했다.

제 2장에서는 하나님이 인간에게 준 세상에 대한 의미를 해명했다. 정신과 물질, 신 존재 증명, 하나님의 창조와 안식일에 대한 의견을 썼다. 특별히 신앙에 대하여 회의를 느끼는 사람들은 제 2장을 참조하기를 바란다. 신과 신앙에 대해 회의를 느끼는 지식인을 위한 고민을 담았다.

제 3장에서는 자기만을 사랑하는 존재의 등장과 선악과 언약, 원죄, 심판의 의미에 대해서 해명했다. 3장을 통해 독자는 하나님을 반대하는 마음과 사회가 무엇을 의미하는가를 알게 될 것이다.

제 4장에서는 가인 세계의 등장과 그 세계의 모델로서 라멕, 하나님 나라를 반대하는 가인 사회가 바벨론 사회로 발전한 것에 대한 의견을 나누었다. 또한 복음에 반대되는 개념으로써 가인 사회의 복술에 대해서 알아보았다.

제 5장에서는 참 하나님이며, 참 인간인 예수와 그의 대속에 대한 것을 썼다. 거듭남, 믿음, 보혈의 능력, 영접 등의 개념을 알기 쉽게 정리했다.

제 6장에서는 가인 사회 속에서 성령의 충만함을 받은 교회가 계명을 기반으로 교회 사회를 세우고, 교회 사회를 기반으로 이 땅에서 하나님 나라를 세워 나가는 것에 대하여 의견을 제시했다. 삼위일체와 같은 삶으로 사는 교회 사회만이 과학과 진화론, 무신론, 타종교의 도전을 이겨낼 수 있기 때문이다. 아울러 복지국가를 구현하는 선진국에서도 교회의 존재 위기를 극복하고, 역동적인 교회의 의미를 구현할 수 있기 때문이다.

부록에서는 그리스도인들이 어떻게 신앙생활을 해 나갈 것인지 의견을 제시했다. 회개와 하나님 사랑, 이웃 사랑, 말씀의 충만, 맏아들 리더십에 대하여 말했다. 개인의 바른 신앙생활은 교회를 위한 것이다. 하나님의 나라에 유익이 되기 위한 개인의 신앙 관리에 대하여 알 수 있을 것이다.

이 책을 출판하는데 도움을 준 존경하는 나의 스승 류호준 교수님께 감사합니다. 이 책의 평가와 아울러 추천사를 써 주었다. 특히 '신학과 신앙의 큰 그림을 그려 주는 책' 이라는 소제목은 교수님의 글 중에서 인용한 것이다.

여러 번 저와 함께 책을 교정해 준 최원순 목사님께 감사합니다. 늘 저자와 함께 하는 푸른나무 선교회의 회원들에게도 감사합니다. 또한 저자가 섬기는 하늘문교회 성도님들에게도 감사합니다.

오정무 목사님, 이강재 목사님, 이관호 목사님, 조영수 목사님, 김정춘 목사님, 이효원 목사님, 정현진 목사님, 송상수 목사님, 목연회 목사님들에게도 감사합니다.

출판하는데 도움을 주신 김옥성 목사님과 인영남 목사님에게도 감사하며, 글땀 출판사와 사장님에게도 감사합니다. 아울러 사랑하는 동역자 김태균 목사와 박승현 목사에게도 감사합니다.

가난한 가정환경 속에서도 한결 같은 사랑으로 함께 하고 있는 아내 이미란과 자녀 윤아, 성아, 키워 주신 부모님과 형제자매에게도 감사합니다.

제 1 장

성서에 나타난 '서로 사랑의 세계'

1. 성서

1) 성서는 하나님의 계시이다

'계시'는 하나님이 인간에게 자신의 뜻을 나타내(행 20:27) 알게 한다는 의미이다. '계시'는 두 가지로 분류할 수 있는데, 자연에 하나님의 신성이 나타나 있다고 믿는 일반 계시와 성서를 통해 하나님이 직접 자신의 뜻을 나타낸 특별 계시가 있다. 일반 계시는 인간의 자연적 경험과 과학, 종교, 철학, 수학 등의 학문을 통해 전달되는 지식이고, 특별 계시는 성서와 예수 그리스도를 통해 나타낸 가르침이다. 구약 39권과 신약 27권으로 구성된 66권의 성서는 하나님이 직접 자신이 존재한다고 인간에게 표현한 '특별 계시'이다. 성서를 통해 하나님의 살아 있음과 인간 존재의 근원, 세상의 운동 원리를 알 수 있게 했다. 하나님을 아버지로 알게 하고, 예수를 주와 그리스도로, 성령을 보혜사로 알게 하였으며, 인간에 대한 하나님의 무한한 사랑을 깨달을 수 있게 했다.

성서는 하나님의 뜻(행 20:27)과 성령의 감동(벧후 1:21), 예수의 계시(갈 1:11)를 기록한 책이다. 성서를 읽는 사람들은 하나님을 뜻과 감동으로 만나게 된다. 이미지와 그림, 환상으로 하나님을 경험하려는 시각적, 감각적 만남을 기대하지 않게 한다. 하나님을 이미지로 체험하면 도덕적 타락과 맹신의 원인이 되기 때문이다. 성서는 에스라와 이스라엘, 초대교회처럼 말씀을 계시로 듣고, 깨우쳐 감동됨으로 만나게 하고(느 8:2-12, 행 2:14-47), 믿음으로 하나님의 뜻과 사랑을 실천하게 한다. 아울러 성서는 하나님의 감동으로 기록된 책이다. 성령이 예수를 가르치는 교재이며, 그리스도인에게 무한한 영향력을 끼치는 힘이 있다. 예수와 그의 믿음을 가르치며, 구원과 의롭다 함에 이르는 지혜를 준다. 진리를 가르치고, 잘못을 책망하며, 허물을 고쳐 바르고 의롭게 살도록 교육한다. 그리스도인으로 하여금 오직 은혜와 오직 말씀과 오직 믿음으로 살게 해 준다. 성서의 가르침에 따라 하나님을 반대하는 세상의 사상과 육체의 정욕으로부터 마음을 지키고, 인격의 온전함과 선한 일을 할 수 있는 능력을 갖게 한다(딤후 3:16,17).

교회는 성서와 성령의 역사를 통해 믿음을 얻은 사람들이 계시의 실천자로 역사적인 활동을 하는 주체이다. 개혁교회가 교회 조직 자체의 권위보다 성서의 권위를 더 중시하며, 성서의 말씀이 인간의 생각보다 우월함을 주장하는 이유이다. 개혁교회는 교회의 조직과 전통, 전례를 성서의 권위 아래에 둔다. 인간을 가르쳐 변화시키고, 교회 조직을 가르치는 성서는 자체로 권위를 가지며, 성서가 스스로를 해명하고, 해석하기 때문이다. 아울러 교회의 성서 해석과 지침은 역시 성서의 권위를 인정하는 범위 안에 있다. 그래서 성서의 조명을 받아 교회에 의해 해석된 사상과 전통, 회의 결과는 성서에 근거해 그리스도인에게 권위가 있음을 보장받는다. 성서의 의미와 뜻은 오늘의 언어로 해석되어 선포되어야 하기 때문이다. 교회의 성서 해석은 그리스도인들에게 오늘의 과제에 해답을 제시하기에 성서적 권위로 순종을 요구하는 것이다. 또한 성서는 하나님의 존재함을 강력하게 주장한다. 하나님 존재의 유무를 알고자 하는 사람들은 성서를 계시의 담지자인 교회를 통해 배워야 한다. 세상의 학교와 교과서, 철학자와 진화론자들, 유물론자들, 타 종교를 통해 배우는 하나님은 사실상 존재하지 않는다. 또한 자신이 획득한 지식만으로 하나님을 알고 있는 것처럼 생각한다면 이것은 분명 오만이다. 직접 교회를 통해 성서를 배워야만 성서가 말씀하는 하나님과 그의 뜻을 알 수 있다. 교회는 특별 계시인 성서를 통해 사고하고, 실천하는 믿음의 공동체이기 때문이다.

2) 성서는 인간이 기록한 책이다

성서는 완전한 하나님의 말씀이며, 완전한 인간의 책이다. 하나님이 성령을 통해 그의 뜻을 인간의 언어로 쓴 책이다. 하지만 성령에 감동된 인간이 하나님의 뜻을 자기 의지화하여, 그의 시대적 상황과 문화, 자신의 신앙과 사상을 통합해 자유의지로 저술한 책이기도 하다. 영적으로 최고로 고양된 인간이 하나님과 하나 되어 '하나님의 뜻이 나의 뜻이 되고, 나의 뜻이 하나님의 뜻'이 된 상태에서 저술한 책이다. 사람이 시와 수필, 글을 쓸 때 마음의 감동과 뜻을 기반으로 주제를 잡고 서술하듯 성서도 하나님의 뜻과 감동을 받은 인간이 자신의 사상과 경험에 기반하여 쓴 글이다. 아울러 인간의 감정과 기도, 생각과 가치관을 기록한 책이기도 하다. 인간이 비인격적으로 도구가 되어 쓴 글이 아니다. 하나님에게 사랑으로 자원하고, 그의 뜻에 순종하는 마음이 기반이 되어 여러 문학적 도구와 가치관, 역사를 가지고 해석하여 기록한 것이다.

성서는 하나님이 저자들의 지적 능력과 당시의 과학적 지식의 한계를 인정하고, 그들에게 감동과 뜻을 주어 하나님의 마음과 뜻을 증언하게 한 책이다. 성서는 문자의 완전성을 주장하는 책이 아니다. 그리스도인은 성서에 나오는 사람들의 삶의 자리와 그들의 가치관이 진리라고 보지 않는다. 성서에 등장하는 사람들은 인간적인 한계를 가지고 있었기 때문이다. 그래서 성서는 독자들에게 저자들의 가치관과 삶의 자리보다 그 자리에서 어떻게 하나님의 뜻을 온전히 담지하여 기록했는가를 주목하게 한다. 성서가 진리와 가치를 보존하며, 성서를 재해석하게 하여 현재와 미래의 인간들에게 교훈을 주고자 하기 때문이다.

성서는 독자가 과거의 오류를 반복하지 않고 사랑과 정의의 삶을 살아가도록 한다. 사람들이 자기의 삶을 진지하게 고민하게 하고, 공존과 평화적 관계를 모색하고, 실천하도록 이끈다. 성서가 과거의 삶과 삶의 자리, 오류와 실패, 성공과 발전을 연구하되 집착하지 않게 하는 이유이다. 예수의 사랑과 성령의 인도가 계시의 주체들을 오늘의 사람과 현장에 집중한다. 오늘 여기에서 하나님의 계시를 재해석하고, 하나님의 뜻을 성취하게 한다. 성서와 현대인 사이에 삶의 자리와 상식이 다름에도, 다양한 삶에서 계속 치열하게 해석하여 바른 방향을 선택하고, 올바른 삶을 살기를 원한다.

그리스도인에게 있어 성서를 바르게 읽는 것은 매우 중요한 일이다. 교회의 문제는 성서를 바르게 읽지 않는 것에 있기 때문이다. 그러므로 우리는 이 문제를 극복하기 위해 성서를 바르게 읽는 방법과 시각을 배워야 한다. 일부의 사람들처럼 성서에 나타난 하나님의 사랑과 뜻보다 문자와 문장 자체가 옳다고 주장해서는 안 된다. 또한 이런 사람을 믿음이 좋은 사람이라고 해서도 안 된다. 성서의 말씀은 모세가 전해 내려오는 이야기와 담론을 반영하여 가치를 새롭게 창조한 것이기 때문이다. 모세는 하나님의 뜻을 담는 그릇으로서 성서의 말씀을 사용했다. 더 큰 메시지를 전달하기 위한 방법과 도구로 성서의 말씀을 사용한 것이다. 그렇다고 성서의 말씀에 오류가 있다는 이야기가 아니다. 성서의 말씀은 일점일획이라도 변함없이 보존되어야 한다. 성서의 말씀을 바꾼다면 진리를 담는 그릇자체가 깨지는 것이기 때문이다. 오히려 성서의 말씀을 명확히 보존하는 가운데 현대를 살아가는 독자는 성서의 말씀을 반영하여 새롭게 가치를 창조하는 일을 해야 한다.

성서에 대해 바르게 이야기한다면 구약 성서의 모세 오경인 창세기, 출애굽기, 레위기, 민수기, 신명기는 정교한 역사와 과학책이 아니다. 모세 때까지 구전으로 내려온 말을 모세가 편집하여 쓴 글이다. 수필, 설교, 시, 편지의 형식을 취하고 있다. 그러므로 이 형식을 옳다고 해서는 안 된다. 출애굽을 통하여 하나님을 깨달은 모세와 이스라엘이 세상의 모든 것을 하나님이 자신들에게 준 것과 같은 은총을 경험하고 쓴 글이기 때문이다. 그러므로 독자는 문자 자체보다 문자 너머에 있는 하나님의 뜻을 알고자 노력해야 한다. 아울러 성서는 사랑하는 사람의 사랑을 깨달으면, 또는 그에게 감동을 받으면 하늘과 지구의 자연과 해와 달이 그가 나에게 만들어 준 것처럼 느껴지는 감정을 표현한 글이다. 사랑하는 사람의 사랑에 감동을 받으면 저 하늘의 '해와 달'도 그가 나에게 준 것처럼 여겨지기 때문이다. 또한 사랑하는 사람의 아름다움을 표현할 때에 꽃에 비교하여 표현하듯이 하나님 사랑을 비유로 표현한 것이 성서다. 하지만 하나님의 사랑을 버리고 꽃만 아름답다는 형식으로 해석해서는 안 되다.

그리스도인이 성서를 읽고 해석하는 이유는 그 안에 발견된 하나님의 사랑 때문이다. 예수의 십자가를 통해 나타난 하나님의 사랑과 그의 부활을 통해 나타난 하나님의 능력을 믿기 위해서이다. 그것을 발견하려고 성서를 읽는 것이지 사랑의 기적을 통해 나타난 기적 자체를 믿으려고 성서를 읽는 것이 성서가 기적과 표적을 기록한 목적은 하나님의 하나님됨과 그의 자비, 예수가 하나님의 아들 그리스도임을 믿고 그 이름을 힘입어 생명을 얻게 게 하려는 것에 있기 때문이다. 또한 그리스도인은 구약 성서를 신약의 예수 그리스도의 계시를 통해서 이해해야지 구약 성서 자체로 구약을 해석해서는 안 되기 때문이다. 사실 하나님의 천지창조와 모세가 홍해를 가른 기적, 여호수아가 해를 멈추게 한 것 등의 여러 가지 기적을 현대인에게 그대로 믿으라고 하면 믿을 사람이 드물 것이다. 하지만 현대를 사는 그리스도인들은 천지창조를 모세의 창조의 형식을 따르지 않더라도 현대 과학에 근거해 천지창조를 예수의 부활을 근거로 하나님의 창조로 신앙 고백하고 있다. 과학의 시대를 살아가는 사람들에게 얼마든지 창조를 예수의 사랑과 성령의 감동, 하나님의 뜻에 근거해서 아름답게 표현할 수 있다는 말이다.

한국 그리스도인이 이 부분만이라도 바르게 이해하면 한국교회의 발전의 큰 걸림돌이 제거되는 게임 체인저가 될 것이다. 이 문제에 대한 개혁이 중요한 이유는 일부 교회가 성서를 문자 자체를 진리로 주장함으로 이단의 발생되는 원인이 되고 있고, 현대 과학을 경험한 사람들과 남성들이 교회를 떠나게 하는 원인이 되고 있기 때문이다. 또한 사방에 말씀이 풍성하게 선포되고 있음에도 묵시가 없는 이유도 여기에 있기 때문이다.

3) 계시를 받지 않은 자연적 인간은 유신론자인가? 무신론자인가?

태초에 죄를 범하기 전의 인간은 하나님을 알고 인정하는 존재였으나, 아담의 범죄 이후 본능적이건 의도적이건 하나님을 부인하는 존재들이 되었다. 하나님을 알 만한 것을 인간에게 보였지만(롬 1:19-20) 인간은 하나님을 알되 생각이 허망하고, 미련한 마음이 되어(롬 1:21) 마음에 하나님을 두기 싫어하는 존재(롬 1:28)가 되었다. 이러한 상태에 있는 자연적인 인간이 하나님의 존재에 대해 질문한다면, 그 답은 분명하다. '하나님은 존재하지 않는다'라는 것이다. 자연인으로서 인간은 본질적으로 모두 무신론자이기 때문이다. 대부분의 인간은 신이 없다고 말한다. 인간은 스스로의 능력과 지혜로 하나님을 알 수 없는 존재이기 때문이다. 인간이 하나님의 존재를 인식할 수 있는 것은 하나님이 자신을 인간에게 계시해 주어야만 가능하다. 인간이 자신의 이성과 오감, 신을 만나기 위한 노력과 선행, 고행 등으로 신을 찾으려 해도, 인식의 한계를 가진 인간은 자신의 이성으로 신을 알 수도, 신을 스스로 찾아 만날 수도 없다.

인간은 생각함으로 자기 존재를 확인한다. 하지만 '생각되어 짐'으로 생각하고, '믿어짐으로 믿음'에 이르게 되는 존재이기도 하다. 하나님의 계시를 통해 생각되어지고, 믿어지는 존재로서 자기 존재를 확인한다. 인간은 무념무상의 상태에서 생각되거나 생각할 수가 없다. 인간은 생각되어지는 것을 근거로 생각하고, 선택의 자유를 얻을 수 있다. 인간의 믿음은 계시되어 믿어지는 것이지, 믿고 싶어서 믿음을 가진 것이 아니다. 내가 생각한다고 신이 존재하는 것도 아니다. 예수를 믿는 믿음은 성서의 말씀을 듣고 얻어지는 성령의 선물이기 때문이다. 생각해 보면, 우리가 보지 못하는 것을 생각해 낼 수는 없다. 하늘과 땅, 강과 바다, 산, 들, 집, 사람, 먼저 있는 사상과 전통, 상식 등을 기반으로 우리는 생각되어지고 있고, 그것을 기반으로 우리는 생각하기 때문이다. 인식(IN)이 되어야 사고를 할 수 있고, 표현(OUT)할 수 있다. 생각되어지는 학습이 없는 상태에서는 자유의지가 없다. 학습이 없으면 선택할 전제가 없기 때문에 선택권도 없는 것이다. 믿음도 마찬가지다. 의지적 믿음은 상당하게 축적된 학습에 근거한다. 하지만 인간은 수천 년 동안 '너 자신을 알라'는 말에 따라 자신을 알고자 노력해왔고, 자신이 생각해서 아는 자신을 자기 자신이라고 여기며 살아왔다. 능동적으로 자기가 확인하고, 의지적으로 믿는 것만 믿음의 문제에 접근시켜, 수동적으로 믿어지는 것을 특별한 것으로 인식하지 못했다. 자신이 믿기로 해야만 믿음이라고 생각한 것이다. 그러나 믿어야만 믿음이 아니다. 믿어지는 것도 믿음이다. 깨닫고 의지적으로 믿는 믿음과 피동적으로 믿어지는 믿음에 대하여 균형 있는 생각을 가져야 하나님 존재에 대한 확신에 이를 수 있다. 하나님은 믿기로 의지적으로 결단해서 믿기도 하지만, 그냥 자연스럽게 믿어지는 하나님이기도 하기 때문이다.

4) 인간은 신을 자신의 능력으로 만날 수 있고, 신이 될 수 있을까?

　인간의 가능성과 행복은 신을 만나야 가능하다. 그러나 신의 인격적 동의 없이는 인간이 신을 만날 수 없다. 하나님에게 이르고자 하는 인간의 모든 종교적 노력이 절망이 될 수밖에 없는 이유이다. 하나님과 인간은 인격을 가진 상호관계이기 때문에 일방적인 구애로는 만날 수 없다. 하나님은 인간이 노력하여 얻을 수 있는 물질이나 절대정신(진리, 도)이 아니다. 인격자이다. 인간이 스스로의 능력으로 신을 만날 수 없는 절망적인 존재가 되는 원인이기도 하다. 하나님이 찾아와야만 인간은 하나님을 만날 수 있기 때문이다. 그래서 인간이 신에게 나가고자 하는 모든 의도와 신이 되고자 하는 시도는 사실상 모두 무의미하다. 자연적 인간이 하나님을 믿지 못하는 것은 계시를 받지 못했기 때문이다. 하나님을 믿지 않겠다고 결단해서가 아니다. 하나님이 자신을 계시해 주지 않았기 때문이다. 인간은 오직 하나님이 계시를 주어야만, 미련한 마음이 하나님을 알게 된다. 스스로의 능력으로 신을 만날 수 없는 인간이 신의 계시 없이 신에게 이를 수 없는 것은 당연하다. 하지만 어리석은 인간들은 스스로의 수행, 선행, 덕을 통해 자신을 해탈하고, 스스로의 능력으로 자신의 마음을 비우고, 우주와 연합하면 자신을 구원할 것이라고 생각한다. 그러나 인간은 스스로의 행위와 이성, 바람만으로 신에게 이르거나 신이 될 수 없다. 인간은 자기 스스로를 구원할 수 없다. 한 생명은 천하보다 귀하므로 인간보다 작은 천하와 연합하여 신에게 이를 수 없는 것은 당연하다. 인간의 마음은 하나님이 임재하시는 곳이어서 이미 우주보다 크기에 우주와의 연합을 통해 신이 되고자 하는 시도는 무의미한 선택이다. 인간이 아무리 우주의 변방에 위치해 있을지라도, 세상은 실존적으로 이미 인간보다 작은 존재이기 때문이다.

인간이 신을 만나고자 하는 모든 종교적 노력은 한계와 절망을 체험하게 했다. 인간 자신의 능력으로 신을 만날 수 없었기 때문이다. 종교가 인간의 숭고함과 전능함을 알려 주는 것이 아니기 때문이다. 오히려 종교는 인간이 신이 될 수 없고, 신에게 이르고자 하는 시도는 '절망에 이르게 하는 병'이라는 것을 알게 할 뿐이다. 그래서 키에르케고르는 종교가 신과의 소통을 성취할 수 없음을 알면서도 절망적인 추구를 계속하는 행위를 '죽음에 이르는 병'이라고 했다. 신을 만나고자 하는 종교심이 소망이 아닌 절망임을 알면서 본능적으로 계속하는 것은 사실상 죽음에 이르게 하는 마음의 병이기 때문이다. 인간 스스로 신에게 이르고자 하는 종교적 소망은 사실상 절망인 이유이다. 종교가 죽음에 이르는 병의 원인이 될 뿐이다. 하나님과의 만남은 인간이 신을 찾음에서 시작되는 것이 아니라 신이 인간에게 와야만 만날 수 있기 때문이다. 성서는 인간이 신을 찾아 갈 수도 없고, 신이 될 수도 없다는 절망을 인간에게 가르쳐 주었다. 오히려 신이 인간이 된 것을 가르쳐 주었다.

일부의 사람들은 신이란 '인간이 오르면 도달할 수 있는 정상에 존재한다'고 생각한다. 모든 종교는 산에 오르는 길만 다를 뿐, 정상에서 만나서 하나가 된다고 주장한다. 그러나 하나님은 인격이 있는 분이다. 오르거나, 깨닫거나, 쟁취할 수 있는 분이 아니다. '태산이 높다 하되 하늘 아래 뫼'란 말이 있다. 우리가 오르고 올라 산에 오르더라도 그 위에 하늘이 있다. 인간이 아무리 만나고자 추구해도 신이 인격을 가지신 분이라면, 그의 의도에 따라 만남이 성사되거나 불발될 가능성은 다분하다.

그렇다면 불교인도 성서적 구원을 받을 수 있는가? 아니다. 내가 아는 한 그들은 해탈할 것이다. 그들이 죽으면 그들이 원하는 세계에 갈 것이다. 그리스도인이 불교적 해탈을 할 수 있을까? 불가능하다. 그들은 예수의 이름으로, 예수를 믿음으로 구원을 받는다. 성철 스님의 말처럼 "산은 산이고, 물은 물이다. 불교는 불교이고, 교회는 교회이다." 그런 면에서 타 종교인도 구원을 받을 수 있다는 의견은 틀린 의견이다. 불교인은 복음적인 구원을 바라지 않는다. 그들이 추구하는 것은 번뇌를 벗고, 해탈에 이르고, 윤회에서 벗어나 불자의 세계에 들어 가기를 원한다. 반면 그리스도인은 번뇌에서 벗어난 해탈이나 윤회를 원하지 않는다. 오직 예수의 십자가 고난과 부활을 본받기를 원한다. 예수의 이름으로 구원받고, 증인으로서 사람들의 구원의 본이 되며, 그 어디든 하나님 나라에서 사는 것이 소망이다.

5) 성서는 누구의 믿음인가?

성서는 그리스도 예수 안에 있는 믿음이다(딤후 3:15). 그가 하나님의 뜻과 사랑을 신뢰하는 믿음의 표현이다. 예수의 신념이라는 의미이다. 예수를 믿는다는 말은 그를 단순히 알거나 좋아한다는 의미가 아니다. 예수를 인격적으로 신뢰하고 그의 사상과 신념을 믿는다는 의미다. 예수의 사상을 믿기에 정의롭다 인정을 받고, 예수의 신념을 현재에 실천하는 예수의 사람으로 구원을 받는 것이다. 또한 성서는 예수 안에 있는 믿음으로 구원에 이르는 지혜가 있게 하려고(딤 3:15) 기록했다. 지혜보다 믿음을 우선순위에 둔다. 믿음으로 말미암아 구원에 이르는 지혜가 생기게 하기 때문이다. 그리스도인은 예수의 말씀을 믿을 때 너와 나, 그리고 각 공동체와 나라, 세계가 살 수 있다고 믿는다. 인간이 구하는 지혜(사상과 가치관)와 표적(이미지와 능력)으로 하나님의 뜻이 나타난 것이 아니라고 믿는다. 예수를 통해 나타났다고 믿는 것이다.

　성서는 예수의 사상을 통하여 나타난 하나님의 뜻이다. 예수의 바람과 소원이 아니라 하나님 아버지의 바람과(눅 22:42) 뜻이다. 세상의 가치관과 삶의 규례에 순종하지 않게 하며, 자기도 모르면서 실천하는 의문에 순종하는 것을 벗어나게 한다. 무지와 편견에서 생기는 규정과 미신에서 벗어나게 한다. 예를 들자면 한국의 '손 없는 날 이사'에 관한 관습이다. 이사할 집에 귀신이 없는 날 이사 들어간다는 의미인데, 확고한 진리가 아니면서 사람들이 따른다. 성서는 이러한 의문에 순종하는 습관에서 인간을 벗어나게 한다. 세상의 우상이 된 말과 사고, 과학의 성과를 부정하는 비과학적인 신화에서 벗어나게 한다. 사람들이 배우고 확신한 일에 거하게(딤후 3:14) 하며, 복음에 나타난 하나님의 의를 믿음으로(롬 1:17) 행하게 한다. 그래서 성서의 복음은 하나님의 의를 담지하고 있으며, 정의와 거룩을 믿음으로 추구하게 한다. 하나님의 뜻을 믿음으로 이루게 한다. 배우는 일에 헌신하고, 확신에 거하며, 실천하게 한다. 배우기만 하고 실천이 없는 사람이 되지 않게 하며, 맹신과 무지를 벗어날 수 있도록 돕는다. 하나님의 믿음인 말씀은 운동력이 있기 때문이다. 살아있고 활력이 있어(히 4:12) 인간의 마음을 살아나게 한다. 아울러 말씀은 칼의 힘이 있다. 성령의 검, 말씀의 검으로 악을 이기고, 사람의 마음을 치유한다. 사람과 사건을 바르게 분석하고 판단하여 잘못된 사상과 믿음을 처리한다. 말씀의 운동력과 믿음의 연속성을 부인하는 자들의 공격을 반격한다. 믿음은 믿음을 낳는다는 말씀이 부정되지 않게 한다. 또한 성서의 믿음이 과학과 같이 연속성, 계속성을 갖는 두 가지 영역이라는 것을 증거한다. 과학이 실험을 반복해도 똑같은 결과를 갖듯이 믿음도 똑같은 결과의 믿음을 낳기 때문이다. 이 믿음의 운동성과 연속성 때문에 인간이 예수의 신념을 기록한 성서를 읽으면서 그의 믿음을 계승하는 것이다.

오묘하게도 인간이 성서를 읽으면 성령의 역사로 말미암아 성서가 인간을 읽고 판단한다. 인간이 성서를 읽어 성서를 이해하고 판단하는 것 같지만, 오히려 성서가 인간을 읽고 판단한다. 성서가 세상의 선악을 드러내고, 인간이 사랑하는지 미워하는지도 알게 한다. 성서를 읽으면 성서가 인간을 안다는 신비를 체험하게 되는 것이다. 성서는 세상을 빛으로 드러내 진리와 거짓을 밝히고, 사실을 있는 그대로 결산의 때처럼 드러내기 때문이다(히 4:13). 그러므로 성서는 한번 읽는 것이 아니라, 계속성과 반복성을 갖는 독서와 묵상을 해야 한다. 계속성이 없으면 신앙의 연속성이 나타나지 않는다. 또한 성서를 읽는 것은 예수와 사귀는 행위이다. 말씀을 읽는 것이 예수와 대면한 것이고, 그의 말씀을 듣는 것이다. 묵상해 보면 하나님은 말씀으로 인간에게 목자가 되어 그의 음성을 듣게 해주고, 늘 푸른 사랑의 초장과 맑은 정의의 시냇물 가로 우리를 인도한다. 사망의 음침한 골짜기에서도 지키고, 악인의 목전에서 상을 베풀며, 언제나 선함과 인자함으로 우리의 등 뒤에서 돕는 분인 것을 체험하게 한다.

6) 성서의 기록 목적과 최고도에 이른 신앙

성서의 말씀은 서로의 논리와 역사성을 보증하고, 서로를 해석함으로써 인간이 성서를 온전히 깨닫고, 그대로 믿고 여김으로 예수가 하나님인 것을 알게 한다. 말씀을 그대로 믿고, 여김으로써 높은 영성을 갖는 그리스도인이 되게 한다. 그래서 사람 가운데 신앙의 최고 경지에 이른 그리스도인은 능력이 많고, 은사가 많은 사람이 아니다. "말씀대로 이루어집니다" 하며 믿고, 그대로 이루어짐을 믿는 사람이다.

성서의 기록 목적은 예수를 실물과 환상으로 보지 않고도 믿게 하고, 생명을 얻게 함에 있다(요 20:31). 하나님을 그림과 조각을 통해 섬기지 않고, 예수의 이름을 부름으로 섬기게 하며, 구원을 얻게 한다. 보지 않고도 믿는 복된 사람이 되게 한다. 예수는 부활 후 열한 제자들이 음식 먹을 때에 나타나, 그들이 믿음 없는 것과 마음이 완악한 것을 꾸짖었다. 예수가 부활한 것을 본 증인들의 말을 믿지 않았기 때문이다(막 16:14). 증인들의 말을 믿지 않는 것이 예수를 믿지 않는 것이라고 한 것이다. 증인의 증언을 통해 예수를 보지 않고 믿게 하는 것이 성서의 기록 목적이기 때문이다. 예수를 직접 보고 믿음을 갖게 하지 않고 증인들의 증언을 믿음으로 믿게 한 것이다. 증인들의 증언인 성서를 읽음으로 예수를 주와 하나님으로 믿게 하고, 그의 이름을 불러 섬기게 한 것이다.

예수를 믿고 부르는 자는 구원을 받는다(행 2:21). 이 말은 기록된 대로 믿지 않는 사람이 많은 시대는 구원이 임하지 않는 불행하고, 어두운 시대임을 암시한다. 예수를 보는 것으로 알려는 것은 믿음이 아닌 정욕이기 때문이다. 예수를 말씀을 통해 믿지 않는 것은 하나님의 말씀에 불순종하는 것이므로 마음에 믿음이 발생될 수 없다. 오히려 예수를 이미지로 보고자 하는 생각은 안목의 정욕에 해당된다. 성서로부터 온 생각이 아니라 세상으로부터 온 생각이다. 구하려 해도 응답 받지 못한다. 이는 안목의 정욕에 순종한 결과이다. 정욕에 쓰려고 잘못 구한 것이기 때문에 예수를 만나려는 마음은 응답될 수 없다(요일 2:16, 약 4:3). 오직 성서를 읽음으로 인간은 증인들의 믿음을 알게 되고, 그들의 믿음에 이르게 된다. 동일한 믿음으로 그들이 보았던 것을 함께 보게 된다. 법정의 증인의 말을 통해 사건을 인식하듯 예수를 알게 된다. 성서가 예수를 이미지가 아닌 증인의 기록으로 믿으라고 한 이유이다.

성서는 "아브라함이 하나님을 믿으니 그것이 그에게 의로 여겨진 바 되었다(롬 4:3)"라고 했다. 사람이 의로 여겨지는 것은 보는 것이 아니라 믿는 것에 있다고 한 것이다. 인간이 신앙을 가지려면 직감과 이미지로 하나님을 만나야만 가능하다고 하지 않았다. 하나님의 모양과 형상을 보려면 오히려 자신과 이웃을 보면 된다. 인간은 하나님의 모양과 형상이기 때문이다. 하나님의 존재의 유무에 집중하거나 이미지에 집중하면, 하나님을 찾을 수 없다. 하나님을 이미지로 만나려는 마음은 문맹율이 높았던 시대의 산물이다. 과거에 교회가 그림과 조각으로 이미지의 하나님을 제시한 시절이 있었다. 그렇지만 문맹율이 낮아지면서 일반 대중들이 말씀의 하나님을 경험하는데 이미지는 한계를 드러냈다. 그래서 프로테스탄트 교회 개혁자들은 중세 교회 개혁으로(종교가 아닌 교회 개혁이라 해야 의미가 맞는 것 같다). 이미지보다는 말씀과 뜻으로 하나님과 사랑의 사귐을 할 수 있게 했다. 그러므로 예수의 믿음을 얻기 위해 성서를 읽는 자는 성서의 기록 목적에 충실해야 한다. 내 마음대로, 내 뜻대로 하나님을 만나고, 체험하려 하지 않아야 한다. 하나님이 원하는 방식대로 예수를 통해 기록된 계시와 말씀으로 그의 뜻을 만나야 한다. 환상이 계시를 이해하는데 일정정도 도움이 되기는 하지만 최종적인 것이 아니다. 환상을 본 사람들이 하나님의 뜻과 다르게 사는 경우도 많기 때문이다. 환영은 겉옷과 같다. 껍데기다. 뜻을 알고 실천하게 하는 것이 성서의 기록 목적이기 때문이다. 예수를 환상으로 보았으나 예수와 뜻이 다르면 예수를 만난 사람이 아니다. 예수의 뜻을 믿고 실천해야 십자가를 통해 나타난 하나님의 사랑을 믿는 사람이다.

예수를 믿는 사람들은 성서가 가르쳐 준 것이 아니면 침묵해야 한다. 인간의 뜻이 아니라 하나님의 뜻이기 때문에 인간의 지식으로 하나님을 알려는 욕심을 내려 놓아야 한다. 성서가 가르치는 대로, 기록 목적에 따라 예수를 하나님으로 알고, 그의 사랑을 깨달으려고 해야 한다. 하나님을 자신의 바람과 방식대로, 또는 기적과 환상, 사상과 윤리적으로만 만나는 것을 기대해서는 안 된다. 성서가 가르쳐 주면 가르쳐 주는 만큼 알고, 가르쳐 주지 않으면 가르쳐 주지 않는 것에 멈추고 만족해야 한다. 그 이상의 생각을 하여 범위를 넘지 않아야 한다. 아울러 기록한 말씀에 대한 의미를 왜곡하거나, 말씀의 의미를 바르게 깨닫지 못해서도 안 된다. 가르쳐 준 것에 집중하면, 그 안에서 인간은 하나님의 계시를 충분히 경험하고, 세상의 질문과 과제에 응답할 수 있기 때문이다. 또한 인간은 성서를 읽으면서 하나님은 믿는 자만 구원한다거나, 예수를 믿지 않아도 만인을 구원하는 것이 하나님의 뜻이라고 주장해 하나님의 자유를 훼손해서도 안 된다. 이것은 하나님의 자유다. 인간의 선택이 아니다. 인간이 알고자 하는 지적 욕심으로 금단의 열매를 먹기 위해 하나님을 자기 마음대로 상상하고, 하나님을 제한하는 일은 없어야 한다. 이것이야말로 인간이 하나님을 제멋대로 정의하는 교만이다.

7) 하나님은 존재하는가?

신을 인간이 만들었다고 주장하는 사람들에게 성서는 예수로 답한다. 예수는 말씀이고, 말씀이 육신이 되어 이 땅에 온 하나님이기 때문이다(요 1:1,14). 성서는 그가 하나님의 영광의 광채이며, 본체의 형상이고, 그의 능력의 말씀으로 만물을 보존하고(히 1:3) 있다고 증언한다. 또한 예수의 질문에 답하는 베드로의 고백을 통해서도 예수가 주와 그리스도이며, 하나님과 동등인 하나님의 아들이라고 주장한다(마 16:16). 도마를 통해서는 예수가 주님이며, 하나님이라고 선포한다(요 20:28). 요한은 그가 참 하나님이라고 증언했다. 그래서 성서는 읽는 사람들이 사도들의 고백에 따라 예수가 하나님이라는 것을 알게 하고, 자연스럽게 그를 신뢰하게 한다. 인간이 성서의 결론대로 예수가 하나님이라는 결론을 내리도록 돕는다. 예수가 '주와 그리스도이며, 하나님'이라는 것을 스스로 고백하고, 이웃에게 증언하게 한다. 그리스도인이 신의 존재에 대한 질문을 하지 않게 한다. 성서를 읽는 것을 통해 신이 존재한다는 것을 알게 되기 때문이다. 말씀이 육신이 되어 인간의 땅에 온 예수가 말씀이 되어 성서를 통해 인간에게 자신을 계시하기 때문이다.

성서에 따르면 "주는 그리스도요 하나님의 아들, 나의 하나님"이라고 고백하는 것은 예수가 믿으라고 하는 대로 믿는다는 의미이다. "나의 하나님이 되어 주소서"라는 고백이기도 하다. 아울러 "나에게 하나님의 역할을 해주소서"라는 강력한 요구이자, 인간이 하나님과 강력한 상호관계를 맺고 있다는 증거다. 하지만 어떤 사람들은 하나님의 아들이라는 말을 문자적으로 해석해 예수를 하나님으로 인정하지 않는다. 예수가 하나님에게서 나왔고,

하나님과 동등함을 표현한 말이라고 그의 제자 요한이 분명히 밝혔음에도 믿지 않는다(요 5:18). 그러나 이는 구약에서 하나님을 다양한 이름과 표현으로 하나님의 하나님 됨을 표현했듯, 신약에서도 예수를 다양한 단어와 표현으로 하나님이라는 것을 표현하고 있음을 깨닫지 못하는 우매함에서 나온 성급한 결론이다. 또한 사도신경과 신약성서에 따르면 '하나님의 아들 예수 그리스도'라는 의미는 예수가 하나님에게서 나왔다는 의미이다. 아울러 성서의 '주(主)'는 히브리인에게 있어 하나님이라는 의미이다. 사람이 '주(主)'인 이방 사람의 생각으로는 '주'는 자신보다 높은 사람이지만, 그리스도인에게 '주'는 하나님이라는 의미이다.

그 예로써 구약성서는 하나님을 여러 이름으로 칭하여 그의 신비로움을 표현하고 있다. 야훼, 엘로힘, 아도나이, 에벤에셀, 여호와 이레, 라파 등으로 하나님을 표현한 것이다. 이와 같이 신약성서도 예수를 다양한 이름으로 부르며 그의 하나님 됨을 표현하고 있다. 그러므로 인간은 하나님을 세상 사람들이 생각하는 사상과 신화의 신으로 생각해서는 안 된다. 사람의 생각에 기반한 하나님 인식을 버려야 한다. 인간이 만든 하나님은 없다. 인간이 상상하거나 생각하는 하나님도 없다. 인간이 존재하지 않는 신을 찾으니 무신론자가 되는 것이다. 오직 성서가 가르치는 하나님만이 존재한다. 이 땅에 인간으로 온 예수 그리스도가 하나님이기 때문이다. 예수는 명백히 주님이다. 반골이거나 일방적인 한 편이 아니다. 제사장, 선지자, 왕, 선생, 해방자, 민중 등의 단어만으로는 그를 온전히 표현할 수 없다. 하나님은 일부 사람들의 전유물이 아니다. 지배계급의 수호자와 피지배층에 대한 지배의 정당성을 주는 권위자도 아니다. 오히려 약자의 하나님이다. 그래서 과거에 약자들이 핍박을 받는 사회 구조악을 목격한 사람들이 하나님이 자기들만의 편이라고 주장했다. 맞는 말이다. 피지배자들에게 하나님은 민중의 하나님이다. 또한 예수는 해방자이다. 이러한 주장이 피지배층에게 변혁의 정당성을 부여한다는 의미에서는 찬성한다. 그러나 하나님을 어느 누구도 자기 편이라고 주장하며, 독점하게 해서는 안 된다. 모든 사람들의 하나님을 하나의 개념으로 제한하고, 한 계급과 민족, 국가의 수호신으로 만드는 것을 인정할 수 없다. 예수는 모든 죄인들의 '주'이자 '그리스도'이다. 그는 '하나님'이다. 하나님을 자기 하나님이라고 하는 주장은 정의와 평화를 위한 운동과 자치에 고립을 자처하여 실패의 큰 원인이 되게 할 수도 있다.

지금의 상황을 곰곰히 묵상해 본다면 엘리야 때에 '여호와가 하나님이냐?' '바알이 하나님이냐?'는 믿음의 싸움은 지금도 계속되고 있음을 알 수 있다. 예수가 하나님이라는 것을 부인하는 사람들과 자신이 하나님이라고 하는 사람들에 의해 재현되고 있는 것이다. 그러나 예수와 그가 가르쳐 준 아버지 하나님과 보혜사 성령 외에는 하나님이 될 수 없다. 누구든 자신이 하나님, 예수, 성령이라고 하는 자는 이단이다. 삼위일체 하나님을 부인하는 것도 하나님에 대한 무지이다. 삼위일체 하나님을 인정하지 않으면 인간은 사귐과 연합이 없는 독점적이고, 권위적인 신에 의해 종속될 뿐이다. 신에게 종속적인 관계로 무거운 짐을 지게 된다. 어떤 사람들은 초대교회 아리우스주의자처럼 예수는 하나님의 아들이라고 성서가 기록했기 때문에 하나님이 아니라고 한다. 또한 예수가 하나님이 아니라고 하며 자신들의 교주가 재림주라고 하는 사람들도 있다. 하지만 당연히 예수가 하나님이 아니면 세상의 종교다. 그러한 공동체는 존재의 이유가 없게 된다. 유사 교회이다. 하나님을 어머니라고 부르는 자도 예수의 가르침을 따르지 않는 것이 된다. 예수는 하나님을 아버지라고 불렀기 때문이다.

8) 성서에 나타난 의는 무엇인가?

　신약시대부터 그리스도인의 영적 전쟁은 율법과 복음, 양심과 복음의 싸움이다. 즉, 율법과 양심을 그리스도에게 복종시키는 일이다. 바울에 의하면 율법적인 의인은 율법을 듣는 자가 아닌 행하는 자가 의인이다(롬 2:13). 물론 율법은 인간이 죄를 깨닫고(롬 3:20), 육의 마음으로 사는 것을 두려워하여 짐승과 같은 마음에서 벗어나게 하는 것에 목적이 있다. 또한 온 세상 사람들이 하나님의 심판 아래 있음을 깨닫게 하는(롬 3:19) 순기능도 있다. 하지만 경직된 율법은 은혜의 정신을 잃고, 사람을 종으로 만들어 하나님의 자녀답게 살지 못하게 했다. 율법을 실천하여 의인이 되려고 했지만, 양심과 율법을 통하여 자신과 타인을 고발했고, 변명했을 뿐이었다. 이런 행위를 예레미야는 '영원한 생명수를 얻기보다 스스로 마르는 웅덩이를 파는 것'이라고 했다(렘 2:13). 인간은 율법과 양심의 요구를 모두 성취할 수 없을 뿐만 아니라 스스로 만족하지 못하다가 허무를 경험하기 때문이다.

　인간은 누구나 스스로 판단하는 기준을 가지고 자신이 의롭다고 생각하는 존재이다. 개인을 기준으로 하기 때문에 율법을 거부하기도 한다. 율법을 무시하고 자연인으로서 자신의 무죄를 주장하며 변호한다. 율법 없이 그 누구도 자신의 죄를 인정하려고 하지 않는다. 자신의 죄를 보편적인 것이라고 주장한다. 가끔 반성할 때도 구체적인 사건 진술과 인정이 아닌 두루뭉술 인정하고 넘어가려고 할 뿐이다. 자신의 죄를 구체적으로 지적하면 공격하려고 한다. 자기중심주의에 근거한 두려움과 수치심 때문에 다른 사람의 잘못이라고 항변하고, 죄를 인정한다고 할지라도 핑계하며 자기를 보호한다. 항변할 힘과 지식이 있는 경우에는 꾀와 폭력을 사용해 죄를 덮으려고도 한다. 하지만 항변할 힘이 없고 죄를 덮을 만한 정당성을 찾지 못한 사람은 유전무죄, 무전유죄를 주장하거나 자살을 선택하기도 한다.

율법은 과거 지향적 성향이 있다. 사람을 잠정적 죄인으로 본다. 과거의 행위를 판단하고 판결하며, 과거의 행위를 정죄하기 위한 목적이 있다. 율법은 '지켰다. 못 지켰다.', '성공했다. 실패했다.' 등의 이분법적인 사고로 사람을 판단한다. 인간관계에서 서로 '누가 옳은가?' 하는 '의' 싸움이 일어나면, 어느 한 쪽이 패하거나 죽음으로 끝나게 한다. 그러나 예수 그리스도의 복음은 미래 지향적이며, 사람을 은혜로 평가하고, 사람을 의인으로 본다. 서로 먼저 원수도 사랑하고, 오른뺨을 치면 왼뺨을 돌려 대고, 자신을 희생해 대신 당해주고, 화해시키는 화목의 제물이 되게 함으로 율법을 성취하는 것이다. 인간이 율법을 지킴으로 의를 완성하는 것이 불가능하기 때문에 그리스도가 가르쳐준 사랑으로 '의'를 완성하게 한 것이다. 사랑은 스스로 율법을 만들고 실천하는 '의'이기 때문이다. 사랑의 실천은 구원 받은 자의 표이고, 말씀이 육신이 된 그리스도인의 인격이며, 복음을 지지하는 그리스도인의 삶이기 때문이다. 그래서 예수는 율법을 완성하는 사랑을 가르친 것이다. 특히 새 계명인 사랑은 율법(사회법 포함)의 기준을 넘어선다.

예수는 사랑을 인간에게 계명으로 주고, 사랑의 열매를 맺게 해 율법을 완성하게 한다. 서로 먼저 사랑으로 짐을 짊어지게 하여 그리스도의 법을 성취하게 한 것이다. 하지만 어떤 사람들은 구원 받은 그리스도인이 구원을 받으면 율법이 필요 없다고 주장한다. 이는 사랑이 율법의 완성이란 의미를 모르고 하는 말이다. 믿기만 하면 죄를 범해도 구원을 받는다는 의견은 성령 하나님의 인도와 견인을 부정하는 논리다. 성령은 여전히 율법을 통해 인간을 견인한다. 구원 받음으로 그리스도인의 거룩한 삶이 단절되거나 끝난 것이 아니다. 성서를 통해 하나님의 감동으로 인간을 온전하게 하고, 선한 일을 행할 능력을 갖추도록 인도한다(딤후 3:16, 17). 그리스도인이 예수를 믿는다는 의미는 구원받음으로 완성되었다는 의미가 아니다. 구원은 끝이 아니고, 하나님과 함께 영원히 거룩한 삶을 산다는 의미이다. 성령이 율법을 사용하여 인간을 거룩하게 인도한다는 것을 깨닫는다면, 감히 율법을 폐하려고 하는 사람은 나타나지 않을 것이다.

9) 예수가 "율법을 폐하려고 온 것 아니라 완성하고자 왔다"는 의미

하나님은 인간을 평등하고, 공평하게 하는 분이다. 하나님은 율법을 제정하고, 율법을 완성하는 방법을 모든 사람에게 동일하게 적용했다. '눈에는 눈, 이에는 이'라는 법을 왕과 평민, 부자와 나그네, 고관과 고아, 귀부인과 과부에게도 모두 공평하게 적용했다. 왕과 나그네를 평등하게 보고, 동일하게 율법을 적용함으로써 강자에게 약자의 권리를 인정하게 했다. 구약시대에 약자와 강자에게 율법을 평등하고, 공평하게 적용한다는 것은 당시로서는 상상할 수 없는 이야기였다. 과거에 세상의 율법은 강자들보다 낮은 위치에 있었다. 약자들이나 강자를 위해 지켜야 하는 억압의 도구였다. 따라서 성서가 주장하는 '눈에는 눈, 이에는 이'라는 평등한 보복법은 당시로 보면 대단히 선진적인 것이었다. 이 율법은 오늘날까지도 보복법이라는 이름으로 모든 세상법의 근간이 되고 있다.

구약시대에 하나님은 율법을 범한 사람들에게 평등한 보복법으로 율법을 완성했다. 그것이 "상처에는 상처로, 눈에는 눈으로, 이에는 이"였다(레 24:20). 그러나 인간으로 온 하나님, 예수는 "온 율법은 네 이웃 사랑하기를 네 자신 같이 하라"는 계명에 있다고 말했다(갈 5:14). 율법과 선지를 폐하지 않고 완성한 것이다(마 5:17). 보복으로 율법을 완성하는 것이 아니라 사랑으로 율법을 완성했다. 법조문으로 된 율법을 폐하고, 십자가의 사랑과 섬김으로 율법을 완성했다. 그것은 오른편 뺨을 치면 왼편도 돌려 대고, 속옷을 가지고자 하면 겉옷까지도 건네며, 억지로 오 리를 가게 하면 십 리를 동행하는 방법이다. 선한 이웃도 사랑하지만 악한 자를 대적하지 않고, 원수도 사랑하는 방법으로 율법을 완성했다(마 5:39-44). 서로 사랑하라는 새로운 계명을 제자들에게 주고 실천하여 새계명을 완성하게 했다(요 13:34).

성서는 예수를 '주와 하나님으로' 해석한다. 예수가 주와 하나님이기 때문에 모든 성서를 예수의 가르침에 근거해서 해석한다. 구약의 율법 그 자체로 성서를 해석하지 않는다. 예수의 가르침에 따라 구약 성서를 해석한다. 구약의 율법에 근거해 복음을 이해하고, 전파하지 않는다. 하지만 신약시대의 율법주의자들은 복음에 무지하고, 율법도 지키지 않는 외식주의자였다. 구약에는 율법을 범하였을 때에 '돌로 치라'는 명령이 나오는데, 죄인을 돌로 치라는 율법을 지키지 않았다. 그렇다고 원수를 사랑하지도 않는다. 스스로 지키지도 않으면서 율법을 근거로 남을 정죄한 것이다. 그러나 예수는 율법을 가지고 남을 정죄하려는 사람들에게 죄 없는 자가 치라고 하면서 그들의 정죄하는 신앙에 반대한다. 그리고 예수도 죄를 범한 사람을 정죄하지 않고, 가서 자유롭게 살라고 했다. 이것이 죄인이 원수라면 원수까지도 사랑하라고 했던 예수의 뜻이었다. 그를 본받아 사랑하는 자가 되었다면 스스로가 지키지도 못할 율법을 통해 사람을 억압하는 자가 되어서는 안 된다. 오히려 죄 있는 그 모습 그대로 품에 안는 자가 되어야 한다.

구약은 율법을 보복법으로 완성하려고 했으나 완성하지 못했다. 그렇지만 신약에서는 사랑법으로 율법을 완성한다. 예수는 보복법을 폐하고 "나보다 너를 더 사랑해"라고 하는 메시지를 주는 십자가로 원수 된 것을 소멸하고 율법을 완성하였다. 적극적으로 무력하게 당해 주는 비폭력적 원수 사랑으로 율법을 완전하게 했다. 율법을 폐하지 않고, 율법을 보복이 아닌 사랑으로 완성한 것이다. 이러한 의도에서 본다면 신약은 구약을 계승한다.

성서의 율법은 예수님의 시대에 네 가지의 종파의 형태로 나타난다. 첫째는 바리새인들로서 일반 대중들의 절대적인 지지를 받는 율법 계승자들이다. 이들은 율법을 문자적으로 지킴으로 자신의 정통성을 주장하고, 자신들의 동질성을 유지했다. 둘째는 사두개인들로 사회 지도층이자, 지배계급이다. 성전과 국가를 운영하는 주체로서 매우 높은 지성과 철학을 가지고 부활을 부인하는 사람들이었다. 셋째는 에세네파다. 이들은 신비주의자들로서 세상에서 떠나 광야와 깊은 산에 들어가 자신들의 신앙적 신념에 따라 공동체 생활을 하는 사람들이었다. 넷째는 제롯당으로서 식민지 해방과 신앙의 자유를 무력투쟁을 통해 쟁취하고자 하는 무장 혁명 세력이었다. 그러나 예수는 당시 존재했던 이들 종파에 소속되지 않았다. 그는 유대인의 종파가 되기보다 하나님의 나라를 주장하고, 광야로 나가서 민중들과 함께 동행했다. "자신이 온 것은 섬김을 받으려고 온 것이 아니라 섬기려 하고, 자기 목숨을 많은 사람의 대속물로 주려고 왔다"고 했다(막 10:45). 세상을 변화시키는 지도자가 아니라, 섬기며 주려고 왔다는 것이다. 그리고 로마인과 유대인을 사랑으로 섬기다가 소크라테스가 '악법도 법이다'라고 하면서 독배를 마셨듯이, 이들의 모함과 악법에도 순종하고 죽었다. 악법도 법이기 때문이다. 그래서 그는 자신을 죽이려는 사람들의 악법에 순종해 대속(용서)하는 죽음으로 모든 사람을 섬기고, 그를 따르도록 변화시켰다. 끝까지 사랑으로 섬기고, 주는 것으로 목적과 수단의 선함을 모두 성취했다. 그래서 이후로 예수를 따르는 사람들도(주기철 목사는 일본 제국주의, 손양원 목사는 공산주의자) 모든 것을 빼앗기고 당함으로써 새 계명을 성취했다. 당하지 않고, 빼앗기지 않고, 목숨까지도 악법에 희생당하지 않는 신앙은 예수의 십자가 정신에서 벗어난 것이라고 가르쳤다. 멸망의 넓은 길은 투쟁하고, 전쟁하고, 도피하고, 빌붙어 사는 것이라고 했다.

10) 성서에 나타난 하나님의 인간에 대한 생각은 무엇인가?

성서가 말하는 하나님은 남들의 하나님만이 아니다. 우리의 하나님이다. 그가 계시는 곳은 우리와 '함께'이며 '내 안'이다. 하나님의 구원은 인간이 쟁취하는 것이 아니기 때문에 그는 구원을 베푸는 전능자로 인간과 함께한다. 구원은 하나님이 상을 차리고 잔치를 베푸는 은총이다. 성서의 하나님은

'나' 때문에 기쁨을 이기지 못할 정도로 '나'를 반기는 분이다. 하나님의 인간을 향한 마음은 사랑이고, 서운함이나 화가 아니다. 세상의 그 무엇도 하나님의 인간을 향한 기쁜 마음을 이기지 못한다. 그래서 그는 인간을 늘 잠잠히 사랑한다. 늘 굳건하게 말없는 사랑으로 인간을 새롭게 한다. 그는 인간으로 말미암아 즐거이 노래한다. 인간을 즐거이 부르고, 기쁨의 마음으로 인간을 위해 노래하는 분이다(습 3:17).

오늘날 여러 방향에서 들리는 '너 자신을 알라'는 말은 오랫동안 인간을 목자 없는 양 같이 되게 했다. 자신의 생각을 목자의 앞에 둠으로, 앞에서 인도하는 하나님의 음성을 듣지 못하게 했고, 목자를 잃은 양이 되게 했다. 또한 예수를 대신하는 지배자들의 논리는 목자의 음성을 사칭했고, 천만인이나 되는 익명의 권위와 윤리가 목자를 잃어버리게 했다. '너 자신을 알라'는 가르침 때문에 인간은 '자신이 생각하는 자아'가 자신이라고 생각했고, 각자 생각하는 대로 살았다. 자기가 생각하는 자신에 대한 정보가 맞다고 생각하고, 하나님이 생각하는 나에 대한 평가는 부인하고 말았다. 하나님의 은혜와 그와 함께하는 위대한 존재로서의 인간을 부인했다. 율법과 양심에 의해 책망을 받고, 부끄러움을 느끼는 존재로 자신을 규정했다. 다른 사람의 욕망과 가치에 의해 규정되는 자아를 자신으로 인정하는 우매함을 갖게 된 것이다. 그러나 그리스도인은 하나님의 무한한 사랑을 믿기에 세상을 지배하는 자들의 권력과 천만인이 생각하는 자신에 대한 평가(시 3:6)를 두려워하지 않는다. 아울러 자신을 '나의 나 됨'의 세계관을 가지고 평가하지 않았다. 자신을 평가하는 기준은 오직 예수 그리스도의 사랑이기 때문이다. 하나님의 생각이 인간의 생각보다 크다는 것을 인정하고, '나의 나 됨'을 하나님의 은혜로 본다(고전 15:10). 때문에 '내가 나를 사랑'하는 것보다 하나님의 뜻과 사랑이 더 크기에 인간은 세상과 사람을 두려워하거나 무서워하지 않는다. 피조물이나 천사, 어떤 일도 인간을 향한 하나님의 사랑에서 떨어질 수 없음을 확신하며 산다. 하나님이 인간을 은혜롭게 여기고 있다고 확신하기 때문이다. 복음을 온전히 알기에 이웃과 자신을 은혜로이 여긴다. 자신을 은혜로 대우하고, 이웃을 율법으로 대우하지 않으며, 이웃을 은혜로 대우하기 위해 자신을 율법적으로 대우하지 않는다. 이웃과 자신을 하나님의 은혜로 여기고, 모두 은혜로 대우하며 복음적으로 관계한다.

하나님의 사랑을 확인할 수 있는 몇 가지 질문은, 하나님의 사랑에 대한 확신을 갖게 하는데 도움이 된다.

첫째, 하나님과 인간은 누가 더 강한가? 하나님은 진정 인간에게 늘 이기는 절대 강자인가?

사람들은 이 질문에 하나님이 인간보다 강하다고 대답한다. 그러나 다시 거듭해 질문을 하면 하나님의 뜻을 어기고, 자기 마음대로 사는 자신의 삶을 발견하게 된다. 자기가 하나님보다 약하다고 생각하지만, 하나님의 뜻을 거역한 강자라는 것을 쉽게 확인한다. 또 하나님이 예수의 십자가의 희생을 통해 믿어 달라고 사정을 해도, 고난이나 어려운 사정이 생기면 하나님의 존재와 사랑을 불신하는 것을 보면서 인간이 강하다는 것을 알게 된다. 결국 그는 하나님이 자신보다 약하다는 것을 인정한다. 더불어 하나님의 큰 사랑도 발견한다. 이유는 더 많이 사랑하는 쪽이 언제나 약자이기 때문이다. 그래서 언제나 인간은 사랑의 약자인 하나님에게 그의 뜻을 무시하는 강자였다. 하지만 하나님은 인간을 여전히 사랑하고 기뻐했다. 마치 우리가 안 믿는 것이 하나님의 손해처럼 여겼다. 때문에 예수의 사랑을 믿는 자는 하나님의 생각이 나보다 크다는 것을 인정한다. 하나님에게 강자가 되는 것을 포기한다. 사랑의 하나님이 산성이 되고, 반석이 되며, 능력이 됨을 발견했기 때문이다.

둘째, 하나님은 나를 어떻게 사랑하는가?

사람들이 생각하기에 하나님은 착한 일을 많이 하고, 높은 지위와 부를 가지면 그 사람을 더 사랑한다고 생각한다. 탕자와 악인보다 선한 사람과 예수를 잘 믿는 사람을 하나님이 더 사랑한다고 생각한다. 하지만 그렇지 않다. 하나님은 선인이나 악인이나 모두에게 은혜를 베풀어 왔고, 죄인조차 사랑해서 이 땅에 왔다. 하나님이 사랑하는 방법도 인간의 모습 그대로 사랑하는 것이기 때문이다. 선한 사람만을 사랑하거나, 인간의 죄를 깨끗하게 해서 사랑한 것이 아니다. 죄 있는 모습 그대로 사랑한다.

셋째, 용서받을 수 없는 완전한 죄인도 구원을 받는가?

결론부터 말하자면 내가 죄인이라서 천만인이 에워싸 진을 치고 공격하는 상황이라도 하나님은 예수의 십자가 공로로 우리를 구원한다. 완전한 죄인이기에 구원을 하는 것이다. 죄인이 아니면 구원을 받을 필요가 없다. 의인은 구원받을 필요가 없기 때문이다. 의인이 아니어야만 구원을 받을 수 있다. 선한 사람이 아니라 죄인을 구원하는 것이 예수가 온 목적이다. 하나님은 자신의 의로 스스로를 구원하려는 모든 위선자를 원수로 여기고, 그들의 뺨을 치고, 악인으로 여겨 그들의 이를 꺾는다.

넷째, 하나님의 자녀가 죄를 범했을 때, 하나님은 자녀를 사랑할 수 없나?

그렇지 않다. 자녀가 아무리 천하의 역적이라도 그는 하나님의 자녀이고, 하나님이 그를 사랑하는 것에는 어떠한 이유도 있을 수 없다. 그의 사랑은 무조건적이다. 인간의 경우에도 자녀가 아무리 죄인이라 해도 부모는 그를 사랑하는데 아무 문제가 없기 때문이다. 천하의 죄인이라도 그는 여전히 부모의 사랑하는 자식일 뿐이다. 저자 자신인 내가 부모의 입장에서 보면 자식 둘 중에 하나가 죄인이 되었어도 둘 다 나의 딸이다. 둘 다 나의 딸이라는 것이 죄로 인해서 달라지지 않는다. 두 딸이 죄를 범해서 남들이 다 죄인이라고 정죄를 하더라도 내가 죽도록 사랑하는 딸일 뿐이다. 그들의 어떠함이 내 사랑의 근거가 되지 않는다. 내 딸이기 때문이다. 죄가 부모와 자식 간의 사이를 끊을 수 없는 것이다. 하나님의 사랑도 마찬가지다. 사망이나 생명, 천사나 권세, 현재와 장래의 일, 능력, 높음, 깊음, 그리고 어떤 피조물이라도 우리 주 그리스도 예수 안에 있는 하나님의 사랑에서 끊을 수 없다고(롬 8:38) 했다. 하나님은 사랑이기 때문이다.

위의 질문과 대답을 통해 하나님의 사랑을 확인했다면, 우리는 이것이 자신의 확신이 되게 해야 한다. 내가 나를 사랑하지 않거나, 남들이 나를 사랑하지 않을 것이라는 생각 때문에 하나님의 사랑을 의심해서는 안 된다. 하나님은 내가 나를 사랑하지 않아도 나를 사랑하며, 많은 사람이 반대의견을 가지고 미워해도 나를 사랑한다. 어떠한 경우에도 하나님이 죄인을 사랑하지 않을 것이라는 생각을 믿어서는 안 된다. 이것이야말로 불신이다. 자신의 감정과 일의 성패, 경쟁심, 양심과 율법에 따라 자신을 평가하지 않아야 한다.

하나님의 사랑을 따라 자신을 확신하는 것이 바른 믿음이다. 성서의 주제는 저주와 미움이 아닌 사랑과 축복이다. 우리는 성서가 증언하는 바가 예수의 하나님 됨과 그의 사랑이라는 것을 분명히 알아야 한다. 수많은 사람들이 성서의 이 증언을 통해 믿음과 사랑을 배워왔고 변화되어 왔다. 성서는 수많은 심판과 저주를 말했지만, 그 속에서 사랑을 낳았다. 불신과 두려움 속에서 믿음을 낳았고, 불행과 불안을 통해 소망을 낳았다. 두려움 속에서 불신을 낳게 하지 않았다. 불행 속에서도 낙망을 낳게 하지 않았다. 성서가 누구는 누구를 낳고, 누구는 누구를 낳아 그 사랑과 믿음과 소망이 생명으로 계승되고 있음을 증언하고 있다. 그러나 성서를 잘못 이해하여 하나님을 심판과 저주의 하나님으로 아는 자들이 일어나고, 이단과 불신자들이 일어나기도 했다.

11) 하나님의 구원은 믿을 만한가?

이단은 스스로의 힘과 의로 자신을 구원하는데 성공하려고 한다. 하지만 인간은 자신을 구원하는데 실패해야 비로소 예수의 구원을 받는다. 인간은 스스로를 구원할 수 없다. 오직 하나님만이 인간을 구원할 수 있는 사랑의 전능이 있다. 인간은 자신을 구원하는데 실패해도 하나님의 사랑은 강력하여 인간을 구원하는 일에 실패하지 않는다. 하나님의 구원은 인간 스스로의 자력 구원이 아니다. 하나님이 하는 구원이다. 그런데 자신을 구원하려고 여러 가지 모양을 내는 사람들이 있다.

첫째, 성서에 대한 시험 성적과 교회를 위한 헌금, 전도, 출석 등의 성적에 따라 석차가 주어지고, 십사만 사천이라는 등수에 들어가지 못하면 구원 받을 수 없다는 논리다. 결론부터 말하자면 이것은 사기이다. 자신이 인침을 받은 십사만 사천에 안 들어가도, 그들과 함께하는 큰 무리가 예수와 함께 있다는 것을 알게 된다면 십사만 사천이라는 숫자에 현혹되어 집착하지 않아도 될 것이다(계 7:5-10). 아울러 멸망에 대한 두려움 때문에 십사만 사천 명에 들어가지 않아도 된다. 그들은 구원 받은 자들의 대표이고, 그리스도인은 언제나 예수 앞에 대표들과 함께 있기 때문이다.

둘째, 자신이 구원 받은 날짜를 아는 것이 구원의 증표라고 생각하는 사람들이 있다. 구원의 증표는 구원 받은 날짜를 아는 것이 아니라 예수 그리스도에 대한 믿음에 있다. 증표보다 더 중요한 것도 믿음이다. 날짜가 증거가 아니라 믿음이 증거이다. 구원 받은 날짜를 중요하게 여기는 생각은 하나님의 은혜로 된 나보다는 '나의 나 됨을 중요하게 여기고, 예수의 십자가를 따름보다 나의 어떠함'을 중요하게 여기는 행위이다. 구원 받은 날짜를 우리가 알 수 있을까? 물론 자신이 인격적으로 하나님을 만난 때를 기억할 수 있다. 그렇지만 인간은 구원을 받은 날을 알 수 없다. 우리의 구원은 하나님의 예정에 있기 때문이다. 하나님이 예수의 형상을 본받게 하기 위해 미리 정했다는(롬 8:29) 입장에서 보면 인간이 하나님의 구원을 받은 날짜를 모르는 것은 당연하다. 구원은 인간의 확정이 아니라 하나님의 예정함에 있다. 구원 받은 날을 인간이 인지한 때를 아는 것이 구원의 근거가 될 수 없다.

셋째, 예수를 믿으면서도 자신의 구원을 의심하는 자들이 있다. 이것은 믿음이 아니라 불신이다. 성서는 분명히 예수를 믿으면 구원을 받는다고 했다. 그런데 믿으면서도 자기가 잘못해 '지옥 갈까?' 두려워하는 사람은 그 믿음대로 될 것이다. 구원을 받지 않는다는 믿음이 있는 사람이기 때문이다. 예수를 믿으면서도 갖는 이런 두려움과 의심은 진정한 믿음이 아니다. 구원은 온전한 믿음을 가진 자가 받는다. 예수 믿는 자가 죄에서 구원을 받았는데, 자신의 죄 때문에 구원받지 못한다는 믿음은 불신앙이다. 죄 때문에 구원받지 못한다는 믿음을 가졌기 때문이다. 또한 예수를 믿음에도 지옥을 갈 수 있다고 가르치는 사람은 하나님의 뜻과 계획을 과소평가하는 사람이다. 율법에 의하여 평가하고 판단한 것이다. 하나님의 사랑은 두려움이 없고, 예수님을 영접하는 자에게는 하나님의 자녀 된 마음의 권세가 있다고 했다(요 1:12). 내가 예수를 믿지만 큰 죄를 범하여 구원받지 못할 수도 있다는 생각은 하나님의 뜻을 과소평가한 것이다.

넷째, 우리는 한번 구원은 영원한 구원이라고 확신하지 않아야 한다. 구원은 내가 할 말과 내 다짐이 아니다. 구원을 받았다는 말은 하나님이 해야 할 말씀이고, 인간은 다만 예수를 믿을 뿐이어야 한다. 구원은 전적으로 하나님의 선택이지 인간의 선택이 아니다. 그러니 거만하게 자신이 예수를 믿으니 천국 간다고 말하지 말아야 한다. 다만 긍휼히 여겨 주기를 원해야 한다. 구원에 집착하기보다 예수를 믿고 그와 함께 살며, 예수의 사랑을 실천하는 것을 목적으로 해야 한다. 자신의 구원이 신앙의 목적이라고 한다면, 예수는 수단이 된다. 예수는 우리의 목적이다. 구원의 수단이 아니다.

다섯째, 인간이 하나님이 원하는 방향으로 가지 않을 때, 하나님은 나를 인격적으로 대우할까?

하나님은 잃은 양 한 마리를 위해 길 잃지 않은 양 아흔아홉 마리를 놓고, 잃은 양 한 마리를 찾아 나섰고, 찾았으며, 기뻐했다(마 18:12,13). 하나님이 인간을 위하고 구원하기로 작정했다면 세상의 어떤 힘도 심지어 인간 자신도 하나님의 사랑을 끊지 못한다. 하나님의 사랑에서 끊어질 수 있다는 생각은 바른 믿음이 아니다. 하나님은 절대 나를 잃어버리지 않는다. 나를 반드시 찾아내고 화를 내지도 않는다. 오직 품에 안고 기뻐한다. 어떤 사람은 다음과 같이 질문한다. 아흔아홉 마리를 두고 한 마리 양을 찾아간 목자가 한 마리 양을 아흔아홉 마리 양보다 더 사랑하는 것이 아니냐 하는 질문이다. 아흔아홉 마리의 양에 대해 무책임하다고 말하는 사람들의 말이다. 그러나 이 말의 의미는 그런 의도가 아니다. 하나님은 잃은 양 한 마리처럼 아흔아홉 마리를 동일하게 사랑한다는 의미이다. 하나님은 아흔아홉 마리의 양 중에 한 마리가 잃은 양이 되면 동일하게 한 마리 양을 찾아 구원할 것이다. 여기서 우리가 분명히 알아야 할 것은 의심은 믿음이 아니라는 것이다. 하나님의 사랑과 구원에 대해 의심하지 말고 믿어야 한다. 의심하는 사람은 의심하는 믿음대로 되고, 믿는 자는 믿는 대로 될 것이다. 의심을 일로 삼을 것이 아니라 믿는 것을 일로 삼아야 한다. 우리는 하나님을 믿고자 하는 사람이지 의심하는 사람들이 아니기 때문이다.

여섯째, 성서의 말씀보다 더 좋은 말이 세상에 많은데 오직 성서만을 믿어야 하는가?

"바른 말이 사람을 잡는다"는 말이 있듯이 세상의 바른 말이 사람을 미혹할 수 있다. 영적전쟁은 생각전쟁이다. 하나님의 말씀이 아닌 다른 교훈, 바른 소리를 듣는 것은 하나님을 믿는 믿음에서 떠나게 할 수도 있다. 바른 말이 사람을 잡는다고, 인간의 교훈은 자체로 인간의 생각이기 때문에 하나님의 구원에서 멀어지게 할 수 있다. 하지만 과학, 역사, 문화, 사상 등을 모두 배격하자는 말은 분명 아니다. 세상의 좋은 말과 사실을 믿고 신뢰하되, 성서가 가르쳐 주는 계명에 따라 해석하고, 수용할 수 있어야 한다는 말이다. 또한 성서는 누구든지 다른 교훈을 가르치며, 예수 그리스도의 말씀과 경건에 대한 교훈을 따르지 않으면 교만과 변론과 언쟁을 좋아하게 된다고 했다. 아울러 투기와 분쟁과 비방과 악한 생각이 마음을 부패하게 하고 진리를 잃어버리게 한다고 했다. 경건을 이익의 방도로 생각하기 때문에 인간들 사이에 다툼이 일어난다고도(딤전 6:3-5) 했다. 그러므로 세상의 생각 때문에 여러 악이 생겨나지 않도록 성서의 가르침에 중심을 두고 세상의 지식을 해석할 수 있는 선구안을 가져야 하겠다.

2. 삼위일체 하나님

예수가 성서를 통해 가르쳐 주신 하나님은 삼위일체 하나님이다. 성부, 성자, 성령 하나님이다. 세 분은 하나님으로서 한 분이다. 세 분은 서로 사랑의 사귐을(요 1:3) 통해 일체(한 몸, 한 분)로 계시된다. 각자 세 분이지만, 세 분은 한 분으로 자신을 표현한다. 삼위일체 하나님은 순서와 계급이 없다. 계시된 대로 이름을 부르지만 서로 동등하다. 이 분들은 시간 전에 존재했으므로 순서에 따른 등급이 없다. 또한 인간의 생각으로는 이해할 수 없는 삼위일체는 신비다. 오랜 세월 동안 교회의 공식입장도 모른다는 것이었다. 모른다는 말을 하나님의 신비라고 표현한 것이다.

마태복음 3장에 보면 공생애의 시작을 앞에 두고 예수는 자신을 '하나님의 어린 양'으로 지목한 세례 요한으로부터 세례를 받았다. 이 세례는 히브리에게 있어 아브라함과 여호수아가 강을 건넌 것처럼, 강을 건너면 다시 돌아갈 수 없다는 의미를 지닌다. 아울러 모세에 속하여 홍해를 건널 때 세례를 받은 이스라엘처럼 애굽에서 나와 홍해를 건넜다는 의미이며, 다시 돌아갈 수 없다는 의미이기도 하다. 특히 마태복음 3장에 나오는 세례 요한의 세례는 죄사함의 세례로서 당시 성전 중심의 제사장 제도에 중대한 도전이었다. 제사장만이 성전에서 할 수 있는 속죄의 제사를 세례 요한이 광야에서 진행했기 때문이다. 그래서 세례 요한에 의하여 광야에서 거행되는 예수의 세례는 하나님이 성전에만 있지 않고, 예수와 함께하고 있다는 것을 증거한다. 아울러 마태복음은 예수의 세례를 통해 삼위일체 하나님을 계시했고, 삼위일체 하나님이 서로 어떤 관계를 맺고 있는가를 가르쳐 주었다. 서로 사랑으로 존재한다는 것을 계시했다. 서로 의를 이루고, 서로 곁에서 함께하고 도우며, 서로 기뻐함으로 하나로 사는 것을 계시했다.

첫째, 삼위일체 하나님인 예수는 세례를 통해 삼위일체 하나님이 서로 불의를 이루는 것이 아닌 서로 의를 이루는 합당한 관계로 늘 함께 하는 분들임을 알게 했다. 둘째, 세례의 때에 비둘기처럼 예수의 위에 임한 성령은 삼위일체 하나님은 서로가 서로에게 늘 낮아짐으로 평화와 왕권을 가지고 임재하고, 늘 곁에서 함께(임마누엘)하는 분들이라는 것을 계시했다. 셋째, 하늘에 계신 아버지 하나님은 사랑과 기쁨을 자신의 감정으로 예수에게 표현함으로 삼위일체 하나님은 서로에게 사랑과 기뻐함으로 반응하며, 일체로 존재하고 있음을 알게 했다(마 3:13-17). 삼위일체 하나님이 서로에게 각자의 성품대로 행할 뿐만 아니라, 각자의 성품이 모두의 성품이 되어 모두에게 서로 관계한 것이다. 서로에게 의롭게 행하고, 늘 함께하고자 하며 환대하는 것이다. 한 분만 함께, 의롭게, 사랑하고 기뻐함으로 행하는 것이 아니다. 모두가 모두에게 함께, 의롭게, 사랑하고, 기뻐함으로 행했다. 이와 같은 삼위일체 하나님의 관계를 사람의 관계로 확장하면 교회가 되고, 교회가 이룬 사회는 하나님 나라가 된다. 여기서 하나님 나라는 삼위일체 하나님이 그들의 성품으로 관계하고, 서로가 책임지는 사귐과 연대의 나라이다. 서로 사랑하는 교회 사회로서 하나님 나라는 인간이 삼위일체 하나님과 같이 더불어 누림과 사귐이 있는 기관이다. 장소가 아니다. 너를 사는 삶으로 우리를 사는,

서로 사랑의 사귐이다. 서로 사랑은 서로의 안에 거하게 하고, 기쁨이 충만하게 하며, 서로에게 자기 목숨을 버리는 큰 사랑을 하는 친구가(요 15:9-13) 되게 한다.

1) 우리로 사는 삼위 하나님

세 분의 하나님은 서로 사랑을 통해 우리로 존재하며, 일체(한 몸)를 이룬다.

첫째, 삼위일체 하나님 예수는 자신을 비우고, 낮아지고, 순종함으로(빌 2:5-11) 하나님과 하나되는 방법을 선택한다. 자신의 소원이 아닌 하나님 아버지의 뜻대로 되기를 원한다(마 26:39). 순종으로 하나님의 뜻을 다 이루기 위해 십자가에서 자신을 사랑의 제물로 바쳤다(벧전 3:18). 그는 자기 자신을 스스로 책임지지 않고, 영혼을 하나님에게 부탁하고(자기 목숨을 맡김) 십자가에서 죽었다(눅 23:46). 이와 같은 방식으로 예수는 아버지 하나님, 그리고 성령 하나님과 관계를 맺고 활동했다. 서로에게 불의를 행하지 않고 공의와 정의를 이루었다.

둘째, 삼위일체 하나님인 성령은 서로 하나되기 위해 임마누엘하고, 연합, 연대한다. 의와 사랑하는 일로 서로 동행하고 늘 같이 있으려고 한다. 삼위일체 하나님은 서로 돕고 서로를 동일시하며, 함께 함으로 충만 가운데 존재한다. 서로에게 임재하여 연합하고, 교통한다. 서로 개방하고, 서로 이입하고 침투하며, 상호수용한다. 우리로 살며, 서로를 너무 잘 알기에 삼위일체 하나님을 인간에게 가르치고, 생각나게 하고, 증언해 준다.

성령은 늘 자기 성품(성령의 아홉 가지 열매)과 은사로 삼위일체 하나님의 관계에 참여하고 있다. 또한 성령은 일치하기 위해 또는 곁에 있고자 낮은 곳으로 내려오는 분이다. 진정한 사랑은 당신이 나에게 오라고 하지 않고 먼저 찾아간다. 삼위일체 하나님에게 있어 사랑의 방향은 자기 안이 아니다. 밖에 있는 상대방이다. 성령의 권능을 받으면 그리스도인도 복음을 전하기 위해 밖으로 가는 증인이 되는 이유도 여기에 있다.

임마누엘은 삼위일체 하나님 모두의 이름이며, 하나님의 본능과 속성이다. 함께 있고 싶어하는 마음이 하나님의 마음이기 때문이다. 이 분들은 서로 떨어져서는 서로 견딜 수 없어한다. 예수가 죽음을 이기고 스스로 살 수 있는 권세도 임마누엘, 함께 하고자 하는 마음이 있었다. 예수는 임마누엘이라는 자신의 이름에 책임을 지려고 죽음을 이기고 부활했다. 하나님도 예수와 함께 하고자 그를 다시 살렸다. 임마누엘이 삼위일체의 본질이고 능력이기 때문이다. 부활의 이유는 간단하다. 우리로 함께 하고자 함이다. 함께 하려는 정신은 죽음도 이긴다. 그러므로 하나님과 함께 하려는 인간에게도 부활의 권능이 있다. 하나님과 동행(함께)한다면 에녹처럼 죽지 않고 하나님 나라에 들어갈 수 있다.

셋째, 삼위일체 아버지 하나님은 예수와 성령에게 사랑과 기뻐함으로 반응한다. 사랑과 기뻐함으로 환대하며 교제를 한다. 서로 먼저 환영하고, 먼저 좋아함으로 샬롬의 세계를 만든다. 사랑 때문에 스스로 하나님 자신이 다른 하나님의 소유가 되고자 한다. 상대에게 사랑으로 관계하며, 서로의 일을 기뻐해 준다. 방해하거나 반대하지 않고 늘 지지해 준다. '하나님은 사랑'이기 때문이다(요일 4:16). 사랑은 하나님에게 속한 것으로써 사랑하는 사람은 하나님으로부터 나서 하나님을 알고(요일 4:7) 그 안에 소속이(요일 4:17)된다.

성서는 하늘에 계신 하나님 아버지는 온전(완전)하다고(마 5:48) 증거했다. 온전이라는 말은 아버지 하나님의 성품에 근거한 말로써 타자를 사랑하고 기뻐함이다. 타인에 대한 환대와 환영이 바로 인격의 완전함이며, 하나님의 나라와 의를 구하는 방법이라는 것이다. 사랑과 환대는 타인의 인격과 환경이 전제되지 않는다. 환경과 조건이 상대를 환대하는데 영향력을 갖지 못한다. 실제로 하나님은 비천한 십자가의 예수를 부활하게 하여 영광스럽게 하였다. 죄인들을 신실한 그의 성품이 근거가 되어 용서하고 화해했다. 하나님은 인간의 형편과 처지에 근거하지 않고, 늘 동일한 사랑과 기쁨으로 관계해 주었다. 그리스도인이 약자가 된 나그네와 망명자를 잘 대접하는 이유도 여기에 있다.

2) 한 분 하나님

삼위일체 하나님은 한 몸이며, 한 분이다. 삼 두가 아니다. 서로 계급이 있는 것도 아니며, 시간적인 순서에 따라 존재하게 된 분들도 아니다. 태양을 빛, 열, 태양 본체로 구분하는 것도 아니다. 삼각형 모양으로 존재하는 분도 아니다. 나무의 뿌리, 몸통, 가지로 하나되어 존재하시는 분들도 아니다.

"도미솔"이라는 음을 함께 칠 때 나는 화음도 아니다. 동그라미 세 개를 교합으로 그려 놓은 것도 삼위일체를 표현하는 것이 아니다. 탁구의 백핸드의 자세에 쇼트, 커트, 푸쉬가 있다고 하는 것도 아니다. 인간은 하나님을 알 수 없다. 신비이고 미스터리다. 형상이 없는 무형의 하나님을 유형화하는 것은 그 자체로 오류가 될 수 있다.

인간은 모르는 것을 아는 순간, 더 많은 영역을 알고 있다는 것을 발견하게 된다. 모르는 것을 아는 사람이 되었기 때문이다. 모르는 세계가 있다는 것을 모르는 것보다 모르는 세계가 있다는 것을 아는 것이 더 많이 아는 것이다. 많은 신학자와 선생들이 하나님을 알려주지만, 결국 그들도 다 알지 못하는 하나님을 가르친다. 아울러 하나님의 계시인 성서도 하나님의 신비를 다 밝히지 못한 책이라는 것을 알아야 한다. 성서도 예수에 대해 다 기록하지 못했다고 증언했기 때문이다(요 21:25). 따라서 하나님을 성서가 가르쳐 주는 만큼만 아는 절제의 마음을 갖고 성서를 연구해야 한다. 하나님에 대하여 무지한 자신을 인정하고 복음을 증거해야 하는 것이다. 가르쳐준 만큼 말하고, 계시되지 않은 말씀에 대하여는 침묵하는 겸손한 태도를 견지해야 한다.

하나님은 성부, 성자, 성령 세 분이다. 하지만 그분들은 하나님으로서 일체(한 몸)를 이루며 존재한다. 삼위일체 하나님은 하나님으로서 하나(한 분, 한 몸)라는 것이다. 그래서 하나님은 오직 유일한 여호와이며(신 6:4), 하나님이 한 분이라는 것을 믿는(약 2:19) 것을 잘하는 일이라고 했다. 하나님은 각자 다 다른 인격체이시지만, 하나님으로서 일체이기 때문이다. 하나님은 서로에게 서로를 위하는 '우리'라는 관계로 존재한다. 나를 사는 것이 아니라 너를 사는 삶의 방식으로 뜻과 관계와 존재의 하나됨을 이루고 있다.

하나님은 유일하며, 한 분이다. 예수는 '아버지가 내 안에, 내가 아버지 안에 있다'고(요 17:21) 말했다. '나는 너고', '너는 나'라는 의미다. 서로가 서로의 안에 있기 때문에 예수는 우리가 하나라고(요 17:22) 했다. 이 말을 통해 아버지와 아들과 성령이 서로의 안에 존재함으로 일체를 이루고 있다는 것을 알 수 있다. 인간이 하나님의 형상을 알지 못하고, 볼 수도 없고, 만들지도 못하는 이유도 여기에 있다. 하나님은 삼위일체이기 때문에 세 분을 한 분으로 만들거나, 한 분인 하나님을 세 분으로 나누어 표현할 수 없기 때문이다. 삼위 하나님은 서로를 강제하지 않는 자유와 베풂으로 함께하며, 각자는 서로에게 독립적이며, 그 자체로 의미를 가진다. 그러나 서로 동질성을 잃지 않는 연합을 이루고 존재하며, 다양성을 갖지만 일체이다. 하나님을 존재적으로만 일체로 인식해서는 안 된다. 삼위일체 하나님은 관계적 하나님으로도 일체이다.

그리스도인은 '예수의 은혜와 하나님의 사랑과 성령의 교통함이 무리(교회)와 함께 있게 되는 축복'을 받았다(고후 13:13). 예수를 통해 그의 몸 된 교회가 되었기 때문이다. 그래서 하나님은 교회를 축복할 때에 삼위 하나님의 은혜와 사랑과 사귐으로 축복한다. 세 분의 마음과 사귐의 관계로 축복하고, 그의 샬롬의 나라로 초대한다. 또한 예수의 몸이 된 그리스도인은 축도를 통해 하나님을 선물로 받는다. 예수는 하나님을 인간에게 아버지로 주고, 아버지 하나님은 예수를 독생자로 주며, 예수는 성령을 보혜사로 인간에게 준다.

사도행전에 보면 삼위일체 하나님은 스데반의 순교 때에 함께 일했다. 이 분들이 스데반을 중심으로 하나가 되어 함께 일한 것을 알 수 있다. 스데반은 순교할 때에 성령이 충만했으며, 하나님의 영광과 예수가 하나님의 우편에 선 것을 본다. 스데반의 순교에 성령은 임마누엘로, 아버지 하나님은 영광으로, 예수님은 우편에서 정사와 권능으로 일체가 되어 스데반과 함께 일했다(행 7:55,56). 하나님 한 분만 스데반에게 관계했던 것이 아니었다. 삼위 하나님이 일체가 되어 스데반에게 함께 관계한 것이다.

삼위일체 하나님은 서로 사랑의 관계로 인간을 함께하고 축복했다. 그 결과로 의와 거룩, 행복과 삶의 의미가 있는 평화를 준다. 이 평화는 서로를 평안의 매는 줄로 성령이 하나 되게 한 것을 힘써 지키게 함에서 온다(엡 4:3). 사람을 평안하게 하는 것은 인연을 이어주기 때문이다. 또한 평안의 매는 줄이라는 말처럼 관계의 연결은 평화가 이어준다는 것이다. 하지만 평화로 관계하지 않으면 인연이 끊어진다. 서로 사랑으로 연을 끊지 않고, 평안의 매는 줄로 성령이 하나되게 한 것을 힘써 지킨다면 인연을 천국까지 이어가게 할 것이다.

3) 삼위일체를 이해하게 하는 이론들

삼위일체 하나님을 인간의 이성으로 완전히 이해하기는 불가능하다. 그렇지만 삼위일체 하나님을 이해할 수 있게 도움을 주는 이론들을 알 필요가 있다.

첫째, 예수에 대한 이해는 삼위일체를 이해하는데 도움이 된다. 교회는 예수가 오직 인격만 가지거나, 신격만 가진 분이라고 주장하지 않는다(단성론). 예수에게는 항상 두 위격이 존재하며, 두 위격이 연합하여 작용한다고 주장하지도 않는다(네스토리우스파의 이성론). 예수의 인격과 신격이 결합하여 전혀 다른 성질을 갖는 위격을 갖는다고도(오리엔트 정교회의 합성론) 주장하지 않는다.

성서가 전하는 예수는 인간이다. 또한 하나님이다. 예수는 참 신과 참 인간으로 분리, 혼합되지 않고, 서로 흡수되지 않는다. 신성과 인성이 하나 된 예수(롬 1:3)이다. 예수가 참 신이며, 참 인간이라는 깨달음을 통해 인간은 삼위일체 하나님을 이해하는데 도움을 얻는다.

둘째, 머리 되는 예수와 그의 몸 된 교회를 통해 유추해 볼 수 있다. 교회는 예수와 그리스도인의 연합으로 구성되어 있다. 하지만 교회로서 하나다. 하나가 되기 위해 예수와 그리스도인은 각각 교회의 부분으로 존재한다. 예수가 머리가 되고, 그를 믿는 그리스도인들이 몸이(고전 12:27) 되는 교회로서의 연합과 일체를(엡 2:20-22) 이룬다. 또한 이스라엘을 통해서도 유추해 볼 수 있다. 야곱은 개인적으로 이스라엘이지만, 이스라엘 국가이기도 하다. 이스라엘은 야곱 개인이지만, 이스라엘 국가는 일체로서 야곱이다.

셋째, 성서는 완전한 인간의 책이며, 완전한 하나님의 책이라는 것을 통해서도 알 수 있다. 하나님과 인간의 생각과 뜻이 성서로 하나의 뜻이 되어 읽혀지고 있기 때문이다. 하나님의 생각과 인간의 생각이 하나의 글, 생각, 뜻과 사상으로 통합된 것이 성서이다. 하나님과 인간이 자유롭게 생각하고 여러 사상을 갖지만, 서로 언약으로 함께하고 계명에 복종하는 방식으로 일체를 이루고 있다.

넷째, 각각의 남녀가 부부로서 한 몸을 이룸을 통해 일체를 생각해 볼 수 있다. 하나님은 인간에게 남녀가 부모를 떠나서 합하여 둘이 한 몸이 되라고 했다. 하나님이 짝지어 준 것을 사람이 나누지 못하게 했고, 부부는 둘이 아니고, 한 몸이라고 강조했다. 남자와 여자가 서로 몸이 다르고 사상과 환경이 달랐음에도 부부로서 차이를 넘어 하나가 되라는 것이다. 서로 비교하며 차이와 우월함을 주장하기보다 서로 평등하고 자유로운 한 몸 됨을 강조한다. 그래서 부부가 된 인간은 각자의 사상과 행동에 자유롭게 살지만, 하나님의 명령에 복종하여 서로 사랑으로 한 몸을 이룬다. 한 몸이니, 한 지체가 아프면 아픈 지체를 분리하기보다 함께하고, 장애가 있어도 사랑하며 일체를 이룬다.

4) 세상은 어떻게 존재적 운동을 하고 있는가?

'세상이 어떻게 존재하는가' 하는 운동의 원리는 대략 세 가지가 있다.

첫째, 칼 마르크스적인 변증법적 유물론이다. 물질이 세상의 근본이며, 모든 물질 안에는 서로 대립하는 대립물(힘)이 통일되어 있다고 본다. 여기서 이 대립물은 서로 투쟁을 통해 운동하고 이러한 운동을 통해 세상의 모든 것은 변화, 발전한다. 물질 안에서 대립물이 서로 투쟁하며 양적 변화와 질적 변화를 하고, 부정의 부정을 통해 발전한다. 하나의 성질을 갖는 물질이 그 고유한 운동력을 상실하면 이는 새로운 물질로의 전환을 의미한다. 아울러 이 법칙은 운동이 없는 멈춤의 상태는 없다고 주장한다. 그리고 이 운동 에너지는 분열에서 나온다고 본다.

또한 유물 변증법은 사회과학적으로도 적용되어 사회를 해석했다. 사회의 정신적 구조를 경제 구조가 결정한다고 했다. 경제 구조를 생산력과 생산관계로 나누고, 생산관계를 계급 관계로 구분했다. 사회를 생산자와 잉여물을 얻는 자의 계급투쟁 관계로 보았다. 서로 부정하는 계급투쟁과 혁명을 통해 사회가 변화·발전한다고 주장한다. 그러나 이 이론은 역사를 기계적으로 해석했고, 공산사회를 위한 독재를 정당화했다. 재산의 소유보다 경영권이 더 엄청난 권력을 소유함에도 사적재산 폐지로 국민을 무력화시키고, 과학을 무기로 공산주의 이념을 절대화시켰다. 공산주의가 주장하는 발전된 미래의 사회는 엄청난 생산력을 기반으로 하는 계급이 없는 사회이지만, 엄청난 생산력을 전제로한 사회체제이기 때문에 탐욕을 절제하는 미덕을 담지 못했다. 이는 환경 파괴를 막고자 하는 현대의 윤리에 적당하지 않다. 공산사회를 인간사회의 마지막 체제로 보는 것은 자본주의를 인간 사회구조의 마지막 체제로 믿는 것과 다르지 않다. 지나친 유토피아 감상주의와 체제 우월주의에 기반한 사상은 인간의 인권, 자유와 창의성을 제한했다.

둘째, 소크라테스적인 질적 변증법이다. 운동과 정지, 밤과 낮, 자유와 책임, 찬성과 반대, 하늘과 땅, 음과 양 등이 있음을 전제한 이론이다. 대립하는 것 같지만 분리할 수 없고, 협동할 수밖에 없는 운동법칙이다. 헤겔의 변증법이 정반합의 원리로써 생명의 생성과 소멸을 이해하는데 도움이 된다면, 질적 변증법은 동질성과 본질에 충실하여 둘을 하나로 나타낸다. 서로 대립하는 것 같지만, 대립하는 한 쪽이 존재하지 않으면 반대의 쪽은 온전한 의미를 갖기 어렵다. '밤은 밤답게, 낮은 낮답게' 서로 다른 것이 인정되는 이론이다. 서로 다른 것이 인정되지만, 하나로서 해석되어 '날'이라는 의미를 갖게 한다. 서로가 서로의 정체성을 훼손하지 않고, 다름으로 하나된 관계를 이루는 운동방식이다. 이러한 생각에 기반하여 삼위일체적 법칙을 숙고해 보면 도움이 될 것이다.

셋째, 성서적 삼위일체적 법칙이다. 이 법칙에서는 하나님이 세상의 근본이다. 하나님은 세 분이 하나로 통일, 연합되어 있고, 사랑의 교통을 통해 운동한다. 이 운동을 통해 세상은 양적, 질적으로 변화하고, 발전한다. 일체에서 충만이, 연합에서 융합 에너지가 나온다. 분열이 아닌, 분열되는 요소를 극복하는 사랑으로 연합의 에너지를 사용한다. 세상이 대립하는 관계로 통일되지 않고, 사랑으로 운동하는 가운데 일체 되는 관계를 이루고 있다고 본다.

노동자와 자본가, 평신도와 목사, 부부관계, 원고와 피고의 관계, 채권자와 채무자 등의 관계도 둘이자, 하나가 된다. 그렇게 계속 관계를 확장한다면 둘이 아닌 하나이며, 셋이 아닌 하나, 열이 아닌 하나, 백이 아닌 하나가 된다. 이렇게 서로 다른 관계가 사랑으로 동질성을 잃지 않고 연합하는 방식으로 세상이 운동하며 존재 방식을 가지는 것이다. 그래서 삼위일체적 세계관으로 세상을 보고, 가치관을 가지면 세상은 평화로운 세상이 되는 것이다.

5) 신앙생활, 영성, 교회 생활이란?

　세상의 철학과 사상은 물질 운동의 원리를 관찰해 필요한 지식을 얻는다. 물질을 관찰한 것을 과학화하고 철학화하여 자기 신념화하고 행동의 정당성과 당위성을 갖고자 한다. 또한 종교는 물질의 운동 원리를 깨닫고 만물에 신성이 있다고 생각한다. 의인화된 사물을 근거로 이야기를 만들어 신화화한다. 이 신화 속에서 인간은 교훈과 철학을 만들고 신학화하여 종교적 신앙을 얻는다. 그러나 삼위일체론은 근본이 인간과 물질이 아닌 하나님이다. 삼위일체 하나님을 통해 철학과 사상과 신앙을 얻는다. 신론을 기반으로 과학, 정치, 경제, 문화, 사회 등을 숙고하고, 삼위일체적 삶을 실현해 선을 이룬다. 신을 사랑하기를 시작하고 계속하는 것을 기반으로 한다. 이는 서로 분열된 나로 사는 것이 아니라, 너를 사는 삶으로 우리로 함께 사는 공동체를 형성하게 한다.

　신앙 생활은 투쟁하는 분열 에너지를 운동력으로 갖지 않는다. 서로 사랑으로 상생의 정신을 갖는 연합 활동을 한다. 삼위일체 하나님의 관계를 본받는다. 서로를 잘 알며, 모든 의를 이루기에 합당한 관계를 맺으며, 아낌없이 주는 사랑과 섬기는 관계를 갖는다. 투쟁하는 우리가 아닌 사랑의 우리로, 일체의 사랑으로 율법을 완성하게 한다. 서로에게 먼저 가서 도와주고, 일치와 연합을 이루어 하나인 우리로 살 수 있게 도와준다. 서로 누림과 안식, 복과 거룩을 위해 반응한다. 그래서 삼위일체적 사랑을 본받는 교회는 예수를 주로 하여 그가 준 계명을 마음에 담고, 서로 사랑과 기쁨으로 반응하며, 개방하고, 화목을 이룬다. 봉사, 수고, 존중하는 믿음의 관계를 중시하며, 이웃을 무시하고 부끄럽게 하거나 두렵게 하지 않는다.

하나님 사랑을 시작하고 계속해야 하는 신앙 생활은 존재의 목적을 자기중심에서 관계 중심으로 바꾸게 한다. 나 중심에서 너와 우리 중심으로 중심을 이동시킨다. 하나님의 형상과 모양을 닮고 예수의 인격을 닮는 개인적 노력을 공동체로 사는 삶으로 지향하게 한다. 개인의 결단과 노력과 덕을 중시 여기고, 개인의 인격적 변화에 비중을 두기보다는 더불어 사는 관계에 집중하게 한다. 성령의 열매인 사랑, 희락, 화평, 인내, 친절, 선행, 충성, 온유, 절제는(갈 5:22,23) 수도하여 얻어지는 것이 아니다. 이는 오롯이 관계를 통해 얻어지는 열매다. 삼위일체적 관계를 교회를 통해 구현했을 때 나타나는 성령의 열매이고, 영성이다. 그러므로 존재와 관계는 우선 순위가 없는 하나다. 홀로 존재할 수 없다. 인간은 관계를 통해 존재하기 때문이다. 그래서 인간은 관계를 통해 하나님과 이웃의 은혜로 된 자신을 발견한다. 우리로 사는 교회 사회에서 서로 얼굴(꼴)을 은혜로 봐 주는 이유이다. 결론적으로 말한다면, 신을 사랑하는 신앙생활과 그리스도인의 영성, 교회의 생활은 '삼위일체 하나님이 사는 것처럼 사는 삶'이다. 이 삶을 통해 그리스도인들은 하나님 나라를 이 세상에 교회 사회를 만들어 실현한다.

3. 성서적 인간론

웨스트민스터 신앙고백은 '인간의 최고 목적은 하나님을 영화롭게 하고, 영원하도록 하나님을 즐거워하는 것'이라고 했다. 그리스도인이라면 누구나 본받아야 하는 고백이다. 그러나 성서는 인간이 하나님을 영화롭게(사 43:7, 고전 10:31) 하는 존재이지만, 아울러 하나님도 인간을 영화롭게 한다고(시 91:14, 롬 8:30) 했다. 하나님과 인간이 서로 사랑하는 강력한 상호관계를 갖고 있음을 증거하고 있다. 하나님과 인간은 서로를 영광스럽게 하는 서로 사랑의 관계라는 것이다. 일방적으로 인간만 하나님을 영화롭게 하는 것이 아니다. 하나님도 인간을 영화롭게 하기 위해 관계를 맺는다. 하나님이 인간을 창조한 이유가 '우리'였기 때문이다. 계명도 하나님이 인간만 지키라고 준 것이 아니다. 하나님도 함께 지키고 있음을 알아야 한다.

하나님은 내가 아닌 너를 사는 삶으로 우리를 산다. 그래서 삼위일체 하나님을 닮은 "우리의 형상을 따라 우리의 모양대로" 인간을 남자와 여자로 창조했다(창 1:26). 인간을 통해 삼위일체를 닮은 하나님의 모습을 보고 싶었기 때문이다. 남녀가 부부가 되면 나만 닮거나, 너만 닮은 자녀를 낳기를 바라지 않는다. 부부를 함께 닮은 자녀를 낳고 싶어한다. 부부는 자녀를 통해 서로의 모습, 서로 합한 모습, 서로를 닮은 모습을 보고 즐거워하기를 원하기 때문이다. 그러므로 하나님의 인간창조의 이유는 삼위일체 하나님의 서로 사랑의 관계에서 비롯된다. 삼위일체 하나님은 서로를 너무 사랑해, 서로를 닮은 하나님의 모양과 형상을 사람을 통해 보고 싶어했기 때문이다. 우리로 사는 부부가 서로 사랑하여 하나를 이루면 서로를 닮은 자녀 낳기를 원하듯이 삼위일체 하나님도 인간을 통해 '하나님의 형상과 모양'을 보길 원했다. 하나님은 인간을 통해 서로를 보고 싶었던 것이다. 인간을 통해 '나와 너, 우리'가 보고 싶어서, 독립적인 인격체로서 '우리로서 사는 인간'을 창조한 것이다.

1) 하나님의 창조물인 인간

인간은 하나님이 창조했다. 사람을 흙으로 빚어 만들고, 생기를 코에 불어넣어 생명체가 되게 했다(창 2:7). 하나님의 손길이 닿고, 그의 숨결을 간직하게 하여 거룩하고 절대적 가치가 있는 존재로 창조했다. 인간의 모든 신체는 전능자 하나님의 손이 닿아 조성한 부분이요, 특히 코에서 왔다갔다 하는 숨은 하나님의 생기이다. 이러한 아담의 창조는 아담에게서 끝난 것이 아니다. 오늘날도 하나님은 인간 한 사람 한 사람을 모태에서 조성하고(사 44:1) 있다. 인간 '한 사람 한 사람', 그리고 인류를 하나님이 직접 창조하여 무엇과도 비교할 수 없는 존재로 창조했다. 인간을 자본이나 노동적 가치로 평가하지 못하게 했다. 인간을 사고 팔 수 있는 상품이 아니라 하나님의 숨을 간직한 창조적인 작품이 되게 했다. 인간이 흙으로 만들어졌다고 물질로 취급하지 못하게 한 것이다.

성서는 인간의 정신보다 물질, 흙이 먼저 존재한 것을 인정한다. 유물론과 같이 창조론도 물질이 정신보다 먼저 존재한다고 주장한다. 하지만 유물론자들은 인간을 물질과 정신으로 분리했다. 또한 관념론은 하나님의 인격성을 무시하고 절대정신만으로 이해했다. 진화론의 경우는 인간의 인격성을 무시하고 물질성을 강화해 기계적으로 진화를 정당화한다. 하지만 인간은 물질과 정신을 공유한 생명이다. 물질과 정신을 동시에 갖는 인격체이다. 정신이 물질을 만들어서 인간이 존재하는 것이 아니다. 물질이 정신을 만들어서 인간이 존재하는 것도 아니다. 물질과 정신의 분리는 인간에게 불가능하다. 물질(흙, 유기물, DNA)이 인간이 되었고, 예수도 역시 인간이 되었다. 과학을 통해 흙으로 창조된 인간과 신학을 통해 하나님의 뜻으로 창조된 인간을 통전적으로 인식할 필요가 있다. 성서는 과학과 신학을 동시에 도구와 재료로 사용하기 때문이다.

2) 하나님의 '우리'로서 인간

삼위일체 하나님은 인간을 "우리의 형상과 모양대로 우리가 사람을 만들자고"(창 1:26) 제안하고 합하여 공동체적으로 창조했다. '하나님의 우리'가 되는 인간으로 창조한 것이다. 사람을 하나님의 타자가 아니라 '하나님의 모양과 형상'을 가진 '하나님과 우리' 된 존재로 창조한 것이다. 소외되지 않는 존재로 창조한 것이다. 여기서 '우리'라는 말은 '내가' 들어가야 '우리'가 된다. 내가 소외된 '우리'는 없다. '하나님의 우리'라는 말은 인간이 하나님과 '우리'라는 의미이다. 독존과 이기주의는 인간을 소외시키는 마음의 체제이지만 '우리'라는 말에 의해 해체된다. 인간은 개인으로서 한계를 갖지만 우리로서 한계를 극복하고, 영원한 존재가 된다. '하나님의 우리'로서 인간은 하나님에 잇대어 영원한 존재가 창조되었고, 인간은 서로 평등한 존재로 창조되었다. 아울러 삼위일체 하나님이 서로에게 왕이 되지 않는 것처럼, 인간도 서로에게 왕이 될 수 없다. 모두 우리로서, 공동체로서 하나이고, 자유롭고, 독립적이며 평등한 존재이다.

하나님은 아담을 창조하고 난 후에 그가 혼자 사는 것이 좋지 않아 돕는 배필을 만들었다. 하나님은 인간이 혼자 존재하는 것을 좋게 생각하지 않았다. 공동체로 사는 것을 좋아했기 때문에 이웃을 만든 것이다. 그래서 신약에서도 증인과 성령에 의해 예수를 믿고 구원을 받으면 교회 공동체가 되게 했다. 구원이 개인 구원만 아니라, 그리스도 안에서 통일되는 우리로서 구원이 되게 했다. 인간이 생명인 예수와 연합하여 우리로서 영생을 얻게 한 것이다. 아울러 예수의 몸이 되는 거듭남으로 인간은 하나님에게 사랑하는 자가 된다. 하나님이 사랑하는 예수의 몸이 되었으니, 하나님이 인간을 사랑하는 것은 당연하다.

3) 하나님의 형상과 모양으로서 인간

인간은 하나님의 종이나 로봇이나 꼭두각시로 창조되지 않았다. 하나님의 모양과 형상을 가진 하나님의 자녀, 자유인, 의인으로 창조되었다, 고아와 종, 죄인으로 창조되지 않았다. 생존권과 인권, 인격을 가진 평등한 존재로 창조되었다. 사람 하나하나가 하나님의 권위와 영광과 존귀함이 있는 소중한 존재로 창조되었다. 또한 성서는 인간을 경쟁으로 몰고 가 불평등을 만들고 착취하는 것을 반대한다. 인간이 서로를 비교할 수 없는 소중한 존재라는 것을 가르쳐 인간을 죄, 억압, 소외로부터 해방시킨다. 비교의식과 우월의식을 갖게 하여 서로 차별하게 하는 세력에게도 반대한다. 하나님이 인간을 창조했다는 믿음으로 자기 자신을 바보나, 멍청이, 못난이, 불행한 자로 생각하지 않게 한다. 인간이 육체적 장애, 정신적 장애, 소외와 빈곤한 상태에 있다고 할지라도 이 모든 것은 하나님의 영광을 나타내기 위한 것이라고 믿게 한다. 어떠한 형편이든 하나님의 모양과 형상으로서 정체성을 지키도록 돕는다. 모든 이웃을 하나님의 형상과 모양을 가진 인격으로서 고귀한 가치를 인정하게 한다.

하나님의 형상과 모양이며, 하나님의 우리인 아담은 창조 당시 강력한 권능을 가진 존재였다. 아담은 다니엘서의 사드락과 메삭과 아벳느고와 같이 불 속에서도 무사한 모습이었을 것이다. 다니엘이 굶주린 사자의 굴속에서도 사자가 다니엘을 공격하지 못한 것처럼 권위와 권능을 가진 존재였을 것이다. 또한 부활의 예수처럼 사망의 권세도 이기는 몸이었다고 할 수 있다. 이 밖에도 예수가 병을 고치고, 물 위를 걷고, 바람을 순종하게 한 기적과 예수가 부활한 후에 벽을 통과한 일 등을 통해서도 아담을 알 수 있다. 이와 같은 아담의 몸 이해는 몸의 부활을 믿게 하고, 몸의 완전성과 권세의 우월성을 확신하게 한다. 아울러 하나님의 형상과 모양으로 회복을 강력히 소망하도록 돕는다.

4) 하나님의 일을 하는 인간

하나님은 인간에게 에덴동산이라는 영역을 주어서 다스리게 했다(창

1:26,28). 인간이 창조의 질서를 보존하고 하나님의 자녀로서 세상을 통치하며 살게 했다. 통치라는 하나님의 일을 하여 땅을 정복(경작)하며 에덴이라는 행복의 영역을 넓히고, 하나님의 아름다운 덕을 선포하게 했다. 지상에서 하나님의 일을 대행하는 자로서 세상의 악을 어거하고 독재와 독점, 분쟁과 전쟁, 기아와 탐욕에 반대하게 했다. 에덴을 자유와 평화, 행복의 땅으로 번성하고 충만하게 만드는 사명을 주었다.

이러한 사명은 신약성서에도 계승되었다. 예수는 제자들에게 '먼저 하나님의 나라와 그의 의를 구하라'(마 6:33)고 했다. 여기서의 하나님의 나라는 그리스도인이다. 그리스도인이 '왕과 같은 제사장들이며, 거룩한 나라' 라고 (벧전 2:9) 했기 때문이다. 사람이 하나님의 나라로서 먼저 구해져야 할 중요한 존재라는 것이다. 아울러 '다스리라'는 하나님의 명령은 그리스도인이 나라를 건국하고 다스릴 위치에 있다는 것을 알게 한다. 늘 지배만 받는 위치에 있는 것이 아니라 한 사람 한 사람이 왕과 같은 제사장으로서 공동체의 주체로 살게 했다. 그리스도인 한 사람 한 사람이 정복하고 다스리는 혁명가이고, 건국자이고, 개혁가로 살게 한 것이다. 이러한 예는 모세, 이스라엘 왕인 다윗과 에스더, 에스라 등과 하나님의 나라를 세우고자 유대인의 왕으로 죽은 예수를 통해 충분히 인식할 수 있다.

하나님은 인간에게 생육하고 번성하여 땅에 충만하라고 했다. 땅을 정복하며 생물을 다스리라고도 명령했다(창 1:28). 그래서 이 사명을 오늘날의 교회도 계승하고 있다. 성령의 권능을 받은 증인이 교회 사회를 세워 하나님 나라를 건국하는 일에 헌신하게 했기 때문이다. 그렇다면 증인이 성령의 큰 힘을 받아 무엇을 할 것인가? 가서 증인 되는 것이다. 가서 하나님의 나라를 세우는 것이다. 왕의 일은 정치이며, 인간의 일이다. 정교분리나 정교일치의 논쟁은 이제 불필요한 것이다. 교회의 당파성과 국가성은 하나님이 세상을 정복하고 다스리라는 명령에서 나온다. 사람들은 공산당이 단순히 하나님을 믿지 않기 때문에 교회를 반대한다고 생각한다. 그러나 그것은 일면일 뿐이다. 공산당은 교회를 당파성이 있는 집단으로 보기 때문에 교회를 탄압한다. 당파성이 있다는 것은 정권을 만들 수 있는 집단이라는 의미이다. 그래서 공산당은 예수에 대한 믿음으로 하나님의 나라를 세우려는 교회를 반대하고 탄압하는 것이다.

5) 하나님이 힘을 주는 존재

'나는 할 수 있다(I can do it)'는 사상은 인간이 깨달음과 힘을 통하여 자기 뜻대로 모든 것을 할 수 있다고 생각하는 이론이다. 이 사상은 1500년 경의 교회개혁 전에 만연한 사상이기도 했다. 양심적으로 판단하여 덕을 세우고, 인간의 의지를 실천하면 좋은 결과를 낼 수 있다고 면죄부까지 발행했기 때문이다. 이들은 복음이 아닌 면죄부를 팔아서 천국에 가게 하고, 예수를 믿음이 아닌 면죄부를 사야 천국에 간다고 했다. 그러나 성서의 가르침은 "나에게 능력을 주는 자 안에서 내가 모든 것을 할수 있다"(빌 4:13)는 사상이다. 인간이 무엇인가를 할 수 있는 능력도 '능력 주는 자' 안에서 할 수 있다는 것이다. 인간은 하나님이 힘을 주는 존재이기 때문이다. 그래서 그리스도인은 하나님이 능력을 주는 만큼만 하면 된다고 믿는다. 그 이상 하는 것은 내가 할 수 있다는 불신앙이라는 것을 안다.

속담 중에 '하늘은 스스로 돕는 자를 돕는다'는 말은 그동안 일부 사람들에 의해 하늘이 스스로 노력하는 사람을 성공하게 한다는 말의 의미로 사용되어 왔다. 덕분에 많은 사람들이 열심히 노력하면 하나님의 도움을 받을 수 있다는 오해를 하게 했다. 능력 주는 자 안에서 모든 것을 할 수 있다는 사상의 영향을 받지 못했기 때문이다. 자신이 자신과 하늘을 돕는다고 구원을 받을 수 있는 것이 아니다. 율법을 철저히 준수하는 것과 착한 양심으로도 안 된다. 이는 사람이 계명으로 교훈을 삼아 가르쳐서 하나님을 헛되이 경배하는 것이다. '나는 할 수 있다'는 사상은 하나님의 계명을 버리고 사람의 전통을 지키게 할 뿐이다(막 7:7-9). 그리하여 교회가 다시 인간이 만든 종교가 되게 한다. 오직 하나님이 도와주어야, 은혜를 주어야, 능력을 주어야, 생명을 주어야, 구원을 주어야 비로소 인간은 존재한다. '인간은 인간을 구원할 수 있다.', '스스로 노력하면 된다.', '당신은 의로워질 수 있다.', '당신은 가능성이 있다.', '당신을 믿어라.', '당신은 할 수 있다'는 지나친 낙관주의는 배격해야 한다. 이것은 자신이 자신을 돕는 것이다. 자신이 자신을 돕는다고 하나님이 돕는 것은 아니다.

6) 하나님이 보기에 좋았던 인간

하나님이 보기에 좋으면 선(Good)이고, 보기에 좋지 못하면 악이다. 하나님이 인간을 만들고 "다 이루었다", "보기에 좋았다"고 한 것은 인간이 선한 존재였다는 것을 증거한다. 인간을 부족하거나 결핍된 존재로 창조한 것이 아니라 선한 존재로, 완성체로 만들었다는 의미이다. 이런 의미에서 인간은 완전하고 흠잡을 데 없는 소중한 존재임에 틀림없다. 인간을 창조하고 하나님이 말한 "다 이루었고, 보기에 좋았다"는 말씀은 인간에 대한 하나님의 속마음이다. 인간에 대한 하나님의 지극한 사랑과 기뻐함이며, 이는 인간을 향한 하나님의 얼굴이다. 그러므로 스스로 '하나님이 나를 어떻게 볼까?' 하는 의문이 들 때, 나는 부족하다는 마음에 순종하지 않아야 한다. 하나님의 인간에 대한 마음을 인정하는 것이 믿음 생활의 핵심이기 때문이다. 내가 나를 어떻게 생각하는 것보다, 누가 나를 어떻게 여기는 것보다, '하나님이 나를 어떻게 생각하느냐'가 더 중요하고 큰 생각이다. 인간은 하나님이 완성한 존재이며, 보기에 좋았다고 한 완벽한 존재이기 때문이다. 인간이 하나님이 사랑하는 자기 자신을 인정해야 하는 이유이다. 스스로 불완전하다고 여기는 자신을 하나님이 사랑하고 축복하는 존재로 시급히 인정할 필요가 있다.

인간의 절망은 자신의 죄 때문에 하나님이 자신에 대해 실망할 것이라는 생각에서 온다. 또한 내가 부족하기 때문에 구원하지 않을 것이라는 두려움에서 온다. 하지만 하나님의 사랑은 먼저 용서하는 죄인 사랑이며, 원수 사랑이다. 나는 부족하여도 영접할 것이다. 하나님의 사랑에 대해 불신과 불신에서 오는 생각을 멈추어야 한다. 어떠한 처지에서도 하나님은 나를 사랑한다는 것을 믿어야 한다. 인간의 죄는 예수의 심판 받음으로 용서가 되었고, 그의 부활로 종말이 미래에서 여기로 왔기 때문이다. 아무리 큰 죄인이라도 하나님이 사랑하는 예수를 영접하면, 하나님은 예수를 사랑하는 것과 같이 인간을 사랑한다. 예수를 영접하면 하나님이 사랑하는 사람으로 자신을 다시 영접해야 하는 이유이다. 아울러 이웃도 하나님이 사랑하는 사람으로 다시 영접해야 한다.

예수를 영접한 인간은 자신을 그 자체로 하나님 보기에 좋은 존재로 인정하고 축복해야 한다. 자신과 이웃을 축복하고, 기뻐하며, 사랑하는 훈련과 그렇게 여기는 마음을 가져야 한다. 하나님이 보기에 좋은 존재로 자신을 인정하고, 자신을 사랑하고, 자신을 믿어주고, 기뻐해 주어야 하는 것이다. 율법이 가르치는 죄인 의식과 양심의 가책으로 자신을 부끄럽게 여기지 말고 두려워하지 않아야 한다. 율법과 양심을 믿지 말고 예수를 믿어야 한다. 그리스도인은 자기 자신을 믿지 않고 하나님을 믿는 존재이다. 남들이 나를 어떻게 여기는가에 주목하는 것도 성서의 뜻을 따르지 않는 세속적인 욕망이다. 그리스도인은 예수를 믿어야 한다. 가짜 선생, 어린 율법 선생과 권위자를 믿으면 안 된다. 양심과 율법, 선행이 인간을 구원하는 것에 실패해도 하나님은 나를 구원하는 것에 실패하지 않기 때문이다.

인간은 하나님이 보기에 좋았다고 한 자신을 축복하고, 즐거워하며, 자신에게 준 창조의 질서를 보존해야 한다. 하나님이 인정한 대로 인정하는 것이 신앙이고 나에 대한 창조질서의 보존이다. 이것이 우리의 믿음이어야 한다. 세상의 사상과 율법이 말하는 나로 나를 평가하지 않아야 한다. 하나님은 나를 좋아하기 때문이다. 그는 내가 죄인이라도 죄 있는 그대로의 모습으로 사랑한다. 내가 큰 죄를 지어도 내가 하나님의 자녀이기에 사랑하며, 어느 누구와도 바꾸지 않는다. 내가 못생겨도, 능력이 없어도, 아파도, 가난해도, 누구에게 사람 노릇을 못해도 하나님은 나를 좋아하고 기뻐한다. 이것이 인간에 대한 하나님의 사랑이다. 또한 내 모습 그대로 사랑하는 하나님은 자본가나 농부, 노동자에게도 보기에 좋다고 한다. 젊은이나 노인이나, 어린이에게도 "넌 선하다. 좋다. 아름답다."고 평가한다. 왕궁에서 솔로몬의(회장) 옷을 입은 사람이나, 들에서 백합화의(청소부) 옷을 입은 사람이나 모든 옷에 차별이 없고, 모든 시절마다 완전한 자로 인정하고 사랑한다. 세상의 미학과 가치로 인간을 평가하지 않는다. 하나님은 그리스도인을 예수의 몸(교회)으로 보기 때문이다. 이와 같은 하나님의 사랑에서 성서와 교회의 권위가 발생하고, 위대함이 탄생한다.

4. 최초의 이웃 관계(창 2:18-25)

서로 먼저 사랑하는 삶을 사는 삼위일체 하나님은 사람이 고독하게 사는 독처(독존)를 원하지 않았다. 사귐으로 삶의 의미와 기쁨을 누리며 살게 했다. 인간이 돕는 배필인 이웃을 통해 하나님의 사랑을 확인하며 살게 했다. 아울러 하나님은 아담의 몸(갈비뼈)으로 하와를 만들어서 한 사람을 두 사람이 되게 했다. 아담에게 하와를 돕는 사람으로 보내서 둘이 하나가 되라고 했다. 둘이 서로 도와 하나가 되는 연합의 과제를 함께 푸는 이웃이 되게 한 것이다. 아담의 입장에서 하와는 하나님이 보낸 사람 즉, 증인이다.

아담에게서 하와가 나옴으로 하나에서 둘이 되는 관계가 창조되었다. 서로 사랑하며, 투명하고 의로운 정신으로 서로 복종하며, 돕는 관계가 형성되게 했다. 아담이 하와를 통해 완성된 몸인 공동체가 되게 한 것이다. 서로 돕는 일로 하나가 둘이 되고, 둘이 하나가 되는 운동성을 통해 '우리로 사는 공동체'가 형성되게 한 것이다. 또한 공동체로서 일체가 된 인간은 서로 도우면서 공동체로 살아야 하고, 함께 서로 사랑하라는 계명을 성취해야 했다. 이기주의를 이타주의에 복종시켜야 하며, 혼자 있고 싶어하는 마음과 꿈을 버려야 했다. 그러므로 '천상천하 유아독존적'인 삶을 사는 것은 바람직한 삶의 태도가 아니다. 세상은 나만 사는 세상이 아니고, 내가 없으면 세상이 없는 것도 아니다. 내가 없어도 세상은 존재하고, 내 이웃에게도 의미가 있는 세상이기 때문이다.

하나님이 아담을 위하여 돕는 배필을 만들었으니, 서로 위하고 돕는 사회가 하나님이 보기에 좋은 세상이다. 서로 돕는 관계로 남녀가 서로 배필이 되고, 넓게는 이웃에게 돕는 사랑을 전파해서 좋은 사회가 되게 해야 한다. 이것이 인간 관계의 본질이다. '나는 하나님만 있으면 된다.', '나에게 이웃은 필요 없어!' 하는 마음은 하나님이 하와를 창조한 이유로 본다면 불신앙이다. 인간은 혼자 살도록 창조된 것이 아니라, 서로 돕는 관계로 창조되었다. 둘이 있는 것이 하나님이 보기에 좋았으니, 이웃을 사랑하며 보호하고, 함께 사는 선을 이루어야 한다.

홀로 거하는 것이 하나님 보기에 좋지 않다고 했으니, 성서적인 입장에서 보면 독처는 죄다. 인간은 언제나 '우리'여야 선한 존재이다. 이웃은 하나님이 인간을 위하고, 사랑한다는 증거이기 때문이다. '우리'에게서 사랑과 우정, 덕과 행복이 생산된다. 정의와 평화는 혼자 독처해서 생기는 것이 아니다. 삶 속에서 관계하며 얻어지는 성품이자 결과이다. 독처하며 성품을 개발할 수 없다. 또한 독처하며 예수를 닮아 갈 수도 없다. 예수를 닮는다는 것 자체가 개인의 심리적 용어이기보다는 관계적 언어이다. 성품은 관계에서만 발생되고 개발되는 것이다. 독존하고자 하는 의도는 불신앙이다. 하나님은 인간이 '우리'라는 공동체를 통해서 살아가기를 원하기 때문이다.

하나님이 아담의 갈빗대로 여자를 만들고, 하와를 아담에게 데려오자 아담은 이렇게 말했다. "내 뼈 중의 뼈요 살 중의 살"이다(창 2:22, 23). 인류가 최초로 이웃을 향해 한 말이다. 이 말의 의미는 '너는 나'라는 의미이고, 나보다 당신이 더 중요하다는 말이다. '나에게서 너에게' 중심이 이동했다는 의미이다. 존재적으로 둘이지만 하나라는 뜻이다. 하와는 아담에게서 나온 여자이며, "이웃을 네 몸처럼 사랑하라"(막 12:21)는 계명의 당사자이기 때문이다. 그래서 아담은 자신을 낳은 "부모를 떠나 여자와 한 몸을 이루라"(창 2:24)는 하나님의 명령에 순종했다. 이렇게 둘이 한 몸을 이루었기 때문에 그 이후의 모든 후손은 일만 명이 되어도, 일억 명이 되어도 인류는 하나의 몸으로 살게 되었다. 아담의 몸에서 하와가 나왔고, 둘에게서 자녀들과 인류가 나왔지만, 결국 모든 인류의 몸은 아담의 몸이기 때문이다. 아담이 말한 "뼈 중의 뼈이며, 살 중의 살"이기 때문이다.

부부관계와 넓게는 모든 인간관계의 본질은 착취와 지배가 아니다. 서로 정죄하는 관계도 아니다. 서로 돕는 관계이다. 서로가 구원을 받을 때까지 돕는 존재이다. 이 사상이 잘 드러난 것이 고멜을 향한 호세아의 사랑이며, 간음하여 바리새인에 의해 끌려온 여인에 대한 예수의 사랑이다. 그래서 사람이 성폭력을 당하거나, 간음하여 정조를 잃었다고 미워하는 것은 그리스도적인 사랑이 아니다. 간통죄는 그리스도인에게 있어 있으나 없으나 하는 법이다. 이 율법은 우리에게는 필요 없다. 하나님이 원하는 그대로 사랑을 하면 고발과 이혼이 불가능하다. 그래서 교회는 경제의 문제, 성격의 문제, 사상의 문제, 바람의 문제를 이혼의 사유로 생각하지 않는다. 죄인을 사랑하고 서로가 서로의 구원을 돕는 배필이기 때문이다. 이혼하지 않는 것은 교회의 기본 입장이다. 상대가 바람을 피우거나, 성격이 나쁘거나, 중독이거나, 망한 것 등의 이유는 이혼의 문제가 아니라 사랑의 문제이다. 먼저 죄인을 사랑하고 돕는 배필로서 구원하는 교회의 일이다. 그래서 그리스도인에게는 결혼 이후에 이혼이 없다. 친구 된 이후, 가족이 된 이후에도 이별은 없다. 그리스도인의 사랑은 서로의 구원을 끝까지 돕는 사랑이기 때문이다. 신을 사랑하는 것을 시작하고, 계속하고 있다면 하나님의 말씀대로 서로 사랑하기를 시작한 부부와 이웃은 서로 사랑하는 것을 계속해야 한다. 어떤 어려움과 유혹이 있거나 이로 인하여 쓰러지고, 넘어져도 다시 시작하고 계속하는 사랑을 해야 한다. 서로 이웃을 구원하며 돕는 배필이 되어 줌으로 하나님이 인간을 위하는 사랑을 발견하게 해야 하기 때문이다. 그러나 불가피하게 이혼을 했다고 하더라도 말씀을 거역했다고 양심의 가책을 받을 필요는 없다. 힘이 없어 이혼을 당하거나, 이혼으로 해방된 사람들도 있다. 이런 경우는 죄인을 사랑하고, 구원을 돕는 이웃이 되면 된다. 이웃은 자신의 몸이기 때문이다. 이혼을 했다고 해도, 둘은 이웃이다. 예수 안에서 친구로 사랑하는 이웃이 되도록 해야 한다.

그리스도인은 이제 더 이상 사람을 정조 개념, 물질의 개념, 미추 개념 등으로 이해하고 판단하지 않아야 한다. 성서가 "네 이웃을 네 자신과 같이 사랑하라"고 했기 때문이다(마 19:19). 예수는 원수와 그를 버린 제자들, 조롱하고 폭행을 가하는 사람들 사이에서도 십자가 사랑으로 인간을 구원했다. 이웃과 이별할 수밖에 없는 최악의 상황이라 할지라도 참아야 한다고 권면했다. 자신에게 죄가 없으면 이웃에게 돌을 들어 던질 수 있다. 그러나 무조건 손에 든 돌을 내려 놓아야 한다. 자신의 죄가 생각나지 않아 돌을 든 것이기 때문이다. 자신이 죄인이라는 것을 깨닫거나, 자신의 죄가 생각난다면 자신의 발에 돌이 떨어져 상하지 않도록 조심스럽게 돌을 내려 놓아야 한다.

그렇게 하는 것이 잘한 일이고, 선한 일이다.

성서는 "아내들이 남편에게 복종하기를 주께 복종하는 것처럼 하라"고 (엡 5:22) 했다. 그래서 일부 사람들은 이 말씀을 봉건주의 사상과 남성중심적 사상으로 해석한다. 마치 남자들이 여자 위에 군림하는 것을 당연한 것으로 여긴다. 여성들에게 권위적인 말로 일방적인 복종을 강요했다. 하지만 성서가 원하는 것은 그리스도를 경외함으로 피차 복종하는 것이다(엡 5:21). 여기서의 경외는 키에르케고르가 말한대로 존중, 두려움, 수치의 의미를 내포한 말이다. 이 감정은 베드로가 예수의 권능을 통해 메시야임을 깨닫고, 예수에게 "주여 나를 떠나소서 나는 죄인입니다"(눅 5:8) 라고 했던 마음과 일치한다. 그래서 성서는 이와 같은 경외로 부부가 그리스도를 경외하는 마음으로 서로 복종하여 한 몸을 이루라고 한 것이다. 예수 그리스도를 경외하는 마음이 없으면, 인간은 서로 복종의 의무를 행하지 않고 상대에게만 의무를 부여하기 때문이다. 부부관계에 있어 사랑과 복종은 같은 의미이다. 공동체의 기본을 이루는 남녀가 서로 구원을 돕기 위해 그리스도를 경외하며 실천하는 '서로 사랑과 복종'이다. 부모와 자식, 지도자와 피지도자의 관계, 선배와 후배 관계, 친구들과의 관계도 역시 같은 방식이어야 서로 도움이 된다.

성서는 남편들에게 '아내에게 자신을 주는 사랑을 해야 한다'고 가르친다 (엡 5:25). 먼저 자신을 주는 사랑을 하는 것이 복종을 받는 사람의 의무라는 것이다. 복종 받을 권리는 힘을 일방적으로 행사하라고 준 것이 아니다. 복종을 명령하기 전에 예수가 교회를 위하여 자신의 목숨을 준 사랑을 먼저 해야 한다. 이웃에게 자기 마음대로 명령하기보다 먼저 자신의 모든 것을 주는 사랑을 해야 하는 것이다. 또한 하나님이 순종을 요구하기 전에 은혜를 준 것처럼 이웃을 복종시키기보다 서로 먼저 목숨을 바치는 헌신적 사랑을 해야 한다. 그래서 서로 복종으로 존중하고, 서로 두려워하며, 서로 염치를 아는 관계로 각자의 공동체를 건강하게 해야 한다.

그리스도인은 '아내들에게 복종하라'는 말씀만 따로 분리해 성서를 해석하지 말아야 한다. 아울러 인간의 상식, 철학, 역사, 전통, 법으로 성서를 해석해서도 안 된다. 성서의 의도에서 벗어난 해석을 하면 여성의 인권은 낮아진다. 뿐만 아니라 모든 인간들의 평등함도 깨진다. 하나님의 말씀은 비민주적이거나, 반평등적이지 않다. 오히려 양성 평등을 주장한다. 하나님은 부부와 이웃 관계를 피차 복종과 평등, 부끄럽지 않은 투명하고 의로운 관계로 인간관계를 창조했기 때문이다. 또한 부부는 복종과 사랑으로 서로 그리스도를 본받아야 한다. 때로는 남편도 아내에게 복종해야 한다. 아내도 먼저 사랑할 수 있다. 둘의 관계는 삼위일체처럼 유기적 관계다. 서로가 서로를 하나님이 위하는 사람이라는 것을 깨닫고 사랑과 복종으로 섬기며 구원을 도와주어야 하겠다. 남편이 머리이기 때문에 여자는 남편에게 복종해야 한다고 주장하지 말아야 한다. 이는 성서를 너무 기계적으로 해석한 편협함이다. 상식적, 생리학적으로 보더라도 몸만 머리에 복종하는 것은 아니다. 머리도 몸에게 복종하고 사랑을 한다. 머리와 몸은 서로 사랑하는 한 몸이기 때문이다.

신약성서는 초대교회가 "서로 사랑하라"(요 13:34)는 계명과 "한 몸을 이룰지로다"(창 2:24)라는 명령을 성취한 언약 공동체라고 가르쳐 준다. 야만적 착취와 수탈이 용인되는 곳이 아니라는 것이다. 성서는 선하고 아름다움을 "형제가 연합하여 동거함"에서 찾고 있다. 하나님은 거기서 복을 명령한다(시 133:1, 3). 또한 성서는 "아내(이웃)를 샘과 같이 여겨 복되게 하며 즐거워하라"고 했다. "사랑스러운 암사슴과 아름다운 암노루 같으니 그의 품을 항상 족하게 여기고, 그의 사랑을 항상 연모하라"고 가르쳐 준다(잠 5:18, 19). 부부와 이웃관계는 서로에게 샘이 되어 주는 관계이기 때문이다. 물이 없으면 인간은 살지 못한다. 물과 같은 이웃이 없으면 인간은 스스로 존재할 수 없다. 서로를 복되게 함으로써 서로의 갈증을 해소해야 한다. 상대가 약하든 강하든, 항상 족한 줄로 여기고 서로 사랑하고, 항상 연모하여 서로 갈증이 나게 하는 관계가 되지 않게 해야 한다.

그리스도인은 하나님이 선악과를 따먹고 난 후에 "너는 남편을 원하고 남편은 너를 다스릴 것이라"(창 3:16)는 말씀을 예수님의 계명보다 앞세워서는 안 된다. 죄로 굴절된 사회에서의 관계가 부부관계의 원형은 아니기 때문이다. 부부는 서로 먼저 사랑하라는 말씀과 네 이웃을 네 몸과 같이 사랑하라는 계명 안에 존재한다. 부부는 이웃이라는 커다란 관계 안에 있다. 서로 사랑과 복종을 요구하는 것은 하나님의 명령이 아니다.

하나님이 짝지어 준 것을 사람이 나누어서는 안 된다(막 10:2-9, 마 19:3-9). 부부와 이웃은 둘이 아니고 한 몸이기 때문이다. 언제 어디서나 인간은 한 몸 되는 관계를 이루어야 한다. 또한 이웃은 하나님이 짝지어 준 사람이다. 모세에게 부부와 이웃간 이혼(결별)을 허락한 이유는 인간의 강퍅한 마음 때문이다(막 10:2-9). 그리스도인은 하나님이 성서에 대한 믿음을 요구할 때에 마음을 강팍하게 하여 관계를 더럽히거나, 이별을 택하여 하나님의 심판을 자초하지 않아야 한다. 성서는 모든 사람에게 결혼을 귀히 여기고 잠자리를 더럽히지 말라고 했으며, 음행하는 자들과 간음하는 자들을 하나님이 심판하겠다고(히 13:4) 했다.

결혼은 경건한 자손을 얻기 위해 하나님이 증인으로 나서서 부부의 몸과 마음을 언약으로 묶는 일이다. 그러니 남자들에게 변심해 아내를 버리지 말라고 했다. 아내를 버리는 것과 아내를 학대한 것을 옷으로 가리는 것은 하나님이 미워하는 일이다(말 2:14-16). 아내를 이웃으로 확대해서 해석한다면, 이웃을 학대하는 것이 악이라는 의미이다.

인간에게 결혼의 의미는 성서적인 사회 계약 공동체에서 살며, 서로 연합하여 미래의 경건한 후손을 얻기 위함이다. 그러므로 서로 거짓으로 행하지 않고, 결별과 학대를 하지 않아야 한다. 현재의 세대보다 더 멋지고 아름다운 후손들을 탄생시켜야 하기 때문이다. 공동체가 분열되어 세대간 분쟁으로 서로 갈라지고, 학대해서는 안 된다. 언제나 미래 세대를 위하여 연합과 평화를 선택해야 한다. 하나님이 부부와 공동체에게 주는 자손은 경건한 후손이다. 미래가 희망적이고, 발전된 사회가 되는 이유이다. 현재에 주도권을 가진 세대는 미래의 후손이 현재의 세대를 뛰어 넘게 해야 한다. 경건한 후손들이 자기 때보다 약하다고 질책하거나, 건방지고, 싸가지가 없다고 미워하지 않아야 한다. 오히려 격려하고 응원하며 후원해야 한다. 후손들은 우리에게서 나온 우리이고, 역사의 계승자이며, 더 좋은 미래의 주체들이다. 성인이라고 어린 후손들을 질책하고, 억압하며, 그들이 탁월하지 못하게 가로막아서는 안 된다.

　부부가 둘이 한 몸이 되는 것과 경건한 자손을 얻기 위한 목적에서 벗어나면 한 남자가 여러 명의 아내를 두는 결혼을 하게 된다. 어리석게도 어떤 이들은 순교자가 되면 천국에 가서 수십 명의 아내를 두게 되고, 그에 상응하는 정력을 얻어 왕처럼 살게 된다고 가르치고 있다. 이런 가르침은 경건한 자손을 얻고자 하는 마음이 없는 사람들의 교훈이다. 남성 우월주의적 사상이 분명하다. 부부가 둘이 한 몸이 되라는 하나님의 명령을 거역한 행동이다. 이들의 사상에는 천국에 있는 수십 명의 여성에 대한 인권존중이 없다. 이들이 사모하는 일대 다수의 성관계는 거의 성에 중독된 사람들의 생각이다. 천국은 할 일 없이 계속 수십 명의 상대와 흥청망청 놀고, 성관계를 하는 곳이 아니다. 여성의 입장에서 수십 명이 한 남자의 지배를 받으며, 그만 바라보고, 영원히 사는 것은 거의 지옥과 다름없다. 이들의 천국은 성 중독자들의 천국이며, 소돔과 고모라다. 이는 어리석고 허무한 믿음이다.

제 2 장

천지창조

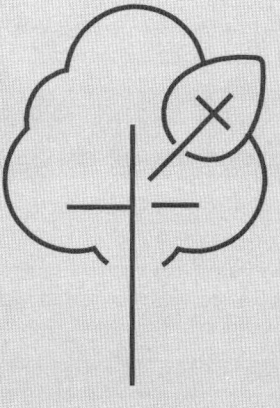

1. 하나님이 창조한 세상, 하나님의 집

1) 하나님의 집

하나님은 삼위일체 하나님의 모양과 형상대로 창조한 인간을 하나님의 집에(시 23:6) 살게 했다. 하나님의 자녀이기 때문에 그의 땅을 경작하며 세계를 통치하고, 행복을 만들고, 유지 확장하게 했다. 그래서 하나님은 인간에게 하나님의 집인 에덴동산을 주었다. 에덴동산은 불행을 만들어 내는 땅이 아닌 행복을 만들어 내는 동산이었다. 하나님은 인간이 행복동산에서 자녀로서 괴롭거나 불쌍하게 살지 않고, 삶의 행복을 누리며 복되고, 기쁘게 살기를 원했다.

시편 23편에 의하면 하나님이 창조하신 세상은 인간이 푸른 풀밭에 눕고 쉴 만한 물가로 인도 받는 곳이다. 인간의 영혼이 소생되고, 하나님이 자기 이름을 위하여 의의 길로 인도하는 땅이다. 사망의 음침한 골짜기라도 나와 함께 하고, 나를 주의 지팡이와 막대기로 안위(안보)하는 에덴이다. 하나님이 목자 되는 하나님의 집이다. 세상이 사망의 음침한 골짜기가 되어 두려움과 부족을 주는 것은 하나님의 원수들이 가라지를 이 세상에 뿌렸기 때문이다. 덕분에 하나님 없이 잘 살 수 있다는 인간의 마음이 생기고 자라기 시작했다. 그러나 에덴동산은 하나님이 원수의 목전에서도 상을 차려 주고, 잔이 넘치도록 부어 주는 기쁨과 승리를 주는 곳이다. 평생 동안 선함과 인자함으로 나를 따르는 인도와 안보의 땅이며, 부족함이 없는 곳이다. 그래서 여기는 하나님의 나라이지 사탄의 나라가 아니다. 인간이 사는 이곳은 명확하게 하나님의 집이다. 이곳이 곧 인간이 사는 현 주소이다.

하나님은 인간을 지극히 사랑하는 마음으로 가장 장엄하고 기묘하며 아름다운 세상을 만들었다. 인간이 태어나고 자라기에 부족함이 없고 완전한 세상을 친히 만들어 주었다. 이곳에서 인간들이 안전하고 행복하게 살며, 성화되고 발전하는 삶을 살게 했다. 그러나 하나님이 언제나 인자함과 선함으로 돌보는 세상에도 사망의 음침한 골짜기는 있다. 아골 골짜기가 탐욕으로 만들어지듯 인간이 탐욕으로 만들어 낸 곳이다. 자기를 위해 사는 사람들이 만들어 낸 사망의 음침한 골짜기(동네, 도시)이다. 사망의 음침한 골짜기는 죄의 삯은 사망이라는(롬 6:23) 말씀처럼 죄의 대가로 만들어진 곳이다. 죄의 권능을 가진 율법이 지배하며 사망을 쏘는 곳이다(고전 15:56).

아골은 근심과 괴로움이라는 의미로 죽음의 땅, 황폐한 땅을 의미하지만, 이사야에 의하면 이스라엘의 회복을 상징하는 곳(사 65:10)이기도 하다. 호세아는 괴로움이 소망으로 전환되는 회복의 처소로(호 2:15) 묘사하고 있다. 아골 골짝이라도 그 곳에서 하나님의 인도와 안위를 받는다면 회복과 안전의 생명 골짜기가 된다는 것이다. 이유는 간단하다. 예수가 죽은 곳이기 때문이다. 아골 골짜기와 같은 곳도 예수의 십자가가 세워지면 구원이 시작된다. 지금 내가 사는 곳이 아무리 희망이 없는 곳이라도 예수의 십자가가 세워지면 하나님의 집이 되는 것이다. 그런데 일부 사람들은 "예수 믿고 천국에 가라"고 함으로써 교회와 그리스도인의 삶의 자리가 여기가 아닌 내세와 천국이 되게 했다. '지금 여기에 인간과 함께하는 예수님'을 천국에 있다고 함으로써 예수를 '여기서 저기로' 보내버렸다. 덩달아 우리가 사는 이 땅이 하나님의 집이 아닌 것이 되게 했다. 이는 한국 교회가 전도의 동력을 잃어버린 이유이다. '예수천당 불신지옥'은 일종의 독트린이 되어 하나님의 사랑을 전파하는데 오히려 장애가 되고 있다. 예수를 믿고 구원 받으라는 말의 뜻을 넘어선 교리이기 때문이다. 그리스도인을 무례한 사람으로 인식하게 만든 말이다. 민심은 천심이라는 의미에서 사람들의 마음에 상처가 되는 말은 삼가는 것이 좋다. 하나님이 인간에게 준 땅은 두려움의 땅이 아니다. 그 어디나 선하심과 인자하심으로 돌보는 하나님 나라다.

성서의 말씀대로 인간이 사는 땅이 하나님이 목자가 되어 주는 하나님의 집이라고 한다면 이 나라를 헬조선(죽음의 땅)이라고 비하하거나 풍수지리설에 따라 좋은 땅, 나쁜 땅으로 구별해서도 안 된다. 또한 아골 골짝처럼 서로 잡아먹는 세대가 되게 해서도 안 된다. 세계와 국가를 예수 이름으로 모이는 교회, 하나님의 집으로 만들어야 한다. 우리는 원수, 사탄의 집에서 사는 게 아니기 때문이다. 여기는 하나님의 집이며, 우리의 집이다. 이 세상은 내가 저주받을 곳이 아니라 구원을 받는 땅이다. 이 땅은 명당, 저 땅은 악한 땅이라고 하거나, 저 하늘은 악하고, 이 하늘은 선하다 하면서 폄하해서도 안 된다. 우리 믿음의 조상은 일본의 식민지 치하에서도 이 땅을 '삼천리반도 금수 강산 하나님 주신 동산'이라고 신앙을 고백했다. 그러기에 조국의 강토를 자신들의 피로 지켰다. 이 땅의 티끌 하나도 소중히 여겼다.

2) 부족함이 없는 완전한 세상

하나님은 천지를 창조하고, 다 이루었다고(창 2:1) 말했다. 하나님이 창조한 세상은 추가할 것이 있거나 부족하지 않다는 것이다. 그러므로 하나님이 인간에게 목자가 되어 주는 이 땅은 부족함이 없는 세상이다. 하나님이 창조한 세계는 하나님이 보기에 좋은 세상이다. 실패작이 아니다. 하나님이 창조한 세계에서 부족, 결핍을 생각한다는 것은 불신앙이다. 이 생각 때문에 인간은 불완전한 삶을 살게 되고, 서로 이기적인 행동을 하게 되고, 서로 자기만 살아 남기 위해 투쟁하는 세상이 된다. 결핍과 부족으로 하나님이 준 세계를 불신앙이 자라는 곳이 되게 한다.

오늘날 사람들을 채용할 때, 시험과 면접을 통해 경쟁하게 하고 합격자를 뽑는다. 탈락자는 부족하다는 생각을 하게 되고, 경쟁에서 밀리면 그의 실패는 그의 것이 되게 한다. 그러나 하나님은 나를 완전한 사람으로 만들었다. 나는 시험과 면접에서 떨어져도 불완전하지 않은 존재이다. 하나님의 입장에서 부족함이 없는 사람이다. 하나님이 만들고 완성한 성공적 작품이다. 어린 시절, 젊은 시절, 늙은 시절마다 하나님이 사랑하는 완성체의 시절을 사는 존재이다. 나무도 씨의 상태, 새싹의 상태, 어린 나무의 상태, 성장한 나무의 상태, 열매 맺는 각 단계마다 모두 완전한 상태다. 각각의 생장과정은 모두 다음 단계를 위해 존재하는 것만은 아니다. 각 과정마다 완성체이며, 완성의 상태이다. 우리는 흔히 어리거나, 부족하거나 하면 자신이 완전한 상태가 아니라고 생각한다. 하지만 모든 단계의 세계와 존재는 각자의 시절마다 온전하고, 완성된 존재이다. 그러므로 우리는 현재에 존재하는 모든 사람과 세계를 완성체로 보아야 한다. 각 시절마다 부족한 것이 없는 상태이다.

시절마다, 순간마다 완성체이다. 모든 존재가 시절마다 완전하고, 완전한 열매를 맺는다. 그러므로 서로를 대접할 때도 자신과 이웃, 자연을 완전체로 보고 대접해야 한다. 대접을 받으려면 남을 대접하여야 하기 때문이다. 또한 우리의 후손들이 우리보다 더 좋은 시절을 살 수 있도록 노력해야 하고, 하나님이 그들을 축복하기를 소원하고 기도해야 한다. 혹시 현재의 세대가 정치, 경제, 문화적으로 실패했을 경우에는 사과하고, 후손들의 자부심을 높여 주기 위해 자리를 양보 받는 것이 아니라 양보해야 한다.

하나님이 완성한 세계를 살면서 인간의 마음에 부족한 마음이 생기는 이유를 성서는 육의 마음 때문이라고 했다. 세상으로부터 온 육신의 안목, 정욕, 이생의 자랑 때문이다(요일 2:16). 육체의 마음 때문에 부족함을 느낀다는 것이다. 하나님에 대한 불신앙 때문에 육체의 마음을 갖는다는 것이다. 그래서 육신의 마음은 하나님이 준 환경을 가장 좋은 것으로 받아들이지 않는다. 육신의 마음 때문에 부족함을 느껴 안전지대와 부(富)를 만들거나 환경을 비관하는 것이다. 어느 때, 어느 곳에서도 하나님의 선함과 인자함이 나를 따른다는 믿음을 가지고 살지 못한다. 부족함을 느끼는 감정 때문에 쉼을 얻지 못하고, 의의 길을 보지 못하며, 원수의 목전에 두려움을 갖게 한다. 인간 스스로를 사망의 음침한 골짜기에 살게 한다.

사람의 마음은 천하보다 큰 하나님이 존재하는 임재의 장소다. 천하가 사람의 마음을 가득 채울 수 없는 이유이다. 하나님보다 작은 세상이 마음에 가득하다면, 마음에 빈 자리가 생기는 것은 당연하다. 세상을 사랑함으로 하나님의 충만을 느끼지 못하는 결핍된 마음의 상태가 되기 때문이다. 하나님이 없는 결핍 때문에 탐욕의 마음이 생기고, 자연과 이웃의 것으로 자신의 부족을 채우고 약탈하는 사람이 되는 것이다. 그러나 하나님의 선하고 인자한 '은총을 입어 중한 죄짐을 벗고 보면 슬픔 많은 이 세상도 천국으로 변한다. 주의 얼굴을 뵙기 전에서는 멀리 뵈던 하늘나라가 마음 속에 이루어졌기 때문이다. 높은 산과 거친 들, 초막이나 궁궐이나 그 어디나 하늘나라'가 된다(찬송가 438장).

이 세상은 그 어디나 하늘나라이기에 아무리 어려워도 쉴 만한 곳은 있다. 이곳은 하나님이 그의 이름으로 인간을 위하는 곳이기 때문이다. 즉, 하나님의 이름을 위하여 우리를 부족함이 없는 곳으로 인도하기 때문이다. 그러므로 믿는 자에게 세상은 하나님의 사랑과 은혜를 충만하게 경험하는 체험장이 된다. 영혼이 소생되고 의의 길로 인도되는 즐거운 곳이 된다. 하나님이 보호하고, 상을 주고, 내 잔을 넘치게 하고, 인자함으로 나를 따르는 곳, 이곳이 바로 하나님이 창조한 나의 세계인 것이다. 내가 사는 지금 여기에서 하나님은 내 영혼을 소생시키고, 인도하고 상을 준다. 하나님이 만든 세상에 대하여 부족함과 결핍을 느끼는 것은 그 자체가 하나님의 목자 됨과 하나님의 하나님 됨을 인정하지 않기 때문이다. 여기는 하나님이 인간을 버리는 곳이 아니라 인도하고, 소생하게 하고, 보호하고, 상 주는 하나님의 집이다.

2. 주체의식을 갖는 그리스도인의 삶

하나님이 이름을 가졌듯이, 하나님은 인간에게 창대하게 될 이름을 주었다(창 1:5,8,10). 하나님이 인간에게 이름을 주었다는 것은 하나님이 인간을 안다는 뜻이다. 아울러 하나님은 인간이 서로 관계하고, 교통(사귐)하는 삶을 살게 하기 위해 이름을 주었다. 부르는 이름에 뜻을 갖게 하여 사람의 특징과 존재의 목적이 되게 했다. 그 덕에 인간은 자신의 이름을 통해 하나님의 계획 가운데 있음을 확인하고 뜻을 성취한다.

하나님은 '이름으로' 죽은 자를 살리고, 없는 것을 있는 것으로 부르는 분이다(롬 4:17). 맏아들인 예수를 닮게 하려고 미리 마음에 정하고 이름을 불러 태어나게 했기 때문이다. 우연의 산물로 의미없이 왔다가 가는 존재가 아니라 의롭고 영화롭게 되는 하나님의 양육 목적과 프로그램을 가지고 태어난 존재이다(롬 9:29). 또한 인간은 하나님이 불러서 생겼으니 순종으로 생성된 존재이다. 창조 당시의 인간은 불순종은 조금도 없는 '순종의 덩어리'였다는 의미이다. 하나님의 부르심에 순종으로써 자유의지를 인간의 시작으로 삼았던 것이다. 이 순종은 강제적 굴종이 아니었다. 인간 자신의 인격과 존엄이며, 자원하는 의지였고 권리였다.

하나님이 인간을 위해 세상을 창조하였기 때문에 세상의 주체는 인간이다. 인간은 세계에서 유일하게 하나님의 이름을 맡은 것과 하나님이 불러준 각 사람의 이름으로 역사의 주체가 되었다. 그 덕에 인간이 사는 땅은 하나님과의 사귐을 목적으로 갖는 낙원이 된다. 그러므로 하나님을 불신하는 자가 세상의 주체가 될 수 없다. 그리스도인이 세상에 대한 객체 의식과 종 의식에서 벗어나야 하는 이유이다. 하나님이 인간의 주체성을 인정하기 위해 언약을 맺고, 인간의 자유와 권리를 인정했기 때문이다.

성서는 인간에게 "오늘날 위로 하늘과 아래로 땅에 오직 여호와가 하나님이고, 다른 신이 없는 줄을 명심하고 하나님의 규례와 명령을 지키라"(신 4:39,40)고 했다. 여기는 하나님의 나라이기 때문이다. 그래서 구약성서의 이스라엘은 애굽과 바벨론과 로마에서 살 때에도 이스라엘로 살았다. 역시 오늘의 교회도 그러하다. 천하만국에 흩어져 있지만, 그리스도인은 하나님 나라의 백성으로 그의 의와 계명을 지키며 살고 있다. 마치 과거에 한국이 일본 제국주의자들의 식민지가 되었을 때, 선조들이 대한국인으로 살았듯이 말이다. '가이사의 것은 가이사에게, 하나님의 것은 하나님에게 바치라'는 (마 22:21) 말씀대로 가이사의 것과 하나님의 것을 구분하고, 하나님 나라를 위해 산 것이다.

예수는 그의 나라가 이 세상에 속한 것이 아니라고(요 18:36) 했다. 그리스도인이 세상의 주권을 인정하되 세상에 속하면 안 되는 이유이다. 그리스도인의 나라는 자신의 국가보다 더 큰 하나님의 나라에 속해 있기 때문이다. 한국인으로서 나라를 사랑하고 지켜야 하지만 오직 하나님의 나라만이 그리스도인에게는 영원한 나라이다. 각 나라의 그리스도인은 국민으로서 세계

각국의 국가들과 경쟁해야 하는 처지다. 그렇지만 그리스도인들은 원수를 사랑하라는 하나님 나라 법대로 경쟁 국가의 국민을 사랑해야 한다. 그리스도인은 국가의 법을 지켜야 하지만 예수 그리스도의 원수 사랑의 계명을 지켜야 할 의무도 있다. 그러므로 천하의 그리스도인은 교회 사회를 위해 단결해야 한다. 또한 믿음의 조상인 손양원 목사처럼 하나님 나라의 백성으로서 주체의식을 세상의 나라에서 실현해야 한다. 손양원 목사는 공산주의자들에게 자신의 모든 것을 빼앗겼지만 하나님 나라의 백성으로서 사랑을 실천했다. 만약 그가 자발적으로 빼앗기고, 순교하기가 싫어서 원수와 반대자의 생명을 빼앗는 일을 했다면, 그는 세상 국가의 국민으로서는 승리한 것이지만, 하나님 나라의 국민으로서는 실패한 국민이 된다. 오늘을 사는 한국 그리스도인 역시 마찬가지다. 현실에서 대한민국인으로서 여러 국가들과 각자의 자리에서 모든 것을 바쳐 경쟁하여야 하지만 그리스도인으로서 원수를 사랑하라는 하나님 나라의 계명을 준수하는 일이 먼저라는 의식을 가져야 한다.

그리스도인은 '시저가 주냐? 예수가 주냐?'의 싸움에서 예수가 주라고 고백한 사도들의 신앙을 따라 오늘날에도 '주' 싸움에 승리해야 한다. 이 싸움은 과거에 끝나지 않고, 오늘날도 계속되는 싸움이기 때문이다. 현재에도 주는 시저가 아니라 예수 그리스도이기 때문이다. 군주도, 인민도, 주가 아니다. 자유 민주주의와 사회 민주주의를 하나님의 나라로 오해해서도 안 된다. 민주주의는 왕이 주인 되어 임의로 통치했던 국가에서 많은 사람들이 주인이 되는 나라를 실현한 체제이다. 이러한 사회에서 그리스도인은 '자유 민주주의의 것에는 자유 민주주의의 것으로', '하나님의 것은 하나님의 것으로' 돌려야 한다. 또한 '자본주의의 것을 자본주의의 것으로', '교회의 것은 교회의 것'이 되게 해야 한다. 하나님을 사랑하는 열심으로 더 좋은 사회와 체제를 교회를 통해 만들어 가야 한다.

    오늘날 그리스도인들은 '주인'이 된 사람들이 임의로 행하고, 자신을 높이며, 모든 것을 소유하고, 이기적으로 사는 것을 흔히 볼 수 있다. 그러나 그리스도인도 세상의 주인들과 같이 살 수는 없다. 자신의 주권을 하나님에게 맡기고, 모든 것이 하나님의 것이라고 고백해야 한다. 내 생명, 내 재산, 내 시간 등이 다 하나님의 소유가 되게 해야 한다. 자신의 빚도, 가난도, 애통함도 하나님의 것으로 맡겨야 한다. 나의 약한 것은 하나님의 것이 아니라고 부인하지 않아야 한다. 이러한 주장대로 한다면 내 모든 것이 하나님의 것이라는 고백은 틀린 것이 된다. 내 재산과 내 빚 모두가 하나님의 것이라고 해야 나는 비로소 하나님의 것이 된다. 거듭 강조하지만, 모든 것의 주인은 예수 그리스도이다. 내 사랑, 기도, 믿음, 화, 시기도 모두 주님의 것이어야 한다. 내 재산, 생명, 빚도 예수님의 것이다. 빚과 환란과 핍박이 창피하다고 생각해서 주 예수와 교회를 떠나지 말아야 한다. 빚이 하나님과 나, 나와 사람들과의 관계를 갈라 놓지 못하게 해야 한다.

3. 주체로서 탈신화화와 재신화화

불트만에 의해 형성된 탈신화화와 재신화화(재해석)에 대한 개념은 하나님보다 높아진 것을 쳐서 그리스도에게 복종시키는 것에 목적이 있다고 할 수 있다. 하나님의 것을 하나님의 것으로 인정하게 하고, 하나님을 높이는 의도로 재해석하는 일에 효과적이다. 주변 종교와 사상이 갖는 개념에 우상화 된 의미를 탈락시키고, 재해석하여 그 의미를 수용하게 하는 일도 매우 효과적인 유용성을 갖는다.

불트만의 탈신화화와 재신화화의 이론은 하느님, 하늘님, 하나님, 샹티, GOD 등의 이런 호칭에 이방 종교의 의미를 탈락시켜 예수를 믿는 믿음 안에서 성서적 의미를 갖게 한다. 또한 강, 바다, 하늘, 해와 달의 신적 의미를 탈신화화하여 하나님의 창조물로 의미를 낮추는 영적 전쟁을 하게 한다(구약성경과 신들, 주원준 저, 한님성서연구소, P 24-25). 예를 들어본다면, 신화화한 자연과 인간을 탈신화화하여 성서적 신앙으로 재해석해서 하나님의 창조물로서 자연과 인간이 되게 한다. 이는 출애굽기에서 바로와 대적하는 모세의 열 가지 재앙에서도 잘 나타난다. 모세는 자연과 인간을 우상화한 애굽의 사상과 신앙을 탈신화화하여 하나님의 창조물로서 재신화화(재해석)했다. 아울러 이 이론은 복, 천국, 하늘, 부, 사랑, 믿음, 희망 등의 사상적 개념에 이방적인 의미를 제거하고, 성서적 의미로 재해석하는 일에 도움을 준다. 오늘 우리의 삶의 자리에 맞게 개념들을 성서적 신앙체계로 소화하고, 신앙의 의미를 더 부요하게 하는 것에 의미가 있다. 예로써, 동양인이 갖는 오복의 개념을 제거하고, 복을 예수 그리스도가 산상설교에서 말한 팔복의 개념으로 재해석해내는 일이 있다.

역사의 주체로서 그리스도인이 탈신화와 재신화화에 사용하는 무기는 하나님의 말씀과 능력이다. 그래서 그리스도인은 육신으로 행하지만 육신에 따라 싸우지 않고, 견고한 진도 무너뜨리는 하나님의 무기를 가지고 일을 한다. 이 무기로 하나님을 아는 것을 대적하는 모든 이론을 무너뜨리고, 모든 생각을 사로잡아 그리스도에게 복종하게 해서 모든 복종이 온전하게 되도록 한다(고후 10:3-6). 신이 된 인간을 탈신화화하여 '인간은 우상이 아닌 하나님의 자녀이며, 하나님의 사랑에서 끊어질 수 없는 존재'라고 선포하는 것이다. 이 일을 통해 그리스도인은 하나님의 이름을 맡은 자이고, 역사를 맡은 주체로서 높은 주인의식과 존귀함을 자각한다. 스스로 신이 되거나, 객체로서 종이 되는 의식을 벗어나는 것이다. 아울러 그리스도인은 탈신화와 재신화화를 통하여 인간과 세상을 온전히 하나님의 창조물의 자리에 놓아야 한다. 인간을 종으로 만드는 우상과 이데올로기도 허구임을 폭로해야 한다. 하지만 성서의 기적 이야기들을 제거하거나 해체해서는 안 된다. 오히려 본문을 해석하는 방법과 시각을 제공하는 것으로 이해해야 한다.

탈신화와 재신화화를 통해 교회 공동체는 전통문화가 그리스도에게 복무하게 해야 한다. 여러 가지 진통과 과격함이 있다 해도 끊임없이 시도해야 한다. 전통을 새롭게 해석하여 춤, 창, 노래, 풍습을 복음적으로 재현해야 한다. 현대에(2021년) 판소리를 하는 사람들이 창을 가요나 팝송 등의 리듬에 맞게 부르며 문화를 다양하게 하는 것을 예로 들 수 있다. 또한 "도(道)를 아는가?" 하고 묻는 사람들에게 자신을 길(道)이라고한 예수를 제시하고, 그가 간 십자가의 길이 도라는 것을 알리며, 십자가의 도를 제시해야 한다. 이것이 우리 민족이 가지고 있는 도에 대한 탈신화화이며, 예수님의 십자가의 도를 제시하는 재신화화이다.

한국의 교회는 탈신화화와 재신화화의 작업을 통해 한국의 고유한 문화를 교회 문화로 계승하고 승화시켜야 한다. 한국의 전통문화를 교회적으로 믿음 안에서 수용하여 민족정신과 신앙을 조화시켜 나가야 한다. 한국 전통문화를 우상과 배척해야 하는 문화로만 보지 말고, 한국사람들의 정신과 문화에 깊이 각인되어 있는 전통을 교회의 문화로 재해석하여 계승 발전시켜야 한다. 교회의 한국 전통 문화와의 단절은 한국 그리스도인의 주체성과 토대를 약화시키는 것이다. 인간의 역사적 실존성을 배제하고 한국이라는 삶의 자리를 제거하는 것이기 때문이다. 또한 그리스도인이 전통문화에 대한 탈신화화와 재신화화의 작업을 게으르게 한다면 복음의 토대가 되는 반석을 제거하는 일이다. 한국문화에 대해 심도 있는 고민과 결합에 대한 노력으로 복음을 토착화하여 복음 한국을 세워 나가야 한다. 이것이 복음이 문화를 식민지화했다는 오해를 극복하는 유용한 방법이다. 아울러 인간의 무지와 편견에 근거해 관습과 전통을 무조건적으로 수용함으로써 의미도 모르는 것을 실천하는(의문에 순종) 일도 없어야 한다(골 2:20).

1) 창세기를 통한 탈신화화와 재신화화

　세상에는 끝없는 신화와 족보를 통해 인간을 지배하면서 하나님을 반대하는 창조론도 있다. 이러한 창조론은 인간을 신화와 끝없는 족보에 몰두하게 하면서 상류계급의 형성과 강대국의 지배를 정당화한다. 하나님의 경륜을 이루기보다(딤전 1:4) 오히려 여러 가지 어리석은 변론과 족보 이야기에 몰두하게 한다(딛 3:9). 물질의 움직임을 '의인화'해서 '신화화'시키고, 신화를 통해 얻은 철학으로 세상에서 자기 가치관과 이데올로기를 실현하고자 한다.

　구약성서에 보면 유다 왕국이 멸망하고 바벨론에 끌려가니, 그 곳에서는 바벨론 창조신화가 주류 사상이었다. 이스라엘을 정복한 바벨론의 지배자들이 말하기를 '전쟁은 신과 신의 전쟁이니, 자신들이 승리한 전쟁을 통해 마르둑이 하나님을 이겼다'고 주장했다. 정복자들이 하나님의 죽음을 선포한 것이다. 그러나 이스라엘은 포로 된 삶의 자리에서 '하나님이 누구인가?'를 바벨론 사회에 선포했다. 바벨론 신화를 탈신화화시키고 바벨론이라는 삶의 자리에서 자신들의 신앙을 재해석하고, 이스라엘과 바벨론의 전쟁은 신과 신의 전쟁이 아니라고 했다. 하나님이 이스라엘의 불순종과 죄로 인하여 바벨론을 징계의 도구로 사용한 전쟁이라고 했다. 그러므로 전쟁은 하나님에게 속한 것이라고 했다. 하나님은 이스라엘 뿐만 아니라 바벨론까지도 다스리는 분이며, '하나님만이 참 신이다'라고 고백하고, 바벨론에 선포했다.

　이스라엘은 바벨론이 신들의 왕은 마르둑 신이라고 주장할 때 마르둑은 우상이며, 하나님만이 유일한 신이라고 선포했다. 바벨론 왕은 신의 아들이 아니라 인간이라고 주장하며, 신격화한 인간을 인간화했다. 아울러 오직 하나님만 유일한 신이며, 자녀인 이스라엘이야말로 하나님의 자녀라고 주장했다. 바벨론의 포로로 끌려간 이스라엘은 바벨론 국가 안에서 살지만 그들은 이스라엘로 살았기 때문이다. 이스라엘은 바벨론에서 창세기가 주장하는 대로 하나님은 창조주이고, 인간은 하나님의 형상과 모양이라고 주장했다. 이러한 이스라엘의 신앙고백과 선포는 포로들의 민족해방과 피지배자의 인권선언이었다. 다양한 신을 섬기는 종교의 현장에서, 또한 인간이 신을 만들어 섬기는 현장에서, 목숨 걸고 하나님을 하나님으로 고백하며, 자신들이 역사의 주체라고 선포한 것이다.

불의했던 이스라엘에 대한 하나님의 경고는 고난의 현장인 바벨론에서 더욱 선명하게 선포되었다. 바벨론의 포로 된 이스라엘에게는 고난을 받는 것이 세상을 이기는 동력이 되고, 하나님과 그의 뜻을 깨달아 자기 정체성을 확립하는 계기가 되었기 때문이다. 이스라엘이 바벨론과의 전쟁에서 패하여 포로로 끌려가기 전에 그들은 선지자들로부터 하나님의 고난 예언을 들었다. 그러나 당시에 이스라엘은 선지자들의 고난 예언을 미워하고 배척했다. 하지만 이 예언은 이스라엘이 신과의 전쟁에서 하나님이 패배했다는 오해를 불식하고, 오히려 세계 만국을 다스리는 하나님을 '주'로 고백하는 원인이 되었다. 대국인 바벨론을 이스라엘의 신앙을 위한 하나님의 도구로 사용한 것을 깨닫고, 고난을 기뻐하고 신앙을 더 굳건하게 했다. 이스라엘이 역사의 주체가 되고, 역사의 객체가 아님을 깨닫고 고난 중에 즐거워했던 것이다. 하나님의 이름을 맡은 백성으로서 주체의식을 갖는 계기를 고난의 현장에서 더욱 견고하게 얻은 것이다. 포로가 된 피식민지, 피지배 계층이었지만, 종의 의식을 거부한 것이다. 하나님이 창조한 친 백성이라는 의식과 인간을 보기에 좋았다고 한 하나님의 평가를 통해 비교의식과 열등의식에서 벗어나 역사를 창조하는 자들이 된 것이다.

2) 일본의 천황 신화와 삼일절을 통한 그리스도인들의 신앙고백

하나님 나라의 사람으로서 그리스도인은 역사의식을 갖기 위해 교회사를 배우고 익혀야 한다. 한국사, 세계사와 함께 우리 교회의 역사를 자신의 역사로 알아야 한다. 역사를 통해 교회가 어떻게 살아왔으며, 지금까지 어떻게 본질을 유지하고 있는가를 배워야 한다. 또한 신앙의 선배들은 어떻게 위기를 극복하고, 빛나는 믿음생활을 해왔는가를 배워야 한다. 교회사는 하나님 나라의 역사이다. 하나님 나라 백성이니 당연히 교회사를 알아야 한다. 이단이 발생하거나 교회가 일반 사회의 지탄을 받게 되는 경우는 자기 역사를 망각했거나 무지하기 때문이다. 그래서 한국교회는 바벨론과 로마의 역사를 자신의 역사에 수용한 이스라엘과 초대 교회를 본받아야 한다. 세계사와 아울러 교회의 역사를 영혼과 마음, 몸에 담지해야 한다. 그래야 비로소 그리스도인으로서 세계와 세계교회와 교통하는 한국 그리스도인이 되는 것이다. 세계인이 세계인 것은 세계 역사를 담지했기 때문이고, 한국 사람이 한국 사람인 것은 한국 역사를 담지했기에 한국사람이다. 마찬가지로 그리스도인이 되는 이유는 성서와 교리, 선교 뿐만 아니라 교회사를 자기 역사로 담지했기 때문이다. 그리스도인이 교회 역사를 세계 역사와 한국 역사처럼 자신의 역사로 받아야 하는 이유이다.

복음이 한국에 들어와 탈신화화와 재신화화(재해석)를 성공적으로 성취한 사건은 여러 가지가 있지만 그 중에 일제 강점기 시대를 특별한 예로 들을 수 있다. 조선말기 일본은 천황을 중심으로 조선을 침략했고, 일정 기간 정복하여 식민지화에 성공했다. 당시에 조선은 종묘사직(宗廟社稷 마루 종, 사당 묘, 토지신 사, 곡식신 직)의 영적인 권위를 근거로 통치의 정당성과 권위를 갖는 국가였다. 종묘는 신으로 인정받은 왕의 사당, 사직은 국가를 뜻하는 말로서 사직의 구현자는 왕이었다. 왕이 토지신과 곡식신의 아들이었기 때문이다. 그런데 일본이 조선을 점령하고, 통치 이념의 근거로 태양과 일왕을 숭배하는 신사를 건설하고, 참배를 강요하였다. 태양신이 토지와 곡식 신을 이겼기에 당연하다는 논리였다. 이를 근거로 조선이란 국가의 영적인 권위를 먼저 무너뜨린 것이다. 태양신과 태양신의 아들인 천황이 조선의 종묘사직을 무너뜨리고, 신과 신족을 이겼으니 일본이 조선을 지배하는 것은 정당하다는 논리로 조선침략을 정당화한 것이다. 과거 청나라가 명나라를 무너뜨리고, 바벨론이 이스라엘의 침략과 지배를 합리화시킨 것은 누가 참 신이며, 누가 진정한 신의 아들인가 하는 명분 전쟁이었다. 명분을 만들고 가진 자가 권력을 독점하고, 리더십을 행사하는 것이 당연했던 시절이었기 때문이다. 이런 점에서 당시 조선은 일본 천황을 중심으로 하는 내선일체라는 정복 명분에 반대할 독립의 명분이 없었다. 신과 신의 대리자의 전쟁에서 패배해 명분 싸움에서 졌기 때문이다.

조선이 신과 그의 대리자를 잃어버린 위기의 시대에 예수 그리스도의 복음이 들어왔다. 그리고 조선에 교회가 세워지면서 일본의 천황지배의 정당성과 내선일체의 논리가 설 자리를 잃게 된다. 태양과 인간을 창조한 하나님이 존재한다고 했기 때문이다. 인권과 평등, 평화와 자유를 인간의 고유 권리로 인정한다는 논리가 교회의 정신이었기 때문이다. 이런 정신은 천황과 일본의 조선 지배를 정면으로 반대하는 것이었다. 예수 그리스도의 복음으로 말미암아 조선의 국민이 독립의 정당성을 갖게 된 것이다. 이는 단순히 민족자결주의라는 보편 정신만으로 한국이 독립된 것은 아니라는 의미다. 당시 안창호 선생이 경찰서보다 교회를 더 많이 세워야 한다고 주장했던 이유도 여기에 있다. 교회를 조선의 교육과 독립기관으로 여겼기 때문이다. 예수를 믿는 것 자체로 천황을 잡신으로 여기는 것이 되기 때문이다. 복음이 들어온 덕분에 조선 사람들은 일본의 포로가 되지 않았고, 조선의 국토가 황폐화되었음에도 종이 되지 않았다. 또한 일본이 조선 사람들을 비하함에서 나타나는 비교의식에서 벗어나 열등의식을 극복하고, 역사의 주체로서 대한의 독립에 앞장설 수 있었다.

4. 신 존재 증명

　과거나 현대나 하나님을 부인하는 여러 가지 논리들이 등장하고 있다. 이러한 논리에 적절하게 대응하는 것이야말로 그리스도인의 사명이다. 무신론을 탈신화화해서 유신론으로 재신화화해야 하기 때문이다. 아울러 성서는 하나님이 존재하고, 그가 세계를 창조했다고 주장함으로써 무신론을 탈신화화했다. 우주가 하나님의 자기 계시라는 것을 인식할 수 있는 길을 연 것이다. 우주가 신의 몸과 정신이라고 주장한 것이다. "하나님이 만유의 주로서 만유 안에 계시려"(고전 15:28) 한다고 말씀함으로 우주 안의 존재로 표현했다. 아울러 "하나님도 한 분이시니 곧 만유의 아버지시라 만유 위에 계시고 만유를 통일하시고 만유 안에 계시도다"(엡 4:6) 라고 표현함으로 하나님이 우주 밖의 존재도 된다는 것을 계시했다. 예수가 하나님의 성육신이고, 교회가 성령의 자기 표현이라고 한다면, 하나님 아버지는 우주와 우주를 통일하고 있는 분으로 자신을 계시했다고 할 수 있다. 다시 말해 예수의 성육신이 하나님이 인간이 된 것이라고 한다면, 우주는 하나님의 정신과 물질의 표현이라고 할 수 있다. 예수가 인간으로 성육신하여 자신의 뜻을 나타내고 이루었듯이, 하나님도 우주로 성육신하여 자신의 뜻을 계시하고 성취한 것이다. 만유의 아버지로서 만유 위에 존재하고, 만유를 통일하고, 만유 안에 있는 분으로 존재를 증명한 것이다.

하나님을 '절대 정신', '존재 그 자체'로 표현하며, 우주의 속성과 실재성을 갖는 분으로 표현할 수도 있는 이유도 여기에 있다. 하지만 우주 자체로 성육신한 하나님, 만유 위에 존재하는 하나님을 '절대 정신'과 '존재 그 자체'로만 표현한다면 이는 '작은 표현'이다. 하나님은 모세에게 "나는 있다"라고 가르쳐 주며(출 3:14), 존재한다고 했지 존재물이라고 하지 않았기 때문이다(인문학으로 읽는 하나님과 서양문명 이야기 신, 저자: 김용규, 출판사: IVP, p94-102). 이는 하나님을 우주 자체로 표현할 수 없다는 것이다. 하나님은 우주가 아니기 때문이다. 그러므로 우리는 하나님이 누구인가보다 그가 존재한다는 것에 더 주목해야 한다. 하나님이 우주로 자기를 계시했지만, 우주는 아니기 때문이다. 다만 자연은 하나님의 신성과 능력을 알게 하는 역할(롬 1:19)과 인류의 삶은 하나님을 더듬어 찾아 발견하게(행 17:26) 하는 역할을 한다는 점에서 하나님을 알게 하는 좋은 교재인 것만은 분명하다.

성서에 의하면 예수는 하나님이다. 예수가 하나님이라고 선언함으로 무신론을 탈신화화한다. 하나님이 인간이 된 예수는 하나님의 존재를 가장 확고하게 증명하는 증거가 된다. 역사에 생물학적으로 등장한 예수를 증거로 갖기 때문이다. 천지를 창조한 하나님은 세계 밖과 안의 존재로 예수를 통해 역사의 실재와 과정으로 실존했다. 하나님인 예수가 세상에 인간의 몸으로 와서 자신의 존재를 증명한 것이다. 그는 인간으로서 우주 자체가 되고 과정으로 세계에 실존했다. 또한 하나님은 예수 안에서 그 존재를 인간의 모양과 형상으로 표현했고, 하나님의 뜻을 인간의 언어로 표현했다. 예수로 하나님이 세상에 실재했고, 우주에 대하여 의식을 가진 영원한 타자로 세상에 존재한 것이다. 성서의 요한복음을 보면 천지만물이 창조되기 전에는 아무 것도 없었지만, 만물이 있기 전에 예수는 말씀으로 존재했다. 이때 성서는 말씀인 예수가 하나님과 함께했다고 기록하고 있다(요 1:1-3). 물론 성령도 영으로 함께했다(창 1:2). 삼위 하나님이 말씀으로 일체 된 것을 표현한 것이다. 인간의 모양과 형상만으로 하나님을 표현하지 않았다. 하나님은 실재일 뿐만 아니라 말씀과 과정으로도 자신을 계시했다. 하나님을 실재로만 인식할 것이 아니라 말씀과 역사의 과정으로도 인식할 수 있게 한 것이다.

성서는 성령을 통해서도 무신론을 탈신화화한다. 성령은 세계에 내재하고, 인간과 함께하며, 예수를 하나님으로 믿게 하는 영이다. 그는 인간의 마음에 예수를 하나님으로 자각하고 믿게 하는 일을 한다. 인간의 하나님에 대한 믿음은 자아의 각성과 능력에 의해 생성될 수 없는 것이기 때문이다. 이렇게 창조된 믿음은 인간에게 하나님의 창조도 증명한다. 성령이 세계를 하나님이 창조했다는 것을 이해하게 한다. 하나님을 만유 위에 초월자로 존재하며, 만물을 통일하고, 만유 가운데 내재한 분으로 계시하여 무신론을 탈신화화한다(엡 4:6).

오늘날 물질과 정신이 근원이라고 하는 철학과 과학의 발달은 하나님을 불신하는 무신론을 양산하고 있다. 과학을 앞세운 유물 진화론자들은 그리스도인들도 다 알지 못하는 하나님에 대하여 더 잘 아는 것처럼 비판한다. 하나님의 존재를 증명한 성서도 예수 그리스도에 대하여 다 기록하지 못했다고 했는데(요 21:25), 그들은 자신들이 만든 신을 전제로 신이 없다고 주장하며, 믿는 사람들을 비난한다. 이는 인간이 갖는 인식의 한계와 해석의 한계를 무시한 무신론이다. 인간의 미래를 낙관적으로 생각하는 사람들과 과학을 맹신하는 근대적 욕망에 사로잡힌 사람들의 주장이다. 인간은 모든 것이 가능한 전능한 존재가 아니며, 기계적인 존재도 아니다. 유물 과학적 기계론으로 중세신학처럼 과학의 체계에 모든 학문을 가두고 통섭하고자 하는 욕망은 절제되어야 한다. 지식에 대한 사랑의 마음으로 학문에 대한 겸손한 태도를 갖추어야 한다. 프란시스 베이컨처럼 인간의 한계를 스스로 인정하고 폭로해야 한다. 그는 인간은 종족으로서 감각의 한계와 지성의 한계를 가지며, 언어 개념과 의사 소통의 한계, 목적 의식적인 신앙과 관습적인 한계로 인식의 장애를 가지고 있다고 주장했다. 인간이 특수한 환경과 교육, 역사와 전통, 권위와 사상의 한계로 편견과 인식적 오류를 가질 수밖에 없는 연약한 존재라고 주장한 것이다. 그러므로 인간은 자기 한계를 인정하고 하나님과 세계에 겸손해야 할 것이다.

"물질이 먼저인가? 의식이 먼저인가?"라는 오랜 논쟁은 테이야르 드 샤르댕에 와서 일정 정도 통합이 되는 듯하다. '인간현상'이란 책에서 그는 우주가 외면의 물질세계와 내면의 정신세계로 정신과 물질이 함께 존재하는 세계라고 주장했다. 동시에 존재한 물질성과 정신성은 먼저 물질의 융합을 통해 현재의 우주로 진화를 이루었다고 말했다. 안이라는 정신성과 밖이라는 물질성이 지구를 형성하고 진화를 시켜 왔다고 보는 것이다. 그 이후 우주 정신은 인간 정신으로 융합적 진화를 하였고, 인간은 반성을 통해 우주의 목적을 성취해가는 과정이라고 주장했다. 순서적으로 물질이 정신보다 먼저 진화를 이루었지만, 후에 진화를 이룬 정신은 우주를 사색하고 목적적으로 변화시킬 수 있는 유일한 존재로 밖의 세계와 안의 세계를 구성하는 우주적 통일체라는 것이다. 테이야르 드 샤르댕은 과학과 신학의 조화를 통해 자연

계시와 특별 계시의 화해를 시도했다. "하늘에 있는 것이나 땅에 있는 것이 다 그리스도 안에서 통일되게 하려는"(엡 1:10) 것이 하나님의 뜻이기 때문이다. 그는 진화론을 인정한다. 그의 진화론은 자연선택의 진화론이 아닌 정향 진화론이다. 외부의 힘과 더불어 독립적인 내적 힘에 의해 예정된 방향을 따라 진화한다는 것이다. 하나님이 "있으라"고 해서 만물이 존재했지만, "있으라"는 명령은 일정한 시간과 목적 의식적인 진화와 과정을 거쳐서 성취했다고 보는 것이다(인간현상, 저자: 테이야르 드 샤르댕, 번역: 양명수, 출판사:한길사, 참조 요약). 계시의 시간성과 과정성, 진화성, 성취성을 수용한 것이다

테이야르 드 샤르댕은 우주가 물질성을 갖는 밖과 정신성을 갖는 안으로 구성되어 있다고 봄으로 물질과 정신을 서로 대립된 것으로 보지 않는다. 어느 한 편의 우선성을 주장하는 유물론과 관념론을 주장하지 않는 것이다. 그는 우주의 물질과 정신은 세 가지 결정적 임계점을 걸쳐 현재에 이르렀다고 주장하고 있다. 지구가 빅뱅 후 45억년 전에 지질권을 형성하고, 35억년 전에 생명권을 형성했으며, 300만년 전에 반성적 사유 능력을 가진 정신권을 형성했다고 주장한다. 아울러 그는 지금으로부터 2000년 전에 예수가 탄생하여 그리스도인을 생성하는 단계로 돌입했고, 인류가 집단 지성을 갖는 집합적 초인간화를 이루어 오메가 포인트에 이르게 되었다고 주장하고 있다 (현대 신학을 이해하기 위해 꼭 알아야 할 신학자 28인 테이야르 드 샤르댕 편, 소개자: 김경재, p86). 만유를 초월하는 예수 그리스도가 진화 과정 속에서 피조물을 창조적으로 인도한다는 것이다. 만유에 내재하고 있는 우주적 그리스도가 인류를 인도하여 하나되는 통전을 성취한다는 것이다. 하나님은 만물, 곧 땅에 있는 것들이나 하늘에 있는 것들이 예수로 말미암아 자기와 화목하게 되는 것을

기뻐하기 때문이다(골 1:20). 또한 예수는 보이지 아니하는 하나님의 형상이며, 모든 피조물보다 먼저 존재했고, 만물이 그에 의해 유지되고 있다. 만물이 그에게서 창조되었기 때문이다. 하늘과 땅에서 보이는 것들과 보이지 않는 것들과 혹은 왕권들이나 주권들이나 통치자들이나 권세들이나 만물이 다 그로 말미암고 그를 위하여 창조된 것이다(골 1:15-17).

성서는 인간의 상식과 과학으로도 알 수 없는 세계가 있다는 것을 바울을 통해 증언하고 있다. 그가 체험하고 증언한 기록은 인식론의 최고 정점이다. 그는 하나님이 보여준 환상과 계시를 통해 그리스도 안에서 셋째 하늘로 이끌려 올라간 체험을 했다. 이때 그는 자신이 몸 안에 있었는지, 몸 밖에 있었는지 자신도 모르는 상태였다고 했다. 그 자신은 모르고 오직 하나님만 아는 상태로 낙원에 이끌려 올라가 인간의 말로 표현할 수 없는 체험을 했다고 증언한다(고후 12:1-4). 그는 낙원에 이끌려 올라 가면서 중력이 무너진 세계를 체험했고, 자아가 몸 안에 있는지 몸 밖에 있었는지 모르는 상태를 체험했다. 인간이 과학적 지식으로 인식할 수 없는 낙원을 체험한 것이다. 물질과 정신이라는 우주적 세계에서 우주 안에 있었는지 우주 밖에 있었는지, 물질 안에 있었는지 밖에 있었는지 모르는 셋째 하늘을 체험한 것이다. 자아에 대한 새로운 존재 체험과 셋째 하늘의 세계에 대한 바울의 체험은 그리스도인에게 하나님과 그의 나라가 존재한다는 확신을 주었다. 인간이 예수처럼 하나님 안에 존재하고, 하나님이 예수 안에 있는 상태가 되는 것이 가능하다는 것을 깨닫게 한 것이다. 또한 예수와 같이 공간과 시간을 초월하는 부활의 몸처럼 되는 것이 가능함을 깨달은 것이다. 이와 같이 성서가 바울의 체험을 통해 인간이 경험하는 우주와는 다른 세계를 인간들에게 소개한 이유은 다음과 같다. 믿음으로 모든 세계가 하나님의 말씀으로 지어진 줄을 알게 하고, 보이는 것은 나타난 것으로 말미암아 된 것이 아니라는 것을 알게 하기 위해서이다(히 11:3).

5. 하나님의 창조와 그 방법

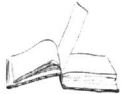

요한계시록 4장을 보면, 사도 요한이 하늘에서 본 세상의 모양은 하나님의 보좌와 네 생물의 영역, 이십사 장로의 영역, 천군 천사의 영역, 세계로 구성되어 있다. 그리고 성서가 기록될 때, 이스라엘 사람의 세계관은 땅은 바다에 둘러싸인 하나의 땅이었고, 그 모양은 네모였다. 하늘은 둥글며(반구) 삼층천이었다. 인간이 사는 땅 위의 하늘과 그 위의 악한 영들이 사는 하늘, 하나님이 있는 하늘의 하늘로 이해하고 있었다. 인간이 사는 땅에 태양이 지구를 돌고 있는 천동설을 믿었다. 이러한 세계관을 근거해서 보면 창세기를 현대 과학으로 이해한다는 것은 올바른 접근 방법이 아니라 할 수 있다.

창세기 1장과 2장은 하나님이 인간에게 준 세상과 그 가치, 운영원리를 소개하는 말씀이다. 하나님은 모세 당시 세계관을 인정하고, 모세의 세계관에 맞추어 자신의 뜻과 사랑을 계시했다. 모세에게 21세기의 과학을 가르쳐 하나님의 창조를 가르칠 필요는 없었을 것이다. 그래서 하나님의 감동을 받은 모세는 그의 뜻을 자신들의 문학과 세계관에 맞게 증언했다. 자신의 시점에서 하나님이 창조했다고 선포함으로써 당시의 세계관과 충돌하지 않고, 하나님의 뜻을 전한 것이다. 창세기가 자연과학 교과서이기보다 하나님을 만난 사람들의 영적 세계관이며, 신앙 고백서라고 보는 것이 합당하다고 보는 이유이다. 하나님의 뜻과 인간의 실존이라는 관점을 고대의 원시 과학을 사용하여 표현했기 때문이다. 이는 현대의 그리스도인이 현대 철학과 과학적 세계관으로 하나님의 뜻과 인간의 실존을 표현해야 하는 과제를 깨닫게 한다.

창세기는 고대 근동의 우상과 거짓된 창조 설화에 대응하여 이스라엘이 역사의 주체로서 하나님이 천지를 창조했다고 증언한 책이다. 창조신앙을 통해 우상숭배를 반대하고, 인간이 만들어 낸 신을 기반으로 사람들을 지배하려는 세력에 대해 저항한 책이다. 창조주의 사랑과 안식을 근거로 고대 지배계급의 비인권적이고, 쉼 없는 노동의 강요와 착취에 반대한 책이다. 따라서 성서의 창세기는 세계의 기원을 자연과학적으로 기록한 것은 아니지만, 하나님 중심적인 세계관과 인생의 의미와 윤리를 기록한 글이라 할 수 있다. 하나님의 계시를 받은 인간이 세계를 발견하고, 구분한 것이고, 중요도에 따라 이름을 짓고 배치한 역사적인 기록이기도 하다. 인간의 자아가 세계를 인식하고, 해석한 것을 문학적으로 재구성하여 창조한 글이기도 하다.

창세기 1장 1절

"태초에 하나님이 천지를 창조하시니라"라는 창세기 1장 1절의 말씀을 통해 하나님이 하늘과 땅 안에 모든 것도 창조하였음을 계시하고 있다. "하늘과 모든 하늘의 하늘, 땅과 그 위의 만물이 모두 하나님 여호와에게 속한 것(신 10:14)"을 전제하고 기록한 글이다. 하지만 창세기 1장과 2장에서는 "하늘과 모든 하늘의 하늘", 즉 하나님 나라, 영계, 천국 등에 대해서는 기록

되지 않고 침묵하고 있다. 그러므로 창세기는 인간이 사는 세계의 창조에 대해서만 진술한 책이다. 첫날부터 여섯째 날까지라는 시간의 틀로 창조된 세계와 창조의 의도를 설명하고 있다. 하나님이 모세를 통해 인간이 사는 땅의 부분만 풀어서 창세기 1장 2장을 기록한 것이다. 그래서 성서는 인간을 위해 하나님이 "말씀으로 하늘을 만들고, 그의 입의 기운으로 해와 달과 별을 지어냈다"(시 33:6)고 선포한다. 사도 요한이 예수를 말씀이 육신이 되어 이 땅에 온 분으로 선포하듯이, 하나님이 말씀과 입의 기운으로 천지를 창조한 것을 모든 사람에게 선포한다. 성서를 통해 선한 양심이 자유의지를 가지고, 이성을 통해 하나님을 찾게 한 것이다. 그래서 성서는 66권의 신구약에서 저술을 끝내고 더 이상 기록되지 않는다. 하나님을 믿게 하는 것에는 더 이상의 해명과 덧붙임이 필요 없기 때문이다. 성서를 근거로 과학을 통해 자연에 둔 하나님을 아는 지식을 더 풍성하게 얻기를 원했다.

성서는 "태초에 하나님이 천지를 창조했다"(창 1:1)고 선포하였다. 이는 창조 전이라는 시간은 없었다는 의미이다. 하지만 "태초에" 라는 말은 시간과 존재의 시작이 있었다는 의미이다. 또한 천지를 창조했다는 말씀은 세계를 만들고, 나누고, 모으고, 공허를 채우는 창조를 통해 우주에 태초라는 시간이 생성되었다는 것을 알게 한다. 태초에 세계가 말씀에 따라 순종하여 생명의 질서를 만들어 낸 것이다. 이렇게 생성된 세상의 모든 것은 하나님에게 순종하여 생성된 순종의 결과물이고, 순종의 몸체였다.

태초에 하나님은 천지를 무에서 유를 창조했다. 이후 하나님의 영이 어두운 수면 위를 운행하며 혼돈한 세계에 질서를 갖게 하고, 공허한 세계를 채우고 나누었다. 또한 흑암으로 가득한 세계에 빛을 주었다. 하늘과 모든 하늘의 하늘, 그리고 혼돈, 공허, 흑암, 물, 땅이 존재하고 있는 상태에서 무형적이고, 미개발된 세상을 하나님의 목적 의도에 맞추어 창조했다. 지구의 나이를 6천 년으로 보는 젊은 지구론과 45억 년 이상으로 보는 오래된 지구론에 주목하지 않아도 되는 이유이다. 이미 땅과 수면이 존재하고 있었기 때문이다.

성서의 주장과 달리 세상에는 하나님의 창조를 믿지 않는 주장도 있다. 유물론이다. 유물론은 물질의 근원성과 우선성을 주장한다. 그러나 현대과학의 발전은 물질이 세상의 근원이 아니라는 것을 밝혔다. 물질이 영원하지도 않다는 것을 알게 했다. 원자핵을 구성하는 중성자가 양성자 보다 무거워 양성자가 붕괴되면, 모든 물질은 소멸되기 때문이다. 또한 원자를 구성하는 원자핵이 쿼크의 조합인 양성자와 중성자를 포함하고 있고, 원자핵은 전자와 결합되어 있다는 것도 밝혀냈다. 이렇게 형성된 원자는 다른 원자들과 분자적 결합으로 무거운 원자들을 탄생시켜 물질의 세계를 구성하고 있다. 하지만 모든 물질량의 최소단위인 양자(quantum)는 물질이 아니다. 입자이자 파동이다. 단순히 물질이라고 보기가 어렵다. 그렇다고 운동이라고 결론을 내기도 어려운 것이 양자인 것이다. 그러므로 물질이 세상의 근원이라고 성급하게 주장할 수 없는 것이다. 태초에 모든 물질은 에너지의 힉스 작용으로 질량이 부여되어 탄생되었다. 물질이 먼저 존재하고 운동이 있는 것이 아니라, 에너지가 존재하고 그 운동을 통해 물질이 생겼다고 보는 것이다. 물질이 세상의 근원이 아닌 이유이다. 또한 모든 물질은 우주의 **팽창과 진공화, 양성자 붕괴**로 결국 소멸될 것이다. 물질은 영원하지 않기 때문이다.

첫째 날

성서는 "하나님이 이르시되 빛이 있으라 하시니 빛이 있었다"(창 1:3)고 했다. 하나님이 말씀으로 빛을 창조하였고, 빛은 말씀에 순종하여 생성되었다고 했다. 빛을 창조한 하나님은 빛이 보기에 좋았고, 빛과 어둠을 나누고 빛을 낮, 어둠을 밤이라고 불렀다(창 1:4,5)고 했다. 빛과 어둠을 신으로 보는 고대 근동 신화에 대해 반대의 의도를 분명히 하고 있다. 빛과 어둠은 신적인 것이 아니라 하나님의 창조물이라고 주장하고 있는 것이다. 이분법적으로 빛을 선으로 어둠을 악으로 나누어 서로를 대적하며, 파괴하고 공격하는 것을 반대하고 있다.

성서는 첫째 날 천지(창 1:1)와 빛이 창조되었다고 말한다. 첫째 날이라고 부르는 것은 하나님에 의해서 시간이 처음 시작된 날이기 때문이다. 하지만 이 하루가 인간이 생각하는 하루라고 생각한다면 오해가 생길 수 있다. 시간의 주인은 하나님이다. 인간이 아니며, 하나님의 하루는 하나님이 정하는 것이다. 창세기 1장 5절의 이 시간은 지구의 시간을 가진 하루가 아니라 의미와 사건으로 정할 수도 있다. 하나님에게는 하루가 천 년 같고, 천 년이 하루 같다(벧후 3:8)는 말씀을 유추해보면 하나님의 시간 개념이 인간과 다르다는 것을 알 수 있다. 시편에서도 주 앞에서는 천년도 하루 같고, 밤의 한 순간 같다(시 90:4)고 말함으로써 하나님과 인간의 시간 개념이 다른 것을 증언하고 있다. 창세기의 천지창조의 하루를 인간의 시간으로 정형화시켜서 생각할 필요는 없다는 것이다.

빛을 만든 하나님은 빛을 낮이라고 부르고, 어둠을 밤이라고 불렀다. 그리고 저녁이 되고 아침이 되니 하루가 지났다고 했다(창 1:5). 인간에게 하루라는 시간을 주어 인간의 시간이 시작되게 한 것이다. 하나님은 천지를 6일 동안 창조하고, 안식하기 전에 하루동안 낮에 일하고 밤에 쉬었다. 이는 6일 동안 연속해서 일하지 말라는 것이며, 낮에 일하고 밤에 쉬라는 의미이다. 밤에 안식함으로써 인간들에게 하나님처럼 쉬는 건전한 밤 문화와 휴식이 있는 밤을 가르친 것이다. 하루의 시작을 쉬는 저녁부터 잡은 이유이다. 아울러 아침부터 늦은 밤까지 일하는 고된 노동이 없어야 함을 가르친다.

하나님이 천지를 창조할 때 "있으라"고 말씀한 명령에 대한 해석은 즉각 성취되었다는 입장과 진화적 성취를 담고 있다는 두 가지 입장으로 나뉜다.

첫째, 말씀하니 그대로 즉각 이루어졌다는 입장이 있다. 하나님이 자신의 계획과 목적대로 천지만물을 즉각적으로 만들었다는 믿음이다. 천지는 하나님의 명령에 의해 존재하고 운행하고 있으며, 각양각색의 완전한 생명으로 존재하게 되었다는 것이다. 성서가 전하는 그대로 우주가 창조되었다고 믿고 고백하는 입장이다.

둘째, "있으라"는 명령을 통해 세계가 창조되고, 진화가 동시에 작동되었다는 입장이다. '있어지게 했다'는 것이다. 성서와 함께 자연에 둔 하나님의 신성을 과학을 통해 발견하고자 하는 해석이다. 이 해석은 우주가 빛이 있는 시작을 통해 강력한 열이 발생되고, 쿼크와 소립자, 중성자와 양성자가 생성되었다고 본다. 이후 양성자와 중성자가 결합해서 수소와 중수소, 헬륨이라는 원자가 생성되었고 한다. 이 원자들은 서로 결합함으로 행성들의 뜨거운 열에 의해 점점 무거워지는 가운데 분자화 되고, 분자들이 유기물이 되고,

유전을 통해 세포화가 되어 생물이 되었다고 주장한다. 이 논리는 "있으라"는 하나님의 명령은 시간과 물질과 공간을 섭리하는 분이 하나님이라는 것을 전제한다. 즉시 창조하던, 있게 하는 창조를 하던, 그 성취성의 주권은 하나님에게 있다는 것이다. 인식의 한계를 가진 인간이 신의 뜻과 언어를 이해하는데 한계가 있기에 창조가 그 자체로써 진화를 담지한 하나님의 행동일 수 있다고 주장하는 것이다. 이런 입장에서 보면 모세는 "있으라"는 명령과 '있어지게' 하는 창조 명령이 완전히 성취된 상태에서 성서를 기록했다고 볼 수 있다.

둘째 날

성서는 "하나님이 가라사대 물 가운데 궁창이 있어 물과 물로 나뉘게 하리라 하시고 하나님이 궁창을 만드사 궁창 아래의 물과 궁창 위의 물로 나뉘게 하시니 그대로 되니라"(창 1:6,7)라고 말씀하고 있다. 그 중에 "물과 물로 나뉘게 하리라"는 말씀을 직역하면 '물과 물 사이를 나눌지니라', '그 물 가운데 궁창이 있을지니라'로 해석할 수 있다. 개역 개정 성서가 성취어를 강조했다면, 원어적 의미는 나누고 있으라는 계속적인 상태를 의미하고 있다. 결국 궁창이란 윗물과 아랫물 사이에 펼쳐진, 물들의 확산을 저지하는 대기권의 상태를 의미한다(창세기 강해 제 1장, 저자 유재원, 대영사, p58-61). 하나님이 물 가운데에 궁창(창공)을 둔 것이다. 창공을 만들고, 창공 아래와 위에 물을 두어(창 1:7) 아름다운 푸른 하늘을 인간을 위해 창조한 것이다.

지구가 생명을 키우기 위해서는 자기장을 만들 수 있는 내부의 에너지(내

핵)가 있어야 한다. 자기장은 자전을 통해 행성 표면에 골고루 전달되어 태양풍과 우주에서 오는 방사선의 피폭을 막는다. 아울러 대기권의 상층부에는 오존층도 있어야 한다. 자외선은 동식물을 막론하고, 생명의 DNA를 파괴한다. 하나님이 위와 아래로 물을 나누어 하늘을 만든 이유이다.

하나님이 인간보다 자연을 먼저 창조한 것은 하나님이 만든 자연법칙에 인간이 겸손히 순종하며 살라는 의도이다. 인간이 자기이익을 위하여 만들어 낸 파괴적인 무기와 생산 기계, 각종 유해 가스와 쓰레기로 세상을 파괴하는 것을 원하지 않은 것이다. 인간의 의지와 생활보다 자연과 그 질서를 우위에 둔 것이며, 하나님의 창조질서를 인정하고 살라고 자연자체를 계명으로 준 것이다.

성서는 하나님이 하늘을 창조했다고 선포함으로 하늘에 신이 있거나, 하늘이 신이 아니고, 신성을 지닌 것이 아니라고 선포한다. 하늘은 하나님이 인간을 위해 창조한 창조물이기 때문이다. 하늘의 신을 대신하는 천자(天子) 신앙을 통해 통치이념을 갖고 사람을 지배할 수 없다고 한 것이다. 이러한 창조관으로 성서는 고대의 신관을 반대했으며, 창조물이 인간들에게 우상화 되는 것을 막았다. 아울러 현대 천문학을 기반으로 물질적이고, 기계적인 세계관이 신앙이 되는 것을 반대하고 있다.

셋째 날

하나님은 천하의 물을 한 곳으로 모으고 뭍이 드러나라고 했다. 물을 한

쪽으로 모아 드러난 뭍을 땅, 모인 물을 바다라 부르며, 자신이 창조한 바다와 땅을 보기에 좋았다고 했다(창 1:10). 덕분에 바다는 푸른 색으로, 땅은 녹색의 산과 황토색의 들판이 되었고, 아름다운 강이 되었다. 이후 하나님은 땅에 풀과 씨 맺는 채소(인간의 작물)와 각기 종류대로 씨 가진 열매 맺는 나무를 내라고 명령했다. 땅과 바다가 순종하여 말씀한 대로 되고 식물을 내니 "하나님이 보기에 좋았다"라고 했다(창 1:12).

현대는 과학의 발전으로 진화론이 주목을 받고 있다. 진화론은 오랜 세월에 걸친 무목적성과 무방향성과 우연(chance)에 의해 우주와 생명이 탄생했다고 본다. 현대 생물학을 받아들여 생명은 자연선택과 돌연변이와 생존경쟁으로 진화되었다는 것이다. 무기물에서 탄생한 유기물이 복제하는 과정 속에서 차이를 갖는 반복을 통해 세포를 만들고, 세포는 개체를 만들어 의식을 탄생시켰다고 본다. 이 진화는 단순한 것에서 복잡한 것으로, 개별에서 연합으로, 무조직에서 조직적으로 변화 발전하여 현재와 같이 다양한 물질과 생명으로 진화되었다고 본다. 때문에 현대에는 이러한 진화론적 주장을 수용하는 그리스도인들도 많아지고 있다. 하나님의 창조가 느린 창조 내지는, 느린 성취를 통해 진화를 포함하고 있다는 보는 입장이다.

또한 성서가 땅과 바다와 식물을 하나님이 창조했다는 큰 이유는 다음과 같다. 하나님이 땅과 바다, 식물을 창조했다고 선포함으로써, 고대 근동의 우상인 농경신 바알과 아세라 신이 땅과 하늘의 주인이 아니라고 주장한 것이다. 지배자들의 주장대로 인간들에게 농토와 곡물을 주는 신이 아니라고 한 것이다. 또한 하나님이 창조한 세상은 모든 곳이 아름답고 모두 명당이라고 선포한 것이다. 인간의 필요와 목적, 용도에 따라 좋은 땅과 나쁜 땅으로 확정하지 못하게 했다. 인간을 기르는 황토와 푸른 바다와 녹색의 산과 들을 소중히 여기고 보호하며, 자연에 순응하며 살게 했다.

하나님이 창조한 식물은 우상화 될 수 없다. 식물이 타 종교의 상징일 수는 있어도 하나님의 창조물이라는 본질은 변하지 않는다. 이러한 입장으로 본다면 전남 여수에 있는 손양원 목사의 두 아들에 대한 순교비의 교체는 아이러니한 일이다. 원래 아버지 손양원 목사가 세운 두 아들의 순교비 받침은 연꽃 모양이었다. 그런데 후대의 사람들이 연꽃은 타종교의 상징이라고 하며 교체했다고 한다. 그리고 원형은 손양원 목사 기념관의 한적한 뒤로 옮겨 놓았다. 이는 올바른 창조관이 아니다. 우선 순교비를 만든 아버지의 뜻보다 후대의 사람의 뜻이 우선 되었다는 점에서 오류이다. 그리고 창조 신앙으로 본다면 연꽃도 하나님의 창조물임을 인정하지 않는 옹졸하고, 비신앙적인 태도이다.

넷째 날

하나님은 하늘의 궁창에 광명체들이 있어 낮과 밤을 나뉘게 하고, 그것들로 징조와 계절과 날과 해를 이루라(창 1:14) 했다. 또 광명체들이 하늘에 존재하며 땅을 비추라 하니 그대로 되었다고 했다. 하나님이 두 큰 광명체를 만들고, 큰 광명체로 낮을 주관하게 하고, 작은 광명체로 밤을 주관하게 했고, 별들을 만들어 땅을 비추게 했다. 크고 작은 광명체에게 낮과 밤을 주관하게 하고 빛과 어둠의 영역을 나뉘게 하고, "하나님이 보기에 좋았다"(창

1:18)라고 했다. 넷째 날 광명체들을 하늘에 두어 낮과 밤이 순회하며 운동하게 하고, 시간, 날, 해를 갖게 한 것이다. 지구가 만들어지고 난 후 태양과 달과 별이 창조되었고, 빛이 먼저 존재한 상태에서 하늘의 광명체를 만들어 하루 24시간이라는 지구적 시간 개념을 넷째 날에 갖게 했다는 것이다.

성서는 하나님이 인간에게 준 우주와 시간을 통해 하나님의 사랑을 확신하게 하고, 인간이 그의 집에 살게 한 것에 초점을 맞추어 편집되었다. 지구와 사람 중심의 사고에 근거해 인간의 중요성대로 서술했다. 인간이 세계와 독립적인 입장에서 세계를 대상화하고, 가치관에 따라 편집하고 서술했다. 하나님의 주권을 선포하고, 태양과 달과 별이 신이 아닌, 인간이 만든 우상이라고 선포한 것이다. 또한 사람이 하늘의 별과 태양과 달이 되는 것을 반대했다. 의문에 순종하여 즉, 모르는 말에 무조건 따라하며 별똥별을 보며 기도하거나, 새해 첫날 일출을 보고 기도하는 거짓 경건을 고발했다.

태양은 영원하지 않다. 태양의 수명은 약 120억년이라고 한다. 그렇다고 지구가 120억년을 산다는 것은 아니다. 태양 에너지가 해마다 증가하여 지구는 10억년 후 지구의 모든 물이 말라 버릴 것이라고 한다. 따라서 하나님이 광명체를 만든 이유가 인류는 영원하지 않다는 것을 알게 하기 위해서이다. 빛 앞에 따스함을 느껴야 하지만, 인류의 멸망도 가르쳐 준다는 것을 깨달아야 한다. 인류는 자기 한계와 연약함을 깨닫고, 겸손과 사랑으로 수명을 다해야 한다.

다섯째 날

하나님은 "물들은 생물을 번성하게 하고, 땅 위 하늘의 궁창에는 새가 날으라"(창 1:20)고 했다. 큰 바다 짐승과 물에서 움직이는 모든 생물을 그 종류대로 번성하게 했고, 날개 있는 모든 새를 그 종류대로 창조하고 보기에 좋았다(창 1:21)라고 자평했다. 복을 주며 생육하고 번성하여 여러 바닷물에 충만하고 새들도 땅에 번성하라(창 1:22)고 했다. 하나님은 그가 보기에 좋다고 평가한 창조물이 인간 중심적 삶으로 멸종되는 것을 원하지 않았기 때문이다. 야생 동물을 인간의 필요에 따라 가축화해서 다른 종을 멸종시키고, 특정 동물을 고기로 착취하는 것을 반대한 것이다. 가축화한 동물의 확대 재생산은 필연적으로 자연을 파괴하고, 동물의 다양성을 축소하기 때문이다.

하나님은 동물을 창조하며, 생육하고 번성하라는 명령을 했다. 아울러 하나님은 인간에게 창조한 생명을 생육하고 번성하게 하는 청지기로서의 섬김과 순종을 요구했다. 하나님의 창조질서를 보존하여 하나님이 보기에 좋았다고 한 세상에 생명이 충만하게 하는 것이 하나님의 뜻이기 때문이다. 하나님이 보기에 좋은 동물을 인간이 필요에 따라 지상의 동물을 멸종시켜서는 안 된다. 적어도 성서적 입장에서 보면 동물은 인간보다 먼저 창조된 피조물이다. 당연히 보호와 존중을 받아야 할 권리가 있다. 동물들이 멸종되는 지금의 현실은 명백히 인간이 하나님의 뜻에 반대하는 형국이다.

하나님의 피조물로서 모든 동물은 인간이 사랑해야 하지만, 보이지 않는 하나님의 형상을 동물의 형상으로 만들어 우상화하는 것은 반대해야 한다.

동물의 형상을 신으로 만들어 숭배하는 것은 인간의 존엄성을 훼손하고, 동물의 고유한 가치를 부인하는 것이다. 동양의 십이지신과 상상의 동물인 용, 그리고 수많은 신화 속의 동물은 인간의 생사화복을 주관하는 신이 아니며, 인간이 닮아야 하는 대상도 아니다. 동물의 형상을 모방해서 만든 우상은 인간의 해방을 위해 탈신화화와 재신화화의 작업을 해야 하는 대상일 뿐이다. 판타지와 신화를 통해 우상과 권위로 등장한 것들을 쳐서 그리스도에게 복종시켜야 한다. 모세가 피, 개구리, 이, 파리, 돌림병, 악성종기, 우박, 메뚜기, 흑암, 장자의 재앙을 통해 인간을 해방하였듯, 인간이 만든 모든 우상적 권위는 인권과 인간의 존엄성 앞에 철폐되어야 하는 것이다. 그러나 문학과 비유로서 판타지와 신화 자체를 반대해서는 안 된다. 그것은 학문과 사상의 자유를 훼손하는 것이다.

여섯째 날

하나님은 "땅은 생물을 그 종류대로 내되 가축과 기는 것과 땅의 짐승을 종류대로 내라"(창 1:24)고 했다. 또한 하나님은 "땅의 짐승을 그 종류대로 가축을 그 종류대로 만들고, 땅에 기는 모든 것을 그 종류대로 만들었고, 보기에 좋았다"(창 1:25)고 말했다. 그리고 하나님은 하나님의 형상과 모양대로 사람을 만들고 인간에게 바다의 물고기와 하늘의 새와 가축과 온 땅과 땅에 기는 모든 것을 다스리게 했다. 사람을 창조할 때는 특별히 하나님은 남자와 여자로 창조하고 복을 주며, "생육하고 번성하여 땅에 충만하라 땅을 정복하라"고 명령을 했다. "바다의 물고기와 하늘의 새와 땅에 움직이는 모든 생물을 다스리라"고도 했다(창 1:26-28).

창세기 1장에 의하면 하나님은 인간을 창조하고, 사명을 인간들에게 준다. 첫째 날에서 여섯째 날까지 하나님이 일한 것과 같이 일하게 하여, 생육하고 번성, 충만, 정복하는 삶을 살게 했다. 아담이 에덴을 경작(경영, 다스림)하며 지키는 일을 통해(창 2:15) 하나님의 명령대로 생육하고 번성하게 한 것이다. 이러한 하나님의 명령은 인간의 몸과 정신으로 계승되었다. 인간을 생육, 번성, 충만하게 하는 몸(유전자)과 정신(밈)이 그 증거이다. 인간은 하나님의 명령을 기록한 몸(DNA)을 따라 자동적으로 자기 생존을 위해 생육, 번성(번식), 충만을 성취한다. 또한 반성하고 사색하며, 공동체를 만들고 경제활동을 하며, 문화를 만들고 정치력을 행사한다. 말씀이 육신에 되어 우리 가운데 거한(요 1:14) 것처럼 하나님의 명령이 인간의 정신과 몸에 거하고 있기 때문이다.

일반적으로 인간은 인간과 하나님이 다르다고 생각하지만 삼위일체적으로 생각한다면 인간은 하나님의 자녀이며, 그리스도의 몸 된 교회이고, 하나님과 대등하게 사귀는 존재이다. 다만 동등함을 자처하기보다는 예수처럼 자기를 비우고, 낮추며, 복종함으로 섬기는 것을 선택하여 하나님과 하나가 된다. 인간은 예수의 몸으로서 하나님과 같은 존재이지만, 하나님이 아닌 인간으로 하나님과 사귀는 존재이다. 하나님이 인간이 되는 사건을 통해 인간은 예수를 닮아가고, 예수의 몸으로서 하나님과 하나이기 때문이다. 하나님이 인간이 된 성육신 사건을 통해 하나님의 인간화는 분명 인간의 위대함을 증명한다.

하나님은 천지와 만물을 그의 말씀대로 다 이루었다(창 1:6-2:1). 자신이 만든 인간과 세상을 평가할 때는 보기에 참 좋았다고 했다. 세상이 하나님의 뜻을 담지했기 때문이다. 세상이 하나님의 충만한 복을 받았기 때문이다. 이 말의 의미는 세상이 악마에 의해 지배당하거나, 저주와 결핍이 있는 곳이 아니라는 의미이다. 세상을 하나님이 저주한 곳으로 생각하거나 하나님이 부재하는 곳으로 생각하고, 그러한 세상으로 만들거나 고착화해서는 안 되는 이유이다. 또한 인간은 평등하고 자유로우며, 생명과 인권이 모두 존중되어야 마땅한 존재이다. 성서가 모든 사람이 하나님이 보기에 좋았다고 평가한 선하고 아름다운 존재라고 했기 때문이다. 그러므로 그리스도인들은 정치적 주권을 갖는 것을 넘어서 모든 권세와 능력이 하나님에게 있음을 고백해야 한다. 군주와 국민에게 주권이 있기보다 그리스도에게 권세가 있다고 믿고 하나님의 뜻에 따라 정치적 주권을 행사해야 한다. 모든 주권이 하나님에게 있음을 믿고, '하나님 나라'의 선진적인 제도를 시대에 맞게 모든 영역에서 실현해야 한다. 이는 국가와 국제 정치, 경제, 문화, 국방, 외교 등의 모든 영역에서 평화와 인권, 생명의 존중, 자유와 평등, 자연의 보호를 위해 그리스도인이 헌신해야 하는 이유이다.

하나님은 인간을 보기에 좋은 존재로 창조하고 정복하고 다스리라고 했다. 세상에 정복을 당하는 삶을 살지 말라고 했다. 인생을 마지못해 살아가거나, 생명을 죽음으로 바꾸는 것과 노예 삼는 모든 것을 정복하고 다스리라고 했다. 인간이 세계의 모든 것 즉 힘과 사상, 인간과 물질 등에 정신적 또는 육체적으로 종속되거나 지배되지 않게 했다. 정복에 대한 명령은 인간 자신의 이성과 의지에 기반한 명령이 아니다. 하나님의 창조 명령이다. 인간은 자기 자신과 세상에 굴복하지 않아야 한다. 하나님의 뜻대로 되는 세상을 만들어 가고, 다스리기 위해 악을 정복해야 한다. "정복하라"는 명령은 하나님 뜻대로 다스리기 위한 정복이다. 착취를 위한 것이 아니다. 자연은 인간의 야망과 욕망의 대상이 아니다. 여러 가지 인간의 생존을 위협하는 자연적 과제를 인간의 생육과 번성, 보호와 보존을 위해 정복해야 한다. "정복하라"는 말씀의 의미는 자기 자신의 영역과 땅끝까지 하나님의 나라를 세우라는 명령이다. 에덴동산에서 땅끝까지 세계의 지리와 법칙을 인식하고, 하나님의 창조질서를 유지하며, 하나님 나라를 건설하여 삶의 영역을 넓혀가라는 의미이다. 개발과 보존의 논리 프레임에 갇혀 해석할 하나님 말씀이 아니다. 이 말씀은 통치를 위한 개념이다. 인간이 나라를 세울 수 있는 권위와 능력이 있는 존재라는 뜻이다. 혼돈과 어둠, 무지와 교만, 불신과 탐욕의 체제를 극복하고, 질서의 유지와 문명으로 평화가 있는 하나님의 나라를 세우라고 준 명령인 것이다. 그래서 이 정복은 하나님의 창조질서 유지에 그 목적이 있다. 어둠의 영을 받은 착취자에게 세상을 지키기 위한 명령이다. 파괴와 살인, 전염병과 핵전쟁 때문에 당할 인류종말을 정복하라고 준 명령이다. 정복을 착취로 이해하여 이웃의 것을 빼앗고, 자연을 착취해 쓰레기장으로 만들지 않아야 한다. 정복하라는 의미는 인간의 통치를 통해 아름다운 영역을 만들고 확장해 가라는 의미이다. 정복에 따른 변형과 개발도 필요하지만, 하나님의 창조질서를 보존하는 것을 전제해야 한다.

온 생명을 먹이는 위대한 주부 하나님은 온 지면의 씨 맺는 모든 채소와 씨 가진 열매 맺는 모든 나무를 인간에게 먹거리로 주었다(창 1:29). 땅의 모든 짐승과 하늘의 모든 새와 땅에 기는 모든 생명에게도 먹을 거리를 주었다. 생명들이 먹거리로 행복과 만족감, 너그러운 성품 가운데 생육하고, 번성하며, 평화롭게 살도록 했다. 인간에게 세상에서 살아갈 때에 먹거리를 충분하게 주어 포악해지거나, 곤비하지 않게 했다. 함께 먹거리를 생산하여 교통과 문화가 발달하게 했다. 먹고 사는 일을 위한 공동체적 협동과 정착, 가축의 사육, 잉여식량의 나눔과 교환을 위한 교류를 통해 문화가 발전하게 한 것이다. 하나님이 준 음식으로 사람을 시험에 들게 하거나 착취하고, 독점하고, 이익을 위해서 음식을 변형하는 것을 허락하지 않았다. 식량의 약탈을 위해 전쟁을 일으키고, 무리하게 가축을 대량 생산하기 위해 자연을 파괴하거나, 각각의 생물에게 준 영역을 넘어가 전염병을 발생시키는 것을 원하지 않았다. 생육하고 번성하기 위해 인간이 환경을 파괴하고, 땅과 하늘을 오염시키는 것을 허락하지 않은 것이다.

하나님의 창조세계에서 인간은 생존하는 동안 하나님이 준 먹거리를 탐욕, 독식해서는 안 된다. 감사하는 마음 없이 먹어서도 안 된다. 매일 먹고 산다는 것은 매일 하나님의 사랑을 먹는 것과 같은 의미이다. 인간에게 복 주며, 번성하라고 준 먹거리이므로 나눔과 즐거움과 감사로 함께 식사하는 식탁문화를 세워야 하는 이유이다. 음식을 나눔으로 평화의 교제를 하고 함께 기뻐하는 축제의 음식이 되게 해야 한다. 먹거리를 함께 생산하고 운반하는 협동을 통해 서로 협력하고 상생, 평화하는 문화를 만들어 가야 한다. 가난하면 문화도 다양성을 갖지 못한다. 인간이 굶주리면 문화도 빈곤해진다. 인간이 세상의 다양한 먹거리를 먹고 즐거워해야 문화도 발전한다. 빈곤과 배고픔을 극복해야 생명을 보존하고, 자유와 평등을 쟁취하며 함께 기뻐하고 행복할 수 있다. 하지만 빵과 밥으로만 살 수도 없다. 음식으로 형제를 가난하게 하고, 굶주리게 하여 시험에 들게 하지 말고, 만족을 누리게 하는 이웃 사랑을 해야 한다.

6. 안식일

하나님은 천지와 만물을 다 이룬 후 안식하고, 이 날을 복되고 거룩하게 한다(창 2:1-3). 인간이 창조된 후, 첫 날을 축복하고, 거룩하고 복된 안식일로 만들어 샬롬의 날로 살게 했다(창 2:2-3). 창조로 완성된 천지만물이 안식일을 포함하는 7일이라는 한 주간으로 삶의 시간을 갖게 한 것이다. 이런 의미에서 안식일은 창조의 완성이다. 안식일을 통해 자연과 인간에 대한 하나님의 축복, 쉼, 평화, 기쁨의 정신이 잘 드러나기 때문이다.

안식일은 자연과 인간이 함께 하나님의 안식에 참여하는 날이다. 땅과 물, 공기, 동물, 식물, 사람 등의 모든 자연이 안식함으로 자기 정체성을 지키는 날이다. 안식은 샬롬의 누림이다. 하나님이 창조한 세계에서 이웃과 함께 쉬고, 축제를 누리는 날이다. 수고와 고통 때문에 갖는 휴식의 의미만 가진 것이 아니다. 평화를 배우는 날이며, 안식에 대한 믿음을 충만케 하는 날이다. 하나님을 따라 인간도 보기에 좋은 시간을 갖는 날이며, 서로 도와 즐거움을 충만하게 하는 사귐의 날인 것이다. 아울러 첫 안식일 날은 하나님이 보기에 좋다고 평가한 세상이 살기에 좋다고 하나님에게 고백하는 날이다. 인간이 하나님과 사귀고, 그를 따라 사는 날이다. 또한 안식일을 지키라는 율법에 순종하여 생겨난 시간답게 율법을 지키는 날이다. 아울러 인간의 노동의 대가로 주어진 축복의 시간이다. 비워 있는 시간이며, 사람을 위하여 있는 날이다(막 2:27,28). 그러므로 안식일을 통해 인간의 존재 목적이 세계의 안식을 지키는 것임을 깨달아야 한다. 안식일 정신에 따라 자연이 살해, 오염, 파괴되지 않도록 보존해야 한다. 자연보호는 하나님의 안식에로의 참여이기 때문이다. 그러므로 인간은 자연을 보호하고 관리하는 일에 부름 받았음을 깨닫고, 창조질서의 보존으로 안식에 참여해야 한다.

인간에게 안식일은 매우 귀한 것이지만, 자신들의 자명한 권리로 보장되지는 않는다. 모세 당시에 보면 애굽의 지배자 바로는 안식일을 이스라엘에게 주지 않았다. 벽돌을 계속 만들라고 할 뿐 '쉬어라' 명령하지 않았다. 그래서 하나님은 안식일을 통해 바로의 명령을 취소하고, 쉼 없는 삶에 저항하라고 했다. 하나님의 명령에 따라 안식일을 자신의 권리로 인식한 이스라엘은 애굽의 노예 상태에서도 안식일이라는 율법을 주장했다. 율법을 지키는 것이 자신들을 지키는 것임을 깨달았기 때문이다. 안식은 하나님이 인간에게 준 고유한 권리이기 때문이다. 따라서 안식일은 세상의 지배자가 주는 시간이 아니다. 안식은 창조자 하나님이 준 구속의 시간이다. 오늘날로 말한다면, '계속 상품을 만들라'는 기업의 명령에 거부하는 날이다. 노동자가 자각하여 스스로 기계가 되는 것을 거부하는 날이다. 안식일은 인류가 창조질서에 순종하여 믿음으로 쟁취한 축복과 해방의 시간이다. 안식을 가질 때마다 풍요를 숭상하는 세력의 명령에 대항하고, 그들의 우상을 거부하고, 하나님에게 순종하는 자신의 믿음과 자부심, 자주성을 확인하는 날인 것이다.

인간의 노동은 하나님의 뜻에 순응하고, 실현하기 위한 일체의 활동이다. 인간의 신념과 가치를 실현하는 일체의 활동, 인간의 편리와 봉사, 거룩과 역사의 발전을 위한 활동이다. "하나님 아버지가 이제까지 일하니 나도 일한다"(요 5:7)고 말한 예수를 따라 사는 순명의 시간이다. 그러므로 하나님을 따라 쉬는 안식이 있는 노동만이 축복이다. 그렇지 않으면 노동은 저주이다. 안식일을 지켜야만 천지를 창조한 하나님을 본받는 삶이다. 하나님은 인간이 안식을 갖는 노동을 통해 생육하고 번성하고 충만하기를 원하기 때문이다. 하나님이 만든 시간, 안식일은 하나님과 인간 사이의 표징(선악과, 할례, 무지개, 십자가)이다. 하나님은 안식일날 인간이 말씀에 순종하여 안식하기만 하면 하나님을 알게 하였고, 복되고 거룩한 존재가 되게 했다(겔 20:12, 20). 이것이 하나님이 인간에게 준 시간의 신비이다.

하나님은 안식일을 통해 인간을 거룩하게 한다. 안식일이라는 표징을 통해 하나님의 뜻을 알리고 '지극히 높고 위대한 뜻'(거룩의 국어 사전적인 표현)을 품어 죄악을 가진 삶의 방식에서 떠나게 한다. 안식일을 안식함으로써, 하나님이 지정한 시간을 소비함으로써 거룩하게 한 것이다. 안식일을 지킴으로 인간이 하나님을 믿고 있으며, 계명을 지키고 있다는 증거를 갖게 했다. 하나님은 인간이 일하기만 하면 생육하고, 번성하고, 충만하게 했지만, 안식일에 안식하기만 하면 하나님을 알고, 복과 거룩함을 얻게 했다. 안식일을 통해 인간을 강제 노동에서 해방하고, 수고하고 무거운 짐 진 자들이 하나님에게 와서 쉼을 얻고 멍에를 가볍게 하기를 원했다.

안식일의 주인은 하나님이다. 인간이 아니다. 타인과 자신의 주인이 되지 말고, 자신과 타인에게 안식일에 안식을 주는 날이다. 안식일에 타인의 관리자가 되거나, 자기 자신의 관리자가 되어 안식을 착취하지 않아야 한다. 타인이 안식일의 주인이 되어 안식을 착취하면 저항해야 한다. 하지만 현대사회에서는 인간 자신이 자기 자신을 착취하는 착취자가 되게 했다. 현대는 여러 가지 명목을 만들어 인간이 자기 자신을 위한다는 명목으로 스스로 자신을 착취하게 한 것이다. 사회에 적응하고, 회사에 들어가기 위해, 일정한 자격을 갖추기 위해, 자기 개발을 위해 착취자를 인간의 마음에 두어 자발적으로 안식을 착취하게 했다. 자기 개발을 위해 스스로를 착취하지 않으면 경쟁에서 밀리고, 경쟁에서 밀리면 수치를 주는 사회구조들 때문이다. 그래서 자기 자신이 관리자(바로)가 되어 자기 개발, 시험 합격, 성공 등의 명목으로 인생의 목표를 설정해 안식을 착취하게 한다.

현대사회는 전통적인 일자리 개념이 아닌 '일거리'로 고용인이 누구인지 모르는 상태에서 일하는 산업 구조다. 덕분에 노동자가 더 많이 착취당하는 복지 부재의 시대이다. 안식이 노동의 대가로 얻는 것이 아니고 자명한 인간의 권리임에도 노동한 돈으로 안식을 얻으라고 강요하는 시대이다. 안식일에도 계속 일하라고 가르치며 강요하고 있다. 그러나 성서는 분명히 선포한다. 안식일의 주인은 인간이 아니다. 하나님이다. 타인이 호의로 주는 시간이 아니다. 안식일에 쉬는 것은 자기 자신과 세상의 주인과의 투쟁에서 승리한 사람만이 쟁취하는 시간이다. 안식일은 하나님의 말씀에 순종하는 시간이다. 믿음으로 쟁취한 시간인 것이다. 서로 사랑의 정신으로 서로에게 주는 시간이다. 나와 이웃에게 주는 쉼이며, 평화이다. 내가 타인에게 착취와 도둑질, 경쟁과 살인을 하지 않겠다고 약속하는 날이다. '내가 너를 책임져 줄게' 하며 안식을 주는 날이다. 이 날에 나의 모든 이웃을 쉬게 하겠다고 신앙고백하는 날인 것이다. 그리스도인에게 있어 세상은 경쟁하며, 서로 잡아먹는 세상이 아니다. 하나님의 계명에 따라 서로 사랑하고, 안식을 주는 세상이다.

교회력에 따른 절기는 "날은 날에게 말하는"(시 19:2) 날이라는 의미로 시간을 율법과 복음적으로 성취하는 날이다. 그러므로 부활절, 성탄절, 주일, 수요 기도회, 금요철야, 맥추절, 추수감사절 등은 안식의 의미를 갖는 시간이다. 교회가 절기에 대한 교육을 강화하여 안식을 교육하고, 더욱 강화하는 날로 삼아야 하는 이유이다. 한국의 설날, 단오, 추석 등을 절기에 맞추어 배치하여 안식하게 하는 것도 필요하다. 아울러 석가탄신일 등의 날을 그리스도인도 교회의 절기로 정하여 안식하는 시간이 되게 했으면 한다. 타 종교 반대의 시간이 아닌 교회의 행사와 축제로 거룩하게 이날을 살면 된다. 더 거룩하고, 기뻐하고, 더 많은 사람들과 함께하는 시간을 가지면 되는 것이다. 세상의 모든 시간은 하나님이 사람에게 준 시간이다. 모든 날을 하나님의 날로 받아 교회의 날로 활용해야 한다. 이 날을 한국교회는 부활절 행사를 하는 날로 삼았으면 하는 바람이다. 초대교회가 로마의 태양절을 성탄절로 정해, 교회의 시간으로 삼았던 예가 있기 때문이다.

제 3 장

선악과와 인간의 타락

1. 선악을 알게 하는 나무의 열매

하나님은 아담과 하와를 위하여 동방에 가장 완전한 삶의 조건을 갖춘 에덴이라는 동산을 창설했다. 인간이 성장하고, 성숙하는 성화의 장소로 행복의 동산을 준 것이다. 그 땅에 보기에 아름답고 먹기에 좋은 나무가 나게 했으며, 동산 중앙에는 생명나무와 선악을 알게 하는 나무를 두었다. 에덴동산을 경작하며 지키게 하고, 동산의 각종 나무 열매는 임의로 먹되 선악을 알게 하는 나무의 열매는 먹지 말라고 했다. 먹음직하고, 보암직하고, 지혜롭게 할 만큼 탐스럽지만 선악과를 먹는 날에는 반드시 죽는다고 했다(창 2:9, 15-17, 창 3:5, 6, 22).

하나님은 인간이 선악을 알게 하는 나무를 통해 선악을 분별하는 지혜를 얻고 어리석지 않게 하기 위해서 주었다. 그래서 선악과는 에덴이 행복의 동산이 되게 하는 원인이 된다. '선악과 언약'을 통해 에덴을 아담에게 주었기 때문이며, 선악과를 통해 에덴에서 살 수 있는 지혜를 얻게 했기 때문이다. 그래서 세상을 창조한 하나님은 과거나 현대나 선악을 알게 하는 장치들인 선악과, 율법, 십자가를 인간관계와 사회의 중심에 두고 인간이 '우리'로 살기를 원한다. 이 장치들을 통해 하나님은 에덴과 이스라엘 국가, 교회를 창설했기 때문이다. 그러나 인류는 합당하지 않은 이유로 '선악과 언약' 때문에 하나님을 원망했다. 왜 선악과를 두어 먹게 했는가? 하나님이 의도적으로 '인간에게 선악과가 보암직, 먹음직, 탐스럽게 하여 먹게 한 것은 아닌가?' 하며 하나님을 탓한다. '선악과 언약'을 깬 것이 인간인데, 역으로 하나님에게 서운한 마음과 삐진 마음으로 사는 것이다. 결국 '선악과 언약'을 깬 사건을 통해 인간은 하나님을 마음에 두기 싫어했다(롬 1:21).

선악과를 따 먹은 사건 이후 인류는 하나님의 말씀을 의도적으로 거부하는 본능을 갖게 되었다. 선악과를 먹어도 죽지 않을 것이라는 사탄의 말을 믿은 결과 하나님의 말씀을 불순종해도 죽지 않는다는 헛된 생각을 갖게 되었다. 사탄이 선악과는 매우 유익하고 좋은 것임에도 불구하고, 나쁜 것으로 인간의 생각을 왜곡하는데 성공했기 때문이다. 그러나 선악과의 본래 의도는 그렇지 않다. '선악과 계약'의 유익은 다음과 같다.

첫째, 선악과는 하나님과 인간의 약속이다. 법이고 조약이다. 인간이 하나님의 주권 안에 있음을 증거하는 증거물이다. 이 법은 하나님이 인간을 보호하는 장치이며, 인간이 하나님으로부터 권한을 위임 받은 권리 장치이다. '선악과 언약'은 하나님에 의해 생성되었고, 에덴동산의 인간들에게 적용되었다. 서로가 약속을 폐기하지 않는 이상 모두에게 적용되고 계속되는 법이었다. 이 법은 모든 창조물 중에 인간에게만 준 특권이었다. 해와 달이나 동물이나 다른 창조물과는 계약하지 않았다. 선악과는 하나님과 인간의 관계가 자연적 관계가 아닌 언약의 관계라는 것을 알려 준다. 자연적 관계는 서로 의무를 지는 관계가 아니다. 언약적 관계만이 책임과 의무를 지는 특수한 상호관계를 갖는다. '선악과 언약'이 없다면 하나님에게 있어 인간은 바위나 돌, 소나 말, 사자나 호랑이와 다를 바가 없는 관계이다. 언약이 있어야 특수한 관계가 되는 것이다. 율법이 없으면 하나님과 인간은 아무 관계가 아니다. 국가의 경우에도 서로 조약을 맺지 않은 나라와는 아무 관계가 아니다. 서로에 대해 책임과 의무를 갖지 않는다. 국가 간에 조약이 있어야 관계가 설정된다. 상호방위조약, 경제조약 등의 법적인 관계여야만 서로에 대한 의무와 책임을 지게 되는 것이다. 따라서 하나님과 인간의 관계는 아무런 의무가 없는 자연적 관계가 아니라 법적 관계라는 의미이다.

하나님은 인간을 위해 세상을 창조하고, 선악을 알게 하는 나무의 열매를 따먹지 말라고 명령했다. 이 명령의 존재 이유는 '선악과 언약'을 지키는 것이었다. 따먹어서 거역하는 용도가 아니었다. 하나님의 법이 없었다면 에덴은 에덴이 아니기 때문이다. 에덴은 하나님 나라이다. 무질서한 곳이 아니었다. 그래서 하나님은 동산의 각종 나무의 열매는 임의로 먹되 선악을 알게 하는 나무의 열매는 먹지 말라(창 2:16-17)고 했다. 에덴동산은 "하라! 하지 말라!"고 한 행위율법 사회였기 때문이다. 선악과 율법은 에덴동산의 존재 이유였고, 온전히 작동되게 하는 시스템이었다. 아울러 에덴동산은 하나님과 인간의 법이 작동하는 사회였다. 법은 선진적인 지성인들이 법치사회를 만들어 개인의 생명과 권리, 공동체를 보호하는 장치라 할 수 있다. 에덴동산에 선악과 법이 없었다면 하나님의 나라가 아니고, 본능을 통제하지 못하는 원시 사회였을 것이다.

하나님과 인간 관계의 본질은 약속이다. 언약으로 관계의 내용과 성격, 그 형식을 갖는다. 언약을 통해 하나님과 관계가 형성될 뿐만 아니라 관계를 성숙시킨다. 하나님과 인간의 관계가 자연적 관계가 아닌 약속 관계이기에 서로가 약속을 지킴은 서로를 지키는 것이었으며 관계를 지키는 것이었다. 예로써, 부모가 자녀를 낳고, 국가에 신고하여 주민등록을 하는 것은 자연적 관계를 넘어 부모가 자녀에 대해 법과 책임을 갖기 위함이다. 자녀에게도 사회와 국가의 법적인 보호를 받게 하기 위함이다. 부모와 자녀의 자연적 관계에 국가의 법에 따라 법적 관계를 더하는 것은 부자 관계를 더 강화하기 위한 것이지 관계를 파괴하기 위한 것이 아니라는 이야기다. 이와 같이 선악과 언약은 하나님과 인간의 관계를 더욱 강화하는 법이었다. 또한 이렇게 체결된 선악과 언약은 지금도 계속되는 살아 있는 법이다. '선악과 언약'은 언약이었고, 법이었기에 폐기되지 않는 이상 모든 아담의 후손에게도 적용된다. 예수를 믿어 새 계명의 적용을 받아 옛 법으로 폐하여지지 않는 이상, 살아 있는 법이다. 아담의 후손은 모두 선악과를 따먹고 죽으라는 명령을 적용받는 아담의 후손이기 때문이다. 그러나 예수를 믿으면, 믿는 자는 구원받는다(행 16:31)는 구원의 법이 적용되어 선악과 율법은 죽은 법이 된다.

둘째, 선악과는 평등한 쌍방적 계약이다. 불공정 계약이 아니다. 인간만이 아니라 하나님도 열매를 먹지 않아야 하기 때문이다. 이것은 하나님과 인간이 대등한 조건에서 계약된 것이기에 하나님이 인간을 자신과 동등으로 높인 사건이다. 인간은 하나님과의 계약으로 하나님과의 대등성의 권위를 갖는 역사의 주인공이 되었다. 하나님과 언약을 할 수 있는 대등한 존재로서 권위를 인정받게 된 것이다. 그러나 선악과는 인간의 욕망대로 하나님을 불신하라고 준 것이 아니다. 믿으라고 준 언약의 표였다. 선악과 명령은 하나님이 인간을 믿었다는 의미이다. 인간을 믿음의 존재로 본 것이다. 하나님과 인간은 서로 믿는 존재였기 때문이다. 하나님은 이러한 상호신뢰 관계를 기본으로 하여 선악과의 언약을 인간과 체결한 것이다. 이는 하나님과 계약을 맺을 정도의 위대한 존재로 인간을 창조한 증거가 된다. 그렇지만 인간은 '선악과 언약' 때문에 하나님에게 서운한 마음을 갖는다. 이러한 마음을 갖게 된 것은 하나님이 선악과를 따먹을 줄 알고 언약을 맺었다는 왜곡과 거짓말 때문이다. 하지만 어느 누구도 서로 신뢰하지 않으면 언약을 맺지 않는다. 하나님도 인간을 신뢰했기 때문에 언약을 맺은 것이다. 하나님의 언약은 함정이 아니었다. 서로 믿음으로 시작한 언약이기 때문에 인간이 선악과를 따먹을 줄을 하나님이 알고 만들었다는 말은 믿음이 아니다. 그것은 왜곡이며, 신뢰가 주는 유익과 축복을 깨닫지 못하는 불신이다.

셋째, 선악과는 인간의 권리 언약서이다. 생육, 충만, 번성, 정복, 다스림에 대한 권리 언약서다. 또한 영생의 언약이다. 먹으면 죽을 것이라는 말은 반대로 먹지 않으면 영생한다는 의미이다. 오늘날 예수를 믿으면 영생의 언약을 얻는 것과 같다. 하나님은 인간을 창조하고 자신을 닮은 인간을 너무나 사랑하였기에 그들에게 영생을 준 것이다. 영생으로 제한적인 존재의 한계를 넘어 영원히 하나님과 함께 사랑하는 삶을 위해 언약과를 만든 것이다. 하나님은 언약과로 인간이 하나님의 사랑에 대한 의심을 극복하게 했다. 죽음에 대한 두려움을 극복하고, 삼위일체 하나님처럼 영원히 살 것이라는 소망을 준 것이다. 오직 하나님이 인간에게만 계약했다는 점에서 영광과 존귀의 근거였다. 아울러 선악과는 예수를 믿으면 구원을 받고 불신하면 멸망한다는 언약을 이해하게 한다. 선악과는 먹지 않아야 영생을 하지만, 예수는 성찬이라는 장치를 통해 예수의 살과 피를 먹고 마셔서 영생을 얻게 했다. 이런 의미로 본다면 오늘날의 선악과는 바로 예수 그리스도이다.

선악과는 인간에게 죄를 범하게 하는 함정이 아닌 축복의 선물이다. 먹지 말라고 하나님이 준 선물이며, 소유권이 인간에게 있는 것이었다. 언약은 인간이 관리하는 인간영역의 것이었다. 금지의 명령으로 인간에게 준 것이다. 소유권이 인간에게 있었기 때문에 따먹지 않고 가만히 두면 영생하고, 선이 되고, 순종하고 있다는 증거가 되는 증거궤와 같았다. 구약의 성막에 있는 증거궤 위 시은소에 하나님이 임재했듯이 선악과의 언약을 지키는 사람에게 하나님이 임재하는 언약과이다. 성막안에 있는 언약궤의 역할을 한 것이다. 선악과를 통해 언약을 믿음으로 마음에 간직하면 인간의 마음이 언약궤가 되게 하는 역할을 한 것이다.

넷째, '선악과 언약'은 하나님과 인간 사이의 중보기능을 갖는다. 하나님과 인간은 에덴에서 선악과를 사이에 두고 언약으로 함께했다. 이후에도 하나님은 아브라함과 사이에 언약을 두어 그를 완전하게 하고, 크게 번성하게 했다(창 17:1,2). 또한 예수는 새 언약의 중보자로서 하나님과 인간 사이에서 영원한 기업의 약속을 얻게 했다(히 9:15). 이 외에도 성서를 보면 하나님과 인간 사이에는 늘 언약이 있었다. 하나님과 아담, 아브라함, 모세, 이스라엘과의 관계도 언약 관계였다. 하나님은 아담에게는 선악과를 통해, 노아에게는 방주와 무지개 언약, 아브라함은 할례를 통해, 모세와 이스라엘의 경우는 십계명을 통해, 그리스도인은 예수의 십자가를 통해 언약의 증거를 갖게 했다. 이와 같이 인간 사이에는 언제나 언약이 있었다. 없었을 때는 한번도 없었다. 언약이 곧, 중보자이기 때문이다.

하나님은 늘 언약을 통해 인간을 완전하게 하고, 번성하게 하며, 호위하고, 복을 주었다. 언약과를 통해 하나님은 말씀으로 인간과 함께하며, 인간은 믿음으로 하나님과 함께한다. 하나님은 언제나 언약으로 인간과 함께(동행, 참여, 관여, 다스림)하며, 인간에게 하나님에 대한 믿음이 형성되도록 도왔다. 인간이 하나님을 인정하고, 그의 도를 행하고, 규례와 명령과 법도를 지키며 그 소리를 듣게 했다. 인간이 보배로운 백성, 하나님의 성민이 되게 하고, 그가 지은 모든 민족 위에 뛰어나게 했다(신 26:17-19).

다섯째, 선악과는 임마누엘 언약의 증거이다. 하나님이 함께하겠다는 약속이다. 이 선악과는 '하나님의 말씀의 나타남'이며, 계시이다. 선악과는 "하나님이 동산 각종 나무의 열매는 임의로 먹되 선악을 알게 하는 나무의 열매를 먹지 말라"는 말씀을 담지한 나무의 열매였다. 말씀의 계시(보이는 말씀) 자체였다. 따먹지 말라는 말씀이 없는 상태에서는 먹어도 되는 것이었으나, 하나님이 먹지 말라고 했기 때문에 언약을 담지한 표징이었다. 열매와 선악에 본질을 두지 말고 언약에 본질을 두어야 바르게 이해할 수 있는 나무였다.

선악과는 말씀이 선악과가 되어 우리 가운데 거하는 것이다. 하나님이 십계명을 두 돌판에 기록한 것과 같은 의미이다. 말씀이 육신이 되어 우리 가운데 거함으로(요 1:14) 인간에게 독생자의 영광과 은혜와 진리의 충만을 보게 한 것과 같다(요 1:14). 선악과는 하나님의 말씀이 은혜와 진리로 영광스럽게 에덴동산에 거하는 장막이었던 것이다. 선악과가 없다는 것은 하나님이 에덴에 존재하지 않는다는 의미이며, 행복동산에 행복이 없는 것과 같은 것이다. 또한 오늘날 하나님을 가르쳐 주는 성서가 없는 것과 같다. 아울러 선악과는 하나님이 임마누엘 하는 교회이며, 만남의 장소(방법)이다. 하나님의 긍휼을 받고 때를 따라 돕는 은혜를 얻기 위하여 나가는 은혜의 보좌(히 4:16)였다. 그 안에서 아담은 거룩하고 복되며 안식을 누리는 가운데 하나님이 보기에 좋은 존재로 살 수 있었다.

여섯째, 선악과는 언약을 통해 선악을 알게 하는 기능이 있었다. 에덴동산은 무지한 곳이 아니라, 지혜를 얻을 수 있는 곳이었다. 인간과 자연에 대한 지식만이 아니라 선악과를 통해 하나님의 선악을 알 수 있는 곳이었다. 선악과가 주는 지혜로 영생하도록 정의가 하수처럼 흐르게 했다. 실제로 동산의 중심이 되는 선악과로부터 에덴에 큰 강 네 개가 흐른다. 또한 선악과는 성서의 기능이 있다. 과거에 선악과를 따먹지 않게 하여 선악을 구분했다면, 오늘날은 성서를 통해 선악을 구분하게 한다. 오늘날 인간이 예수를 바라봄으로 선악의 기준을 잡아 온전하게 되는 것처럼(히 12:2), 아담이 선악과를 바라보게 함으로 선악을 알게 하는 지혜를 얻게 했다. 언약을 믿음에서 나는 지혜를 준 것이다. 선악과는 말 자체로 선악을 알게 하는 선생이었고, 선악을 구별하는 기준점이었던 것이다. 선악과를 통해 깨닫게 된 선과 악에 대한 지식을 통해 아담은 선악을 구별하고, 에덴동산을 다스렸다.

선악과는 인간이 하나님의 선악의 개념에 순종하여 지혜를 얻고, 인간이 하나님과 함께 선악을 결정하는 장치이다. 하나님의 율법으로서 선악과는 완전하여 영혼을 소생시키고, 증거가 확실하여 우둔한 자를 지혜롭게 하고, 교훈이 정직하여 마음을 기쁘게 하며, 순결하여 눈을 밝게 한다(시19:7,8). 선악과는 죽음을 감수하고 따먹어서 눈이 밝아지는 것이 아니라, 언약을 지켜서 영혼이 소생되고, 지혜를 얻고, 마음에 기쁨을 얻고, 눈을 밝게 하는 것이었다. 아담과 하와는 예수처럼 목전에 있는 기쁨을 위하여 선악과를 따먹지 말고 참았어야 했다. 인간 자신을 선악의 기준으로 세우지 않아야 했다. 보암직(美觀)하고, 먹음직하며, 지혜롭게 할 만한 생각(가치관, 세계관)과 자기 세상에 대한 비전(유토피아)을 기준으로 하나님의 선악의 개념을 부인하지 않아야 했다. 오직 선악과만 에덴에서 선악을 판단하는 지혜(기준, 가치)를 갖게 했기 때문이다.

하나님은 인간과의 관계에서 선악의 기준을 선악과를 통해 밖에 있게 했다. 하나님의 마음이나, 인간의 마음 안에 선악의 기준이 있지 않게 했다. 선악의 기준을 관계 사이에 둔 것이다. 선악의 기준이 자기 마음대로가 아니라 법으로 만들어 밖에 두어야 올바른 관계를 맺을 수 있기 때문이다. 선악과를 따먹기 전에 인간은 선악을 판단하는 기준이 하나님과의 관계에 있었다. 그러나 먹고 난 후에 인간은 선악을 판단하는 기준을 자신의 안에 두었다. 이 때문에 관계 중심적인 삶이 무너지고, 개인 중심적인 인간이 된다. 자신을 우선순위에 두는 이기심이 율법이 되어 남을 판단하고 정죄한다. 예로써, 남녀가 사랑하여 부부가 되면 각자의 마음에 선과 악이 있는 것이 아니라 두 사람의 관계에 선악이 있는 것이다. 각자의 마음 속이 아닌 관계에 공평과 정의, 사랑과 감사 등이 있기 때문이다. 자신의 마음대로 법을 정하여 가정을 다스리거나 상대를 평가하고, 가치의 기준을 세우면 가정의 평화는 파괴된다. 자신을 중심에 두는 가치관은 상대를 죄인으로 만드는 율법이 된다. 결국 부부관계는 파괴되고 주종의 관계가 되고 말 것이다.

선악과는 자체로서 관계 중심적 율법이다. 그러나 인간은 이 율법을 어김으로써 하나님과의 관계를 깨고 율법에 눈이 밝아졌다. 자기를 기준으로 세상을 보는 가치 기준이 생긴 것이다. 기준(케논)을 자기 사랑과 소유에 둠으로 주인과 지배자가 되어 화평을 깨는 죄를 범한 것이다. 그러나 선악의 개념은 관계에서 발생되어야 서로 언약을 맺고 살아가는 사회에서 선과 악이 의미를 갖는다. 관계에 선악의 기준이 없다면 법과 질서는 의미가 없는 것이 된다.

일곱째, 선악과는 창조자의 특권이다. 토기장이는 그릇을 마음대로 만들 권리가 있다. 하나님도 천지를 자신의 지혜와 능력으로 창조하고, 자신의 뜻대로 할 권한이 있다. 하나님은 나무는 나무답게, 강은 강답게, 해와 달은 해와 달답게 만들고, 또 동물을 동물답게, 인간은 인간답게 만들고 운영할 특권이 있는다(롬 9:20-21). 자식이 부모에게 왜 자신을 낳았냐고 다투지 못하듯이 에덴동산의 선악과는 하나님의 최선이다(사 45:9-10). 에덴동산에서 선악과를 하나님의 최선과 권위로 인정하지 않는 것은 의도적으로 하나님을 거역했던 아담과 같은 불순종의 쓴 뿌리가 있기 때문이다.

일부의 사람들이 느끼기에 선악과가 인간이 하지 못할 권리의 한계를 정한 것 같아 불편한 것 같다. 하지만 인간이 물 속이나 우주 밖이 아닌 땅에서 살아야 생존이 가능하고 활동이 자유롭듯이 일정한 범위는 한계인 것 같지만 안전한 곳이다. 하나님이 창조한 환경과 권위 안에서 살아야 안전하고 인간답게 살 수 있는 것이다. 금기를 범하는 것을 통해 해방감을 느끼고, 한계를 넘어서는 자유를 추구해서는 안 된다. 삼위일체 하나님도 서로에게 안

하고, 못하는 한계가 분명히 있다. 하나님도 인간에게 갖는 한계가 있다. 인간을 멸망시키지 못하는 것만 봐도 얼마든지 확인할 수 있다. 하나님도 하지 못하는 것이 있는데 하물며 인간이 하지 못하는 것이 없다면 말도 안 되는 이야기이다. 그러므로 선악과는 인간에게 한계를 갖게 함으로 생존의 영역을 갖게 하고, 인간을 안전한 곳에 살게 하기 위한 창조자 하나님의 권위이며, 최선이었음을 기억해야 하겠다.

'선악과가 없었다'면 하는 가정을 생각하는 사람이라면 인문학적 소양을 더 발전시켜야 하는 과제가 자신에게 있음을 깨달아야 한다. 어린아이 시절의 생각이기 때문이다. 하나님이 정한 선악을 인간이 선하다 악하다 판단하는 것은 하나님과 같이 됨을 의미한다. 자신이 하나님이거나 대등한 존재라고 생각하기에 하나님을 평가하는 것이다. 그러나 피조물이 창조주를 평가할 수는 없다. 자녀가 부모와 하나가 되어 살지만, 자녀가 부모가 될 수 없고, 부모를 평가할 수는 없기 때문이다. 부모에 의해 태어난 사람은 부모의 빈부와 성격을 다른 사람의 부모와 비교하여 선하다 악하다 평가할 수 없다. 오히려 자녀는 부모의 인권과 권위를 지키고, 존중하고, 섬기는 일에 헌신해야 한다.

여덟째, 하나님은 '선악과 언약'을 통해 거부권을 갖는 자유의지를 인간에게 주었다. 하나님은 선악과를 먹지 말라고 하는 계약을 통해 인간과 법적인 관계를 맺고 인간의 자유의지가 시작되게 했다. 하나님이 인간에게 거부권을 준 것이다. 거부권이 없는 관계는 올바른 관계가 아니다. 노예일 따름이다. '선악과 언약'은 계약에 대한 거부권을 전제하는 것으로써 인간의 자유의지를 발생시키는 장치다. 인간에게 찬성하거나 거부할 수 있는 선택권을 주어서 인간이 자유의지를 가지게 했다. 모든 것을 할 수 없는 것과 모든 것을 마음대로 할 수 있는 것은 모두 자유가 아니다. 그래서 하나님은 인간을 너무 사랑하고 믿었기에 임의와 금지를 같이 주어서 죄까지도 선택할 수 있는 자유를 준 것이다. 하나님의 자녀이기 때문이다. 선과 악을 선택할 수 있는 자유의지가 없다면 인간은 불완전한 자유를 가진 것이 된다.

자유는 '무엇으로부터의 자유', '무엇을 위한 자유'가 있는데, 하나님은 선악과를 통해 인간에게 자유의 모든 요소를 갖게 했다. '임의와 금지'가 있어야 자유의 두 측면인 '무엇으로부터의 자유'와 '무엇을 위한 자유'라는 자유의 의미가 충족되기 때문이다. 진정한 자유는 거부권과 함께 책임이 있을 때 자유이다. 책임 없는 자유는 자유가 아니고 방종이며, 혼란이다. 욕망이 자유로 인식되어서는 안 된다. 욕망은 있는데, 법이 없다면 자유가 아니다. 자신의 뜻대로 선택하는 자유는 책임과 상대방의 거부권을 인정하는 것이어야 한다. 그러므로 인간은 '선약과 언약'을 통해 자유의지를 확인하고, 하나님의 형상과 모양으로 창조된 것을 확인하게 된다. 만약에 에덴동산에 선악과가 없다면 인간은 모든 것을 할 수 있고, 할 수 없는 것이 없어 자유의지가 불필요한 상태가 된다. 그래서 하나님은 '하라', '하지 말라'는 율법의 구조를 통해 임의라는 자유의지를 인간에게 발생시켰고, 금지를 통해 선과 악을 선택할 수 있는 자유의지를 준 것이다. 인간의 자유를 억압하기 위해 준 장치가 아니다. 인간의 완전한 자유의지를 위한 장치이다. 선악과는 하나님의 법이 인간의 자유의지적 순종으로 녹아져 행복동산이 되게 하기 위해 하나님이 준 제도이다.

2. 자기만을 사랑하는 존재의 등장

하나님은 사랑이다(요일 4:8). 그의 인격과 삶의 방식이 사랑이란 의미이다. 하나님의 하나님 됨의 목적은 절대자가 되는 것이 아니라 사랑이다. 하나님이 사랑이기 때문에 하나님은 인간을 사랑하는 존재로 창조했다. 삶의 목적이 절대자가 되는 것이 아니라 사랑하는 것이 되게 했다. 하나님이 되는 것이 목적이 아니었다. 인간을 사랑함으로 만족하고, 충만함을 느끼는 존재로 창조한 것이다. 하지만 하나님은 인간을 존재 자체만으로 완전하게 창조하지 않았다. 사랑하는 삶으로 완전하게 했다. 인간이 하나님이 되려고 하면 사탄이 되고, 먼저 사랑을 하면 예수처럼 되게 했다. 그래서 천사도 하나님과 같은 존재가 되려고 하면 타락하여 사탄이 된다. 하나님처럼 되기 위해 신성과 지위를 가지려고 하는 것은 불신앙이다. 이러한 마음은 하나님과 동등하게 그의 자리에 앉아, 독처(독존)하며 자기만을 사랑하는 이기적 존재가 되게 한다. 이러한 존재를 성서는 사탄이라고 했다. 이 존재는 선악을 결정하는 기준을 관계와 사귐에 근거해서 결정하게 한 하나님의 뜻에 반역했다. 천하만국의 영광을 가진 자리에 앉아 임의로 모든 것을 주관하기를 원했다. 홀로 사랑과 독처의 삶을 선택하면서 '서로 사랑'과 '너를 사는 삶으로 우리를 사는 한 몸 공동체'를 해체한 것이다.

사탄은 삼위일체 하나님과 다른 하나님처럼 행하는 존재이다. 사탄은 하나님이 만든 존재가 아니다. 자기 자신을 너무너무 사랑했기 때문에 스스로 사탄이 되었다. 천사였지만 스스로 악마가 된 것이다. 천사를 사탄이 되게 한 삶의 방식은 서로 사랑이 아닌 홀로 사랑이었다. 사탄이 사탄인 이유는 존재 때문이 아니다. 존재 방식이 달랐기 때문에 발생된 것이다. 사귐에 목적을 두지 않고, 독존에 목적을 두었기 때문에 사탄이 된 것이다. '나' 뿐인 삶을 선택한 결과, 사탄이란 '나 뿐인' 나쁜(나 뿐) 존재가 된 것이다. 처음부터 사탄이 아니었다. 악을 행하는 삶의 방식을 가졌기에 사탄이 된 것이다. 독처와 독점의 존재방식, 이기적 사랑 때문에 사탄이 된 것이다.

성서는 여러 곳에서 사탄의 속성을 지적한다. 성서가 가르쳐 주는 사탄의 특성은 다음과 같다.

첫째, 하늘에 올라 하나님의 뭇 별 위에 자기 자리를 높이고, 지극히 높은 이와 같아지겠다고 교만한 마음을 먹는 존재이다. 교만을 자기 스스로 자기 마음에 가르치고 다짐하는 존재이다(사 14:13-14). 속마음으로 자기 마음에 내가 너보다 잘 되고 잘 살 것이라는 소원을 가지고 타인에게 동일한 메시지를 주는 존재이다.

둘째, 사탄은 자기 지위를 지키지 않고 자기 처소를 떠난 천사였다. 자기 위치와 사명을 떠난 존재이다(유 1:6). 사탄은 하나님을 찬양하는 최고의 천사였다. 하나님 곁에서 하나님을 섬기고 높이는 사명을 가졌기에 가장 높은 지위를 가질 수 있었다. 이 사실을 통해 모든 존재에 있어 최고의 지위(사명)는 하나님을 찬양하는 자리라는 것을 알게 한다. 타자를 사랑으로 노래하는 지위와 사명을 가진 사람이 높은 자라는 것을 알게 하는 것이다. 하지만 가장 높은 자리인 낮아짐으로 섬기는 자리와 사명을 스스로를 높임으로 떠난다면 가장 교활하고 비천한 존재가 됨도 알게 한다.

셋째, 사탄은 참소하는 자이며(계 12:10), 크게 분을 내는 자다(계 12:12). 하나님의 마음인 척하며 자기 뜻대로 할 마음(임의)으로 자신의 뜻을 이루는 짐승 같은 존재이다(계 17:17). 또한 땅으로 쫓겨난 옛 뱀, 마귀, 사탄이라고도 하며, 온 천하를 꾀는 자로서(계 12:9) 천하 사람들을 미혹하고, 조종하며, 생각을 사로잡는 자이다.

넷째, 사탄은 불순종의 아들들 가운데 역사하는 영이다(엡 2:2). 사람들에게 세상의 풍조를 따르고 공중권세 잡은 자를 따르게 하는 존재이다. 하나님을 알되 영화롭게도, 감사하지도 않게 한다. 음행과 더러운 것과 호색과 우상숭배와 주술과 원수 맺는 것과 분쟁, 시기, 화냄, 당을 만드는 것, 분열, 이단, 투기와 술 취함과 같은 육체의 일을 하게 만드는 존재이다(갈 5:19). 아울러 자기 사랑과 돈 사랑, 쾌락 사랑하기를 하나님 사랑보다 더하게 하여 말세에 고통하는 때를 만드는 존재이다(딤후 3:1-4).

사탄은 자신을 사랑하고, 독존하는 삶의 방식으로 자기 마음대로 산다. 하나님의 자리를 차지하여 하나님처럼 살고자 한다. 그러나 복음은 하나님이 되기보다 서로 사랑이며 공동체로 사는 교회를 선택하게 한다. 하나님을 믿고 순종함으로 자신을 비워 예수처럼 되려고 한다. 인간이 신이 되는 것이 아니라 하나님인 예수가 인간이 된 것처럼 인간이 되어 예수처럼 살고자 하는 것이다. 사탄의 삶의 방식은 대립과 투쟁의 긴장관계지만 하나님은 화평과 사랑의 일치관계를 추구한다. 사탄은 권한과 주권을 빼앗으려고 하지만 하나님은 생명까지 주려고 한다. 신앙은 힘이 아닌 관계이기 때문이다. 투쟁을 통해 승리하는 것이 목적이 아닌, 사랑의 사귐을 통해 일체가 되고 화목하게 됨에 목적이 있다. 사탄처럼 높은 자리를 차지하려는 마음은 신에게 이르려는 종교적 마음이다. 자기 임의로 세상을 주관하려는 이방인 집권자의 마음인 것이다. 그러므로 인간은 하나님과 같은 존재, 그와 같이 높은 존재가 되려고 노력할 것이 아니라 예수를 닮아가고, 사귀고, 그와 하나가 되려고 해야 한다.

독처하고 독존하는 마음의 위험성은 냉정한 세계 질서를 보면 얼마나 위험한지 잘 알게 된다. 세계에는 약 230여 개의 국가가 존재한다고 한다. 각 국가는 서로 연합하고 협력하여 평화적으로 살아야 하는 과제가 있다. 그런데 몇몇 강대국이나 국가들이 자국 우선주의를 선택한다면 여기에서 분쟁이 시작된다. 강대국들이 약한 국가를 억압하고 지배하려 하거나 약한 국가들에게 장벽을 쌓아 소통을 막는다면 세계의 평화는 요원한 것이 된다. 국가를 한 사람으로 단순화시켜서 본다면 230명이 사는 지구에서 자기 사랑, 자기 우선주의가 작동하면 서로 경쟁할 것이며, 그 결과는 분명 분쟁이 될 것이다. 이것이 사람이나 국가가 가져서는 안 되는 자기 우선주의의 위험성이다. 그래서 자기 자신만을 사랑하는 우선적 독존주의를 성서는 하나님의 창조의 질서를 파괴하는 마음과 행동으로 본다.

3. 하나님의 창조질서를 파괴한 인간

사탄은 창세기 3장에 뱀의 모습으로 등장한다. 이 뱀은 들짐승으로서 간교하여 꾀를 내는 존재였다. 이 뱀이 여자에게 접근하여 다음과 같이 질문한다. "하나님이 참으로 너희에게 동산 모든 나무의 열매를 먹지 말라고 했냐"고 묻는다. 예나 지금이나 질문은 권세다. 말하게 하고 풀어 답을 내게 하는 힘이 있다. 질문을 받은 하와는 질문자에게 "동산 나무의 열매를 우리가 먹을 수 있으나, 동산 중앙에 있는 나무의 열매는 하나님이 먹지 말라"고 했다고 대답한다. 하나님이 인간에게 "너희가 죽을까 하노라" 하며 먹지도, 만지지도 말라(창 3:3)고 한 것을 말한다. 그러자 뱀은 여자에게 "너희가 결코 죽지 않을 것이라"고 말했다. 하나님의 말씀에 반대되는 말을 한다. 하나님의 말씀에 따르지 않아도 죽지 않는다는 의미다. 오히려 먹어야 눈이 밝아져 하나님과 같이 된다고 말한다. 먹으면 인간이 선악을 알기 때문에 하나님이 먹지 못하게 했다고 거짓말을 했다. 하나님의 계명이 인간의 눈을 밝게 함에도(시 19:8) 하나님의 말씀을 따르지 않아야 눈이 밝아진다고 했다. 선악과를 따먹음으로 계몽되어 선과 악을 분별하면 하나님과 같이 된다고 유혹한 것이다.

성서에 의하면 인간이 죄를 범하게 된 직접적 이유는 대화에 있었다. 하나님의 말씀이 아닌 다른 존재와의 내밀한 사귐은 큰 실패의 원인이 되었다.

믿음과 불신은 모두 들음에서 나오기 때문이다. 결국 사탄의 말에 따라 선악과를 바라본 하와는 언약의 목적의식을 잃어버리고 선악과가 먹음직하고, 보암직한 것이 되고 말았다. 지혜롭고, 탐스럽기도 한 것이 된 것이다. 이는 언약관계를 중심으로 하기보다 자기 욕구를 더 중요하게 여기는 원인이 되었다. 그래서 욕구를 마음의 중심에 둔 여자는 열매를 따먹고 남편에게도 주어 먹게 했다. 좋은 음식을 먹어 영생하고, 보기에 아름다운 삶으로 영원하고, 지혜에 대한 사랑으로 영생하고자 하여 하나님이 준 질서를 깬 것이다.

현대의 기업들이 사용하는 마케팅 방법을 비교해보면 사탄의 전략을 쉽게 이해할 수 있다. 현대 마케팅 전문가들은 기업의 상품을 판매하기 위해 사람들의 정체성(자존감)을 약화시킨다. 사람들이 자신의 자아에 집중하게 하고, 그 정체성을 공격하여 비교의식과 결핍의식을 갖게 하는 것이다. 그러면 정체성의 공격을 받은 소비자는 상품을 구매함으로써 결핍을 보완한다. 그래서 이런 상품중심주의적 소비사회에서는 구매자들이 건강한 정체성을 갖기가 매우 어렵다. 상품을 소비하지 않으면 수치심을 갖게끔 하기 때문이다. 과거에 아담과 하와가 무화과나무 잎으로 자신들을 가렸다면 현대인은 상품으로 자신을 가리고 있는 것이다. 이 모든 것은 기업의 마케팅 전문가가 사람들의 정체성을 공격하여 불안하게 하고, 부족한 사람처럼 느끼게 하고, 타인과 동질성을 갖지 않은 사람으로 자신을 인식하게 했기 때문이다. 이와 같은 현대 기업의 판매 전략에 대한 상식을 기반으로 사탄이 하와를 공격한 것을 이해한다면 사탄의 전략을 이해하기 쉽다. 사탄은 하와가 하나님에 대한 비교의식을 가지게 했으며, 부족하다는 결핍의식을 갖게 함으로 정체성과 자아를 공격한다. 서로 사랑의 관계보다는 하와 자신에게 집중하게 해서 선악과를 따먹음으로 자신의 자아를 보완하게 한 것이다. 또한 사탄은 정체성을 공격하여 수치를 알게 함으로 무화과나무로 아담과 하와의 명예롭고 자랑스러운 몸을 가려서 결핍을 보충하게 한 것이다.

조금 깊게 생각해 본다면 아담과 하와가 선악과를 따먹은 것은 사탄의 말에 따라 하나님의 뜻과 사랑에 대해 오해했기 때문이다. 하나님에 대한 오해가 죄를 범하게 한 것이다.

첫째, 삼위일체 하나님은 서로에게 더불어 평등한 사귐을 한다. 그러나 사탄은 하나님을 제일 높은 존재이며, 군림하는 분으로 오해하게 했다.

둘째, 삼위일체 하나님은 상대의 원대로 행한다. 하지만 사탄은 하나님이 자기 마음대로 하는 분이라고 오해하게 했다.

셋째, 삼위일체 하나님은 서로의 것을 나누고 공유하시지만, 사탄은 하나님이 세상의 모든 것을 다 갖고 독점하는 분으로 인식하게 했다. 사탄이 하와에게 질문하며, 동산의 모든 나무의 열매를 먹지 말라고 도발한 이유도 여기에 있다. 하나님은 선악과만 먹지 말라고 했는데, 이것을 전체의 열매를 먹지 말라는 말과 동일시한 것이다. 그래서 이후의 인간은 한 가지가 없으면 모든 것이 결핍되는 것과 같은 착각을 하며 산다.

성서에 따르면 하나님의 말씀은 살아있고 활력이 있어(히 4:12) 그리스도인의 마음에 운동력을 갖게 한다. 하지만 사탄의 꾀와 생각도 하나님을 배제하고 인간의 마음대로 사는 마음의 힘(에너지)과 운동력을 주고, 하나님을 대적하고 투쟁하게 한다. 사단의 꾀에 동의하고 따르게 하며 죄인들의 길을 가게 하고 오만한 자의 자리에 앉게 하기 때문이다(시 1:1). 결국 오만한 자는 그의 꾀가 내는 길을 가게 되고, 하나님이 아님에도 하나님의 자리에 앉게 된다. 최고의 자리인 오만한 자리에 앉고, 내 맘대로 하고, 자신이 모든 것을 다 갖겠다고 한다. 교만과 불신과 탐욕의 마음으로 삶을 산다. 그러나 예수의 겸손과 순종과 비움의 마음은 인간의 원형이 되는 성품이다. 아담과 다른 아담, 인간의 원형인 예수는 하나님과 동등하게 자신을 여기지 않았다. 자기를 비우고, 낮추고, 죽기까지 믿고 순종하는 존재였다(빌 2:5-8). 예수는 하나님이지만 자신이 높아지고, 자기만 믿고, 자신이 다 갖는 것을 목적으로 갖지 않았다. 그는 낮아졌다. 순종하고 비웠다. 자신의 천국을 인간의 것이라고도 했다. 하나님을 높이는 원래의 자리를 회복해 하나님이 예수를 높여 주와 그리스도가 되게 했다. 하지만 아담은 자신을 너무 사랑하여 하나님의 계명을 부인하고, 선악과를 따먹었다. 자기를 사랑하는 마음으로 자신이 제일 높은 자가 되고, 자기만을 신뢰하며, 모든 것을 소유하고 싶은 마음 때문이었다.

1) 인간은 교만 때문에 선악과를 따먹었다

교만은 남을 임의로 주관하는 마음이며, 스스로 높아지고 하나님이 되고자 하는 마음이다. 하나님이 어디 있느냐? 무슨 벌이 있느냐? 하며 그의 모든 사상에 하나님이 없는 것을 나타내는 마음이다(시 10:4). 패망의 선봉에 서게 하는 마음이며(잠 16;18), 망령된(마음이 망한) 사람이 되게 한다(잠 21:24). 이 마음은 하나님인 예수를 죽였을 정도로 무서운 마음이다. 이 교만한 마음 때문에 인간은 선악을 아는 일에 하나님과 같이 되려고 선악과를 따먹었다.

계약이란? 서로 약속을 지킬 수 있는 대등한 존재가 서로 지킬 것을 전제하고 체결하는 것이다. 이러한 관점에서 '선악과 언약'은 하나님이 인간을 위해 낮아지고, 인간이 하나님에 의해 높아진 평등의 상징이다. 때문에 아담은 하나님과의 계명과 계약을 파기함으로 하나님과 대등하게 될 필요가 없었다. 하나님과 동일해야 하나님처럼 되는 것은 아니기 때문이다. 평등하려고 내가 그가 될 필요는 없는 것이다. 부부관계를 예로 든다면, 평등하기 위해 남자가 여자가 되고, 여자가 남자가 될 필요는 없는 것이다. 서로 다른 존재지만 남녀가 언약으로 한 몸을 이루고 부부관계로 대등한 존재가 되기 때문이다. 인간이 하나님과 평등하게 되는 방법은 역설적이다. 예수처럼 낮아지고 겸손하며, 죽기까지 복종하는 것이다. 예수가 이와 같이 행하였을 때 하나님은 예수를 높였다. 이것이 인간이 하나님과 평등하게 되는 방법이다. 내가 그가 되어야 하나가 되는 것이 아니다. 한 사람으로서 온전한 개성과 고유성을 포기해야 한 몸이 되는 것도 아니다. 서로 사랑하면 한 몸이 되고 공동체로 하나가 된다. 나는 나, 너는 너로서 독립적이어야만 서로 사랑의 사귐으로 한 몸이 되는 것이다. 그러므로 아담이 선악과를 따먹어 하나님을 불신함으로 하나님과 같이 될 필요는 없었던 것이다.

교만은 인간이 하나님 마음과 같은 척하는 것에서 온다. 이 마음은 하나님과 사람들에게 크게 상처를 주는 마음이다. 상대의 높은 곳에 서서 이웃을 낮추려고 하기 때문이다. 이 마음은 이웃에게 상처를 주고, 과거에 잘해 주었던 것도 모두 무효가 되게 한다. 서로 경쟁과 다툼을 시작하게 한다. 결국 이 전쟁은 누가 높아지고, 누가 낮아져야만 끝나는 전쟁이 된다. 서로 자기 자신만을 높이고, 잘 되려고 하기 때문에 서로 투쟁으로 깊은 상처를 주는 아픈 관계가 되는 것이다. 예수가 높은 자리에 앉지 말라고 한 이유이다. 상대가 높이는 자리는 가장 낮은 자리이기 때문이다. 예수가 원하는 자리는 낮은 자리였고, 그의 마음은 겸손이었다(빌 2:8). 예수가 선택한 자리였기 때문에 낮은 자리는 인간이 선택해야 할 자기 위치가 되는 것이다. 이 자리가 하나님이 높이는 보좌이기 때문이다. 인간이 경배 받는 보좌는 스스로 강해지고 쟁취하여 높아진 곳이 아니다. 이웃과 하나님이 높이는 자리다. 상대와 대등하게 되는 자리는 낮아짐과 겸손에서 생긴다.

겸손과 교만은 둘 다 대등하게 되려는 에너지(성향)가 있다. 그래서 자신을 높이는 사탄의 방식을 선택한 아담과 하와는 하나님과 대등해지려고 투쟁한다. 삼위일체 하나님이 하나 된 것과 같이 둘이 하나가 되고 셋이 하나가 되는 구조를 파괴한다. 셋이 하나가 되어 확장된 힘을 내는 서로 사랑의 삶을 파괴한다. 하지만 성서는 무엇이든지 남에게 대접을 받고자 하는 대로 남을 대접하라고 율법과 선지자를 제시한다. 하나님에게 대접을 받으려면 예수처럼 낮아짐과 겸손으로 복종해야 한다. 그러나 아담은 천상천하 유아독존하며 하나님에게 도전한다. 자기 사랑에 근거하여 독처하며, 교만으로 선악을 결정하는 존재가 된 아담은 이방의 집권자처럼 스스로 주가 되어버렸다. 이웃을 섬기는 자로 받지 못하고 종으로 사로잡으려고 모든 노력을 다하는 존재가 되어 버렸다. 자신보다 작은 자는 죽이거나 종을 삼고, 큰 자를 만나면 죽임을 당하거나 종이 되는 가련한 존재가 되어 버린 것이다.

스스로 하나님이 되고자 하는 자들의 정의는 힘이다. 힘을 많이 가진 자가 승리하고 주인이 된다. 인간이 누구보다 강한 힘을 갖기를 욕망하는 이유이다. 심지어 신의 힘도 자신의 소유가 되기를 원한다. 교만으로 홉스의 말처럼 '만인이 만인에게 투쟁하는' 세상이 되게 한다. 그래서 인구 수만큼 군주가 탄생하여 인구 수만큼의 욕망이 폭주하는 세상이 되었다. 인구 수만큼 하나님이 나와야 하는 사탄의 원리가 작동된 것이다. 이제 인간이 하나되고 평화롭게 사는 방법은 홉스의 말처럼 초월 권력과 불이익을 주는 강력한 규칙만으로만 가능하게 되었다. 인간이 자연권을 포기하고 사회 계약으로 태어난 국가 권력과 폭력(보복)으로만 하나가 될 수 있는 시대가 열린 것이다. 모두가 하나님과 같은 신이 되고 싶어 하는 시대에서 인류가 하나되는 유일한 방법은 힘밖에 없기 때문이다. 인간이 최고 폭력인 국가권력까지 만들어 낸 이유이다.

하나님 자녀들의 모임은 힘이 아닌 믿음으로 모인다. 자기 힘(진선미)을 과시하기 위해서 만나지 않는다. 사람을 힘으로 제압하거나 갑을 관계로 만들려고 만나지 않는다. 자기를 높이고, 갑질을 하기 위해 만나지 않는다. 이웃을 종으로 만들지 않고, 가족으로 만들기 위해 만난다. 예수의 나라는 형제와 자매, 어머니의 나라이기 때문이다(막 3:35). 그의 나라는 주인과 그 종들의 나라가 아니다. 하나님을 아버지로 둔 가족의 나라이다. 그래서 교회는 혈연관계를 뛰어 넘어 평등한 가족을 만든다. 하지만 예수의 제자들과 교회 안에서도 여전히 권력투쟁은 발견된다. 서로 예수의 좌우편에 서기를 원하고, 위대한 업적을 추구하는 사람들이 있기 때문이다. 성서에 의하면 예수는 하나님의 우편에 있다. 이런 의미로 본다면 예수의 우편과 좌편에 제자들이 앉기를 원했다는 것은(막 10:35-37) 하나님의 자리에 앉겠다는 의미이다. 이 마음은 하나님의 뜻에 대한 반역이다. 제자들이 서로에게 상처를 주고, 무시당했다는 마음을 갖게 한다. 화나게 하고(막 10:41), 분열을 일으키는 반 복음적 마음이 발동되게 한다. 자기를 남들보다 영광스럽게 하고자 하는 마음은 서로의 관계를 투쟁의 관계로 만들어 사랑으로 하나된 평등을 깨기 때문이다.

교만은 이방인의 집권자가 되어 임의로 주관하고, 권세를 부리고자 하는 마음이다. 하지만 이 마음은 섬김을 받으려 하는 자는 섬기는 자가 되라는 예수의 말씀에 의해 그 권세가 해체되었다. 으뜸이 되고자 하는 자는 상대의 왕이 아닌 종이 되어야 한다는(막 10:42-44) 예수의 말씀에 의해 교만은 그 힘을 잃게 된 것이다. 이는 예수가 스스로 종이 되어 적이 없는 무적(無敵)이 얼마나 강한가를 보여주었기 때문이다. 그는 진정한 강자는 힘을 많이 가지고 높은 자리에 앉은 자가 아니라 적이 없는 자라는 것을 가르쳤다. 으뜸이 되고자 하는 자는 종이 되고, 섬김을 받으려는 자는 섬기는 자가 되라고 했다. 또한 남들보다 더 높아지려고 하는 사람들과 남들보다 더 낮아지지 않으려는 을과 을의 치열한 싸움을 하는 자들에게도 비교의식에서 나는 열등감과 우월감에서 벗어나게 했다. 스스로 낮아져서 종이 되어 섬기고, 자기 목숨을 많은 사람들에게 주는 것이 정의라고 했기 때문이다(마 20:25-28).

2) 인간은 하나님을 불신해서 선악과를 따먹었다

하와를 향한 사탄의 말은 질문이었다. 질문이기에 시험이었다. 아담과 하와는 천하를 꾀하고자 하는 사탄의 의도대로 질문을 듣고, 그의 질문을 풀었다. 질문을 푸는 중에 하나님과 같이 되려는 마음을 갖고, 불순종으로 죄를 범하는 답을 내게 되었다. 하나님을 배반하게 한 것이 명령과 논리가 아니라 질문이라는 사실이다. 질문은 대답하게 하는 힘이 있다. 인간은 질문을 들으면 질문을 본능적으로 풀려고 하고, 마음에 답을 생각해낸 대로 다음 계획을 세운다. 질문을 통해 스스로 생각하여 얻은 결론이니 자신의 생각을 하나님의 말씀보다 더 믿고, 신뢰하는 우매함을 범하게 된다. 그래서 결국 하나님의 계시가 없으니 인간은 하나님을 인식하지 못하고, 무신론의 결론에 이르게 되는 것이다. 인간은 스스로의 능력으로 하나님을 알 수 없기 때문이다. 선악과에 대한 질문(의문)도 하나님의 계시 없이 스스로 판단해서 문제를 풀었기 때문에 하나님을 불신하고 사탄을 신뢰하여 선악과를 따먹은 것이다.

사실 따지고 보면 믿음과 불신은 모두 믿음이다. 신뢰와 불신은 모두 들음에서 나온다. 하나님을 믿는 것도, 하나님을 안 믿는 것도 믿음이기에 사실상 세상은 믿음의 세계이다. 다만 믿는 믿음, 안 믿는 믿음만이 있을 뿐이다. 세상에 믿음 없이 이루어지는 일은 아무 것도 없다. 믿음이 마음의 힘이지만, 불신도 마음의 힘이다. 불신도 믿음이기 때문에 산을 옮길 만한 믿음의 힘을 발휘한다. 불신이 아무 힘이 없는 무능력이라고 생각해서는 안 된다. 불신은 분명 하나님과 원수 되게 하는 힘이 있다. 자신만을 사랑하여 하나님을 불신하고, 자신을 믿게 하는 능력이 있는 것이다. 또한 믿음에 의해 생성된 순종은 신뢰에서 나오며 자유의지를 전제한다. 불순종을 선택할 수 있는 의지가 있기 때문이다. 결정권을 주었다는 의미는 자유의지를 주었다는 의미다. 하나님은 우리의 자유의지를 무시하지 않았다. 인간은 순종이라는 말을 들으면 자유의지가 배제된 단어로 인식한다. 하지만 순종은 자신의 의지에 따라 할 수도 있고, 안 할 수도 있기 때문에 자유의지를 전제한 말이다.

법은 순종을 전제해서 만들었지만 위반한 것도 전제하여 만든다. 법은 자유의지로 인간이 자신을 보호하기 위하여 만든 장치다. 인간은 법으로 강한 무력을 갖는 국가를 만들어 공권력에 순종하여 안전을 얻고, 자유롭게 살아가기 위해서 만들었다. 국가라는 안전한 울타리에 살기 위하여 자유의지를 가진 사람들이 법을 만들고, 순종하는 것이다. 법에 대한 불순종보다 신뢰와 순종은 매우 고등인간의 유형에 속하는 행위이다. 길에 있는 신호등의 예를 든다면 신호등의 법을 신뢰하고 순종해야 법의 보호를 받아 차와 사람들이 안전해지는 원리이다. 성서가 "하나님을 경외함이 지혜의 근본이고, 그의 계명을 지키는 자가 다 훌륭한 지각을 가진 자"(시 111:10)라고 순종을 권면한 이유이다.

사탄은 하와에게 '선악과를 따먹어도 결코 죽지 않을 것이다. 그것을 먹는 날에는 눈이 밝아져 하나님과 같이 되고, 선악을 알 것이기 때문에 하나님이 따먹지 못하게 했다'고(창 3:4,5) 말했다. 인간이 하나님의 말씀을 불신하고, 불순종하게 만든 것이다. 자유의지를 가지고 언약을 불신하고, 불순종으로 깨서 하나님이 보는 것과는 다른 세계가 열리게 했다. 하나님과 아담의 처음 관계는 언약을 체결했다는 관점에서 보면 서로 믿는 관계였다. 그러나 선악과를 따먹어 의지적으로 하나님을 배신하는 불신의 죄를 범했다. 자기만을 신뢰하는 존재가 되었기 때문이다. 그래서 선악과를 따먹고도 이웃과 하나님을 불신하고, 죄를 하나님과 타인에게 전가했다. 죄에 대해 책임지기 싫어하는 어두운 마음의 의지를 표현했다. 가치의 기준이 하나님과 이웃에게 있는 것이 아닌 자신에게 있었기 때문이다.

하나님이 원하는 인간의 삶은 자신의 뜻이 아닌, 상대의 소원을 들어주는 관계로 사는 것이었다. 예수처럼 "나의 원대로 마시옵고 아버지의 원대로 하옵소서"(막 14:36) 하며 사는 삶이었다. 그러나 선악을 판단하는 기준을 관계에 두지 않고, 자기 자신 안에 둔 인간은 선악을 아는 일에 하나님처럼 되었다. 하나님을 불신하고 스스로 법을 만드는 존재가 된 것이다. 하나님처럼 스스로 높아져 주가 된 인간은 보기에 좋고(표적-성전에서 뛰어내림, 아름다움), 먹음직하고(밥심, 신체적 건강과 장수), 지혜롭게 할 만한 이성으로(철학, 과학, 문학, 고전 등) 법을 만들어 인간의 나라를 세웠다. 하나님의 법이 아닌 자신의 원리에 의해 판단하고 평가하여 율법과 법을 만들어 지배하는 세상을 만든 것이다. 덕분에 모든 인간은 지배자의 법을 갖게 되었고, 윤리는 상황윤리가 되어 '정의가 무엇인가'라는 문제를 인간 스스로의 힘으로 풀 수 없는 존재가 되었다. 다원주의적 원리에 따라 모든 윤리가 다수결에 따르는 상황윤리가 되었기 때문이다. 이런 사회구조에서는 정의가 따로 없다.

예로써, 2차 세계대전 당시 한 마을 공동체가 독일군에 쫓겨 은신하고 있을 때, 발각되려는 순간 공동체의 한 성원이 전체 공동체 성원의 안전을 위해 아이의 기도를 막다가 숨지게 하였다. 여기서 상황윤리는 '누가 아이를 죽인 사람인가?', '누구를 처벌해야 하는가?', '독일군인가?', '아이를 죽인 사람인가?' 하는 문제에 정의를 답할 수 없다. 결국 상황윤리가 말하는 것은 세상에 정해진 정의는 없다는 것이다. 하지만 성서의 입장에 따라 모두 죄인이란 입장에서 생각해보면 정의는 존재한다. 스스로 의인이라 생각하니 정의가 없는 것이다. 모든 인간이 하나님의 계명을 떠난 죄인이라면 한 아이의 억울한 죽음은 모두의 책임이 되고, 모두의 죄가 되는 것이다. 정의가 없는 세상은 사탄을 믿고, 세상의 윤리와 가치관에 순종하여 하나님의 말씀을 신뢰하지 못한 삶에서 오는 부작용이다. 하와가 선악과를 보고 느꼈던 감정인 보암직, 먹음직, 지혜롭게 할 만한 탐심은 육의 기준이다. 사탄이 준 마음이다. 이 기준으로 결정하면 사탄의 생각대로 한다. 선악과를 따먹은 하와처럼 하나님에 대한 불신의 의지를 갖게 되고, 불순종의 의지대로 정의가 없는 세상을 만든다.

3) 인간은 탐욕 때문에 선악과를 따먹었다

사탄의 꾀는 인간의 마음에 탐욕의 마음을 움직이게 하는 미혹의 능력이 있다. 탐욕하고 약탈하는 사회구조를 만든다. 하나님의 뜻대로 자신을 비워 나누는 우리로 사는 삶의 구조를 파괴한다. 지혜와 노동을 바탕으로 경작하여 밭의 보화를 캐는 땅, 젖과 꿀이 흐르는 땅을 경쟁과 착취의 피비린내 나는 전쟁터로 만든다. 자신의 욕망을 실현하기 위해 사회구조를 독점하고, 사회제도는 탐욕을 실현하기 좋게 해서 모든 인간을 불행하게 만든다.

에덴동산에서 하나님이 '선악과 언약'을 통해 인간이 갖기를 원한 마음은 예수의 마음과 같은 비운 마음이었다(빌 2:7). 이것이 하나님이 자신의 모양과 형상으로 창조한 인간의 원래 모습이었다. 하지만 자기 자신만을 사랑하기 원했던 인간은 자신의 기쁨과 권력을 위해 모든 것을 가지고 싶어했다. 서로가 공유하는 공유물이 있는 것을 원하지 않았다. 그러나 성서에 의하면 에덴에 있었던 선악과는 하나님과 인간의 공유물이었다. 서로 먹지 않겠다는 약속으로 공유한 것이다. 서로 공유하는 것이기에 서로의 것으로 가만히 두면 선이 되고, 독점하면 악이 되는 것이었다. 하지만 인간은 선악과를 독점하려고 하나님에게서 빼앗아 착취했다. 하나님의 나라를 위하여 집이나 가족과 전토를 버려서 백 배나 받는(막 10:29,30; 눅 18:29, 30) 축복의 구조를 깼다. 남의 것을 자기의 것으로 얻으려 하는 탐욕으로 서로 약탈하는 제국을 만들어 버렸다. 자신의 소유를 하나님의 나라를 위해 버려야 백 배나 얻어지는 축복의 구조를 깬 것이다. 이웃을 탐욕의 대상으로 여긴 덕에 자기와 자기 가족을 위해 전토를 얻는 일은 있어도 버리는 일은 없어진 것이다. 서로가 서로를 약탈하는 것이 사회 구조악으로 체계를 잡게 한 것이다.

성서에 보면 악인은 그 마음의 욕심을 자랑하고, 탐욕을 부리고자 하나님을 배반하는 자다(시 10:3). 그의 탐욕 때문에 우상이 숭배를 받고, 이웃이 착취 받아 굶주리게 된다. 형제 사랑이 없는 세상이 되고, 공동체가 파괴된다. 그래서 구약의 여호수아 6장과 7장 사이에 보면 아간의 죄를 크게 다루어 아골 골짜기에서 이스라엘의 탐욕을 정죄한다. 신약의 사도행전에서도 교회 문에서 아나니아와 삽비라의 탐욕을 정리한다. 탐욕은 그 마침이 멸망이 되게 하고, 그들의 신이 뱃심(탐심)이 되게 하기 때문에 분리한 것이다. 결국 탐심이 그리스도의 십자가의 원수로 행하게 하기 때문이다(빌 3:18,19). 교만한 마음은 죽여야 할 세속의 욕망이며, 우상숭배이다(골 3:5). 그래서 하나님은 탐욕이 교회와 그리스도인에게 자리잡지 못하게 했다. 아골 골짜기가 괴로움과 근심이라는 뜻을 가진 것처럼 탐욕은 인간의 괴롬과 근심을 만들어내는 마음이라는 것을 가르쳐 주었다. 탐욕은 민족을 패하게 하고, 교회의 그리스도인들이 서로 분쟁하게 만드는 매우 무서운 마음의 병이기 때문이다. 하나님이 아골 골짜기에서 예수를 못 박혀 죽게 한 것도 탐심의 최종 공격목표가 예수와 그의 십자가 즉, 하나님이라는 것을 알게 하기 위해서였다. 탐욕은 육체의 핵심 마음이다. 독처(독존)하는 마음이며, 우리로 사는 삶의 구조를 깨뜨리고, 우상을 숭배하는 마음이다. 그리스도인이 하나님을 믿음으로 섬기듯 우상은 탐심으로 섬기는 것이다. 숭배가 절하거나 제물을 바치는 것이라고 생각하지만, 이것은 아주 수준이 낮은 차원의 섬김이다. 우상숭배의 본질적인 모습은 탐심이다. 탐욕이 우상을 예배하는 것이고, 우상의 제물인 것이다.

오늘날도 인간은 먹음직 하고, 보암직 하고, 지혜롭게 할 만큼 탐스러운 나무의 실과를 육신의 정욕과 안목의 정욕과 이생의 자랑(요일 2:16) 때문에 따먹으려고 한다. 정욕을 통해 자신들의 탐욕을 만족시키려고 한다. 하지만 인간은 떡으로만 살 수 없다. 떡보다 숨이 먼저다. 밥심을 얻기보다 하나님의 입에서 나오는 말씀으로 살아야 하는 이유이다. 탐심이 마음을 움직이는 동력이 되게 해서는 안 된다. 하나님은 패역한 자에게 노하고, 탐하는 자를 치고, 그에게 하나님의 얼굴을 가리기 때문이다(사 57:17).

선악과를 자신의 탐심으로 따먹은 인간은 육체의 소욕과 욕망을 인간의 자유로 인식하게 되었다. 욕망을 추구하는 권리가 자유라고 생각하여 자기 뜻대로 할 마음, 임의로 행하고자 하는 욕망을 자유로 인식한다. 국가도 다른 사람에게 피해를 주지 않는 이상 개인의 삶에 개입해서는 안 된다고 한다. 욕망을 추구할 권리가 모두에게 동등하다는 의미로 상대와 자신에 대한 약탈을 제어하지 않는다. 이는 지성이 성숙되지 않았기 때문에 나타나는 현상이다. 성숙하면 자유만을 주장하지 않는다. 타인의 인격, 생명, 자유도 같이 존중한다. 인생의 목표를 부자가 되는 것에 두지 않고, 사사로운 지혜로 애쓰며 사는 것을 원하시지 않는다(잠 23:4). 사탄에게 난 사람처럼 그 아비의 욕심대로 행하지 않는다. 오히려 하나님의 법으로 탐심을 제어한다. 사탄은 처음부터 살인한 자이고, 진리가 마음에 없고, 거짓말쟁이였기(요 8:44) 때문이다. 그래서 십계명의 주요 의제는 빼앗지 말라는 것이다. 하나님의 자리를 빼앗아 다른 신으로 대체하거나, 하나님의 이름을 망령되이 하여 영광을 빼앗고, 우상을 섬겨 하나님 섬기는 것을 빼앗고, 안식일을 착취하고, 부모를 공경함을 빼앗고, 살인, 간음, 도적질, 거짓말로 이웃의 소유를 탐하여 빼앗는 것에 대하여 금지하고 있다. 이런 관점에서 보면 하나님과 인간의 소유였던 선악과도 인간이 탐욕 때문에 일방적으로 하나님에게서 빼앗은 사건이라 할 수 있다.

4. 원죄의 의미

이번 장을 통해 우리는 성서가 다양한 시각으로 해석될 수 있으며, 해석을 단 한 가지로 좁혀 정의할 수 없다는 것을 인정하는 계기가 되었으면 한다. 한 가지의 시각으로 성서를 해석하고, 고정하는 것은 바른 성서해석의 전통이 아니다. 자유로워야 하고, 다양하게 해석해야 한다. 독점적 해석은 신앙과 교회의 경직성의 근거가 된다. 성서해석의 전통은 언제나 인간의 한계성을 인정하는 계기가 되어야 하기 때문이다.

카렌 암스트롱은 '신을 위한 변론'이라는 책에서 선악과 이야기를 유년기 인간들의 서로 다른 본능의 충돌로 해석한 사람들이 있다고 소개하고 있다 (신을 위한 변론, 카렌 암스트롱 저, 오강남 감수, 정준형 역, 웅진 지식 하우스, p72). 뱀과 같이 지혜로우라는 예수의 말씀에서 알 수 있는 것처럼 뱀은 인간이 성장하는데 필요한 반항심과 의심의 충동성을 상징한다는 것이다. 하와의 경우는 인간의 지적 갈망과 모험에 대한 욕구, 억압에 대한 해방의 열망을 표현한 것이라고 한다. 아담의 역할은 자신의 행동에 책임지기 싫어하는 인간의 욕망을 보여준다고 했다. 성서가 선과 악이 끊임없이 뒤엉킨 사회의 모습을 보여주면서 지식이 엄청난 혜택도 주지만 엄청난 화도 불러올 수 있음을 경고한 것이라고도 했다. 선악과 이야기에서 '방어성, 공격성, 경쟁심과 양보, 사랑과 이기심, 야망과 희망'이라는 인간의 속성의 다양성과 필요성을 가르쳐 준 것이다. 이 모든 인간의 속성들이 인간의 존재의미를 성취하는데 필요한 마음의 도구로 보고 있다. 인간의 마음에 있는 여러 가지 마음의 연장이자 도구라는 것이다.

선악과 사건을 원죄의 입장에서 해석하는 의견도 있다. 인간이 하나님과의 언약을 깨뜨린 범죄를 인간의 원죄로 보는 시각이다. 선악과 언약을 깨뜨린 것을 인간의 타락의 원인으로 보는 시각이며, 죄의 초월성에 의한 은총의 초월성을 깨닫게 하는 논리이다. 또한 이 논리에 의하면 인간의 죄는 죄의 몸을 상속한 원죄와 죄를 행하는 의지를 실현한 자범죄로 구분된다. 여기서 개인의 죄는 죄를 행함으로 개별적으로 죄를 소유한 사람에 대한 개별 은총을 깨닫게 하는데 도움이 된다.

'선악과 언약'을 깨뜨린 사건을 통해 형성된 원죄의 개념은 교회의 전통적 해석이다. 원죄는 인간이 아담의 몸으로써 죄인이 되고, 예수의 몸으로써 구원을 받는다는 개념에 근거가 되기 때문이다. 아울러 개인의 의지로 죄를 행한 자범죄에 대한 회개의 필요성과 예수 그리스도의 구원의 소망을 갖게 하는데 도움이 된다.

1) 최초의 범죄로써 원죄

첫째, 원죄란? 첫 인간인 아담이 처음 범한 죄를 의미한다. 인류의 첫 번째 죄이다. 이 죄가 범해지고 난 후에 죄는 그 영향력으로 힘과 세력을 이루고, 구조와 모양을 갖게 되었다. 인류에게 죄의 성향을 갖게 한 것이다. 인간이 처음 지은 죄는 하나님에게 지은 죄이며, 이 죄는 하나님과 인간, 인간과 인간 관계를 분리하고, 대결하게 대결하게 했고, 죄를 지은 인간 자신도 사망하게 했다. 아담의 죄가 첫 범죄이기에 두 번째, 세 번째, 네 번째… 그 다음의 범죄를 가능하게 하는 원동력이 되게 했다. 그러므로 원죄는 모든 범죄의 원형이다. 이것이 원죄라 불리는 이유이다.

아담의 죄가 모든 인간의 죄가 되는 것은 사망이 모든 인간에게 영향을 미친 것을 통해 알 수 있다. 성서는 아담 때문에 죄가 세상에 들어온 증거가 죽음이라고 했다. 한 사람으로 말미암아 죄가 세상에 들어오고 죄로 말미암아 사망이 들어(롬 5:12) 왔다는 것이다. 한 사람의 범죄로 사망이 모든 사람에게 왕 노릇하게 된 것이다(롬 5:17). 그러나 한 사람 아담의 죄의 영향력은 한 사람 예수를 통해 깨졌다. 예수를 통해 은혜와 의의 선물을 넘치게 받은 인간이 생명 안에서 왕 노릇을 하는 것이 가능해진 것이다. 예수라는 한 사람의 순종이 많은 사람을 의인이 되게 하고, 죄가 더한 곳에 은혜가 더욱 넘치게 했기 때문이다(롬 5:18-20).

둘째, 원죄란? 인간이 하나님과 사랑의 연합을 하는 것이 아니라 투쟁으로 대등해지려고 한 것에 있다. 삼위일체 하나님과 다른 선악의 지식을 가진 인간이 단독으로 선악을 판단하고, 스스로 법을 만드는 하나님이 되려고 한 죄다. 피조물인 인간이 스스로 창조주 하나님을 '선하다 악하다' 판단하는 교만한 존재가 된 것이다. 덕분에 사탄은 인간에게 '하나님과 같이 되라'는 말을 통해 하나님과 인간의 관계를 계급관계로 알게 하는데 성공했다. 그러나 하나님처럼 되겠다고 하나님이 되는 것은 아니다. 하나님이라는 단어는 존재적 의미를 넘어, 관계적 의미를 포함하는 것이기 때문이다. 본래 하나님과 인간은 계급관계가 아니다. 예수님의 가르침대로 아버지와 아들 관계였다. 아버지와 아들은 계급관계가 아니다. 한 몸과 한가족의 관계이다. 이와 같이 인간은 하나님의 모양과 형상으로서 하나님과 서로 사랑하는 한 몸 관계였던 것이다. 인간은 서로 사랑으로 하나님과 동등한(요 5:18) 그의 자녀가 되고, 서로 사랑으로 예수의 친구가(요 15:15) 될 수 있었다. 예수의 몸 된 교회가 될 수 있고, 성령의 권능을 받아 증인(행 1:8) 될 수 있었으며, 예수처럼 충성스러운 증인(계 1:5)이 되어 예수처럼 살 수 있었다. 하나님과 서로 사랑해서 하나가 되는 방법으로 일체가 되는 것이 성서의 전통이기 때문이다.

셋째, 원죄란? 모든 사람이 죄를 범하여 하나님의 영광에 이르지 못하는 것을 의미한다(롬 3:23). 하나님과 관계가 단절되어 있는 상태이다. 하나님의 뜻과 목적을 완성할 수 없는 존재가 된 것을 의미한다. '선악과 계약'을 부인하고, 계약을 일방적으로 파기해 나타나는 현상이다. 성서에 의하면 선악과를 따먹지 않았을 때와 따먹었을 때의 인간의 마음가짐은 큰 차이가 난다. 하나님의 계명을 순종할 때와 불순종할 때, 인간의 시각과 세계관은 커다란 차이를 갖기 때문이다. 선택에 따라 결과도 달라지게 된다. 계명에 순종하였을 때 계명에 따른 마음이 생성되고, 계명에 불순종할 때는 불순종으로 인한 마음이 생성된다.

인간이 선악과를 먹음으로써 눈이 밝아져 하나님과 같이 다른 선악의 개념을 알게 된 것은 사실이다(창 3:5, 22). 선악과를 먹기 전, 아담의 마음은 겸손과 순종, 비움이었다. 그러나 비교의식과 낮은 자존감 때문에 먹고 나서는 교만과 자기신뢰, 탐욕이 그의 마음을 점령해 버렸다. 하나님과 관계하는 존재에서 독처(독존)하는 존재가 되어 낮은 자리가 아닌 높은 자리를 자기 포지션으로 인식하게 된 것이다. 남을 믿는 존재에서 불신하고 자기만을 믿는 존재가 되었다. 서로 나누는 관계를 위해 비움으로 헌신하던 존재에서 자기만 독점하는 탐욕의 존재로 변했다. 서로 사랑에 기반하여 하나되는 사회 구조를 깨고, 하나님과 그가 주신 사회를 대적하는 존재가 된 것이다.

2) 원죄는 하나님 책임인가?

선악과를 통해 준 하나님의 율법은 아담의 영혼을 소생하게 하고, 지혜롭게, 정직으로 기쁘게, 진실하며 의롭게, 순금보다 더 사모할 만한 달콤한 것이었다. 언약으로 경고를 받고, 지킴으로 상을 크게 받고, 자기 허물을 깨닫고, 숨은 죄에서 벗어나게 하는 유익이 있었다(시 19:7-12). 이미 인간이 선악과를 따먹지 않아도 하나님은 늘 인간들에게 자신(예수)을 주는 존재였다. 영원 전부터 선악을 알게 하는 지혜와 지식을 인간에게 주고자 했던 것이다.

선악과 사건을 왜곡하는 사람들은 '하나님이 선악과를 인간이 따 먹을 줄 몰랐는가?'라고 질문을 한다. 이 질문은 가정이다. 이 가정을 전제하고 질문에 답하면 자동적으로 하나님의 거룩과 전지함을 훼손한다. 하나님이 미리 알았다고 하면 그의 거룩성을 훼손하고, 몰랐다면 하나님의 전지성을 훼손하는 질문이다. 모든 답이 믿음을 훼손하는 답들이다. 마치 '선악과를 따먹지 말라고 하시더냐' 하는 질문을 풀다 보니 죄를 어느덧 범한 것과 같은 경우이다. 가정한 질문은 하나님을 시험하는 것이 된다. 따먹는 것을 알았다면 인간의 잘못이 아닌 하나님 책임이 되고, 몰랐다고 하면 무능한 하나님을 탓하고자 하는 의도인 것이다. 그러나 원죄는 하나님의 죄가 아니다. 인간의 죄다. 책임도 인간이 져야 한다. 하나님이 따먹지 않았기 때문이다.

하나님은 선악과를 인간들이 죄를 범하게 하는 함정으로 만들지 않았다. 인간이 선악과를 따먹을 줄 알았기 때문에 예수를 영원 전부터 예비한 것도 아니다. 선악과는 인간이 따먹는 것을 전제하고 만들어지지 않았다. 하나님은 따먹으라고 말씀하지 않았고, 인간이 따먹을 것을 전제하고, 언약을 체결하시지도 않았다. 그러므로 인간은 성서가 가르쳐 주는 대로만 알고, 성서가 침묵하는 것은 침묵해야 한다. 하나님은 인간을 신뢰하여 선악과를 따먹지 않을 줄 알고 계약했기 때문이다.

3) 아담의 죄가 왜 내 죄인가?

삼위 하나님이 일체 하나님인 것과 같이, 인간도 역시 독립적인 관계이지만 일체가 된다. 모든 인간은 서로를 의존해야만 존재하는 일체다. 하나님 한 분이 삼위 하나님 모두로 인식되고, 삼위 하나님이 일체인 것처럼 모든 인간은 독립적이지만 모두는 자신의 몸이 된다(눅 10:27). 개인으로 존재하는 사람은 공동체로 존재하기 때문에 공동체와 개인은 하나이다. 그러므로 개인이 공동체로서, 공동체는 개인에 의해 존재하기 때문에 아담 개인의 죄는 공동체의 죄가 된다. 역시 현대를 살아가는 개인은 공동체로서 아담의 죄를 함께 담지한 존재가 되는 것이다.

아담의 죄가 모든 사람의 죄가 된 것은 인류가 아담의 몸(유전자/DNA)을 가졌기 때문이다. 모든 유전자는 처음 몸에서 시작하여 변형되지 않고, 계속 그 형태를 유지한 상태에서 번성하기 때문에 아담의 유전자는 현재 인간의 유전자와 같다. 그래서 모든 인간이 아담의 몸에서 나왔다고 하는 것이다. 인간이 수백 대에 걸쳐 후손을 났더라도 그 몸은 아담의 몸이 되는 이유이다. 그러므로 아담의 몸을 유전한 모든 인간은 아담의 죄를 그대로 유지한 몸이 된다. 모든 인간은 아담의 몸을 계승한 몸이기 때문이다. 이는 하나님이 만든 하와에게 아담이 "나의 뼈 중의 뼈", "살 중의 살"이라고 말한 것을 통해서도 잘 알 수 있다. 신약성서도 이러한 정신을 계승하여 "네 이웃을 네 자신(몸)과 같이 사랑하라"고(마 19:19) 했다. 실제로 이웃을 자신의 몸으로 인식하게 한 것이다. 아담 한 사람의 범죄를 통해 많은 사람이 죽게 된 이유도 여기에 있다(롬 5:17). 또한 인간의 옛 사람이 죄의 몸이라고도 했다. 그래서 옛 사람이 예수와 함께 십자가에 못 박힌 것은 죄의 몸이라고 한 것이다(롬 6:6).

야곱을 이스라엘로 여기는 것도 같은 의미이다. 이스라엘 야곱이라는 한 사람은 자녀 열두 형제와 십이지파 공동체, 이스라엘 국가로 확장된다. 하지만 여기서 이스라엘은 개인이자 우리로서 야곱인 것이다. 이는 교회적으로도 이해할 수 있다. 그리스도인은 예수를 믿음으로 교회로서 그리스도의 몸이기 때문이다. 그리스도인은 교회로서 그리스도와 한마음과 몸이 된다. 또한 세 분 하나님이 일체 하나님이 되듯, 인간도 인류로서 하나가 된다. 아담에게서 나온 인류는 결국 아담인 것이다. 레위가 태어나지도 않았음에도 레위가 아브라함의 허리에 있었다는(히 7:5,10) 말씀처럼 현재의 인간은 이미 아담의 허리에 있는 존재, 한 몸의 존재였다. 공자는 효경(孝經)에서 "사람의 신체와 터럭과 살갗은 부모에게서 받은 것이니, 이것을 손상시키지 않는 것이 효의 시작이다(身體髮膚受之父母, 不敢毁傷, 孝之始也 신체발부 수지부모, 불감훼상, 효지시야)"라고 했다. 자신의 몸은 부모의 것이라고 설파한 것이다. 이와 같이 동양의 사상도 인간의 몸이 하나임을 가르쳐 준다. 모든 인간은 부모를 통해 부모의 부모인 아담과 하와의 몸을 받았으니, 그 몸은 원죄의 몸이 된다는 것을 유추할 수 있는 것은 당연하다.

4) 죄의 역사성, 연대성과 공동체성

죄를 짓는 자마다 불법을 행하는 사람이다(요일 3:4). 그리고 이 불법의 대가가 사망이다. 불법인 죄가 평생 인간을 부려먹고 삯(연봉, 댓가)으로 주는 것이 사망이라고 성서가 가르쳐 주기 때문이다(롬 6:23). 찬양 중에 "오 우리 영혼이 벗어났도다 사냥꾼의 올무에서 새 같이"라고 불리는 찬양을 생각해 볼 때 죄는 사망의 그물이 된다는 것을 알 수 있다. 인류는 수직적으로 죄를 계승 받았고, 수평적으로 죄가 연결되어 있기 때문이다.

인간이 성서의 가르침에 따라 죄의 시간적인 연대성에 따라 수평적, 수직적 관계성을 인식하는 것은 매우 중요한 일이다. 그 이유는 무엇일까?

첫째, 죄는 시간적으로 수평적 연관성을 갖는다. 나는 지금 한국에 있지만, 미국과 러시아, 중국에서 지은 죄가 동시대인으로서 공동의 책임이 된다. 사회 구조악도 여기에 해당된다. 이러한 죄의 수평적 그물성은 긍정적으로 동시대의 인간들에게 죄에 대한 연대의식과 책임의식을 갖게 한다. 지구는 한 가족이기에 다른 사람이 죄를 범하면 그와 한 공동체인으로서 함께 죄인의 입장이 된다는 것을 자각하게 한다.

둘째, 죄는 시간적 수직성을 갖는다. 수직적으로 과거로부터 전해져 오는 역사적인 죄(과거 1.2차 세계 대전 등)는 인류로서 모든 후손들의 죄이기도 하다. 과거의 사람은 원인의 제공자로서, 사건의 당사자로서, 후대에 영향력을 제공하는 사람들이 된다. 현재 한 일이 아니지만 과거의 사건이 현재에 상관하듯이 조상의 죄도 우리로써 인류의 죄로 여겨지는 것이다.

이와 같이 인류의 수직적, 수평적인 죄가 그물처럼 엮여서 인간에게 사망의 올무가 된다. 이것이 우리가 원죄를 알아야 하는 중요한 이유다. 죄의 수직성과 수평성을 예수가 십자가의 대속으로 끊어내고, 죄인이 아닌 의인으로 살게 하였으며, 사망의 삯을 받는 인간들에게 값 없이 새 생명을 주었기 때문이다.

5) 우리의 죄는 아담의 원죄 탓?

성서는 아담의 원죄와는 다른 개념의 죄에 대하여도 가르쳐 준다. '자신의 죄는 자신의 죄'라는 것이다. 자신이 지은 범죄는 아담에게 원인이 있기 때문에, 자신의 죄가 아니라고 하는 주장을 반격한다. 인간이 통일적으로 원죄를 가진 죄인이라고 하더라도 자신의 의지로 인해 죄인이 되었기 때문이다. 인간이 비주체적으로 원죄를 가졌다고 할지라도 동시에 주체적인 행위로 죄인이 되기 때문에 그 책임도 자신에게 있다는 것이다.

하나님은 "아버지가 신 포도를 먹었으니 그의 아들이 이가 시다"는 이스라엘의 속담을 쓰지 못하게 했다(겔 18:2). 율법과 양심을 가진 사람, 계명을 받은 사람들은 자신의 죄를 자신이 책임져야 한다고 가르친다. 죄를 범하고 대가를 받을 사람은 죄를 지은 장본인이라는 것이다. 아들이 아버지의 죄 때문에 저주를 받거나, 아버지가 아들의 죄 때문에 벌을 받지 않는다. 각자 바로 살면 바로 산 대가를 받고, 못된 행실을 하면 못된 행실의 대가를 받는다(겔 18:20).

아담의 원죄는 그와 내가 한 몸이기에 나의 원죄가 된다. 그러나 자신의 범죄는 자신의 자범죄이다. 부모의 죄가 자식의 죄에 영향을 주었기 때문에 자식이 죄가 없다고 주장하는 것은 그릇된 생각이다. 모든 인간은 죄를 대적하는 율법과 양심을 받아 살기 때문이다. 자신의 죄가 부모 탓이 아닌 자기 책임이 됨을 깨닫고, 남 탓하여 회개의 기회를 잃어버리지 않아야 하겠다. 인류가 아담과 한 몸이며, 자범죄는 죄를 범한 사람의 것이라는 입장을 가진 아우구스티누스에 대해 유태화 교수의 가르침을 소개함으로써 결론을 내리고자 한다. '아우구스트누스는 아담의 후손들이 생물학적이고, 언약적인 대표라고 생각했기 때문에 후손의 몸은 타락한 아담의 몸이라고 보았다. 하지만 영혼의 육체에 대한 우선성을 견지했기에 죄의 근원적인 문제는 불순종하려는 인간의 지성, 정서, 특별히 의지에서 기인한다고 보았다.'

5. 죄인이 된 인간에 대한 하나님의 긍휼과 재판

창세기 3장에 보면 하와가 선악과를 따먹고 아담에게 주어 먹게 했다. 그 후 그들은 눈이 밝아져서 자신들이 벌거벗은 줄을 알게 된다. 하나님과 같은 선악의 개념을 가진 것이 아니라, 새로운 시각을 형성했고, 그 결과 하나님 안에서 투명한 관계가 깨져 서로 가리고 감추는 존재가 되었다. 보암직하고, 먹음직하며, 지혜에 대한 탐심의 마음을 통해 하나님의 말씀이 아닌 다른 방식으로 자신의 존재를 확인한 것이다. 처음의 아담처럼 '너는 내 살 중의 살, 뼈 중의 뼈'라고 고백하지 않는다. 너는 나의 중심이라는 관점이 없어지고, 자신의 존재에 집중한다. 너를 중심으로 하는 관점이 깨지고, 자기 중심적인 존재가 된 것이다.

선악과를 따먹은 후에 인간은 이웃 앞에 자신이 벗었음을 알고 가린다. 자신을 투명하게 보이면 다른 사람에게 두려움을 느끼는 존재가 되어버렸다. 남에게 솔직한 것이 두려움이 된 것이다. 하나님 앞이라는 안전장치가 제거되었기 때문이다. 전에는 하나님 앞에 솔직할 수밖에 없었지만, 이제는 하나님을 피해 숨는 존재가 되었기 때문에 자신의 약함과 속셈을 감추는 것이 이익이 된 것이다.

선악과를 따먹은 인간은 하나님의 말씀(소리)을 듣고도 좋아하지 않는다.

오히려 하나님과 대면하기 싫어 숨는다. 하나님의 말씀은 생기가 들어가게 하고, 뼈를 연결하여 살이 돋게 하는데(겔 37:4-10) 듣기를 거부한다. 하나님의 얼굴은 은혜와 평강인데(민 6:25,26) 하나님이 두려워 그의 얼굴을 피하여 숨는다. 아담은 하나님을 회피하고, 외면한다. 선악을 하나님과 함께 정하는 것도 원하지 않았다. 자기의 문제에 스스로 책임지기를 원했다. 이웃과 같이 선악을 정하는 것도 원하지 않았다. 자기가 남의 문제까지 책임지기 싫었다. 남과 같이 결정하여 잘못되면 자기가 손해라고 생각하여 하나님과 이웃과의 일치하는 관계를 깼다. 자기가 결정한 것만 책임을 지겠다고 했다. 언약과를 따먹음으로써 하나님을 배신하고, 그 영향력에 의해 서로 배신하여 서로 사랑의 원초적 관계를 깬 것이다.

인간이 선악과를 따먹음으로써 에덴 동산에는 더 이상 선악을 알게 하는 것이 없게 되었다. 이제 하나님과 관계성을 갖게 하는 언약과가 제거된 에덴 동산은 더 이상 행복한 동산이 아니었다. 선악의 개념과 언약이 없는 세상은 하나님이 계시지 않는 곳이기 때문이다. 선악과를 따먹고 난 후 인간은 하나님이 될 수 없다는 것을 확인했다. 하나님처럼 선악을 안다고 하나님이 되는 것이 아니기 때문이다. 하나님과 대등한 존재가 된다고 그와 일치되는 것도 아님을 알게 되었다. 대등한 존재가 되기를 원했지만 오히려 하나님을 두려워하는 존재가 된 것이다. 하지만 하나님은 언약을 깬 아담과 하와를 버리지 않았다. '선악과 언약'이 깨진 세상에 하나님이 아담과 하와에게 찾아왔다. 하나님이 언약을 깨뜨린 인간에게 찾아온 이유는 다음과 같다.

1) 임마누엘 하나님

    삼위일체 하나님은 우리와 함께하고 싶어서 그 이름도 임마누엘이다. 그래서 선악과를 따먹지 말라는 말씀을 거역하고, 죄인이 되어 죽을 수밖에 없는 가련한 인간에게 찾아왔다. 선악과를 따먹은 그날 바람이 불 때 동산에 거하는 하나님의 소리를 듣고 아담과 하와가 하나님의 낯을 피하여 숨었지만 외면하지 않고, 아담을 부르며 "네가 어디 있느냐" 하며 찾아왔다. 이후로도 계속 하나님은 죄인 된 인간에게 먼저 찾아왔다. 임마누엘 하나님이기 때문이다. 아담에 의해 외면당한 하나님은 이후에도 죄인의 처지에서 불신과 무지로 하나님을 피하고 거부하는 인간에게 찾아왔다. 사랑받는 자보다는 사랑하는 자가 더 약자이기 때문이다. 하나님의 완전하고, 무한한 사랑이 인간에게 한없이 약자가 되게 해서 결국은 독생자 예수와 성령도 인간과 함께하게 했다.

    아담이 하나님을 거부하고 숨은 이유는 먹으면 죽으리라는 계약을 파기한 인간이 하나님을 만나면 죽게 되기 때문에 두려워서 숨은 것이다. 그런데 하나님의 반응은 아담을 사랑의 마음으로 부르며 찾아왔다. 죄인 된 인간들에게 바른 말을 하거나, 죽이려고 오지 않았다. 죽이려면 언약을 깼을 때 바로 죽였을 것이다. 인간이 하나님의 또 다른 자신이고, 하나님의 우리였기에, 사랑의 약자로 아담이 범죄한 이후에도 "아담아! 아담아!" 부르며 아이를 잃은 부모처럼 애타게 찾아온 것이다. 아담은 하나님이 낳은 아들이기 때문이다(시 2:7). 그의 사랑은 강력하여 누군가 고발하고, 정죄해도 관계가 파괴되지 않는다. 환란, 곤고, 박해, 굶주림, 헐벗음, 위협, 칼, 삶과 죽음, 천사들과 권세자들도 하나님의 사랑에서 인간을 끊어낼 수 없다. 그가 찾아오기 때문이다. 인간 스스로 숨고 멀어져도, 현재 일과 장래 일도, 높음과 깊음도, 그 밖에 어떤 피조물도 인간을 하나님 사랑을 끊어 낼 수 없다.

2) 첫 속죄제와 가죽 옷을 지어 입힌 하나님

아담과 하와가 선악과를 먹은 후에 스스로 옷을 입으려고 했다는 것은 인간이 수치와 부끄러움을 아는 존재임을 알려 준다. 그들은 스스로 짐승이 되는 것을 두려워하여 옷을 입은 것 같다. 염치를 아는 존재로서 두려움을 가진 존재가 되고자 하는 정신이 나타났다는 것은 인간의 매우 긍정적인 면이다. 양심을 가진 존재이며, 스스로 선한 법을 만드는 존재라는 것을 증명했기 때문이다. 하지만 '선악과 언약'을 파기한 사건 이후에 인간이 하나님과 이웃에 대해 갖는 속마음은 기쁨에서 두려움으로 변했다. 선악과를 따먹은 이후의 인간은 '남이 나를 어떻게 생각할까?' 하는 이목 때문에 불안한 심리 상태를 가지게 되었다. 벌거벗은 자신에게 집중했다. 두려움 때문에 이웃에게 진실한 존재로 서지 못했다. 하나님의 은혜로 된 자신보다 나의 나 됨에 집중했다. 또한 자신을 가리고, 치장해서 자신의 의도와 권위를 나타내는 존재가 되었다. 스스로 무화과나무 잎을 엮어 치마를 만들어 입었다. 옷으로 자신을 표현하고자 했던 것이다. 선악과를 따먹기 전에는 인간의 권위가 창조자 하나님으로부터 나왔지만, 하나님과의 관계를 거부한 인간은 스스로 권세를 만들어 자신을 높여야만 했다. 스스로의 권위와 직책을 표현해서 자신을 기쁘게 하고, 더 많은 힘과 더 많은 것을 지배하려고 했기 때문이다.

일부의 사람들은 아담과 하와가 옷을 만들어 입은 것이 성적 수치심 때문이라고 말한다. 성(性)을 은폐했다는 것이다. 성을 기반으로 몸을 이해한 것이다. 몸과 성을 옳고 그른 것으로 판단하는 사람들의 생각이다. 이들은 성을 윤리로 파악하여 몸을 아는 것에 수치심과 죄의식을 갖게 한다. 이는 잘못된 성서해석이다. 인간의 몸은 하나님의 형상을 닮은 모양이며, 창조의 작품이다. 악할 수 없으며, 몸과 성(sex) 자체가 수치일 수 없다. 몸과 성은 하나님의 선물이다. 몸과 성에 대하여 수치심을 주거나 죄의식을 갖게 하여 자아를 약하게 하는 것은 인권침해이다. 성에 대해 죄의식을 갖게 하는 것은 이단들의 특징이기도 하다. 그래서 이단들은 교주와의 성관계를 통해 죄의식에서 벗어나고, 구원받을 수 있다고 주장한다. 이런 해석은 천부당 만부당한 논리다. 온 사회를 병들게 하는 발상이다. 당연히 거부하고, 퇴치해야 한다.

'선악과 언약'의 파기 후 세상은 하나님의 법이 없는 상태, 무법의 상태였기에 인간은 이제 자신의 문제를 자신이 책임져야 했다. 아담과 하와는 서로를 책임져주지 않는 자연적 관계가 되었기 때문이다. 이들이 사랑의 언약 가운데 있으면 벌거벗어도 서로 부끄럽지 않았을 것이다. 언약이 그들의 옷이었기 때문이다. 언약이 옷이 되어 흠도 가려 주었을 것이다. 서로를 두려워하지 않고 개방했을 것이다. 그러나 사랑의 약속이 없는 에덴은 더 이상 흠이 가려지지 않는 사회가 되었다. 서로의 흠을 들추고 비판하는 사회가 되었다. 아무도 선악과를 따먹은 일에 대해 책임을 지려고 하지 않았다. 서로 공격하는 관계가 되었고, 책임을 회피하며 서로를 두려워하는 관계가 되었다. 서로가 서로에게 이웃으로 발견될 수도, 찾을 수도 없게 되었다. 이웃이 없는 사회가 된 것이다. 선악과를 따먹지 않아야 한다는 약속을 어김에 따라 발생된 죄와 죽음의 문제를 인간이 스스로 해결할 수 없었기 때문이다. 그래서 하나님을 만나면 죽을 줄 알고 있었기에 하나님을 찾아갈 수도 없었다.

인간이 이렇게 가련한 존재가 된 상황에서 놀라운 일이 발생되었다. 인간이 하나님을 찾아간 것이 아니라 하나님이 인간에게 찾아왔다. 그리고 인간이 두려워하는 존재가 되지 않도록 가죽옷을 입혀 주었다. 가죽옷을 입혀 주었다는 것은 아담과 하와 대신 가죽을 가진 동물이 죽었다는 의미이다. 생명의 창조자가 자신이 창조한 생명을 죽여 인간을 살린 것이다. 인간을 위해 스스로 살해자가 되어 인간을 위해 제사하신 것이다. 그런 점에서 처음 제사장은 하나님이었다. 이것이 제사의 기원이라 할 수 있다. 죄인 되어 죽을 수밖에 없는 인간을 대신하여 동물을 죽여 대속하게 하고, 죄를 덮어 가려준 것이다. 또한 동물의 가죽옷은 하나님을 대적함으로써 왕권을 잃어버린 인간들에게 왕권을 회복하여 주었다는 의미도 있다. 죄를 가릴 가죽옷이 없었다면 인간은 정상적인 사회활동이 어려웠을 것이다. 요한계시록에 보면 사탄을 짐승이라고 한다. 벌거벗은 존재라고 기록되어 있다. 짐승은 옷을 입지 않기 때문이다. 반면, 예수를 믿는 그리스도인들에게는 흰옷을 입혀 준다. 이런 의미에서 옷은 인간이 하나님의 자녀이기 때문에 은혜로 인간을 보호한다는 하나님의 표식이라 할 수 있다. 하나님이 사탄에게 아담과 하와를 넘기지 않겠다는 '의지의 표'다.

언약을 파기한 아담과 하와에게 하나님이 가죽옷을 입혀 준 것은 인간의 죄에 대한 하나님의 속죄 방법이 덮어주는 것이라는 것을 알게 한다. 죄에 대한 하나님의 처리 방법이 저주와 미움이 아니다. 깨끗하게 해서 우리를 받아 주는 것도 아니고, 그 모습 그대로 받고 덮어서 죄를 범하고 들킨 마음을 가지고 살아가지 않게 한다. 아담이 가죽옷을 입었듯이 하나님의 긍휼을 입은 마음을 가지고 살아가게 했다. 하나님이 덮어주므로 인간의 마음에 힘과 방패가 되어 주고, 그를 의지하며 도움을 얻게 하여 인간의 마음이 기뻐하고, 노래하게 해 준다(시 28:7). 그래서 사랑의 언약으로 서로를 지켜줄 것이라는 확신 가운데 살게 했다. 자신의 흠을 두려워하지 않고, 하나님을 두려워하지 않게 했다. 약함을 서로 용납하고, 회개하여 서로 사랑할 기회를 갖게 했다.

3) 책임을 전가 받았다

잘못을 들키지 않고 가리려는 마음은 인류를 괴롭히는 고통이다. 인간이 무의식에 가진 이 추치심은 콤플렉스가 되어 인간들의 일상에 숨어 정체성을 공격함으로 정상적인 생활을 방해하고 있다. 처음 인간은 서로를 자신의 살 중의 살, 뼈 중의 뼈로 인식하고 살았다. 상대의 잘못은 자신의 잘못이라고 고백하는 관계였다. 그러나 자신에게 죄의 책임이 없다고 상대에게 책임을 돌림으로써 서로를 자신으로 인식했던 의식구조가 바뀌고 말았다. 한 몸 사회구조가 깨진 것이다. 서로 핑계댐을 통하여 너는 '나'라고 했던 아담은 이제 하와를 '너'라고 불렀다. 우리 됨, 한 몸 됨의 구조가 깨지고 만 것이다. 연합하여 서로를 위하던 사회구조가 깨지고, 자기 자신을 스스로 지키고 책임지는 구조가 되었다. 죄에 대해 책임지지 않고 전가함으로써 이웃이라는 '너를', 나를 위해서 희생시키고자 했다. 죄의 원인이 남에게 있다고 서로를 공격하여 우리로 사는 삶을 파괴한 것이다. 아울러 인간의 첫 범죄는 투명한 관계와 의로운 관계에 제한을 갖게 했다. 범죄의 원인을 남의 탓이라고 전가하여 서로 공격적인 관계를 맺게 했다. 양심적인 사람은 수동적으로 죄의 원인이 자신의 탓이라고 하지만, 이 역시 자신이 자신에 대해 공격적인 관계를 맺는 것이 된다. 에덴동산에서 인간이 선악과를 사이에 두고 맺은 언약 사회의 입장에서 본다면 서로 한 몸이기에 죄의 원인은 우리 탓이다. 자신이 혼자 책임을 지거나, 남에게 전가할 것이 아니다. 공동체로서 회개의 마음을 가지고 연대하여 하나님 앞에 용서를 구해야 했었다.

인간이 죄를 범하고 가진 마음은 자기 개방에서 자기 폐쇄, 기뻐함에서 두려움이었다. 감정과 태도가 자기중심으로 변화한 탓이다. 죄를 범한 사실과 죄의식이라는 무의식으로 인해 인간의 죄와 상처는 상대를 고발한다. 자기 자신과 서로를 공격하고 죽인다. 자신과 자기 공동체에게는 책임이 없다고 무책임을 주장한다. 하지만 이와 같은 태도는 죄의 가림을 받지 않는 사람이 갖는 두려운 마음 때문에 나타내는 태도이다. 인간이 스스로 선택한 죄 처리 방식 때문에 나타난 감정이다. 이러한 인간의 야만적이고, 이기적인 죄 처리 방식은 결국 모든 죄의 원인은 하나님에게 있다고 전가하는 지경에까지 이르게 한다. 합당하지 않은 사고방식이다. 당연히 이 논리는 하나님과 이웃을 잃어버리고 자기중심적 사고를 하는 인간에게 나타나는 육의 논리이다. 하나님에게 모든 죄를 떠맡기고, 책임지게 하는 논리이기 때문이다. 그러나 이와 같은 아담의 논리에 하나님의 반응은 매우 파격적이었다. 아담이 하나님이 만든 여자 때문에 선악과를 따먹었다는 말에 하나님이 그가 말한 대로 죄를 전가받은 것이다. 자신들의 잘못이 아닌 하나님 탓이라는 고발에 인간을 심판함으로 죄를 다스리지 않고, 인간의 고발대로 죄를 전가받은 것이다. 마치 부모가 자녀의 죄를 자신의 죄로 여기듯이 하나님도 인간의 죄를 자신의 죄로 여긴 것이다. 이러한 사실은 예수가 아담의 죄를 전가받고 십자가에서 죽은 것을 통해 더욱 확증된다. 하나님은 최종적으로 독생자 예수를 통해 모든 죄를 전가받고, 책임진다. 하나님이 인간의 죄를 자기 죄로 여겼기 때문이다. 이 긍휼 때문에 인간은 두려운 마음을 치유했다. 하나님의 은혜의 보좌에 담대히 나갈 수 있었으며, 회개가 구원의 요새임을 깨닫게 했다. 인류는 이러한 하나님의 죄의 전가 사상에 의해 죄에 대한 상처 치유법을 알게 되고, 죄인이 되었을 때 더 이상 방황하지 않고, 은혜의 보좌가 있는 곳으로 갈 곳을 얻게 되었다.

4) 에덴 추방과 영생과를 못 먹게 하신 하나님

　선악과를 따먹은 인간은 선악을 아는 일에 하나님 같이 되었다. 그러나 영생하는 존재가 되지는 못했다. 하나님이 인간에게 생명나무 열매를 따먹지 못하게 했기 때문이다(창 3:22). 인간을 에덴에서 쫓아내 아담의 근원된 땅을 갈게 하였고, "너는 흙이니 흙으로 돌아가라"(창 3:19) 하며, 영생하지 못하게 했다. '선악과 언약'이 깨진 에덴은 환경이 좋은 곳이지만 인간이 하나님을 섬기는 것에는 실패한 곳이었다. 인간이 선악과를 따먹은 것처럼 생명나무에 대하여 교만과 불신, 탐욕의 마음을 똑같이 부릴 수 있는 곳이었다. 더 많은 죄를 추가하기에 좋은 곳이었다. 좋은 환경이 꼭 좋은 사람을 만드는 것은 아니라는 교훈을 준 곳이기도 하다. 그래서 하나님은 거칠고 험한 땅이지만 죄를 덜 짓게 하는 새로운 환경으로 인간을 추방한다. 인간이 새로운 인생을 살 수 있도록 에덴을 떠나게 한 것이다. 떠나서 죄인으로 영원히 살지 않고 죽게 해서 새로운 시절이 오게 하고, 새로운 사람이 태어나게 했다. 한 죄인이 영원히 죄인으로 살아가며, 그가 영원히 지배하는 세상이 되지 않게 했다. 에덴은 인간이 정복하여 왕이 될 수 있는 곳이 아니기 때문에 추방을 당한 것이다. 그곳에서 하나님과 다른 선악의 개념을 가진 존재가 살 공간은 없었기 때문이다.

아담의 죽음을 긍정적인 시각으로 본다면 오고 가는 시절과 세대가 없는 것은 저주라는 것을 알 수 있다. 새로운 사람이 일어나야 새로운 시절이 오고, 영원한 죄의 체제가 무너지게 되기 때문이다. 이런 의미로 본다면 인간의 죽음은 영원히 죄인으로 살지 않게 하기 위한 하나님의 축복이다. 죄인에게 영생하지 못하게 하는 한계를 주고, 새로운 시대가 오게 한 것이다. 예로써, 중국의 진시황이 불로초를 먹고 지금까지 살아서 다스린다면 세상은 어떻게 될까? 저주 중에 저주다. 하나님이 죄인 된 인간에게 죽음을 준 것이 큰 축복이 되는 이유이다. 영생에 대한 소망은 모든 인간의 소원이지만, 인구 폭발로 인류를 위험에 빠트릴 것이다. 하나님의 나라에서 영생이 아닌 인간의 힘으로 영생하고자 하는 욕망은 우리의 후손에게는 재앙이며, 그들에게 부끄러운 짓이다. 이는 민망한 마음이다. 한계성을 가진 인간이 되었다는 것은 죽지 않고, 죄를 범하여 영원히 벌을 받는 위험성이 제거되었다는 말이다. 이것이 한계성이 주는 축복이다. 죽음이라는 축복에 의해 역사는 오고 가는 세대 속에서 발전한다. 어떤 절대자가 교만과 자기애, 탐욕을 마음껏 성취했다고 해도 죽음으로 모든 것은 끝나게 되어 있다. 죽음이라는 절대적 한계성에 부딪칠 수밖에 없는 인간이 존재적으로 책임, 겸손, 신뢰, 비움을 자신의 성품으로 소유할 수밖에 없는 이유이다.

인간이 하나님과 같은 존재가 되지 않는 곳으로 추방되고, 죄인으로 영생하지 않은 덕에 인간은 후에 예수와 함께 죽고, 함께 사는 방법으로 하나님과 같이 영생하는 존재가 된다. 의롭다 인정을 받아 영생을 얻게 된다. 하나님과 어린 양의 보좌로부터 나오는 수정 같이 맑은 생명수의 강이 흐르는 곳, 강 좌우에 생명나무가 열두 가지 열매를 달마다 내고, 그 잎으로 치료되는 하나님의 나라를 얻게 된다(계 22:1,2). 요한계시록에 근거해 생각해 본다면 에덴동산의 생명나무 열매는 한번 먹어서 영생하는 것이 아니다. 계시록의 새 예루살렘에는 생명나무가 있는데, 달마다 열매를 맺음으로 달마다 먹는 것이라는 것을 알게 한다. 선악과를 먹지 않는 것이 순종이었다면, 생명나무 열매는 먹는 것이 순종이었다. 만약 아담이 선악과를 따먹지 않았다면 아담은 매일 또는 일정 간격을 두고 정기적으로 영생과를 먹어 죽지 않는 삶을 살았을 것이다.

5) 죄를 확장하지 못하게 하는 삶의 방식

하나님은 선악과를 따먹고 언약을 파기한 인간들에게 각자의 처지에 맞게 고난을 주어 유익을 얻게 했다. 그리고 약속이 없는 사회가 되었으니, 인간에게 어려움과 고민을 주어서 죄가 폭주하지 못하도록 했다.

여자에게는 잉태하는 고통을 크게 더하였으며, 수고하여 자식을 낳게 하였다. 하와에게 생명을 낳는 일이 얼마나 영광스러우며, 고통스러운 것인가를 알게 했다. 아담과 하와를 탄생시킨 하나님의 기쁨과 고통을 인간의 잉태를 통하여 알게 한 것이다. 전에는 한 몸이어서 이름이 둘 다 아담이었지만,

잉태하는 위대한 목적을 추가하여 받은 여자에게 아담은 하와라는 이름을 지어주었다. 재생산의 목적을 추가한 몸(性)이 되었기 때문이다. 한 몸 됨의 목적에서 엄마의 목적이 추가되었기에 모든 산 자의 어미(창3:20)라는 뜻의 이름을 부여한 것이다. 생육하고, 번성하고, 충만하게 하는 일(사명)을 맡게 되었기 때문이다. 따라서 하와라는 말의 의미는 '엄마'라 할 수 있다. 이는 여자의 첫 이름이다. 이때부터 우리는 엄마라는 가슴 떨리는 이름을 갖게 되었다.

아담은 자신의 죽음이 선언되는 순간 하와의 잉태를 통해 인간이 사탄을 이기고, 죽음을 극복하는 방법을 알게 된다. 하와라고 이름 지음을 통해 후손으로 죽음을 극복하고 사탄을 이긴다는 것을 알게 된 것이다. 또한 여자의 잉태를 통해 하나님이 인간에게 생육, 번성, 충만의 축복을 거두지 않은 것도 깨닫게 된다. 산 자의 어머니라는 의미는 생명의 어머니란 의미이기 때문이다.

하나님은 아담 외에 다른 존재가 하와를 원하지 않게 했다. 한 몸 된 남편이 여자를 다스리게 했으며, 여자를 보호하는 가장의 역할을 하게 했다(사실적으로 보면 여자도 남자를 다스리고 보호한다. 따라서 이 명령은 상호적인 것이다.). 남성이 여성을 다스리라는 것은 대통령이나 수상이 백성을 섬기는 것처럼 보호하고, 양육하고, 풍성하게 먹이라는 것이다. 사탄에게 하와를 지키지 못한 책임을 이행하라는 의미이다. 하와를 사탄이 가까이하지 못하도록 지키고, 사탄을 원하게 하지 말라는 것이다. 그래서 하나님은 하와에게 아담을 더 원하게 하였다. 여자가 남편을 배제하고, 결단했던 것처럼 그를 소외시키지 말고 함께하라는 의미이다. 하와에게 아담을 사탄보다 더욱 사랑하고, 신뢰하며 함께하게 한 것이다.

하나님은 남자에게 "땅이 너로 말미암아 저주를 받을 것이다. 너는 평생에 수고해야 그 소산을 먹을 것"이라고 했다. 땅이 가시덤불과 엉겅퀴를 내는 땅으로 변해서 남자가 흙으로 돌아갈 때까지 얼굴에 땀을 흘려야 먹고 살게 했다. 인간 때문에 땅이 저주를 받았으므로 땅에 경작으로 헌신하게 했다. 경작하게 함으로써 먹을 것을 얻게 하고, 땅의 저주가 더 악화되지 않게 돌보는 책임을 갖게 했다. 인간은 평생 자신의 몸의 본질인 땅을 경작하다가 '흙이니 흙으로' 돌아가야 했다. 그러나 경작에 대한 수고는 인간을 생육하고, 번성하게 한 축복을 하나님이 거두지 않았다는 것을 알게 한다. 그래서 인간은 땀을 흘리는 경작을 통해 하나님의 수고와 사랑을 체험했다. 땅이 황무지가 되지 않게 일을 하고, 부지런히 경작(경제 활동)하여 식량을 풍성히 거두게 했기 때문이다.

하나님은 아담이 거친 환경에서 일하는 고난을 통해 온전한 인격을 이루게 했다. 인간이 자연을 경작하는 순간만큼은 속임과 빼앗음, 경쟁을 생각하지 않는 노동의 시간이기 때문이다. 노동을 하여 생산된 생산물을 얻기 전에는 자연에게 진실할 수밖에 없고, 죄를 범하지 않기에 강화된 노동을 준 것이다. 가시덤불과 엉겅퀴의 저주를 통해 종신토록 수고하게 한 것이다. 이 구조는 안식 없는 삶을 의미한다. 인간이 평생 일에 구속을 받아 일 중독과 강제노동이 시작되었기 때문이다. 태초에 인간이 안식일부터 살게 한 삶의 의미가 퇴색되고, 늘 일과 씨름하게 된 것이다. 이후 하나님으로부터 모세가 애굽의 바로에게서 하나님을 예배하는 안식일을 주장하고, 십계명을 얻을 때까지 인간에게 안식일이 없어진 것이다. 하나님의 법이 없는 사회는 스스로 쉬지 못하기 때문이다. 강자의 명령과 스스로의 마음이 강제로 노동을 하게 한다. 경쟁에서 승리하기 위해 자기개발과 발전을 위한다는 명목으로 자신의 쉼과 다른 사람들의 안식을 착취한다. 타인의 안식을 빼앗고, 자기 행복을 착취한다. 이러한 삶의 구조를 옳다고 생각하는 사람은 없을 것이다. 그래서 대안을 찾는 사람도 많을 것이다. 하지만 인간의 안식을 위한 대안은 오직 계명과 믿음으로 쉬는 것 외에는 없다. 안식은 누가 나에게 주는 것이 아니다. 내가 스스로 율법에 순종하여 믿음으로 얻어야 하는 것이다. 내가 하나님의 말씀에 따라 쉬겠다고 믿음으로 결단함에서 나는 시간이다. 인간의 해방과 자유를 위해 지배자들과 자기 자신에게서 쟁취해야 할 시간이다.

6) 새로운 언약을 준 하나님

하나님은 뱀에게 모든 가축과 들의 짐승보다 더욱 큰 저주를 받게 했다. 배로 기어 다니고, 살아있는 동안 흙을 먹게 했다. 그의 신은 배(뱃심, 배짱)이기 때문이다. 하나님은 사탄에게 여자와 여자의 후손과는 원수관계가 되게 했다. 여자의 후손은 뱀의 머리를 상하게 하고, 뱀은 그의 발꿈치를 상하게 했다. 인간에게 사탄이 하나님과 원수관계임을 가르쳐 주고, 인간에게 사탄에 대하여 가져야 할 경고의 마음을 가르쳐 주었다. 뱀의 머리를 상하게 한다는 말은 인간이 사탄을 이긴다는 의미이다. 인간에게 미래의 승리에 대한 비전과 언약을 준 것이다.

선악과를 따먹은 사회는 언약이 없는 사회였다. 서로에 대한 율법과 복음이 없는 사회였다. 무법천지였으며, 망한 사회였다. 언약과 계약이 무시되는 사회가 망한 것이 아니면 무엇이겠는가? 하나님은 망한 인간사회를 복구하려고 재판하여 여자의 후손의 언약으로 복구한다. 여자의 후손의 언약은 선악과가 없는 에덴에게 준 원죄 이후의 사회구조이다. 하나님이 선악과를 따먹은 이후에 언약이 없는 사회를 여자 후손의 언약으로 언약사회를 복구한 것이다. 이는 하나님의 심판은 멸망이 목적이 아니라는 것을 알게 한다. 공정과 회복이 재판(심판)의 목적이기 때문이다. 결국 언약을 깬 인간에 대한 하나님의 재판은 죄인 된 인간들이 망하지 않고, 살 수 있게 다시 만들어 놓은 판결이었다. 선악과 사건 이후의 세계를 저주받은 세상으로만 알아서는 안 되는 이유이다. 하나님의 심판을 저주로 알아 하나님에게 서운한 마음이나 사회를 향해 미워하는 마음을 가져서도 안 된다. 인간은 하나님의 재판(심판)과 징계를 감사해야 한다. 망한 사회에 하나님이 새로운 사회구조를 준 것은 하나님의 저주와 보복이 아니기 때문이다. 무너진 인간사회를 하나님이 복구한 하나님의 긍휼이다. 멸망할 수밖에 없는 사회를 재판하여 멸망하지 않게 한 은혜이다. 하나님이 죄를 미워하지만 인간을 사랑하는 재판을 했기 때문이다(계 2:6, 말 2:14).

재판은 벌하는 목적 외에도 손해를 배상해서 원래의 것을 복구하는 의미가 있다. 또한 죄를 지은 사람이 죄의 대가를 치르고, 다시 살 수 있는 기회를 제공해 준다. 그래서 하나님은 재판을 통해 인간이 더 망하지 않는 방향으로 인간의 불순종을 심판(재판)했다. 죄의 확산을 막고, 배상하게 했으며, 다시 시작할 수 있도록 새로운 언약을 주어 복구해 주었다. 재판을 통해 하나님이 늘 우리에게 상 주는 분이지, 저주하는 분이 아니라는 것을 계시했다. 체벌하는 하나님이라는 것이다. 인간도 정말 죄에 대하여 자기 자식이면 체벌한다. 징계가 없으면 자식은 친아들이 아닌 사생아와 같은 것이다(히 12:8). 하나님은 징계를 통해 인간이 멸망의 대상이 아니라 하나님의 아들이라는 것을 확증하고, 자녀 된 마음의 권세를 회복하기를 원했다.

6. 하나님이 재판(심판)을 한 이유

재판은 선악을 법에 따라 판결하는 절차이다. 악한 사람을 징계하며, 선한 사람을 보호하고자 한다. 또한 악을 억누르고, 선을 장려한다. 약속이 파괴되었을 때 심판은 파괴가 아니라 제자리를 찾는 것이다. 하나님의 심판 역시 이와 같은 목적을 갖는다. 심판은 하나님의 긍휼로 세상에 개입하는 방법이며, 재판을 받는 죄인 된 인류를 살리는 방법이었다. 인류가 작은 실패에서 큰 실패로 나가는 상태에 선제적으로 개입하여 멸망하지 않게 한 것이었다. 하나님은 아담과 하와의 실패가 요한계시록의 바벨론 성의 실패로 나가는 것을 원하지 않았다. 인간이 멸망하는 것을 바라지 않았기 때문이다.

역사적으로 볼 때 하나님의 인간을 향한 재판의 목적은 합당한 보상과 회복이었다. 그래서 인간은 하나님의 재판을 통해 징계를 가볍게 여기는 우매함을 범하지 않았고, 그의 꾸지람에 낙심하지 않았다. 징계는 사랑하는 자에게만 주는 것이고, 그를 받아들이는 자에게만 채찍질하는 것이기 때문이다. 성서가 인간에게 징계를 받을 때 인내하라고 한 이유이다. 하나님이 아들로 대우하는 징표가 징계이기 때문이다. 징계가 없다면 하나님의 친아들이 아니다. 친아들이기에 징계는 참음으로 받아야 한다. 사랑받는 자녀라는 것을 확증 받기 때문에 하나님의 재판에 인내로 참여해야 한다(히 12:5-8). 인간은 징계의 때에 받는 고난을 통하여 순종을 배워 온전하게 되기 때문이다.

예수는 고난을 인내하여 자기에게 순종하는 모든 사람들에게 구원의 근거가 되었다(히 5:8,9). 따라서 고난의 때는 그리스도인의 완전한 덕인 순종을 배울 기회가 된다. 거부하지 말고 오히려 영접해야 한다. 낙심하고 불안해 하지 않아야 한다. 하나님의 도움을 구하고, 그에게 소망을 두는 시간이 되어야 한다(시 42:5). 하나님이 죄인을 아담으로부터 지금까지 도왔으니 징계 중에도 낙심하거나 불안해 하지 않아야 한다. 고난의 때에 오히려 더 담대하게 하나님을 믿고, 찬양하는 자들이 되어야 한다. 징계는 저주가 아닌 사랑이고, 축복이다. 언약을 다시 세우고자 하는 하나님의 은혜이다. 하나님은 인간을 버리지 않았고, 인간은 하나님에게 버림받지 않았다는 것을 징계와 고난이 증명하기 때문이다.

죄인에게 징계가 없었다면 그것은 저주가 되기 때문에 하나님은 인간을 징계했고, 인간이 파괴한 언약사회를 다시 회복했다. 여자의 후손에게 준 언약을 통해 '선악과 언약'을 파괴한 인간사회를 다시 복구했다. 징계로 아담은 에덴동산과는 다른 형태의 축복을 받았다. 자신을 버리지 않는다는 확신과 친아들이라는 증거를 얻었다. 죄인임에도 하나님의 나타내심으로 도우심을 얻고, 순종을 배워 온전하게 되는 새로운 인생을 얻은 것이다.

1) 언약의 하나님이기에 재판

하나님은 신실한 분이다. 하나님은 선악과를 먹으면 죽는다는 언약을 이행해야 할 의무와 책임이 있다. 자신이 한 말과 약속을 지켜야 한다. 하나님은 거짓말을 할 수 없는 분이다. 약속에 대한 신뢰성이 깨지면 하나님 스스로가 믿을 수 없는 존재가 된다. 약속을 신실하게 실천해야만 변함없는 언약의 하나님이 증명된다. 약속이 변하면 믿음이 발생될 수 없다. 믿음의 주로서 자신의 말씀에 대한 신뢰성을 하나님은 속성상 깰 수 없다. 하나님은 아담 이후 계명과 언약으로 인간과 함께했고, 인간은 하나님에 대한 믿음으로 함께했기 때문이다. 심지어 하나님은 계명과 언약으로 자신을 제한하기도 했다. 그래서 인간은 믿음으로 충성하며 생애와 목숨을 바쳤다. 에덴에서의 '선악과 언약'은 상호 믿음과 책임을 전제로 체결된 언약이다. 위반한 쪽의 죽음을 전제로 체결된 것이다. 하나님은 당연히 계약을 위반한 인간을 죽여야만 변치 않는 약속의 하나님이 된다. 하나님의 심판은 위반한 인간에게 벌을 주는 것이 목적이 아니다. 하나님에게 사랑이 없어서 심판한 것도 아니다. 약속을 지켜야 하기 때문에 재판을 했다.

2) 책임을 지는 하나님이기에 재판

하나님은 천지를 창조하고, 인간을 창조한 분이다. 하나님이 인간을 만들었기 때문에 이 일에 대한 책임을 져야 한다. 그는 자신의 책임 때문에 죄인 된 인간을 버리지 않고 죄의 확장을 막는다. 인간의 죄에 대해 하나님은 무책임하지 않았다. 하나님은 인간의 죄를 자신의 죄로 여겼다. 인간을 창조했기 때문에 인간의 문제에 대하여 해결해야 할 의무를 짊어졌다. 인간에게 심판만 하는 타자가 아니었다는 것이다. 심판을 통해 드러난 하나님은 심판자일 뿐만 아니라, 심판받는 당사자였다. 이것을 알면 '아! 하나님이 내가 죄인임에도 나를 책임지고 있구나' 하는 깨달음을 얻게 된다. 하나님은 언제나 심판을 당하는 자녀의 아버지로서 심판을 당하는 당사자였기 때문이다.

하나님은 죄가 없으나, 아버지로서 인간의 죄를 자신의 죄로 여겼다. 인간의 타락을 자기 책임으로 여긴 것이다. 이 마음을 우리는 예수 그리스도를 통해 확인한다. 독생자 예수가 심판자가 아닌 심판을 받는 분으로 인간에게 왔고, 인간의 죄를 자신의 죄로 여겼기 때문이다. 인간을 멸망시키는 것이 하나님의 뜻이 아니라 영생을 얻게 하는 것이 목적이었기 때문이다. 인간을 창조주 하나님이 창조하였기 때문에 창조자로서 십자가 사건을 통해 하나님의 죽음으로 책임을 진 것이다. 하나님은 죄가 없다고 하는 교리 때문에 인간의 죄를 자신의 죄로 여긴 아버지 하나님의 마음을 왜곡해서는 안 된다. 하나님이 인간의 타락과 망함을 계획하고 방관하는 분으로 여겨서도 안 된다. 하나님은 심판하고, 인간의 실수와 고통을 즐기는 타자가 아니다. 그는 심판의 방관자가 아닌 당사자이다. 인간의 죄 때문에 자신이 심판을 받은 분이다.

3) 변함없는 사랑의 하나님이기에 재판

하나님은 죄인 된 인간을 계속해서 긍휼히 여긴다는 것을 증거하기 위해 심판했다. 죄인이 되었다고 그의 은총이 멈추거나 끊어지지 않았다고 심판을 통해 증거한 것이다. 그러므로 하나님의 심판은 인간에 대한 미움에서 이루어진 것이 아니다. 인간을 더욱 사랑한다는 것을 증명하기 위해 재판했다. 파괴가 아닌 모든 것을 제자리에 다시 놓기 위한 것이었다. 멸망의 상태에 있는 인간을 구원하기 위한 것이었다. 인간의 죄를 해결하고, 죄인에 대한 사랑을 위해 재판을 했다. 죄가 주는 사망이라는 판결과 삶(급여)을 받은 인간에게 생명과 예수를 주어 대속의 사랑을 증명했다.

하나님의 사랑은 원수를 사랑하고, 박해하는 자들을 위해 기도하는 사랑이다. 악한 자를 대적하지 않고, 오른편 뺨을 치는 자에게 왼편도 돌려 대는 사랑이다. 고발하는 자가 속옷을 달라고 하면, 겉옷까지도 주는 사랑이다. 원하지 않는데 억지로 오 리를 가자고 하면 십 리도 동행하는 사랑이다. 하나님은 악인과 선인에게 동일하게 햇빛을 비추고, 의로운 자나 불의한 자나 모두에게 비를 내려 주는 분이다(마 5:39-45). 이러한 하나님의 사랑을 재판을 통해 나타내고, 인간을 자신보다 더 사랑한 아버지의 마음을 실현한 것이다. 하나님의 사회는 언약을 지킨 사람과 지키지 않은 사람을 재판해서 선한 사람에게는 상을 주고, 악한 사람에게 벌을 주는 계명의 사회였기 때문이다. 그래서 계명을 준수하지 못한 사람에게는 회개와 용서의 율법을 주어 복귀할 수 있도록 재판을 한 것이다.

4) 공평한 하나님이기에 재판

운동 경기에서의 심판은 경기가 공정하게 진행되도록 감독하는 사람이다. 경기가 부정하게 진행되지 않게 하고, 경기가 멈추거나 중간에 끝나지 않게 하고, 잘 마무리하게 하는 사람이다. 공평과 공정으로 반칙을 지적하고, 상과 벌을 주어 경기가 잘 진행되게 한다. 하나님도 인간과 사회의 심판자이다. 심판으로서 개입하여 인간이 잘 살도록 돕는다. 사회를 행복하고, 평화롭게 하는 분이다. 재판자로서 약속을 깨고, 여러 가지 죄로 반칙하는 사람에 대하여 율법에 따라 심판한다. 율법에 따라 상을 주어 선을 장려하고, 평화적 공동체를 세운다. 정의를 물과 같이, 공의를 마르지 않는 강 같이 흐르게 하는 일을 한다(암 5:24).

공의와 정의는 하나님 보좌의 기초(시 97:2)다. 하나님은 율법을 위반하고 정의를 굽게 하거나 시행되지 못하게 하는 사람과 세력을 심판한다. 정의가 광야에 거하고, 공의가 아름다운 밭에 있어 공의의 결과로 인간이 평안과 안전을 얻게 한다(사 32:16). 하나님은 자신의 백성에게 진리와 공의로 그들의 하나님이 되기를 약속했기 때문이다(슥 8:8).

죄인이 된 인간에게 하나님의 심판은 재난의 의미가 아니다. 심판의 목적은 평화와 안전을 계속적으로 보장하는 회복에 있다. 공정한 것에 재난을 주는 것이 아닌, 보호와 장려를 위해 꼭 있어야 한다. 그러므로 하나님이 재판장이 되어 주는 것은 은총이다. 세상에 불공정과 반칙을 심판하는 하나님이 없다면, 인간의 양심은 욕망에 따라 폭주하고, 서로 이기는 것이 목적인 경쟁사회가 될 수밖에 없다. 불공정한 경쟁이 난무한 사회는 당연히 악인의 사회가 될 것이다.

제 4 장

가인의 세계

1. 맏아들 리더십

성서의 리더십은 맏아들 리더십이다. 하나님이 뜻한 리더의 원형은 부모를 대신하는 큰형이었다. 첫 사람 아담은 왕이었다. 가인은 맏아들로서 아버지의 일을 계승하여 동생과 세계를 섬겼다. 하나님은 아담이 범죄한 후에 인간이 맏아들의 지도를 받아 하나님의 언약을 계승하고, 서로 사랑하며 살기를 원했다. 아벨과 같은 동생들에게도 형을 사랑으로 섬김으로써 형의 도움을 받아 함께 살아가는 질서를 주었다. 그러나 가인과 아벨은 하나님에게 제사하는 일을 통해 서로 다른 길을 간다. 가인은 동생을 돌보는 맏아들의 직분을 포기하고 이기주의와 경쟁을 원천으로 하는 사회를 세웠다. 큰형인 가인이 하나님의 뜻을 거부하고 가족 관계를 파괴한 것이다. 이후에도 가인의 후에는 아벨과 셋을 통해 계승되는 서로 사랑의 사회를 철저히 파괴했다. 이 때문에 가인 이후 인간은 이웃과 관계하는 방식을 서로 사랑에서 경쟁으로 바꾸었다. 힘을 가진 지도자가 독재자가 되어 지배하고, 착취하는 일이 당연한 것이 되었다. 이기적 사랑으로 이웃은 원수가 되었고 분노의 대상이 되었으며, 공격 목표가 되었다. 의인에 대한 태도는 존경과 사랑이 아닌 원수 맺는 마음으로 변했다. 서로 이기심을 가지고 경쟁하고, 이해관계에 따라 상처를 주고 보복하는 세상을 만들었다. 서로 '너를 위해 사는 서로 사랑의 관계'를 깨고 자기 사랑을 위해 사는 독점과 독재사회를 세웠다. 형제 관계를 지배자와 피지배자, 부자와 가난한 자의 세상으로 만든 것이다. 이 때문에 믿음과 사랑으로 순종하는 동생 사회인 아벨 사회는 현재까지 미약한 사회를 형성하고 있다.

태초에 하나님은 지도자가 자기 목숨을 동생(친구)들에게 주는 사랑이 가득한 세상을 원했다. 성서가 하나님의 아들인 예수의 형상을 맏아들로 표현한 이유이다. 맏아들은 하나님이 미리 정한 예수의 형상이기 때문에 동생들이 본받아 살아야 하는 모델이기도 하다. 맏아들은 하나님이 부르고, 의롭다 하고, 영화롭게 하기 위해 하나님의 양육 프로그램에 따라 성장한 사람들이기 때문이다(롬 8:28-30). 또 그와 같은 사람으로 다른 사람들을 양육하는 사람이다. 여기서 맏아들 예수를 본받는다는 것은 왕과 제사장과 선지자의 직분으로 보호와 용서와 가르치는 일을 수행하는 사람이라는 의미이다.

맏아들 직분은 하나님의 부름과 양육을 받고, 의롭고 영화로운 맏아들 직분으로 동생들과 협력하여 선을 이루는 존재이다. 본을 보인 예수를 통해 본다면 형제 사랑을 위해 자기의 목숨을 버리는 존재이다(요: 15:12-14). 하지만 맏아들 가인은 동생을 살해함으로 하나님의 뜻을 배신한다. 형제를 위해 목숨을 바치는 사랑을 하지 않았다. 하나님의 뜻을 이루는 사람이 되기보다는 돌보아야 할 동생을 죽여 자기 자신의 뜻을 이루었다. 힘은 있지만 자기의 행위는 악하고, 아우의 행위가 의로워서 아우를 죽였다. 하나님이 원하지 않는 새로운 모델이 등장한 것이다. 형제를 미워한 가인이라는 모델이다. 서로 사랑하는 삼위일체적 사랑 대신 악한 모델이 등장한 것이다. 사회적 리더가 형제를 사랑하지 못하고 살인과 착취하는 독재자 중심의 사회악이라는 모델을 형성한 것이다. 강자 우선주의로 세상을 서로 믿을 사람이 없는 불신의 세상이 되게 했다. 예수가 자비롭게 여긴 사람들을 머리를 둘 곳이 없게 했다. 서로 의지할 사람이 없는 세상으로 만들어 버렸다.

2. 가인은 누구인가?

1) 가인은 '획득'이라는 이름을 가진 사람이다(창 4:1,2)

아담은 그의 아내 하와와 동침해서 아들을 낳았다. 히브리어로 동침했다는 말은 '지혜와 사랑'이란 말의 의미를 동시에 갖는 단어이다. 육체적으로 남자와 여자가 동침하듯이 정신적인 이성과 사랑의 마음도 동침한다는 의미이다. 육체적 연합과 함께 사랑의 마음과 지혜의 일치를 이룬다는 의미이다. 이러한 일치를 통해 인간은 인간을 낳는 것이다. 어느 한 편의 강제적인 폭력에 의한 것이 아니라 지혜와 사랑으로 한 몸을 이루어 사람을 재생산하는 것이 옳다는 의미이다. 아울러 인간의 연합은 이성과 사랑이 함께 동거하는 상태라는 것을 알아야 한다. 참된 이성은 사랑을 선택하고, 바른 사랑은 이성적일 수밖에 없다. 사람이 믿음을 가지고 연합하면 지혜롭게 되고 사랑이 충만하게 되는 이유다.

사랑이 지극히 이성적이라고 한다면 그리스도인은 열심을 가지고 성서와 교양서적을 가까이 해야 한다. 견고한 역사의식과 식견을 갖추어야 한다. 미련한 자가 되어 지혜와 훈계를 멸시하는 신앙인이 되어서는 안 된다(잠 1:7). 지식을 불러 구하고 명철을 얻으려고 소리 높이는 믿음이어야 한다. 은과 금을 구하고, 감추어진 보배를 찾는 것 같이 독서와 묵상으로 하나님 경외하기를 깨달아야 한다. 하나님을 깊이 아는 사람이 되어야 한다(잠 2:35). 절대로 역사와 과학, 수학과 언어, 윤리와 예술, 기타 학문을 무시해서는 안 된다. 지혜를 사랑하고 버리지 않아야 한다. 지혜가 사람을 보호한다(잠 4:6). 지혜는 명철로 주소를 삼고 지식과 근신을 찾아 얻는다(잠 8:12). 또한 지혜로 연약한 사람들이 서로 연합하고, 죄인과 원수들이 예수의 뜻대로 서로 사랑하는 동침을 한다면 이러한 연합은 분명 선을 이룰 것이다.

하와는 가인을 낳아 여호와로 말미암아 득남했다며 즐거워했다. 가인의 이름은 '획득', '얻다'라는 속뜻을 갖는다. 가인이 소유와 획득을 추구하는 사람이라는 뜻이다. 가인은 그의 이름대로 소유를 위해 지혜와 사랑을 추구했다. 가인을 낳은 후에 아담과 하와는 이름이 '허무'과 '공허'라는 뜻을 가진 아벨을 낳았다. 그는 지혜와 사랑을 비움으로 추구한 사람이다. 가인과 아벨은 가인이 획득을 위해 동생 아벨을 죽이기 전까지 이들은 연합하는 한 형제였다. 한 민족이었다. 형제는 둘이 하나였다. 두 사람 모두 아담과 하와에게서 나왔기 때문이다. 두 사람은 성장하여 가인은 농사를 직업으로 가졌고, 아벨은 양을 치는 자가 되었다. 소유와 비움의 삶의 방식과 직업적 사역이 아담의 자녀들에게 분배되어 계승된 것이다(창 4:1,2).

2) 죄를 다스리지 못한 인간(창 4:3-8)

가인과 아벨이 성장하여 두 사람은 하나님을 인격적으로 섬길 수 있는 나이가 되었다. 가인은 땅의 소산으로 하나님에게 제사했다. 아벨은 양의 첫

새끼와 그 기름을 제물로 하나님에게 제사했다. 두 사람의 제사 중에 하나님은 가인의 것은 받지 않았다. 아벨의 제물만 받았다. 믿음으로 아벨은 가인보다 더 나은 제사를 하나님에게 드렸기 때문이다. 믿음의 제사는 하나님이 예물에 대해 증언한다. 제사하는 자에게 의로운 자라는 증거를 갖게 한다(히 11:4). 하지만 가인은 하나님과의 의로운 관계에 실패한다. 믿음의 제사가 아니었기에 제사를 통하여 의로운 자라는 증거를 얻지 못했다. 그리고 의로운 자가 아니기에 가인은 악한 자에게 속하게 되었다. 악한 자에게 일어나는 마음대로 자기 행위는 악하고, 아벨의 행위는 의로우므로 형제를 죽였기 때문이다(요일 3:12).

제사로 하나님에게 의로운 마음을 얻지 못한 가인은 분노한 마음과 변한 안색으로 하나님 앞에 고개를 숙이고 섰다. 이때 하나님은 가인에게 선을 행하지 않으면 얼굴을 들지 못하니 선을 행하라고 한다. 죄는 선으로만 다스릴 수 있기 때문이다. 아울러 사람은 선을 행해야 고개를 들고 살 수 있다. 선한 일을 하지 않으면 죄가 마음을 지배하려고 한다. 분한 마음이 일어난다. 분이 일어났다는 것은 죄가 문 앞에 엎드려 있다는 의미이다. 성서는 죄를 범하기 전 죄의 상태를 죄가 복종하려고 엎드려 있는 상태로 표현한다. 하나님이 죄를 다스려야 한다고 증거한 이유이다. 분노가 죄의 문이라는 의미이기도 하다. 마음에 분이 나는 것은 죄가 문에 엎드려 있는 상태이며, 죄가 가인을 원하는 상태라는 것이다. 분노의 감정으로 죄가 마음 문에 엎드려 가인의 실행명령을 기다리고 있기 때문이다. 좋은 의미에서 인간은 죄를 엎드린 신하처럼 다스릴 수 있기에 하나님은 가인에게 제사하는 제사장으로서 죄를 다스리라고 한 것이다. 믿음을 가진 인간은 선을 행하라는 하나님의 말씀에 순종하여 죄를 의로운 마음으로 다스릴 수 있다. 아울러 죄를 다스리는 하나님의 제사장이 된다면 형제에 대한 분노의 마음을 억누르고, 사랑의 마음을 회복할 수 있다.

가인이 죄를 범하기 전에 죄는 인간의 종이었다. 인간이 다스릴 수 있는 엎드린 존재였다. 그런데 가인은 분노로 엎드린 죄를 다스리지 못해 죄의 종이 되었다. 두 형제의 제사를 통해 본다면 아벨과 형인 가인은 당시에 하나님에게 제사하는 제사장이었다. 제사장은 죄를 다스리는 사람이다. 사죄의 용서를 선포할 수 있는 존재였지만, 가인은 선을 행하고 죄를 다스리라는 하나님의 권고를 무시하고 결국 형제를 죽인다. 선을 행함으로 형제를 사랑하지 않았기 때문이다. 여기서 우리는 형제를 죽인 마음이 분노라면 형제를 살리는 마음은 사랑이라는 것을 알아야 한다. 사랑의 반대되는 마음은 분노이며, 이 마음은 죄의 지배를 받기 때문이다. 아울러 사랑의 반대말은 미움이 아닌 분노와 혈기이기 때문이다.

인간이 상대를 해치려는 마음으로 분을 내면 안색이 변하고 선을 행하지 않는다. 낯을 들어 소통을 못하고, 죄가 그를 원하게 된다. 분노는 사랑의 연합에서 나는 마음이 아닌 경쟁에서 나는 마음이다. 또한 분노는 사랑과 대비되는 죽이는 감정이다. 분이 나면 정의와 사랑도 무시한다. 선을 행하지 못한다. 분노는 죄에 복종하는 태도이다. 이는 믿음과 감사를 원하는 하나님의 마음을 이해하지 못하게 하고 죄를 다스리지도 못한다.

가인은 죄가 엎드려 있는 종임에도 왕 같은 제사장으로서 죄를 다스리지 못했다. 죄를 선으로 다스리지 못하고 형제에 대한 분노 때문에 죄의 다스림을 받는 종이 되었다. 때문에 가인과 그의 후손들의 마음과 관계는 사랑에서 분노로 변했다. 하나됨의 연합에서 분열로 변했다. 형제에서 원수의 관계로 변했다. 친구, 민족, 형제, 가족을 경쟁자로 인식하고, 분이 일어나면 원수로 인식하며, 살인을 정당화하는 존재가 되었다. 분노는 자기 자신을 죄인으로 만들고 가족과 친구도 원수로 만들어 생명을 빼앗는다. 하지만 사랑은 원수도 예수 안에서 가족으로 만든다. 사랑은 오래 참고, 온유하고, 무례히 행치 않고, 성내지 않고, 모든 것을 참고, 모든 것을 견디게 하기 때문이다(고전 13:4-6). 참고 견디는 마음은 분을 참게 하고, 얼굴을 들어 소통하게 하며 죄의 마음을 다스리게 한다. 우리 앞에는 항상 살리는 '양의 문'이 있고, 죽이는 '죄의 문'도 있다. 어느 문으로 입문하느냐는 우리의 선택에 달려 있다. 순간의 선택이 사람을 살리기도 하고 죽이기도 한다. "누가 높고 잘했나?" 하는 경쟁과 투쟁의 문으로 출입하면 죄가 문 앞에 엎드려 분노의 명령에 순종하게 된다. 그렇지만 상대에 대한 믿음과 감사로 입문하면 하나님의 궁정에 들어갈 수 있다(시 100:4). 하나님의 집은 감사로 입문하는 곳이기 때문이다.

3) 가인은 동생 아벨을 원수로 여겼다(창 4:9)

아버지의 맏아들이자 큰형인 가인은 아벨을 고립시키고자 '들'로 나가자고 제안했다. 가인의 의도대로 함께 '들'에 있을 때, 가인은 아벨을 돌로(현대식으로 한다면 칼이나 총으로) 쳐서 죽이고, 모든 것을 독점하는 지배자가 된다. 아무도 없는 곳, 돕는 사람의 힘이 미치지 못하는 곳에서 도구를 이용하여 약한 자를 죽인 것이다. 아벨이 죽임을 당한 후에 가인에게 하나님은 "네 아우 아벨, 네가 보호해야 할 연약한 동생이 어디에 있냐?"고 물었다. 하나님의 물음에 가인은 너무도 당당하게 자신은 알지 못한다고 했다. 자기 형제에 대하여 무지하다고 대답했다. "자신이 아우를 지키는 사람입니까?"하며 오히려 하나님에게 되묻는다. 형제의 보호자로서 맏아들 사명을 부인하고, 동생을 지키는 자가 아니라고 자신의 직분을 부인한 것이다. 현대사회에 산업재해라는 기업 살인과 사회적 타살이라는 자살의 원인에 대하여 물으면 나는 모르는 일이며, 나의 사명과 일이 아니라고 부인하는 것과 같은 논리이다. 이렇게 형제에 대하여 무지한 사람은 형제를 지킬 수 없는 사람이다. 형제를 미워하는 자이며, 살인하는 자이다. 생명이 그 속에 거하지 않는다. 진리가 그 속에 없기 때문이다. 가인이 아벨에게 '들'로 가자고 제안한 것처럼 죽이고자 하는 숨긴 의도와 행위만 있을 뿐이다.

하나님의 권고와 사랑에도 불구하고, 아벨을 탄압하고 죽인 가인의 마음은 악인이 의인에 대해 갖는 속마음이 되었다. 자기보다 약한 사람의 선을 보면 분을 내는 죄인이 되었고, 자신이 약할 때는 강한 사람이 의를 행하면 마음에 상처를 갖는 존재가 되었다. 독존하기 위해 소유를 위하여 형제를 죽이고, 독처(독존)하고자 했기 때문이다. 인간이 독존하는 것이 좋지 않아서 이웃을 창조했음에도 이웃을 죽여 하나님의 창조질서에 정면으로 도전한 것이다. 가인은 하나님을 향한 아벨의 의로운 믿음을 꺾고, 살인의 역사를 시작했다. 인류의 첫 맏아들이자 지도자인 가인은 약자인 아벨을 죽여 자신의 지배와 독처를 성취한 것이다. 이후 가인과 아벨을 통해 인류는 두 인격으로 갈라진다. 가인과 같이 '소유'를 목적으로 하는 정복자와 '관계'를 중요하게 여기는 의로운 사람으로 나누어진다. 또한 소유를 통해 강함을 추구하는 사람은 계급을 만들고 국가를 만들어 아벨을 따르는 사람들을 지배하고자 했다.

가인과 아벨의 삶을 통해 보면 사랑과 미움은 서로 다른 것을 알게 한다. 형제를 미워하고, 죽이는 것을 통해 죄를 알게 된다. 사랑을 통해서는 목숨을 버리는 섬김을 알게 된다(요일 3:15,16). 또한 인류는 사랑을 위해 목숨을 바친 사람들의 헌신을 통해 정의를 배우고 실천하게 되었다. 예수와 그의 제자들, 마틴 루터 킹 등의 사람들은 자기 목숨을 버리는 사랑으로 세상에 사랑을 알게 했다. 대한민국의 독립, 체제수호, 근대화, 민주화, 통일운동 등을 위해 목숨을 바친 사람들의 헌신은 후손을 정의와 평화로운 삶으로 인도했다. 그의 후손들이 국가와 민족을 사랑하고 헌신하는 것을 배우게 하기 때문이다.

4) 약자의 피가 호소하는 땅(창 4:10-12)

하나님이 인간을 위해 창조한 땅은 풍요롭고, 인간의 행복을 위해 모든 것이 구비된 땅이었다. 그 곳에서 인간은 하나님을 찬양했다. 서로의 사랑을 노래하고 자연을 즐거워했다. 소망 중에 기뻐하고, 행복을 누리며 살았다. 그러나 가인에 의해 약자의 피가 호소하는 땅이 되고 말았다. 형제를 아무도 모르게 죽여 모든 문제를 한꺼번에 해결하려는 전쟁과 살인의 욕망이 충만한 곳이 되었다. 욕망의 은밀한 실현과 완전범죄를 꿈꾼 가인이 땅의 주인이 되었기 때문이다. 실제로 세상의 모든 일이 힘이 강한 자들의 뜻대로 될 것

같았다. 그래서 세상의 큰 뉴스는 어느 시대나 지배자들의 이야기였다. 그들의 성공을 늘 자축하고, 민중들에게 채찍질하는 교육의 이야기였다. 약자를 아는 소리와 그들을 지키겠다는 소리는 약했다. 그래서 강자의 뉴스에 세상은 생존을 위해 민감하게 반응해 왔다. 하지만 약자를 죽이면 자신이 역사의 주인공이 될 것이라고 생각한 가인의 세상에 반전이 일어났다. 하나님이 약자의 증인으로 등장했기 때문이다. 하나님은 아벨이 흘린 피의 소리에 민감하게 반응했다. 피의 호소가 땅에서 들린다고 했다. 약하고 억울한 자의 호소에 귀를 기울인 것이다. 약자를 탄압하고, 소외시키는 사회의 소리를 하나님이 분명히 듣고 있었던 것이다. 하나님이 아벨과 같은 약자의 핏소리에 민감하다는 것을 아벨의 피의 증언을 통해 확인해 주고 있기 때문이다.

가인은 동생 '아벨이 어디 있는가?'라는 질문을 외면했다. 약자를 탄압하고 쳤던 가인은 형이라는 존재의 우월성과 힘을 사용하여 형제의 생명을 착취했다. 경쟁에서 이기려는 마음으로 그의 형제 아벨을 죽였다. 연약한 형제를 지키지 않았다. 그를 속였다. 누구의 도움도 받지 못하는 들에서 그를 죽였다. 약자 아벨의 핏소리가 땅에서부터 하나님에게 호소하는 땅으로 만들었다. 가인에 의해 억울하게 죽은 아벨의 호소를 들은 하나님은 피의 호소를 듣고, 매우 슬퍼했을 것이다. 인간은 모두 하나님 자신의 모양과 형상이었기 때문이다. 하나님이 가인을 저주한 이유이다. 아벨의 피를 받은 땅에서 밭을 갈아도 땅이 가인에게 효력을 내지 못하게 했다. 풍성한 소출을 얻지 못하게 했다. 땅이 가인을 위하지 않으니 그는 떠돌아다니는 사람이 되었다. 형으로서 형제의 형편과 마음을 살펴 동생이 어디에 있는지 알지 못했기 때문이다. 형제의 마음과 생명을 지키는 자가 되지 않았기 때문이다.

하나님은 오늘날도 권력자들과 부자들에게 묻는다. '네 이웃, 동생, 너보다 가난한 사람, 힘 없는 사람은 어디 있느냐?'라고 말이다. 약자들이 '월세와 전세로 주거가 불안한 지대에 살고 있는가?', '평안히 주거 안전지대에 있는가?', '위험하게 일하고 있는가?', '안전하게 일하고 있는가?', '길에서 위협을 당하고 있는가?', '안전하게 길을 가고 있는가?'라고 말이다. 이것이 하나님이 지도자들에게 준 사명이기 때문이다. 지도자들은 피지도자의 형편에 무지하거나 가난과 곤란에 모른 체하는 사람이 되지 않아야 한다. 그들은 아우를 지키지 않고 착취하려는 생각을 버려야 한다. 종으로 만들려는 생각을 버려야 한다. 그들을 죽이거나 죽게 방관해서도 안 된다. 위험하게 해서도 안 되며, 협박을 해서도 안 된다.

과거 세계의 1차 대전과 2차 대전, 일본이 한국을 침략하여 식민지로 삼은 시절과 6.25 한국전쟁 등은 강자의 문명이 얼마든지 야만적일 수 있다는 것을 증명한다. 과거 가인의 시대나 있을 법한 야만이 현대의 문명에도 얼마든지 기회를 얻으면 발톱을 드러낼 수 있다. 독처와 소유를 인간의 생명보다 중요하게 여기는 지배자들은 언제나 등장할 수 있다. 하지만 이들은 결국 하나님의 저주를 받을 것이다. 약자를 탄압하고, 소외시키는 자들과 이러한 사회를 만드는 자들도 땅에서 저주를 받을 것이다. 야만의 발톱을 드러내 형제를 치는 자들도 저주를 받을 것이다. 형제를 사랑하지 않고, 죽인 자는 사람들을 피해 유리하는 도망자가 될 것이다. 안식과 쉼이 없고 쫓기는 삶을 살 것이며, 안식처를 얻지 못할 것이다. 그들은 동생에게 아무 것도 해줄 수 없는 무능한 인간이 되고 말 것이다. 지도자가 이웃을 희생시켜 내가 잘 되겠다고 하는 사고는 저주받을 생각이다. 이들에 의해 사람들이 죽어가는 땅은 효력을 내지 않을 것이다. 황무지가 될 것이다. 독재, 차별, 내전과 전쟁이 일어나 약한 자가 쓰러지는 땅의 황무함을 보면 그 예는 충분하다. 지도자들이 무능하게 되면 그에게 속한 약자들은 더 힘들어지고, 기근에 더 쉽게 노출되어 죽어간다. 지배자들이 내전과 전쟁을 일으키면 약자들은 그들의 총알받이가 된다. 무책임하게 방황하는 사람이 지배자가 되면 약자들은 유리방황하며, 세상에 흩어져 이별의 아픔을 겪게 된다. 이러한 지배자들로부터 피지배자들이 자신을 보호하기 위해서는 민주주의라는 체제를 만들고 보호해야 한다. 좋은 지도자를 잘 양육하고, 선출해야 한다. 아벨과 같은 민중들은 국가를 안정적으로 이끌어 가도록 투표와 여론 조사에 성실히 임해야 한다. 이익과 공익 공동체를 만들어 정치권과 경제계, 언론계와 사회단체에 압력을 행사해야 한다. 경제 활동을 열심히 해야 한다. 정치적인 활동을 하는 단체를 만들거나 가입하여 견제해야 한다. 견제 받지 않는 권력은 부패하기 때문이다. 가인과 같이 하나님의 가혹한 벌을 감당하지 못하는 지도자가 나오지 않게 해야 한다.

5) 가인의 표(창 4:13-15)

가인은 가족과 함께 살던 땅에서 쫓겨나 떠돌아다니는 나그네가 되었다. 맏아들 가인이 힘으로 동생 아벨을 죽인 것은 자기 사랑에 근거한 교만과 불신, 탐욕 때문이었다. 그로 인해 인간 사회는 하나님 나라와는 상반된 역기능 사회가 형성되었다. 동생을 탄압하는 맏아들의 본보기와 이웃 사랑의 실패 경험으로 인한 좌절감, 의인을 공격하는 마음으로 속 마음을 변화시켰다. 이웃을 사랑하는 십자가의 길이 있음에도 불구하고, '인생은 나그네 길' 하며 나그네 된 마음으로 방황하며 살게 되었다. 나그네가 되었다는 것은 은혜와 평강을 베푸는 하나님의 얼굴을(민 6:25,26) 보지 못하는 상태가 되었다는 의미이다. 하나님을 예배하거나 그에게 제사를 드리지 못하는 존재가 되었다는 말이다. 제사하지 못하니 용서를 받을 수 없는 존재가 된 것이다. 사죄의 용서를 받지 못한 가인은 죄책감 때문에 마음에 은혜와 평강을 얻을 수 없었다. 두렵고 수치스러운 마음으로 사는 존재가 되었고, 죄의 짐을 지기가 힘든 존재가 된 것이다. 그가 사람을 온전하게 하는 하나님의 얼굴을(히 12:2) 목격하지 못한 대가이다.

가인이 동생 아벨을 죽였으니, 그는 사람의 원수가 되었다. 보복을 받고 죽임을 받아야 하는 존재가 된 것이다. 가인이 사방에서 욱여쌈을 당하는 이 때에 가인은 하나님에게 죄벌이 무겁다고 기도했다. 이 기도에 하나님은 가인에게 보복금지의 표(법)를 주고 계속해서 그를 등 뒤에서 도왔다. 하나님이 원수 사랑의 본을 보인 것이다. "평생에 선하심과 인자하심으로 반드시 나를 따르리니"(시 23:6)라는 말씀대로 죄인 가인을 등 뒤에서 도왔다. 죄인을 돕는 원인은 하나님의 약속과 자비에 있다. 하나님은 죄짐을 지기가 어려워 약자가 된 살인자의 간절한 소원도 들어주었다.

하나님이 가인에게 준 표는 죄인을 살인하지 말라는 명령, 또는 법 그 자체이다. 사형제도가 폐지되어야 한다는 양심의 소리가 나오는 이유이다. 하나님이 가인에게 표를 주면서 명령한 보복금지법에 의하면 가인을 죽인 자는 벌을 일곱 배나 받는다. 죄인에게 사형으로 벌을 주어 죄인을 죽이면, 죽이는 자의 벌은 일곱 갑절로 받게 된다는 것이다. 가인의 표는 사형제도를 실행하지 말라는 하나님의 명령이자 인류에게 하나님이 주는 긍휼의 마음이다. 따라서 죄인을 정죄하려는 인류의 버릇을 고쳐야 한다. 사형제도보다는 무기징역형을 최고의 형벌로 정해야 한다. 중간에 석방 없는 징역의 제도가 가장 강한 처벌법으로 적당하다. 죄인이 형벌을 받아 감옥에 갇혔지만 그들의 인격과 인권은 존중 받아야 한다. 감옥에서 친구와 친척, 가족 간의 만남을 허락해야 한다. 일정한 간격으로 교도소이든 가정이든 독립적인 공간에서 가족과의 숙식도 하게 해야 한다. 그들은 죄인이지만 우리의 형제이며, 하나님이 사랑하는 자녀이기 때문이다.

3. 독처하는 마음이 만들어 낸 가인 사회

'획득'이라는 이름의 뜻을 가진 가인은 사적 소유를 자신의 계명으로 삼아 첫 공동체를 파괴했다. 독존적인 삶을 선택한 후에는 세상에 공동체를 만들고, 이를 항구화하기 위해 체제를 세워 이기적인 마음과 삶의 방법을 확장시켰다. 아울러 자신을 먼저 사랑하는 마음을 사회화시키고, 독처하기 위해 자신을 방어하는 성을 세웠다. 독존과 사적 소유에 대한 열망을 가정과 국가 사회를 통해 견고하게 고착화시키고자 한 것이다. 이렇게 자기만족을 위한 사적 소유의 마음을 내면화한 가인은 지독한 경쟁사회를 역사에 정착시키고 발전시켜 왔다.

성서에 따르면 바벨탑의 교만은 가인의 후손들이 모인 공동체에서 나왔다. 그리고 가인 공동체는 하나님을 대적하여 대등하게 되고자 하는 것을 목표로 하는 사회 시스템을 만들었다. 경쟁관계라는 대결 구도로 지옥과 같은 불행을 항구화시킨 것이다. 하나님의 나라가 아닌 인간의 나라를 건설하려고 했다.

1) 동쪽의 놋 땅(창 4:16)

가인은 에덴의 동쪽 '놋' 땅에 이주한다. '놋'이란 말은 히브리어로 '떠돌아 다닌다'는 의미다. 방황과 흔들림이라는 의미로 해석할 수 있다. 가인이 에덴의 동쪽으로 방향을 잡을 수밖에 없었던 것은 가인이 하나님의 도움을 받지 못했기 때문이다. 아울러 자신을 도울 이웃이 없다는 두려움 때문이었다. 하나님과 이웃의 도움 없이 자신을 자신이 책임져야 하기 때문에 에덴보다 더 일찍 시작하는 동쪽으로 이동한 것이다. 일찍 일어나는 새가 먼저 먹는 경쟁이 시작된 것이다. 이때부터 인간의 문명의 방향은 동쪽이 된다. 남들보다 더 일찍, 더 빨리, 더 멀리 가는 경쟁이 시작된 것이다.

가인 사회는 하나님을 떠나 자기 자신을 스스로 보호하고 생존해야 하는 사회의 원형이다. 관계 중심적으로 창조된 사람이 독존과 사적 소유라는 목적이 이끄는 삶 때문에 에덴의 동쪽으로 떠나게 된 것이다. 그리고 나그네 마음인 외로움과 두려움 때문에 '유리', '방황', '요동'이란 뜻을 가진 '놋' 땅에 정착한다(그랜드 종합 주석, 창세기 p376,성서교제간행사 1991). 하지만 이들이 정착한 땅은 슬픔과 허무의 땅이었다. '놋' 땅에 몸은 정착해 있지만 마음은 늘 방황했으며, 먹고 살기 위해, 또 경쟁에서 이기기 위해 동쪽으로 향해야만 했다. 많은 사람들이 모여 사는 도시이지만 방황하며 외롭게 살아가는 현대인의 슬픈 처지를 보라. 인간의 가련한 처지를 어느 정도 이해할 수 있을 것이다.

아담이 하나님과 사귐을 통해 행복 동산에 살았다면 가인은 독처와 소유가 목적인 삶을 통해 '놋' 땅에 살았다. 목자 하나님이 이끄는 삶이 아니라 상황에 따라 바뀌는 목적이 이끄는 삶을 산 것이다. 사귐보다는 목표를 이루기 위해 사람을 만난 것이다. 하지만 사람의 관계보다 목표와 목적을 중심으로 하는 삶은 사람의 마음과 조직을 경직시켰다. 사랑과 사귐의 관계라는 반석 위에 터를 잡지 못하게 하고, 사람의 마음을 방황(놋)하게 했다. 그 때문에 늘 흔들리고 불안한 인생을 살다 허무로 인생을 마감하게 된 것이다.

성서에 의하면 인간은 '어디에 터를 잡느냐'에 따라 삶의 질이 달라진다. 그리스도인들은 반석(관계) 위에 터를 잡지만 가인은 방황과 슬픔이라는 터(목적과 목표)인 놋 땅 위에 건축함으로 허무의 집을 세운다. 덕분에 홍수가 나면 무너진다.

2) 가인 성(창 4:17)

가인은 그의 아내와 동침하여 계승자라는 의미를 가진 에녹을 낳았다. 그리고 에녹(계승자)을 낳고 자기 이름과 정신을 대대에 걸쳐서 계승하고 보호하기 위해 성을 쌓고 '에녹성'이라 했다. 또한 가인과 같은 삶의 방식에 헌신하고, 계승하는 자를 중심으로 자기 공동체를 만들었다. 사적 소유의 대표자로서 친족과 물질 중심적인 유토피아를 건설하고, 왕의 역할을 하며 방황을 멈추고자 했던 것이다. 하지만 사실상 가인이 터가 된 땅은 반석이 아닌 놋(방황)이었다.

현대사회는 가인 사회처럼 사적 소유의 자유를 주장하는 자본주의 사회이다. 이 사회는 사적 소유에 기반한 각 나라와 도시들을 가지고 있다. 서울,

뉴욕, 파리, 런던, 상해 등의 도시는 가인 성과 비교하게끔 우리의 생각을 유도한다. 지금도 각 나라와 도시는 벽을 쌓아 높인 성벽을 갖고 있기 때문이다. 오늘날 미국은 이민제한 정책을 시행하고, 가난한 난민 방어를 위해 장벽을 세웠다. 과거에 중국이 만리장벽을 설치해 타국의 출입을 막아서 자신의 이익을 지키고 극대화한 것 등이 여기에 해당된다. 장벽은 물리적 벽만이 아니다. 강대국과 약소국 간의 차이, 학력의 차이, 지역의 차이, 이데올로기의 차이, 종교의 차이, 빈부 차이 등의 장벽이 촘촘히 들어서 사회적 갈등의 원인이 되고 있다. 사회 곳곳에 눈에 보이지 않는 장벽을 만들어 배제, 혐오, 차별을 난무하게 해서 서로의 불행을 자초하고 있다.

사람들이 가인 사회와 같은 사회에서 살아가는 이유는 더 좋은 동쪽을 선점하여 부와 힘을 독점하고, 타인과 타국을 차별하기 위함이다. 세상 사람들이 주인 된 세상, 국가, 도시를 만들려고 했던 알렉산드리아, 로마, 콘스탄티노플, 파리, 런던, 워싱턴, 서울 등의 도시는 시대와 지역적 유토피아 사상을 대변한다. 세상의 권력자들이 앞다퉈 자신들의 우월성을 증명하기 위해 체제와 국가, 도시를 만들려 한 결과물이다. 그러나 아브라함과 바울을 보면 복음의 방향은 서쪽이었다. 바라는 것은 '약속의 땅'과 '땅의 끝까지'였다. 그리스도인이 하나님이 주는 새 하늘과 새 땅보다 좋다고 여기는 유토피아의 세상, 자신만의 세상인 놋 땅을 파괴하고자 하는 이유이다. 가인의 후예들이 만들어 놓은 도시라는 공간에서 사람들이 우상을 섬기고 소외된 가운데 방황하며 살고 있기 때문이다.

인류가 하나님보다 더 좋은 세상을 만들 수 있다는 자신감은 무너졌다.

1, 2차 세계대전의 경험과 전체주의를 경험한 것을 통해 한계를 분명히 경험했다. 그러므로 인간이 세상의 주인이 되어 사람과 자연을 착취하는 유토피아를 만들고자 했던 생각도 마땅히 폐기되어야 한다. 오히려 세상의 통치자들과는 반대로 성서에 나오는 믿음의 조상들과 같이 하나님이 약속한 땅에 교회를 중심으로 하는 평화의 도성을 건설해야 한다. 종교 개혁자들인 루터와 칼빈, 쯔빙글리도 자신들의 개혁된 교회로 하나님의 나라를 자신들의 목회지에 세우려고 했다. 로마에서는 초대교인들이, 미국의 경우는 청교도들이 자신들의 신앙으로 나라를 세우는 일에 성공했다. 이들의 비전은 늘 분명했다. 이스라엘에게 있어서는 국가였고, 이후에도 예수를 주로 고백한 사람들의 목표는 나라를 세우는 것이었다. 사도행전적 교회 사회로 만들어지는 주권 도시와 지방자치, 국가에 대한 비전이 분명하다면 충분히 가능한 계획이었기 때문이다. 현실에서는 불가능한 것처럼 들릴 것이다. 하지만 로마의 그리스도교 공인과 로마 교황시절의 종교개혁, 과거 왕정에서 민주국가는 상상할 수 없는 반역의 담론이다.

3) 가인 사회의 구성원과 사회체계(창 4:18)

가인은 아내와 동침하여 '계승자와 협력자'라는 이름의 뜻을 가진 에녹을 낳았고, 에녹은 이랏이라는 '과시자'를 얻었다. 이는 획득을 중요하게 여기는 가인 사회의 속마음이 자신을 과시라는 것을 알게 한다. 이러한 마음은 획득을 위해서 이웃을 탐하고, 남에게 인정을 받지 못하면 남을 공격한다. 교만한 자기 과시자 이랏은 '므후야엘'이라는 아들을 낳는다. 이름의 뜻은 '파괴자'이다. 므후야엘의 파괴는 결국 '지옥'이라는 뜻을 가진 므드사엘을 낳았다. 그의 등장은 자기 과시자와 파괴자가 만드는 세상은 지옥이라는 것을 알려 준다. 경쟁에서 승리하기 위해 서로를 파괴(므후야엘)한 덕에 지옥(므드사엘)을 만드는 사람이 양성되는 것이다(옥스퍼드 원어성경대전. 한성천, 김시열 저. 제자원 p333-347). 이러한 형식으로 발전한 가인 사회는 그 사회 사람들의 최종적 모델이며, 자랑인 라멕을 탄생시켰다. 라멕이라는 이름의 뜻은 정복자라는 의미이다. 이 사람은 권력에 대한 의지로 가인의 세계관을 확장시킨 사람이다. 이 사람의 정복의 방법은 파괴였다. 목적은 자기를 과시하기 위함이었다. 이 정복자의 파괴에 의해 취업 지옥, 입시 지옥, 주거 지옥, 노인 지옥, 아사자가 나오는 지옥, 물조차 먹지 못하는 지옥 등이 만들어졌다. 인간이 살아가는 삶의 자리를 천국이 아닌 지옥으로 만들어 버렸다. 이러한 라멕의 욕망과 삶의 방식은 예나 지금이나 독존하며, 사적 소유를 세계관으로 가진 사람들이 부러워하며 닮아가고 싶어하는 모델이기도 하다.

부와 권력, 명예를 획득하고자 하는 목적은 소스타인 베블런의 『유한 계급론』이라는 책에 의하면 자기과시를 위한 것이다(박홍규 역, 문예출판사). 프랜시스 후쿠야마는 『역사의 종말』에서 인정욕구 때문이라고 했다(이상훈 역, 한마음사). 정리해 본다면 가인 사회의 문화가 사적 소유의 기초 위에 세워진 약탈 문화라는 것이다. 그 이유는 자기과시와 인정받고 싶은 욕망 때문이다.

베블런에 의하면 강자의 이익은 약자의 약탈에서 나온다. 여기서 약자는 육체적, 심리적 만족과 자기 실현을 위해 경제활동하는 사람들이다. 돈 버는 것을 목적한 사람들은 하층민에 해당한다. 강자는 유한계급이다. 경쟁하고 이김으로 자신을 과시하려는 사람들이다. 이들은 재화와 서비스를 소비함으로 남들에게 자기를 과시하고, 그것에 만족한다. 소유가 목적이므로 이웃은 투쟁의 대상이 된다. 돈은 수단이 아니고 목적이 된다. 아울러 베블런은 현대에서 인간이 부(富) 자체를 목적으로 하는 사유재산을 발생시켰기 때문에 미개문화에서 야만문화로 전환되었다고 말했다. 약탈의 도구가 총과 칼에서 부로 도구를 바꾸었다고 했다. 이 야만 문화를 지배하는 집단이 유한계급이라는 것이다. 이들은 사적 소유를 위해 침략과 약탈로 금전적 경쟁을 하고 과시적 소비와 과시적 여가로 자신을 과시하려는 사람들이다. 과시라는 의미는 자신의 힘과 부가 얼마나 되는지, 얼마나 존경을 받아야 마땅한 인물인지를 타인의 눈에 명백하게 증명하려고 한다는 뜻이다. 유한계급은 소비와 기부, 종교활동도 이러한 목적 안에서만 한다. 칼 마르크스가 자본가와 노동자의 관계로 자본주의 사회를 정리한 것과 함께 베블런의 무한계급과 유한계급 관계는 현대 금융 자본주의를 이해하는데 많은 유익을 준다. 성서의 유한계급들도 역시 우리에게 시사하는 바가 크다. 성서가 증거하는 가인의 유형은 생명보다는 자유로운 경쟁과 사적 소유를 주장하는 자본가이며, 약탈로 자기를 과시하고 싶은 유한 계급이기 때문이다.

4) 가정과 국가를 세운 가인 사회(창 4:19)

가인 사회의 최종적인 성공자로서 '라멕'은 가인 사회의 꽃이다. 가인의 소망을 구현한 완성체이기 때문이다. 또한 그는 가인 사회의 모델이다. 라멕은 자신이 원하는대로 제도와 규칙을 만드는 사람이기 때문이다. 그는 둘이 한 몸이 되는 결혼제도를 파괴하고, 장식과 사치로 자기를 영화롭게 하는 두 명의 아내를 두었다. 장식이라는 이름의 뜻을 가진 '아다'와 딸랑거림이라는 뜻을 가진 '씰라'라는 이름을 가진 여인들과 결혼해서 일부일처제를 파괴했다. 장식과 딸랑거리는 것으로 장식한 신부를 두어, 그가 결혼 상대의 부와 신분을 더 중요하게 여기고 인격보다 조건과 외모를 중시했다는 것을 알 수 있다. 그는 평등과 사랑을 근거로 한 몸 되는 내면 중심의 사회를 외모와 신분 중심의 사회로 변화시켰다.

가인 사회는 정복자와 그에게 종속된 여인들이라는 가정 구조를 갖는다. 여성이 종속된 상태에서 생존하고 후손을 생산하는 공동체이다. 동등함과 사랑이라는 개념을 달리 이해하는 공동체를 만든 것이다. 라멕은 가정에서 장식하고, 딸랑거리는 여자들을 한 몸으로 생각하기보다는 쾌락의 대상으로 삼았다. 라멕에게 있어서 아내는 한 몸이 아니라 자신의 과시와 향락을 위해 존재하는 대상이었고, 정복자가 갖는 특권과 트로피였다. 정복자들을 통해 신성한 가정에서조차도 성적 타락이 시작된 것이다. 하나님을 잃어버린 대가이다. 인간은 신과 하나가 될 때 최고의 기쁨을 누린다. 그러나 신을 잃어버린 라멕은 신을 만나는 기쁨을 성적 쾌락으로 대체해 버렸다. 이는 영적 타락이 원인이 되어 나타나는 인간의 성적 타락 현상이다.

라멕은 두 아내를 통해 자녀를 낳아 자신의 체제에 맞게 교육한다. 아다를 통해서 '생산자'라는 이름의 뜻을 가진 최초의 원시적 축적자 '야발'을 낳아 양육했다. 그는 장막에 거주하며 가축을 치는 사람의 조상이 되었고, 그의 아우는 '향락자'라는 뜻을 가진 '유발'로서 수금과 퉁소를 잡는 모든 자들의 조상이 되었다. 야발과 유발을 통해 가인 사회가 생산력과 문화를 가진 사회라는 것을 알 수 있다. 라멕은 아내 씰라를 통해서도 자녀를 낳아 양육

했다. 구리와 쇠로 여러 기구를 만드는 '두발가인'과 기쁨이란 뜻을 가진 딸 '나아마'를 낳는다(창 4:20-21). 두발가인을 통해 가인 사회가 상품을 생산할 수 있고, 치안과 국방력이 있는 사회였다는 것을 알 수 있다. 나아마 같은 여성의 이름을 통해서 즐거움을 갖게 하는 여러 문화가 있었음도 알게 한다. 국토와 국민과 주권을 갖는 가인 성은 야발을 통해 집과 빵(경제), 유발을 통해 향락(문화), 두발가인을 통해 치안(국방), 나아마를 통해 기쁨의 문제를 자체에서 해결하는 사회였다는 것을 알 수 있다(구약성경의 간추린 히브리어. 아람어 사전. 윌리암 L. 할러데이 저. 손석태, 이병덕 역. 참말).

정복자 중심의 라멕 사회는 타락한 세상 권력의 상징이며, 정교한 국가 정치 시스템을 가진 공동체이기도 하다. 이 사회는 통치의 기본이 되는 경제, 문화, 치안에 기쁨이라는 뜻의 나아마를 중심에 두고 있다. 사회에 정치, 경제, 문화가 있어도 재미없는 사회는 경직된 사회이다. 즐거움이 없는 사회는 지루하고 오래 지속될 수 없다. 이것을 아는 위정자들은 스포츠, 섹스, 스크린으로 국민을 즐겁게 하려고 한다. 권력가들은 정치도 쇼가 되게 한다. 또한 국민이 정치를 혐오하게 해 정치에 관심을 두지 않고, 멀리하게 하는 우민정책도 활용된다. 국민에게 자신의 권위와 정책을 자랑하는 일에도 나아마가 사용된다. 마약과 같은 즐거움을 주는 대신 국민이 현실에 대한 정보를 얻어서 계몽되는 것을 원하지 않는다. 이들은 중산층을 강화하지 않고 더 가난하게 만들어 변화를 두려워하게 하는 보수적인 마음을 갖게 한다. 빚을 지게 하여 그 빚 갚는 것으로 인생을 마감하게 한다. 가난한 자를 더욱 가난하게 하여 문제의식과 변혁하는 마음을 가지지 않게 한다. 권위의 억압에도 자연스럽게 순응하게 한다. 강력한 현실유지 정책을 시행함으로 개혁과 혁명이라는 단어를 금기시한다. 세상이 멸망해도 사과나무를 심게 한다. 변화를 요구하는 세력에게는 공포정책과 폭력으로 보복한다. 이것이 라멕 이후에 정복자의 마음을 가진 사람들이 사용하는 정치술이다.

5) 상처의 마음과 보복의 사회(창 4:23-24)

가인 사회에서는 더 많이 획득하여 힘이 강해진 지배자 라멕을 숭배한다. 그리고 서로 지배자가 되는 경쟁을 약육강식의 방법으로 해결한다. 그리고 사적 소유를 위해 서로 경쟁하다가 상처받는 마음은 그들의 속마음이 되게 했다. 또한 이 상처는 두려움과 보복심으로 나타난다. 획득을 위해 대결함으로 서로 상처를 주고받고 보복하는 사회가 되게 한 것이다.

라멕은 자기 상처를 가장 중요한 감정으로 여기고, 이 마음으로 자신의 마음을 운동시키는 사람이다. 그는 상처를 이웃과 관계하는 감정의 근원으로 삼았다. 자기 상처에 대한 대가로 이웃에게 보복을 예고하고 노래했다. 자기 상처 때문에 사람을 죽였고, 자기의 상함으로 소년을 죽였다고 자랑했다. 가인을 위해서는 벌이 칠 배이지만 라멕 자신을 위해서는 벌이 칠십칠 배라고 했다. 이 말로 사람들의 마음에 철저하게 공포심을 심어 주었다. 자신의 상함으로 이웃과 어린이를 죽이겠다는 말은 약자와 미래의 세대를 희생시키겠다는 말이다. 이웃과 미래인을 죽여서 자신의 상처를 치유하겠다는 것이다. 자기 마음에 상처가 얼마나 무서운 감정인지 깨닫게 하는 라멕의 선언이다. 이 마음은 사망이 역사하는 마음이다. 이웃에게 보복하고 공격하는 마음이다. 그리스도인이 상처에 주목하지 말고, 사랑에 주목해야 하는 이유이다. 자기 상처 때문에 남을 공격하는 것도 나쁘지만 영적전쟁 중에 있는데 상처 때문에 아무 것도 안 하는 것도 문제다. 상처 때문에 같은 편을 공격하거나 영적전쟁을 무력하게 포기하기 때문이다.

하나님이 가인에게 표를 준 이유는 죄인이 보복받지 않고, 보호받게 하기 위해서다. 죄인에 대한 미움보다는 죄인을 사랑하게 하고자 하는 의도와 목적 때문에 준 것이다. 상처를 준 죄인이라도 보호하겠다는 것이 하나님의 뜻이기 때문이다. 그러나 라멕은 자신의 체제를 유지하기 위해 가인의 표보다 더 강력한 복수의 문화를 만든다. 라멕은 "나에게 상처가 생기면 사람을 죽이겠다. 가인을 위하여는 벌이 칠 배이지만 나를 위하여는 칠십칠 배로 벌하겠다"라고 하며, 강력한 보복 사회를 만들어 낸다. 자신의 생명과 행복을 위협하는 모든 것에 대한 강력한 보복을 예고하며, 자신의 생명을 지키려고 했다. 사람들의 강자로서 하나님의 규칙을 깨고 자기 법을 만든 것이다. 라멕은 약자를 보호하기 위한 법이 아닌 강자를 보호하기 위한 법을 만들었다. 법으로 약자들을 괴롭히고, 보복법으로 약자의 가치와 삶을 파괴했다. 자기 법으로 두 아내를 통해 하나님이 정한 가정의 규칙을 깨고, 자기강화로 자손을 확대하고 자신의 쾌락을 극대화한 것이다.

가인을 죽이는 자는 일곱 배의 벌을 받는다는 하나님의 선언은 죄인을 보호하고자 하는 하나님의 뜻이다. 하지만 라멕을 위해서 칠십칠 배로 벌하는 복수의 법칙은 강자의 율법이다. 라멕의 법칙은 이후에는 '눈에는 눈, 이에는 이'라는 하나님의 율법으로 제어되었다. 이 일대일 보복법은 현대에도 여전히 힘을 발휘하고 있다. 강자와 부자들이 율법과 법을 완성하고, 실현하려는 현대 국가법의 근간은 보복법이기 때문이다. '눈에는 눈, 이에는 이'라는 법칙을 동양에서는 군자의 인(仁)사상으로 세 번까지는 용서하는 법으로 발전되었다. 하지만 예수의 제자들은 일곱 번 용서로 발전시켰고, 예수는 일곱 번씩 일흔 번을 용서하는 복음의 법으로 발전시켰다. 이를 통해 예수는 라멕의 잔혹한 보복법을 파괴했다. 보복법을 자신의 육체로 폐한 예수는 원수까지도 사랑하는 서로 사랑으로 율법을 완성시켰다.

가인의 후손 라멕은 세상의 주인이 되어 자신의 뜻에 따라 사회적 관계를 변형했다. 관계적 소유가 아닌 사적인 소유를 주장하는 사람을 사회에서 우대하고, 인정받게 했다. 정복자적 삶은 추천되는 인간상이며, 많이 갖고, 과시하고, 파괴하고, 정복하는 삶이 상식적이게 했다. 이기적 사랑은 교육을 통해 여전히 현대인들의 속마음을 지배하게 했다. 사람들에게 "당신은 예수 사회와 라멕 사회 중에 어느 사회에서 살고 싶은가?", "당신은 예수처럼 살고 싶은가? 라멕처럼 가인 사회에서 성공하고 싶은가?", "어느 사회를 위해 공헌하고 싶은가?"라고 질문을 해보면 알 수 있다. 질문을 계속하는 가운데 마음속 깊은 곳을 들여다 보게하면 대부분의 사람들은 라멕을 닮고 싶어 하는 자신을 발견하게 된다. 많은 사람들의 마음속에는 라멕에 대한 동경이 있고, 재벌과 권력자가 되어 자기 마음대로 살고 싶어한다. 자기를 비우고, 겸손함으로 먼저 모든 것을 바치는 사랑을 요구하는 예수를 안 믿고 라멕을 바랄 수 없는 중에 믿고 있는 것이다. 믿음의 주이며, 온전하게 하는 예수를 바라보지 않는다. 예수를 바랄 수 없는 중에 바라는 것이 믿음의 실상이다. 하지만 라멕이 되는 것을 바라는 실상으로 여긴다면 그 마음은 불신앙이다. 하나님이 기뻐하지 않는 사회를 좋아하는 것이다. 라멕 사회에 공헌하고 그곳에서 성공하려고 하기 때문이다. 이는 자신의 집을 천국이 아닌 가인 사회로 만들려는 시도이다. 가인의 계명은 사적 소유이다. 공익과 공동의 것이 없다. 가인 사회의 사람들은 자기가 소유한 것은 모두 내 것이라고 생각한다. 더 많은 것을 자신의 것으로 소유하기 위해 공동의 것이 없게 한다. 반대로 그리스도인들은 모든 것이 하나님의 것이라고 생각하는 사람들이다. 서로 사랑의 계(계명, 율법, 법)를 받고, 계주(계명의 주인)의 뜻에 따라 사는 것이 그리스도인이다. 사도행전의 교회처럼 모두의 것이 되게 하는 기초 공동체를 다시 세워야 하는 이유이다. 그 기초 공동체는 오직 단 하나, 교회이다.

4. 가인 사회를 대항하는 미약한 인간 사회

하나님은 아담과 하와 사이에 의인 '아벨'을 대신하는 '셋'을 낳게 했다. 그는 히브리어로 '허락'이라는 의미를 가진 사람이다. 하나님은 그를 세우고, 그의 아들 에노스를 통해 하나님의 이름을 부르게 했다. '라멕'과 같이 강자의 노래를 부르는 주류인 가인 사회 대신 하나님의 이름을 부르는 약자의 사회를 세상에 허락(셋)했다. 이때부터 인간 사회는 두 민족과 두 사회로 나누어졌다. 하나님 나라와 가인의 나라이다. 하나님과의 나라에서는 '미약한 사람'이라는 의미를 갖는 '에노스'가 우선권을 갖는다. 가인 사회는 자신의 법을 선포하는 강자 '라멕'이 우선권을 갖는다. 이분법적 구도로 세상의 사람들이 갈라진 것이다.

가인을 장자로 삼는 세속의 전통은 '에녹'이라는 가인 성 공동체를 만들었다. 그리고 이들은 '라멕'이라는 정복자를 모델로 세우고 인간이 왕이 되는 사상을 교육하고 계승하여 바벨론 성을 완성해 가고 있다. 반대로 아벨을 장자로 삼는 신앙 공동체는 '셋'과 그의 아들 '에노스'를 통해 미약하지만, 하나님의 이름을 부르는 공동체로 계승되고 있다. 이들의 미약한 시작은 예수의 이름을 부르는 교회 공동체로 언약이 계승되어 창대한 하나님 나라로 발전해 나가고 있다. 또한 강한 자가 지배하는 세상에서 연약하고 미약한 자이지만, 심히 창대하게 된 예수를 '주와 그리스도'로 부름을 통해 교회 사회를 실현해 가고 있다. 세상에서 라멕처럼 되고 싶은 마음을 버리고, 한 알의 겨자씨처럼 미약하지만 예수처럼 십자가를 지고 살아가고 있는 것이다. 이들은 에노스와 같이 연약하지만 예수의 이름을 부르는 자는 능력 주시는 자 안에서 모든 것을 할 수 있다는 신앙을 실현하며 살고 있다. 단독자로서 강해지기보다 예수와 하나 되고 그리스도인들과 연합하여 믿음의 권능을 갖기를 소원한다. 예수를 믿고, 그 이름을 부르면서 하나님을 대적하는 가인 사회를 교회 사회로 쳐서 그리스도에게 복종시키며 살고 있는 것이다.

하나님이 가인 사회가 주류인 세상에서 아벨의 전통을 계승하는 셋과 에노스를 준 이유는 무엇일까? 그것은 하나님이 세상에 개입한다는 것이며, 하나님이 세상을 사랑한다는 증거이다. 이는 하나님이 아브라함을 부르는 장면에서 잘 나타난다. 하나님은 아브라함에게 그의 고향과 친척과 아버지의 집을 떠나 자신이 보여줄 땅에서 새로운 시작을 하게 했다. 아브라함을 통해 큰 민족을 이루게 하고, 복을 주어 그의 이름을 창대하게 했다. 복의 근원이 되게 하여 아브라함을 축복하는 자에게 복을 주고, 그를 저주하는 자를 저주하는 방식으로 땅의 모든 족속이 복을 얻게 하고, 그를 저주하는 세력을 약화시켰다(창 12:1-3). 이것을 통해 하나님의 구원이 선택적 구원을 확장하는 방식이라는 것을 알게 된다. 주류 사회인 가인 성에 하나님의 이름을 부르는 연약자를 불러 세상을 구원하고자 한 것이다. 가인과 아벨의 전통은 아브라함을 통해 이삭을 거쳐 야곱으로도 계승된다. 하나님은 장자이며 강자인 에서를 선택하기보다 미약한 자 야곱을 선택했기 때문이다. 하나님이 야곱을 사랑한 것을 통해 아벨 사회를 강화하고 싶은 것이 하나님의 마음이라는 것을 확인할 수 있다.

성서는 만민구원설이 아닌 선택하여 구원하는 선택구원론이다. 선택구원론의 목적은 땅의 모든 족속이 부름 받은 교회(에클레시아)를 통해 구원받고, 복을 얻게 하는 것에 있다. 교회라는 말의 어원인 헬라어 에클레시아(시민회)는 '밖으로 부르다'라는 의미이다. 하나님의 구원의 방법은 가인 사회에서 자신의 사람을 밖으로 불러내는 방식이다. 이는 성서가 죄를 범하기 전의 에서를 악하다고 한 이유를 알게 한다. 에서의 경우는 하나님이 에클레시아(부름 받은 자들의 모임)로 부르지 않았기 때문에 악하다고 한 것이다. 야곱은 가인 사회에서 불러냈기 때문에 의롭다 한 것이다. 일부의 사람만 구원한 것이 불합리하지 않은 이유이다. 에서와 야곱 중에 야곱만을 선택한 것은 하나님의 집중력이다. 택한 선지자와 구원 받은 사람을 먼저 부른 것은, 결국 나중에 가인 사회 사람들도 구원하는 것이기에 하나님이 인간들을 사랑한다는 표이다. 택한 자를 통해 계속 가인 사회 밖으로 사람들을 불러 하나님 나라를 세우고 있다는 증거이기도 하다.

5. 가인 사회와 아벨 사회의 대립관계

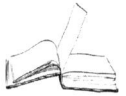

하나님에게 있어 자녀 된 인간은 하나님의 꿈과 신념이었지만 가인 사회는 타락한 삶으로 하나님의 나라를 공격했다. 특히 현대 자본주의는 인간의 자유의지를 탐욕으로 이해하게 했다. 개인의 욕망을 자유로 인식시키는데 성공한 것이다. 공동체의 유익을 위한 자율적 통제와 신념을 위한 자기제한을 반자유로 인식하게 하고, 공격하고 있다. 프란시스 후쿠야마는 『역사의 종말』이라는 책을 통해 자본주의가 공산주의와의 경쟁에서 승리하여 최고도의 사회를 구현하였다고 주장했다. 인류는 더 이상의 다른 체제가 필요하지 않게 되었다고 말했다. 자유민주주의가 더 이상 개선할 필요가 없는 모든 진보의 종점이자 인류 최후의 체제이므로 역사는 이제 종말이라고 한 것이다. 인류의 역사가 끝난 것이 아니라, 인류는 더 이상 변하지 않는다는 의미에서 '체제의 종말'을 주장했다.

하지만 성서는 가인 사회에 대해 멸망을 예고하고 있다. 개인의 욕망이 자유가 되는 사적 소유와 경쟁과 독점 사회에 대해 종말을 예고하고 있다. 연약하지만 하나님의 이름을 부르는 비주류의 사람들이 교회로 모여 사적 소유의 세계를 공격하고 있기 때문이다. 아울러 그리스도인은 공동체와 사랑의 관계를 중요시하는 교회 사회를 확장하는 노력도 계속하고 있다. '예수를 사는 그리스도인'이 기초공동체인 교회 사회를 세워 하나님의 나라를 세워 나가고 있기 때문이다. 이들은 성령을 통해 사도행전의 교회를 구현할 것이며, 장차 하나님의 도성인 새 예루살렘을 영접할 것이다. 그리스도인은 자본주의가 인류의 최종적 체제라고 믿지 않는다. 오직 예수를 사는 사람들이 교회 사회를 통해 세운 하나님의 나라가 인류의 최종 체계라고 믿는다. 이 전통은 '아벨'과 '셋', '에노스'로부터 시작되어 예수에게 구현되고 오늘을 사는 그리스도인에 의해 성취될 것이다.

1) 노아 시대의 체제 대립

노아 시대는 하나님이 보기에 사람의 죄악이 가득한 세상이었다. 인간이 마음으로 생각하는 모든 계획이 항상 악한 시대였다. 하나님이 땅 위에 만든 사람들을 볼 때에 한탄하며 마음으로 근심하던 시기였다. 가인 사회가 만들어 놓은 사회구조가 노아의 시대에 와서는 하나님이 지면에서 쓸어버려야 하겠다고 결단할 정도로 타락했다. 하나님이 보기에 좋았던 인간이 마음에 근심이 되는 존재가 되었다. 인간을 선하고 의롭게 살도록 창조하였는데 항상 악할 뿐이었다. 하나님은 후회했다(창 6:5-7).

하나님의 완전성을 주장하는 사람들을 곤혹스럽게 하는 주장이지만, 하나님도 후회를 하는 분이라는 것을 확인할 수 있다. 하나님이 후회했다는 것은 창조한 인간이 하나님의 의도대로 살지 않았다는 것이다. 인간의 창조가 성공적인 것이 아니라 실패였음을 대담하게 하나님이 선언한 것이다. 성서는 대담하게도 실수하시지 않는 하나님을 주장하지 않았다. 하나님이 인간을 자유의지를 가지고 상호관계하는 존재로 창조했기 때문이다. 하나님은 자신이 후회하는 감정을 인간에게 표현했다. 인간이 종이나 물질이 아니고 대화의 상대이기 때문이다. 인간의 자유의지를 인정했기 때문에 자신의 실패도 인정한 것이다. 만약 하나님이 후회하지 않는 분이라면 하나님은 감정이 없는 분이다. 그가 하는 일은 기계적인 섭리론이 되고 만다. 이렇게 되면 인간의 원자폭탄으로 인한 대량 학살, 강자들의 약자들에 대한 전쟁과 기업과 사회적 살인 등에 대한 하나님의 침묵을 용인, 내지는 허락으로 왜곡할 가능성이 있다.

가인 사회는 육체적 소욕의 사회이다. 하나님의 뜻을 거부하고 대적하는 사회였다. 이 사회는 육체적 욕구에 따라 자신의 일을 하여 하나님 나라의 일을 거부했다. 이는 노아 시대의 사회를 부패하게 하는 동력이 되었다. 노아 때에 만든 사회 시스템은 욕망의 실현을 목적으로 했기 때문에 모든 계획이 악했다. 이 사회는 부패와 포악을 극대화하는 사회였다. 이들이 꾸미는 육체의 일은 음행, 더러운 것, 호색, 우상 숭배, 주술, 원수 맺는 것, 분쟁, 시기, 화냄, 당파심, 분열과 이단, 투기와 술 취함, 방탕함이었다. 하나님의 사람이라면 당연히 경계해야 할 마음이었다(갈 5:17-21). 이와 같은 육체의 마음은 세상을 죄악이 가득하게 했다. 세상을 창조한 하나님을 후회하게 했다. 하나님의 마음을 아프게 했다. 이러한 상황에서 하나님의 심판은 죄의 확장을 막고, 죄로 인한 피해를 최소화하기 위한 조치였다. 인간과 의인을 보호하기 위한 최선의 대책이었고, 긍휼이었다. 모두 망하고 모두 죽을 수밖에 없는 상황에서 최선의 선제적 방어 조치였다.

하나님의 심판이라는 선제적 조치에 따라 아벨의 전통을 따르는 노아는 은혜를 입었다. 노아는 독처하지 않았기 때문이다. 그는 하나님과 동행한 의인이며, 완전한 자였다. 그는 하나님의 은혜로 의롭고 완전한 사람이라고 인정받았다. 인간을 구원할 방주를 짓고, 구원할 사명도 받았다. 하나님의 부르심(레시아)에 따라 세상의 밖으로(에크) 나왔다. 하나님은 에클레시아(밖으로 불러냄)를 통해 불완전한 과거를 정리하고, 아벨을 계승하는 의로운 사람들을 노아와 함께 보호했다. 다 망하고, 이미 망한 사회, 사형 선고 상태에 있는 인간들 사이에서 노아와 그의 가족만이라도 구원해서 인류를 보존하고자 한 것이다. 하나님은 악한 자에 의해 자행되는 약자에 대한 폭력을 지지하지 않기 때문이다. 그는 인간의 부패와 죄악을 기뻐하지 않았다. 견제하고 폭주를 멈추게 한다. 악인은 자신의 인생을 자기 마음대로 살 수 있다고 자신하지만 하나님은 악을 용납하지 않는다. 악이 승리할 것 같은 세상에서도 악을 선으로 바꾸어 자신의 뜻을 이룬다. 악을 선으로 바꾸는 것이 이 세상과 인간에 대한 하나님의 교의이자 신조였기 때문이다.

2) 바벨탑 시대의 체제 대립

인간의 언어가 하나일 때의 일이다. 인간은 에덴의 동쪽으로 계속 이동하다가 '시날평지'를 만나 정착했다. 견고한 벽돌을 만들고, 역청으로 성읍과 탑을 건설했다. 그들은 탑의 꼭대기를 하늘에 닿게 하여 자신들의 이름을 내고 온 지면에서 흩어지지 말자고 결의했다. 인간의 이름을 하나님의 이름처럼 높이고 단결하여 하나님과 대등하게 높아진 존재가 되고자 했다. 이들의 이러한 행동은 인간의 언어가 혼잡해지는 원인이 되었다. 온 지면에 흩어져 각처에서 서로의 말을 알아듣지 못하는 상태가 되게 했다. 인간의 높아지려는 마음은 서로의 마음을 이해하지 못하게 하기 때문이다. 이러한 교만은 서로의 뜻이 갈라지게 했으며 결과적으로 분쟁과 전쟁을 하게 했다.

시날평지에서의 인간은 가장 높은 곳에 올라가면 신을 만나거나 신이 될 수 있다고 생각했다. 물리적으로 산보다 높이 올라가거나 덕과 공을 높이 쌓으면 하늘에 닿을 수 있다고 생각했다. 신을 만나거나 신이 되는 것을 추구하는 종교의 한계를 몰랐다. 바벨탑을 쌓는 것과 같이 종교심을 쌓아가면 하늘에 닿을 수 있다고 생각했다. 탑을 쌓는 행위를 통해 신에게 이르고자 하는 종교심을 자발적인 신심으로 추구하는 것을 의로운 것이라고 생각했다. 덕과 공을 견고한 벽돌처럼 쌓아 신에게 이르고자 하는 인간의 모든 행위는 종교라는 것을 몰랐던 것이다. 하지만 바벨탑 당시의 사람들은 탑을 쌓아 종교를 만들었다. 탑을 높게 쌓아 흩어지지 않고 하나의 이데올로기와 언어(목표)로 유토피아를 건설해 하나님의 나라에 도전한 것이다. 그러나 파라오처럼 쉬지 말고 벽돌을 더 만들라고 명령하고 채찍질하며 탑을 쌓는 땅에서는 이웃이 존재하지 않는다. 언어가 달라지고 인간이 서로 분열한다(창 11:1-9). 약자들이 신음하는 땅이 되고 만다.

시날평야에서 인간은 하나님을 상실한 마음 때문에 합당하지 못한 일을 했다(롬 1:28). 인간의 마음에 하나님이 없으면 죄가 운동하기 때문이다. 이는 하나님이 바벨탑 체제를 다양한 언어와 개념과 의견을 자유와 함께 주어 분열하게 한 이유이다. 인간이 신이 되기보다 호모 사피엔스로 살기 원했기 때문이다. 하나님은 인간이 인간답게 살기를 원한다. 바벨탑 사건으로 인간이 인간으로 사는 것이 하나님의 뜻이라는 것을 분명하게 보여주었다. 그러나 과거와 같이 오늘날에도 여전히 호모 데우스(신)가 되고자 하는 기계주의 자들이 등장하고 있다. 여러 가지 기계와 알고리즘으로 인간이 아닌 신이 되고자 하는 사람들이다. 그들은 인간이 신이 되는 것은 매우 희망적이고 기쁜 일이라고 말한다. 하지만 호모 데우스는 기계주의자가 만든 보철 덩어리이다. 호모 사피엔스가 기계 인간이 된다고 신이 되는 것은 아니다. 호모 사피엔스는 그 자신만의 고유한 가치와 영향력에서 벗어날 수 없는 존재이다. 만약 인간이 호모 데우스가 된다면 호모 데우스는 호모 사피엔스에게 공격당해 파괴될 것이다. 하나님의 모양과 형상을 잃어버리는 순간, 유전자의 고유성을 잃어버리는 순간에 호모 사피엔스에게 폐기되어 버려질 것이다. 신이 될 것처럼 우쭐대는 몸은 고철이나 못쓰는 실리콘 덩어리가 될 것이다. 호모 사피엔스가 아니기 때문이다. 기계주의적 낙관론자들의 가치관에 너무 낙관도, 비관도 말아야 할 이유이다. 요즘 인간이 신이 될 것이라고 말하는 책이 잘 팔린다고 놀라거나 들뜨지 않아야 할 이유이다. 돌고 돌겠지만 호모 사피엔스는 결국 호모 사피엔스의 길을 갈 것이다. 오늘도 "나는 기계가 아니다"라고 외치고 몸부림치는 사람들이 있기 때문이다.

인간의 역사는 신이 되고자 하는 바벨탑의 건설 주체와 인간으로 살려는 사람들 간의 대립의 역사다. 하지만 두 세력 간의 대립은 인간이기를 원하는 인간의 승리로 끝날 것이다. 사람들은 신이 되고 싶은 사람들에 맞서서 인간화를 위해 노력하는 사람들을 지지할 것이다. 하나님이 바벨탑 사건을 통해 자신의 뜻을 분명히 보였고, 인간은 자신의 유전자를 견고하게 지켜야 하기 때문이다. 결론적으로 인간이 견고한 금속과 기계로 만들어낸 몸은 무너지고, 신이 되고자 모인 모임과 사상도 흩어질 것이다. 인간은 신이 되는 꿈보다는 다양한 언어와 사상, 삶으로 자신의 가치를 구현할 것이다. 하나님의 형상을 보존하는 가운데 예수 그리스도의 가르침에 따라서 하나님과 깊은 사귐 가운데 존재할 것이다.

3) 바벨론의 타락과 그리스도인의 구원을 위한 노력

바벨론은 롯의 집안이 있었던 소돔과 고모라이며, 호세아의 아내 고멜과 누가복음에 나오는 아버지의 둘째 아들 탕자가 놀던 동네이다. 하나님의 자녀를 영적으로, 성적으로 타락하게 하는 곳이다. 또한 인간의 삶을 방탕하게 하고 시간과 물질을 탕진하게 하는 곳이다. 아버지의 아들들을 부끄러운 사람이 되게 하고, 거지와 같은 존재로 추락시킨다. 이 도시는 그리스도인에게 매우 엄한 도시이기 때문이다. 쥐엄 열매로도 배부르게 하지 못하는 도시이다. 하나님을 떠난 사람들에게는 자비롭지만 그리스도인에게는 배타적인 도시이다.

바벨론은 아벨과 그를 따르는 사람들의 목숨을 빼앗고, 호세아를 따르는 사람들의 아내를 타락시킨 곳이다. 약자들과 의인들의 피가 가득한 곳이다. 소돔과 고모라처럼 자신의 성을 방문한 하나님의 천사를 공격하여 하나님이 구원하고자 하는 에클레시아인 롯의 가정을 공격한 곳이기도 하다. 그리스도인은 바벨론과 도시들의 타락을 부패로만 보지 않는다. 인간이 하나님을 공격했다는 개념으로 본다. 실제로 소돔과 고모라는 하나님이 보낸 천사를 공격했다. 하나님 나라를 공격한 것이다. 또한 소돔과 고모라는 하나님의 말씀과 경고를 농담으로 여기게 해서 하나님의 긍휼과 구원의 계획이 시행되지 못하게 했다. 이 도시들은 그리스도인이 뒤돌아보지 않아야 하는 악한 곳이다. 그 곳에 옛 사람을 묻고 나와야 한다. 다시 돌아가지 않아야 한다. 결단하고 나와서 하나님의 인도를 받아 새로운 삶을 살겠다고 결단해야 한다. 우리가 아는 바와 같이 소돔과 고모라에 대한 멸망 사건은 타락한 도성과 삶에 대한 애착과 미련을 두지 않게 한다. 뒤돌아보는 롯의 부인이 소금기둥이 되어 경고하고 있기 때문이다. 뒤돌아보면 앞이 안 보인다. 비전하는 교회 사회에 대한 확신을 가지고 나감으로 불과 유황으로 불타는 곳을 버릴 줄 알아야 한다.

소돔과 고모라는 사람을 고통스럽게 하고 입에서 신음소리가 나오게 하는 곳이다. 엄청난 죄 때문에 울부짖음이 끊임없이 흘러나오게 하는 곳이다. 자기를 사랑하고, 돈을 사랑하고, 쾌락 사랑하기를 하나님 사랑하는 것보다 더 사랑한 곳이다. 교만한 마음으로 자랑하고, 부모를 거역하고, 감사와 거룩이 없는 곳이다. 무정하고 원통함을 풀지 않고 모함하는 곳이다. 절제하지 못하고 사납고 선한 것을 좋아하지 않는 곳이다(딤후 3:1-4). 하나님을 상실한 마음으로 율법을 잃어버린 곳이다. 영적 타락과 성적 타락, 사회윤리가 타락한 곳이다. 우상숭배로 의인이 없는 곳이다. 정의를 깨닫는 자도, 하나님을 찾는 자도 없는 곳이다. 이들의 목구멍은 열린 무덤이었으며, 그 입에는 저주와 악독이 가득했고, 그 발은 피 흘리는데 빨랐던 도시다. 평강의 길을 알지 못하고 하나님을 두려워하지 않는 죄인의 도시였다(롬 3:10-18). 이들이 평강의 길을 알지 못한 것은 당연했다. 마음이 망했기 때문이다. 결국 소돔과 고모라에서는 자신이 의인이 아님을 깨닫는 자도 없고, 하나님을 찾는 자도 없으며, 선을 행하는 자도 없게 된다. 이것이 가인의 길을 걷는 사람들의 비극적 운명이다.

소돔과 고모라 성 안에 죄악이 가득차고 약한 자의 울부짖음이 절정에 달했다. 하나님은 소돔과 고모라에 대한 실상을 직접 알아보고 심판을 결정하고자 인간의 땅에 왔다. 생명에 관한 문제였기에 하늘에서 도시의 멸망을 결정하지 않았다. 본인이 직접 체험하고 결정하고자 인간의 땅에 찾아왔다. 결국 소돔과 고모라의 죄가 커서 멸망을 결정했지만, 아벨의 전통을 따르는 아브라함에 의해 의인 롯과 자녀는 구원을 받는다. 하나님은 당신의 계획을 선지자에게 숨기지 않기 때문이다. 하나님은 의인과 그의 권속들을 공의와 정의를 행하게 하려고 택하여 보존했다. 소돔과 고모라 안에서 들려오는 울부짖음과 무거운 죄악에 귀를 기울였을 뿐만 아니라 의인을 구원하고자 했다. 의인으로 강대한 나라가 되게 하고 천하 만민이 의인으로 말미암아 복을 받게 하기 위해서이다. 선지자의 중보기도로 소돔과 고모라는 구원의 기회를 얻는다. 의인 오십 명에서 시작하여 의인 열 명만 있으면 그 지역을 용서해 달라는 선지자의 중보기도 때문이다. 하나님이 의인을 악인과 함께 멸하지 않는 심판자이며, 이것이 그의 정의라는 것을 알게 한다.

소돔과 고모라의 사건 이후 현대의 그리스도인들은 선지자 아브라함과 같이 중보기도의 전통을 계승하고 있다. 그리스도인들은 나만 축복 받아 잘되고 천국 간다는 주장을 하지 않는다. 십자가의 저주를 받아 하나님의 사랑을 증거하여 이웃이 복음을 믿게 하기 위해 산다. 예수 당시나 현대에도 저주를 받아 죽으면 지옥에 간다고 생각하는 것이 일반적인 사람들의 생각이다. 하지만 예수는 지상에서 나무에 달려 스스로 저주가 되어 죽었다. 하나님의 뜻을 이루고자 저주의 십자가를 진 것이다. 그래서 그리스도인도 복의 근원인 예수의 십자가 저주의 전통을 계승한다. 이 세상에서 하나님의 사랑을 증거하기 위해 스스로 저주가 되는 것을 두려워하지 않는다. 사람을 살리거나 선을 행할 때, 불 속도 두려워하지 않고 저주도 두려워하지 않는다. 교회로서 증인이 가는 곳은 예수가 함께 가는 곳이며, 천국이 시작되는 곳이기 때문이다.

예수는 자신의 이름을 부르는 사람과 함께했다. 그리스도인이 예수를 여기 있다 저기 있다고 말하지 않는 이유가 여기에 있다. 예수는 성령을 통해 하나님의 보좌 우편에 권능의 주로 계시지만 동시에 그를 믿는 자들과 함께한다. 그러므로 현대 그리스도인은 저주를 각오하고 아브라함처럼 하나님 앞에 두려움으로 서야 한다. 의인 열 명만이라도 있으면 구원해 달라고 기도했던 아브라함의 마음과 기도를 계승해야 한다. 내세에서 축복을 받고, 향후에 천국에만 들어가려고 하지 말고, 사람들을 구원하기 위해 저주의 십자가를 짊어진 예수를 본받아야 한다. 사람들을 구원하기 위해 '지금 여기'라는 기도의 자리와 섬김의 자리를 잃어버리지 않아야 한다.

6. 완성된 가인 사회 바벨론

가인 사회는 상인이 왕이 되어 하나님을 대적하는 바벨론 성으로 발전한다. 성서는 바벨론 성을 땅의 왕들이 다스리는 큰 성이라고 했다(계 17:18). 그곳은 귀신의 처소와 각종 더러운 영이 모이는 곳이며 더럽고 가증한 새들이 모이는 곳이다(계 18:2). 세상의 왕들이 그 도시와 더불어 음행을 하고 상인들이 사치의 세력으로 치부를 하는 곳이다. 마음이 망하고 사상이 가증한 땅이다. 이스라엘이 출애굽했던 것처럼 나와서 재앙을 받지 않아야 할 땅이다. 죄가 하늘에 사무친 땅이며 하나님이 그 땅의 불의한 일을 명확히 기억하는 땅이다(계 18:4-5).

요한계시록에 보면 하나님은 땅의 왕들과 상인들이 사치로 자기를 영화롭게 하는 곳을 불의한 곳으로 인식한다. 불의한 자가 애통함을 당하지 않을 것이라는 마음으로 사는 곳이기 때문이다. 바벨론 성은 소비 지상주의적 사상을 가지고 자기에게 잔치를 베풀고 실컷 먹고 마시는 곳이다. 좋은 옷과 비싼 자동차를 타고 영화로운 사치를 즐기는 땅이다. 어느 한 곳도 그리스도인들이 설 자리가 없는 곳이다. 자신이 아닌 남에게 사랑의 잔치를 베푸는 에클레시아로 탈출해야 할 곳이다. 아니면 선교로 침공하여 십자가에 달려 죽어야 하는 곳이다. 그래서 하나님은 바벨론 성에 대하여 하루 동안에 재앙이 이르러 사망과 애통함과 흉년으로 불살라질 것이라고 경고했다(계

18:8). 땅의 왕과 상인보다 하나님이 더 강하다는 것을 증명하겠다고 했다. 사치하던 사람들이 불타는 연기를 보고, 울며 가슴을 치며 바벨론이 당하는 고통을 무서워하겠다고 했다. 견고한 성 바벨론에게 화가 임하여 한 시간에 하나님의 심판이 이르게 하겠다고 했다(계 18:9,10).

하나님의 심판과 재앙은 하루 아침에 갑자기 임한다. 지구멸망 가능성에 대한 가설을 들으면 두렵다. 태양풍, 지진과 화산, 운석 충돌, 전염병, 핵폭탄 등에 의해 자연환경이 한 순간에 파괴될 수 있기 때문이다. 지구는 식물과 벌의 멸종, 기계의 반란, 외계의 침공, 전염병 등과 같은 인간을 멸종시킬 수 있는 위험요소들이 언제나 상존해 있다. 언제 임할지 모르는 빙하기, 거대한 판 이동과 정지, 자원고갈, 인구증가에 의한 자멸의 위기 속에 인류는 산다. 우주 자체의 종말, 태양의 진화, 외계 천체의 접근 등은 우리가 사는 세상이 견고하지 않다는 것을 깨닫게 한다. 성서의 말씀대로 한 시간 안에 멸망이 가능한 것임을 알게 한다. 과학자들도 인류가 미래에 지구의 수명이 다하면 멸망하는 것이 자명하다는 것을 인정한다. 태양과 지구는 영원하지 않기 때문이다. 결국 오메가 포인트, 종말이 있다는 것이다. 하지만 영원히 왕과 같이 살려고 하는 존재가 있다. 다름 아닌 인간이다.

성서에 보면 세상의 왕족에는 두 세력이 있다. 상인과 성도이다. 세상은 이들의 영적인 대결장이다. 가인 사회의 상인들은 바벨론의 왕과 귀족들이다. 성도는 교회 사회를 통해 존재하는 예수 나라의 왕과 제사장들이다. 두 세력이 다스리는 사회는 둘 다 믿음 사회이다. 그리스도인은 예수에 대한 믿음으로 하나님 나라를 서로 사랑의 법으로 세우고자 한다. 반면 상인들도 신용(믿음) 사회를 목적한다. 화폐(가상화폐 포함)라는 수표적인 의미의 신용과 약속으로 판매와 구매를 한다. 거래는 법과 신용으로 가능하다. 자본주의 법은 신용에 기반한 율법이다. 상인들의 율법은 돈에 대한 신용을 지키기 위해 만들어진 것이기 때문이다. 세상에 믿음의 체계가 둘인 이유이다. 자본주의 사회와 하나님의 나라는 모두 믿음의 나라이다.

성도는 하나님의 긍휼을 입은 택한 백성으로서 왕 같은 제사장이다. 거룩한 나라이다. 복음으로 만국을 깨우쳐 서로 사랑의 계명으로 언약 사회를 만든다. 예수를 사는 사람들이 나를 사는 것이 아니라, 너를 사는 삶을 통해 우리로 사는 교회를 세우고자 한다. 정치, 경제, 문화를 통합하는 교회 사회를 통해 하나님 나라를 세워 나간다. 하나님의 형상과 모양으로서 인간의 가치를 실현하고자 하는 증인이다. 반면에 상인은 자기 사랑과 자기 가치를 중요한 것으로 인식한다. '최소 투자, 최대 이익'이라는 '복술'을 가지고 모든 것을 상품화한다. 최종적으로 사람의 영혼까지도 상품으로 만들려고 한다. 복술로 만국을 미혹하여 땅의 왕족이 되는 사람들이다. 이들은 복술을 등불의 빛으로 삼고 세상을 비춘다. 복술이 실현되는 것을 보며 신랑과 신부처럼 행복해 한다. 경쟁으로 인한 부작용을 만들고 연약한 자의 비참을 재생산한다(계 18:23).

성도가 왕인 하나님의 나라와 상인이 왕인 자본주의와의 싸움에서 하나님은 본질적으로 상인들의 멸망을 선포한다. 바벨론 사람들을 구원하기 위해 파송된 선지자들과 그리스도인들, 그리고 아벨처럼 땅 위에서 죽임을 당한 모든 자의 피가 바벨론 성 안에서 발견되었기 때문이다(계 18:24). 많은 하나님의 사람들과 약자들이 상인의 '최소 투자 최대 이익'이라는 복술에 희생되었기 때문이다. 소돔과 고모라처럼 그 성에서 의인의 울부짖음이 하나님에게 들려지게 했기 때문이다.

수많은 선지자들과 성도들의 죽음이 바벨론 성에서 발견된 것으로 보아 하나님은 그 성의 구원을 위해서 계속 노력해 왔다는 것을 알 수 있다. 믿음의 사람들이 얼마나 많이 수고하고 헌신했는가도 알게 한다. 하나님은 많은 선지자를 불러 파송하고, 바벨론에 하나님의 뜻을 가르쳤다. 그러나 불의한 포도원의 청지기들처럼 바벨론은 순종하지 않고 하나님이 보내는 모든 선지자와 그리스도인을 죽였다. 수많은 약자들을 제국주의와 자본의 구조를 완성하기 위해 부품처럼 죽게 했다. 가인의 동생 아벨, 자본가의 동생 노동자, 지배자의 동생 피지배자의 피가 바벨론 성에 가득하게 발견되게 했다.

지상에서 바벨론 성의 지배자들은 약자의 생명을 여러 가지 방법으로 위협했다. 역사상 가장 강력한 형벌이라고 하는 '이름 삭제형'이라는 형벌도 거침없이 시행했다. 이 벌은 알고 보면 사형보다 더 잔혹한 벌이다. 현대에 이르러 지배자가 된 상인들은 사람에게 빚을 지게 하고 신용불량자를 만든다. 신용불량자는 자신의 이름이 사회에서 삭제 당한 사람들이다. 신용불량자가 사회를 어둡게 하는 사람들이라며 사회에서 추방한다. 그들 자신의 이름으로 사회에서 아무 것도 할 수 없도록 무능력자가 되게 한다. 아버지와 어머니, 친척과 친구들, 사회에서 불려야 할 이름, 하나님이 부르는 이름을 불량한 이름으로 만들었다. 하나님이 창대하게 할 이름, 복 받을 이름, 후손에게 물려줄 자랑스러운 이름을 삭제하여 인간의 이름으로 활동하지 못하게 했다. 바벨론이 무너져야 하고, 멸망해야 하는 이유이다. 그 성에서 약한 사람들의 피가 계속 발견되고, 약자의 신음소리가 계속 들려지고 있기 때문이다. 생명의 땅이 아니라 죽음의 땅이 되게 했기 때문이다. 이것이 바벨론의 정체이다. 사회주의 뿐만 아니라, 자본주의가 무너지고 교회가 기초 공동체가 되는 예수 그리스도의 나라를 세워야 하는 이유이다.

봉건주의자에게 있어 봉건주의는 영원한 것이었다. 마찬가지로 사회주의자들이나, 자본주의자들은 자신들의 체계가 우월하고 영원한 체제라고 생각한다. 이는 더 이상의 체제 발전을 거부하는 논리이며 체제와 이데올로기가 신앙이 된 사람들의 믿음이다. 이 말은 우리가 자본주의 체제를 거부하거나 공산주의를 하자는 것이 아니다. 더 좋은 사회에 대한 꿈을 포기하지 말자는 것이다. 더 좋은 사회와 체제에 대한 희망을 품고 더 좋은 사회를 위해 토론하자는 것이다. 여러 담론이 나오게 해서 과감하게 개혁해 나가자는 이야기다. 시도조차 불온한 것으로 여기는 것은 상처받기 싫어하는 라멕과 같은 마음이다.

자본주의는 서로 경쟁하는 야만의 문화에 대하여 침묵하고 자본 중심의 사회를 만들었다. 이들은 노동의 가치를 중요하게 여기지 않는다. 그 대신 상품의 가치를 더 중요하게 생각한다. '무슨 일을 하는 것보다 무슨 상품을 소비하느냐?'를 더 중요하게 여긴다. 자본과 노동의 결합을 통해 상품이 생산됨에도 이익의 가치를 생명의 가치보다 우월하게 여긴다. 이들이 중요하게 여기는 것은 상품과 이익이다. 이들이 우는 이유는 생명의 죽음이 아닌 상품을 사는 사람이 없을 때이다(계 18:11). 상품이 많은데 사는 사람이 없는 상태를 '공황'이라고 한다. 자본주의 사회가 가장 무서워하는 사태이다. 또한 이들은 지구의 환경과 생명이 기업 가치가 될 수 없기에 환경의 파괴와 죽음을 두려워하지 않는다. 공장을 통해 상품을 대량 생산하고 왕성한 유통과 소비를 촉진하려는 정책의 실현으로 자본의 최종 완성인 이익만을 목적한다. 판매를 위해 재래시장과 백화점, 인터넷 쇼핑 등의 시장을 기업 활동의 중심으로 삼는다. 시장을 통해 싸우며 자기의 우월성을 확인하고 자본 가치를 생명의 안전보다는 이익을 얻는 것으로 실현한다.

계시록 18장에 나오는 상품의 목록은 다음과 같다. 금, 은, 보석, 진주, 세마포, 자주 옷감, 비단, 붉은 옷감, 각종 향목, 각종 상아 그릇, 값진 나무, 구리, 철, 대리석으로 만든 각종 그릇, 계피, 향료, 향, 향유, 유향, 포도주, 감람유, 고운 밀가루, 밀, 소, 양, 말, 수레, 종들, 심지어 사람들의 영혼(계 18:12-13) 등이다. 바벨론의 상품 소개는 오늘날 여러 층의 상품 코너를 가진 백화점(홈쇼핑, 시장, 인터넷 쇼핑)의 상품 배치를 연상시킨다. 상품으로 치부하는 품목과 그 배치를 알게 한다. 이방인이 구하는 것과 같이 무엇을 먹고, 무엇을 입고, 무엇을 마실 것인가 하는 품목을 알게 한다. 시장은 상품으로 먹음직, 보암직, 지혜롭게 할 만한 것을 탐하게 하는 경제구조이기 때문이다.

성서에 따르면 땅의 상인들은 자신을 상품으로 표현한다. 상품이 자신의 힘의 근원이기 때문이다. 그래서 이들의 최종 상품은 사람이라고도 가르쳐 주고 있다. 사람을 종으로 만들고 사람의 영혼을 사고 파는 것을 목표로 한다. 인간의 영혼을 부품화하거나, 상품화시켜 상인이 공장과 상품(금융 상품

포함)의 주인이 되는 사회구조를 만든다. 현재는 인간의 가치를 연봉과 월급으로 환원해 상품화시켰다. 이를 통해 오늘날도 여전히 상인들은 인간을 인력시장과 채용공고를 통해 사고 있다. 반대로 교회와 성도는 인간의 영혼을 구원한다. 이 땅에서 인간의 영혼을 구하는 사람은 상인만이 아니다. 성도는 사람을 형제와 가족, 교회로 구한다. 상인이 상품으로 자기의 욕망을 실현하고 시장을 통해 경쟁하게 하는 체제를 사랑의 법으로 반대한다. 시장을 통해 승리를 얻기 원하는 상인의 체제를 성도는 무너뜨리고자 한다. 서로 사랑을 실현하고 교회 사회를 통해 함께 평화적으로 살기를 원하기 때문이다. 성서의 교회 사회는 독점이 없고 상품이 없다. 한마음과 한뜻이 되어 모든 물건(상품)을 서로 통용한다. 자기 재물을 조금도 자기의 것이라고 생각하지 않고 유무상통하여 서로의 것이 되게 한다(행 4:32). 교회는 무엇을 먹을까? 무엇을 마실까? 염려하지 않게 하기 위해 물건을 유통시킨다. 상인과 같이 이익을 구하지 않는다. 성도는 상품으로 자기를 실현하기보다 십자가의 헌신으로 자기를 실현한다. 하나님이 성도에게 모든 것이 있어야 할 줄 안다는 것을 믿고 하나님의 나라와 의를 구하기 때문이다.

'땅의 왕'인 상인들의 사회는 너를 위해 사는 사회가 아니다. 자기 자신만을 위하고, 위로하며, 자신을 위하여 우는 사회이다. 상품으로 자신의 욕망을 추구하고, 소욕대로 사는 사회이다. '최소 투자, 최대 이익'의 복술이 그들의 복음이다. '최소 투자, 최대 이익'이 상인의 법이며, 자본주의 신앙이다. 이러한 체제는 언젠가 수명이 다할 것이다. 인류의 마지막 체계는 자본주의가 아니다. 하나님 나라이다. 미래에는 서로 사랑의 계명이 법이 되는 사회가 세워질 것이다. 예수와 그의 십자가가 신앙이 되는 사도행전 교회와 같은 교회를 통해 성취될 것이다.

　프로테스탄트가 정당성을 부여한 자본주의 체제가 역사의 마지막 체제라는 말은 맞는 말일지도 모른다. 인간이 할 수 있는 최고의 노력을 기울인다 해도 더 이상 발전할 수 없는 체제일 수 있다. 하지만 종국에는 바벨론처럼 처참하게 무너질 체제이다. 하나님은 심판을 통해 교회 사회를 세워 성도 중심의 주권국가를 세울 것이다. 제국주의적인 국가를 해체하고, 지방 분권적 국가나 도시 국가를 세워 새 예루살렘을 시작할 것이다. 이웃을 "살 중의 살과 뼈 중의 뼈"로 인정하는 사회를 세울 것이다. 서로 사랑의 법을 통해 한 몸이 되는 '너 중심적 삶'을 살게 할 것이다. 예수를 사는 삶으로 우리로 사는 사회를 세워 예수의 나라를 건국할 것이다.

　하나님은 분명 바벨론이 탐하는 맛있는 것과 빛난 것들이 다 없어지게 할 것이다. 상품으로 말미암아 치부한 상인들이 바벨론 성이 무너지는 것을 보고, 그 고통을 무서워해 멀리 서서 울고, 애통하게 할 것이다(계 18:14,15). 바벨론에 화가 있다고 선포하며, 그들의 부가 한 시간에 망하게 할 것이다. 각처에서 유통을 감당하는 사람들이 바벨론이 불타는 것을 목격하게 할 것이다(계 18:16-19).

　성도들은 이 날을 고대하고 있다. 온 인류가 하나님의 심판을 두려워하지 않고 소망해야 하는 이유이다. 하나님의 심판은 라면과 생수와 텐트를 들고 산에 오르는 날도, 지하실에 들어가는 날도 아니다. 온 인류가 함께 즐거워하는 날이다. 심판은 의인의 즐거움을 위한 것이다. 하나님이 의인과 성도를 위해 심판하기 때문이다(계 18:20). 하나님이 애굽에서 이스라엘을 양의 피로 구원하였던 것처럼 예수 그리스도의 보혈로 성도를 구원할 것이다. 임박한 심판을 말하는 사람들에게 속아 조바심과 두려움을 가질 필요는 없다. 지상에서 왕족인 그리스도인들이 멸망치 않고, 심판 받지 않게 하시기 위해 하나님이 자신의 구원을 실행하는 날이기 때문이다.

성서는 상인이 바벨론이 멸망해 우는 것이 아니라고 했다. 자신을 호화롭게 치부하던 상품이 없어지는 것을 보고 울며 애통해 한다고 전한다. 이들은 자신의 땅(지구, 도시, 국가)을 사랑하는 자들이 아니다. 자신을 높여줄 상품을 사랑하는 자들이다. 이들은 인류의 멸망을 위협하고 있는 핵무기를 상인의 힘으로 자랑한다. 환경이 파괴되는 것을 염려하지 않는다. 상품의 쓰레기가 넘쳐나 인류의 생존이 위기에 처해 있음에도 그들은 애통해 하지 않는다. 오직 보배로운 상품으로 치부하는 것이 그들의 목표이기 때문이다. 상인의 사회가 속히 망해야 하는 이유이다. 이들의 치부로 말미암아 부의 불평등이 생기고 극단적인 차별이 생겼다. 상품에 소외된 가난한 사람들의 인권과 생존권이 위협받는 사회가 되었다. 상인들은 자본가와 노동자의 관계를 '노사관계'라는 말로 바꾸어 관계를 왜곡했다. 노동자의 파트너는 회사가 아니다. 자본가임에도 자본가와 노동자의 관계라고 하지 않는다. 이들에게 인간은 상품이니 사람의 죽음은 재해다. 산업재해는 기업 살인임에도 인간이 죽는 것이 자연재해와 같은 말이 되게 했다. 상인의 이익과 상품을 위해 희생되는 약자를 의도적으로 무시한다. 약자로 몰려 스스로 목숨을 끊은 사람들에 대해 자살이라고 한다. 사회적 타살이나 관계적 타살이라고 말하지 않는다. 자살하는 사람들의 사정을 자세하게 보면 공개 망신, 따돌림, 빚 등의 이유로 사회적 약자가 되어 죽음을 선택하는 경우가 대부분인데 아무도 사회적 책임을 지려고 하지 않는다.

세상의 빛과 소금이 되는 교회도 상인들에 의해 위기를 맞이했다. 가인의 마음을 가진 사람들이 교회를 장악하면서 그 고유성을 잃어가고 있다. 복음과 교회의 본질이 변한 것은 아니지만, 교회가 타락했다. 부요한 상인과 상인을 부러워하는 부역자들에 의해 타락했다. 많은 사람들이 교회의 타락을 지적하고 있지만 교회의 타락상은 가인 사회의 타락과 맥락을 같이한다. 역사적으로 교회의 타락은 언제나 그 시대 지배자들의 타락을 반영했다. 교회의 주도권을 지상의 왕족이 잡으려고 하기 때문이다. 자본주의의 주체인 상인이 그들의 복술에 따라 교회의 주도권을 잡으면 교회가 타락하는 것은 당연하다. 교회의 타락상은 생명보다 이익을 중요하게 여기는 그들의 일탈을 반영한 것이다. 복음을 전파하기 위해 예수가 성전에서 장사하는 사람을 극단적으로 내쫓은 이유가 여기에 있다. 현대의 그리스도인들도 예수처럼 상인과 그들의 복술을 교회에서 쫓아내야 한다. 복음으로 교회를 되찾아 만인이 기도하는 집으로 회복해야 한다.

상인의 복술을 교회의 가르침에 반영해 '번영신학'으로 인간소외를 정당화하고 복음이 인간의 마음에 마약이 되게 해서는 안 된다. 하나님의 힘센 천사가 큰 맷돌 같은 돌을 바다에 던져서 바벨론을 다시 보이지 않게 하기 때문이다. 하나님은 이들의 풍류와 함성, 귀금속과 식량, 상품을 생산하던 소리가 그 성에서 다시는 들리지 않게 할 것이다(계 18:21,22). 상인을 탄식하게 할 것이고 그리스도인과 의인들에게는 기쁨이 충만하게 할 것이다. 성서는 수많은 심판과 저주 속에서 사랑을 낳고, 불신과 두려움 속에서 믿음을 낳고, 불행과 불안들 속에서 희망을 이야기했다. 이와 같이 그리스도인은 믿음과 소망과 사랑을 생명으로 계승할 것이다. 가인은 죽음과 그 세력을 낳았지만 아벨과 셋은 예수를 낳았고, 그의 교회 사회는 하늘에서 임하는 하나님 나라를 성취할 것이다.

제 5 장

예수 그리스도의 세계

아벨이 죽고 이름이 '대신'이라는 뜻을 가진 '셋'을 통해 믿음의 세계는 재시작한다. 믿음의 사람 셋은 연약한 사람이란 뜻을 가진 '에노스'를 낳아 아벨의 신앙을 계승했다. 하나님의 이름을 연약한 자가 맡은 것이다. 하나님에 대한 믿음은 에노스의 후손에 의해 계승되다가 '예수'에 의해 완성된다. 예수 그리스도에 의해 새롭게 완성된 믿음의 시대가 열린 것이다. 우리는 이것을 가인 세계와 다른 '하나님의 아들 예수 그리스도에 의한 복음의 시작'이라고 한다(막 1:1).

하나님이 보낸 예수는 '참 신'이자 '참 인간'이다. 예수는 하나님 안에, 하나님은 예수 안에 존재하는 방식으로 예수와 하나님은 하나라고 성서는 증언한다(요 14:10). 예수가 참 신이며 하나님이라는 것이다. 아울러 그는 인간의 몸을 입고 왔기에 둘째 아담이라고 성서가 증언하고 있다. 성령에 의해 예수는 다윗의 혈통으로 인간의 구주로 세상에 왔다(롬 1:2). 그는 실제로 참 인간이었다. 하나님의 아들로 이 땅에 왔기 때문이다. 하나님이 인간이 된 것이다. 인간이 하나님이 된 것이 아니라 하나님이 인간이 되고 인간의 역사에 들어왔다. 이후로 인간은 신이 되는 것이 인생의 목적이 아니라, 예수를 닮은 인간으로 서로 사랑하며 살다가 죽는 것이 되었다. 이제는 하나님의 시간이 인간의 시간이 되었다. 인간의 역사가 하나님의 역사가 된 것이다. 이렇게 인간은 인간이 된 예수와 함께 역사의 주체로서 믿음의 세계에 등장하게 된다.

인간이 예수 안에 존재하기 때문에 예수와 그리스도인은 교회로 한 몸이 된다. 교회로서 예수는 그리스도인 안에 있고, 그리스도인은 예수 안에 있다. 한 몸이 된 몸은 각 마디의 도움을 받아 서로 연결되고, 각 지체의 분량대로 역사하며 살아있는 존재가 된다. 연합하여 사랑으로 교회 사회를 세워 간다(엡 4:15). 교회를 통하여 참된 일과 사랑을 행하여 관계의 평화를 이루어 간다. 또한 가인 사회를 대항하고 인격이 범사에 예수처럼 자란다. 예수가 교회의 머리로서 인간과 함께하기 때문이다. 하나님을 초월자로만 인식하여 멀리서 발견하려고 하거나 인간과 관계가 없는 분으로 생각해서는 안 되는 이유이다.

그리스도인은 인간이 된 하나님을 "예수"라고 부른다. 그는 인간의 직책도 가졌는데, 주와 그리스도이다. 그는 인간에게 하나님을 아버지로, 성령님을 보혜사로 알려 주었다. 그리스도인은 이것을 하나님의 은혜라고 고백한다. 하나님 아버지는 자녀 사랑, 성령님은 증인 사랑, 예수는 친구 사랑으로 인간과 관계하고, 인간들에게 서로 사랑의 관계와 방법을 가르쳐 주었기 때문이다. 하나님이 인간을 자녀로 여기고 아버지의 사랑을 체험하게 했으며, 예수는 목숨을 바치는 친구의 관계로 사랑하는 것을 배우게 했다. 성령은 인간이 예수 사랑의 본을 보이는 증인 사랑을 알게 했다.

1. 예수가 선포한 복음

인간들이 가인 세계 속에서 신음할 때 하나님은 세상을 사랑하여 독생자 예수를 인간에게 주었다. 예수를 통해 하나님의 의도가 세상을 심판하는 것이 아니라 구원을 받게 하는 것임을 확인하게 했다. 예수를 통해 하나님의 사랑과 하나님의 은사(선물), 그리고 하나님의 계획을 복음으로 주었다. 하나님이 예수를 세상에 보낸 의미는 첫째, 인간에 대한 무조건적인 사랑의 표현이다. 둘째, 예수가 인간에게 준 은혜의 선물이다. 셋째, 인간을 멸망하지 않도록 지키겠다는 의지이다. 하나님은 예수를 통해 인간이 영원한 생명을 얻게 하고 율법의 정죄와 심판을 받지 않고 구원을 얻게 했다.

1) 하나님의 세상 사랑

하나님의 세상과 인간을 향한 마음은, 저주가 아닌 사랑이다. 하나님의 사랑은 강압적이고 무서운 독재자의 사랑과 변덕쟁이의 사랑이 아니다. 비교하는 상대적인 사랑도 아니다. 그 분의 사랑은 절대적인 사랑이다. 인간 모두를 평등하게 사랑하고, 각개인을 지극히 돌보는 사랑이다. 하나님이 세상을 사랑한다는 것은 개인이 아닌 공동체만 사랑한다는 뜻이 아니다. 내가 존재해야 우리가 존재하기 때문이다. 내가 빠지면 우리가 아닌 너희가 된다. 우리를 사랑하는 상태가 되어야 나를 사랑한다는 말이 되고, 나를 사랑하는 상태가 되어야 우리를 사랑하는 것이 된다. 하나님은 인간을 개인으로 보지만 전체로도 본다. 나를 사랑함으로 우리를 사랑한다. 우리를 사랑함으로 나를 사랑한다. 아울러 하나님이 인간을 사랑하는 이유는 하나님이 그리스도인을 예수로 여기기 때문이다. 그들은 교회로서 예수의 몸이기 때문이다. 이것이 하나님이 인간을 사랑한다고 한 큰 이유가 된다.

하나님의 사랑은 내 모습 이대로 사랑하는 사랑이다. 영원하며, 살리는 생명의 사랑이다. 이 말은 인간에게 은혜와 평강이 된다. 그의 사랑은 늘 부족함이 없고 아쉬울 것이 없는, 부요하고 풍성한 사랑이다. 인간이 하나님의 사랑을 직면하면 너무 광대하여 현기증과 두려움을 느낀다. 하나님의 사랑이 크고 소중해서 함부로 할 수 없는 송구함(과분함) 때문에 갖게 되는 마음이다. 가인의 세계가 치밀하게 하나님의 나라를 공격하며 확장해 왔지만, 하나님에게 있어 인간은 저주와 분노의 대상이 아니다. 언제나 친밀과 용서와 사랑의 대상이다. 하나님만은 어떤 사람이든지, 어떤 삶을 살았든지, 인간의 모습 그대로를 사랑한다. 당연한 말 같지만, 이 사실 그 하나가 그렇게 중요하다. 세상과 나 자신이 세상과 자신을 평가하는 것이 중요한 것이 아니다. 하나님이 나와 세상을 어떻게 생각하느냐가 더 중요하다. 이 사실을 묵상함으로써 인간은 힘을 얻고, 하나님의 축복을 자신의 것으로 인식하게 되기 때문이다.

그리스도인의 믿음은 하나님의 사랑에 의지 되어 있다. 하나님의 사랑을 의지할 반석이라고 이해하는 이유이다. 반석이라고 함은 하나님의 사랑이 그만큼 강력하고 안정적이라는 의미이다. 그리스도인의 믿음은 하나님의 사랑에서 나오기 때문이다. 믿음이 견고한 이유도 하나님의 사랑이 강하기 때문이다. 그래서 하나님의 사랑을 체험한 인간이 하나님을 반석, 산성, 바위라고 고백한 것이다(시 18:2). 성서는 종말론적 이단들처럼 죄 때문에 구원을 못 받는다고 하나님의 사랑을 의심하게 하지 않는다. 예수는 의인을 구원하러 이 땅에 온 것이 아니라 죄인을 구원하기 위해서 왔기 때문이다(마 9:13). 하나님은 사랑이며, 사랑하라는 법을 주었고, 성령의 열매로서 사랑의 열매를 맺는 삶을 사는 분이기 때문이다. 그분은 인간에게도 역시 인격이 사랑이 되게 하고, 사랑의 삶이 법이 되게 하며, 사랑의 열매로 생명을 생산(열매)하게 한다.

성서가 전하는 복음은 인간이 아무리 죄인이라도 하나님은 인간을 사랑한다는 것이다. 이것이 하나님의 뜻이며, 신념이라고 선포했다. 그렇기 때문에 하나님의 죄인 사랑은 그리스도인에게 믿음의 내용이 된다. 인간이 하나님의 사랑을 이성적으로 묵상하고 마음으로 늘 간직해야 하는 이유이다. 신앙은 하나님의 생각과 뜻을 가지고 하는 것이지, 내 생각과 나의 나 됨의 처지에서 하는 것도 아니다. 자신을 불행하게 여기고, 불쌍하게 여기려고 신앙생활을 하는 것이 아니다. 자신이 아닌 예수를 바라보기 위해 예수를 믿는다. 하나님과 그의 사랑은 예수로 알게 되기 때문이다. 아울러 예수와 그의 삶을 바라봄으로 인간은 하나님을 알게 된다. 하나님이 예수를 통해 인간을 먼저 사랑했기 때문에 그리스도인은 사랑을 알고 믿음을 얻는다(요일 4:8-10).

2) 독생자를 준 하나님의 은사(선물)

　예수 그리스도는 삼위일체 하나님이다. 하나님이 독생자를 주었다는 것은 하나님이 자기 자신을 인간에게 주었다는 의미이다. 하나님 자신을 인간에게 선물로 준 것이다. 하나님이 인간에 대한 사랑을 예수로 한 것이다. 그는 사랑을 돈과 말, 능력과 기적으로 하지 않았다. 가난한 자와 부자, 장애인과 비장애인, 죄인과 의인 등 모두에게 예수를 선물로 주어서 사랑했다. 예수가 하나님의 모든 것이었기 때문이다. 인간이 예수를 믿음으로 영접하면, 그의 모든 공로와 은총을 받게 되는 이유이다. 하나님은 예수가 십자가에서 이루어 놓은 속죄와 구원(공로, 능력)을 인간에게 주었다. 예수 자신과 함께, 그 자신의 모든 사역과 권능을 주었다. 예수의 섬김과 헌신으로 인간들에게 구원과 영생과 평화와 행복을 얻게 했다. 이 일을 이루는 것을 자신의 성공과 기쁨으로 여겼다.

　하나님의 사랑은 독생자를 우리에게 준 사실적이고, 헌신적인 사랑이다. 허상이 아니다. 예수가 십자가에서 하나님보다 인간을 더 사랑한다는 것을 죽음으로 증명했기 때문이다. 그래서 십자가는 하나님이 인간을 자신보다 더 사랑한다는 의미이다. 하나님이 예수를 주었으니, 그를 영접하면 구원을 받는다는 기쁜 소식이다. 하나님이 예수를 준 것은 그의 사랑과 생명을 준 것이다. 예수를 충만한 사랑으로 '나의 주'라 불러야 하는 이유이다. 예수를 '나의 주'라고 고백한 것은 내가 예수를 '하나님에게 잘 받았습니다'라는 표현이다. 예수가 '나의 것'이라고 할 수 없으니 '나의 주'라고 표현한 것이다. 아울러 인간이 예수를 주로 영접하면 그의 법인 서로 사랑의 계명을 영접하는 것이 된다. 예수를 주로 고백하면 계명으로 그의 법을 영접한다는 의미이다. 계(계명, 법)를 받았는가 하는 것은 예수를 영접한 증거가 된다. 계를 받지 않았다는 것은 예수를 영접하지 않았다는 표다.

하나님은 예수와 함께 죽고, 예수와 함께 산다. 역시 인간도 예수와 함께 죽고, 함께 산다. 인간이 예수와 함께 죽고, 함께 사는 것을 원하는 것은 하나님도 예수와 함께 죽고, 함께 살기 때문이다. 하나님과 인간의 삶은 다르지 않고 동일하다. 인간과 하나님은 하나님이 삼위일체로 사는 것처럼 함께 산다. 하나님이 인간이 되었으니, 인간이 서로 먼저 이웃을 내 몸처럼 사랑하는 것이 하나님처럼 사는 것이 된 것이다.

하나님은 인간에게 자신을 예수로 주었다. 예수는 이름으로 자신을 주었고 그의 이름을 시인하는 자를 구원한다(롬 10:9, 13). 인간이 예수의 이름을 부르며 하나님에게 나오게 했고, 예배하게 했다. 그래서 예수를 '주와 그리스도'로 알고 부르는 것이 중요하다. 개인 구원의 의미로서 '예수(구원)'와 공동체 구원의 의미로서 '그리스도(메시아)', 둘 중 하나의 의미라도 잃어버리면, '주'의 이름을 잊어버린 자가 된다. 구원은 개인 구원일 뿐만 아니라, 메시아에 의한 서로 사랑의 공동체적 구원이기도 하다. 예수를 하나님이 인간에게 '주'로 주었으니, 인간은 가인과 그의 후손이 지배하는 세상에서 '주'가 누구인가를 명백히 고백해야 한다. 예수의 이름을 '주와 그리스도', '하나님'으로 불러야 한다. 지금 나의 기도와 사랑의 주인은 누구의 것인지를 확인하고 자신의 영적인 상태를 깨닫고 점검해야 한다. 예수의 이름으로, 하나님에게 하는 기도와 예배, 삶이 되어야 한다. 주 예수가 없는 사람이 되거나, 예수 없는 기도와 소망, 감정을 갖지 않아야 한다. 그리스도인의 기도가 하늘이나, 땅이나, 태양과 달, 별과 이름 없는 신에게 하는 것이 되어 주인 없는 기도와 예배가 되게 해서는 안 된다.

예수는 천지만물과 온 우주, 모든 그리스도인의 주인이다. 인간의 강함, 온유, 믿음, 소망, 사랑 등의 좋은 성품도 예수의 것이지만, 약함, 화, 억울함, 교만, 탐욕의 주인도 예수다. 인간의 모든 감정의 주인이 예수일 때, 인간은 완전한 덕을 갖게 된다. 인간의 약함도 그 주인은 예수이다. 그는 우리의 기업을 이을 책임을 가진 '주님'이기 때문이다. 좋은 것만 예수의 것이 아니고, 우리의 약함도 예수가 맡아 준다. 그는 죄인과 수고하고 무거운 짐 진 자들이 모두 자신에게 오기를 원하기 때문이다(눅 5:32, 마 11:28).

3) 믿는 자에게 주는 영생

하나님은 인간에게 예수를 통해 나타난 자신의 계획을 믿으라고 했다. 하나님은 독생자 예수를 주기까지 인간을 사랑하고, 그의 사랑을 믿는 자를 구원한다고 했다. 하나님은 십자가를 통해 독생자 예수보다 인간을 더 사랑한다는 것을 증명함으로 믿음을 갖기를 원했다. 예수를 바라는 실상으로 얻고, 보이지 않는 증거로 얻기를 원했다(히 11:1). 예수 안에 나타난 하나님의 사랑과 은사와 계획을 바라는 실상으로 믿고, 예수를 보이지 않는 것들에 대한 증거로 갖기를 원했다. 그래서 하나님은 자신의 계획에 대한 절대적 증거로 예수를 제시했다.

하나님은 인간을 구원하는 일에 반드시 성공하는 분이라는 것을 예수를 통해 증명했다. 하나님의 증거인 예수를 믿고 자기 증거(비전, 믿음)로 얻는 자는 어둠의 권세에서 해방되어 그의 나라로 옮겨지게 했다(골 1:13). 또한 하나님은 인간이 믿음으로 예수를 바라볼 때 그를 닮아가게 했다. 이익을 바라보거나 명예와 평안, 승리를 바라보고 예수를 믿게 하지 않았다. 자신의 미래에 대한 기대, 자신이 반대하는 것에 대한 투쟁, 자신이 좋아하는 것과 성취하는 것을 바라는 것은 믿음 생활이 아니다. 믿음은 예수를 바라는 실상으로, 그를 보이지 않는 증거로 얻는 일이다. 예수는 인간을 온전하게 하는 '믿음의 주'이기 때문이다(히 12:2).

성서는 예수를 믿는 자를 구원하겠다고 약속하고 있다(롬 10:9). 이 말은 법적인 의미가 있는 말이다. 하나님은 인간이 예수를 믿는 순간 예수가 십자가에서 죽어서 얻은 구원의 법적 효력을 우리에게 적용한다. 그래서 오늘날에도 예수를 믿음으로 구원 받는다는 법은 산 법이며, 유효법이다. 옛 법이지만 선악과를 따먹으면 죽으리라는 법도 역시 믿지 않는 자에게 계속 적용되는 산 법이다. 새 법의 적용을 받지 않는 이상 폐기되지 않고 계속 죽음의 법이 적용되기 때문이다. 인간이 예수를 믿기 전에는 '먹으면 죽으리라'는 법은 산 법이다. 하지만 예수를 믿으면 구원 받는다는 법은 산 법이 되고, 먹으면 죽으리라는 법은 옛 법이 된다. 성령이 재판장으로서 산 법을 적용하고, 인간에게 2천년 전의 사건을 현재화시키기 때문이다.

죄인에 대한 하나님의 계획은 예수를 하나님이 살린 것을 믿고, 입으로 예수를 주로 시인하는 자를 구원한다는 것이다. 이는 그리스도인에게 행복과 천국이 인생의 목적이 아니라 예수가 목적이 되게 한다. 그리스도인은 자기 욕망대로 사는 것이 행복이라고 생각하지 않는다. 먹고 사는 일이 전부인

짐승이 되는 것을 두려워한다. 마음도 좋고, 나쁜 것을 정해서 절개하지 않는다. 온전한 구원과 영생을 원한다. 인간은 희노애락애오욕(喜怒哀樂愛惡慾)의 모든 감정을 갖고 사는 존재이기 때문이다. 기쁨과 즐거움, 사랑만 인간의 유용한 감정으로 인식하고, 노여움, 슬픔, 미움, 욕망을 나쁜 감정으로 인식하거나 배제하지 않는다. 감정 중에 어느 한 가지라도 배제한다면, 인간은 온전한 인간이 되는 것을 포기하는 것과 같다. 모든 감정을 포함하는 인생과 마음이어야 인간다운 것이다. 좋은 것, 좋은 일만 있다고 행복이 아니다. 이것은 하나님의 계획이 아니다. 예수는 받은 고난을 통해 순종을 배우고, 온전하게 되었으며, 우리의 구원의 근원이 되었다(히 5:8-9). 인간의 생생한 모든 감정과 느낌을 의식하면서 예수를 믿고 이웃을 섬겨야 하는 이유이다.

많은 사람들이 소망하는 행복은 인생의 목적이 아니다. 인생의 목적은 고난과 행복이 함께있는 생명(영생)이다. 생명이 있는 시간과 생명 자체가 의미이며, 인생의 목적이다. 예수는 '나는 생명'이라고 하였다. 그리스도와 같이 생명 자체가 인간의 의미가 되고, 인생의 목적이 된다. 인간이 구원을 받고, 하나님 나라의 백성이 되면 이전 일은 기억되지 않는다고 한 것과 눈에 눈물을 닦아준다고 해서 천국이 인간의 행복을 위해 기억과 감정을 절개하는 곳이라고 생각해서는 안 된다. 온전한 감정과 기억이 없는데 어떻게 완전한 인간이 되겠는가? 그리스도인은 행복감만을 중요한 감정으로 가지려고 해서도 안 된다. 고난도 만족하는 믿음을 가져야 한다. 행복과 고난을 함께 공유한 생명 자체가 인생의 온전함이다. 이와 같이 온전함으로 인간이 구원받고, 영생을 얻게 하는 것이 하나님의 계획이며, 이것이 기쁜 소식이다.

2. 예수의 사명과 죽음의 목적

예수는 섬김을 받으려는 것이 아니라 섬기고, 자기 목숨을 대속물로 주려고 이 땅에 왔다(막 10:45). 모든 사람들이 주관자가 되려고 할 때 섬기려고 왔고, 모든 것을 가지고자 할 때 주려고 왔다. 하나님의 말씀을 거절하는 시대에 자기 자신과 삶을 말씀으로 주려고 왔다. 세상을 변화시키는 변화의 주관자가 되려고 온 것이 아니다. 죄인이 되고, 노예가 된 사람들에게 자신을 대속물로 주어 그들을 해방시키려고 왔다. 기업과 자유를 잃은 자들을 재물과 목숨으로 사려고 온 것이다.

1) 하나님의 대속적 죽음

예수는 하나님의 본체지만 그는 하나님과 동등 됨을 취하지 않았다(빌 2:6). 예수는 인간과 연합하고 교통하기 위해 자기를 비우고 낮추었다. 인간이었기 때문에 육체의 고통을 느꼈고, 울었으며, 화도 냈다. 가나안 여인이 자신의 딸을 고쳐 달라고 할 때는 이방인의 개에게 보냄을 받지 않았다고 말해서 실수도 했다. 가나 혼인 잔치에서 어머니의 간청을 거부했다가 자신의 때가 아님에도 자신의 생각을 바꾸고, 부탁을 들어준 적도 있다. 혈루증을 앓는 여인에게는 자신의 뜻이 아님에도 그 여인의 믿음 때문에 자신의 능력이 나가기도 했다. 그리스도인이 참 하나님 예수에게만 너무 집중하여 지극히 인간적인 예수님을 잊어서는 안 되는 이유이다.

손호현 교수는 '예수는 어떻게 구원하는가?'라고 문제를 제기하며 승리이론을 소개한다(인문학으로 읽는 기독교 이야기. 손호현. 동현 p138-140). 그는 키케로가 말했듯 고대에서 정의란 각자에게 자신이 행한 만큼 몫을 돌려주는 것이라고 했다. 이런 측면에서 볼 때 악마는 타락한 인간에 대한 정당한 권리를 가지는 것으로 인정되었다고 한다. 지은 죄만큼 벌을 받아야 하기 때문이다. 하지만 악마가 죄 없는 예수를 죽이는 순간, 자신이 지닌 권리의 한계를 넘어서게 되었다고 한다. 따라서 악마는 모든 정당성을 잃고, 인간에 대한 자신의 권리를 포기할 수밖에 없게 되었다고 주장했다. 그러면서 예수의 인간 됨의 유익을 말하고 있다. 죄가 없는 인간 예수는 그를 믿는 모든 사람이 하나님에게 '의롭다'라는 인정을 받게 하려고, 율법의 마침이 되었기 때문이다(롬 10:4).

성서에 의하면 예수는 인간이 지키지 못한 '선악과 언약'의 죄과를 받으려고 왔다. 선악과를 따먹으면 죽으리라는 죽음의 약속을 마치기 위해서 온 것이다. 하나님의 뜻을 따라 인간을 악한 세대에서 건져내려고 세상에 내려왔다(갈 1:4). 인간이 용서받게 하기 위해 의인으로 죽어 불의한 사람을 대신하고, 하나님 앞으로 인도하기 위해서 온 것이다(벧전 3:18). 이는 하나님이 인간에게 선악과를 주었듯이 예수를 대속물과 구원자로 준 것에 근거한다.

예수 죽음의 진정한 의미는 하나님이 인간을 대신해 죽어 준 사건이며, 인간을 위한 하나님의 죽음이다. 인간이 심판을 받아 죽기 전에 하나님이 먼저 죽어 '선악과 계약'을 파기한 것이다. 인간이 죽기 전에 성자 예수 하나님이 심판(재판) 전에 먼저 죽어 인간의 죄를 대속한 것이다. 원래 인간은 '선악과 언약'을 어김으로 죽어야 했다. 그러나 계약자 중에 한 편이 먼저 죽으면 언약이 해소되는 법칙에 따라 인간이 산 것이다. 계약의 당사자인 하나님이 먼저 죽어 줌으로 계약이 해소되었기 때문이다. 결국 죄인 된 인간에 대해 하나님이 선택한 심판의 방법은 하나님 자신의 죽음이었다. 이 죽음으로 에덴동산에서의 계약이 파기되었다. 인간의 죽음이 집행되기 전에 하나님의 죽음으로 계약이 자동 파기된 것이다. 결과적으로 죄인에 대해 하나님이 선택한 심판은 대속의 방법이었다. 대신하여 먼저 심판 받고, 죽는 방법을 통해 인간을 심판에서 속죄한 것이다. 이것을 성서는 예수가 율법의 마침이 되었다고 표현했다. 교회 정신의 핵심을 '대속, 대신' 정신이 차지하고 있는 이유이다. 예수의 대속은 사람의 죄로 말미암아 땅을 저주하지 않고(창 8:21), 인간을 심판하지 않고자(요 10:47) 하는 하나님의 결단으로 된 일이다.

예수의 죽음은 하나님과 하나 된 상태의 죽음이기에 하나님은 예수와 함께 죽었다는 의미가 된다. 하나님이 예수의 죽음을 통해 인간과 화해하고, 함께하기 위해 죽은 것이다. 하지만 화목의 제물로 십자가에서 죽은 예수는 다시 살아났다. 자신에게는 죽을 권세와 살 권세가 있기 때문이다(요 10:17). 지극히 높임을 받는 뛰어난 이름을 가진 분으로 인류 속에 거듭났다(부활). 예수는 부활을 통해 인류의 '주'로 거듭난다. 세상이 심판 받지 않고, 멸망치 않게 하고자 하여 살아난 것이다. 때문에 인류는 하나님의 원수에서 친구로, 죄인에서 의인으로, 불경건한 자에서 경건한 자가 되어 영생하게 됐다. 구약의 권위적이고 초월적인 하나님은 예수의 죽음을 통해 사랑의 아버지로, 친밀한 친구와 보혜사로 인간들에게 왔다. 그러므로 하나님인 예수가 속죄의 제물과 화목의 제물이 되었다는 점에서 대속은 하나님의 위대한 사랑이다. 이 때문에 하나님은 예수 안에서 자기 영광을 포기했다.

2) 죄의 전가(마 27:11-26)

예수는 인간이다. 하나님의 아들이 성령으로 잉태되어 아담의 후손으로 언약의 당사자가 되었다. 그리고 예수가 인간 안에, 인간이 예수 안에 존재하는 방식으로(요 14:20) 인간과 한 몸 되어 심판을 받았다. 이 심판은 빌라도의 재판을 통해 저주의 십자가에 달려 죽은 일회적이고, 완전하고, 영구적인 대속의 제사였다. 첫째 아담의 죄가 둘째 아담의 죽음으로 해소된 것이다. 예수의 죽음은 첫째 아담이 선악과를 따먹으면 죽으리라는 언약을 어긴 형벌이었다. 이 형벌로 첫째 아담과의 계약은 끝났다. 하나님이 인간을 사랑하며, 인간의 멸망을 바라지 않는다는 것도 확인하게 되었다. 하나님은 인간이 심판 받지 않고 영생 얻기를 원했던 것이다.

하나님인 예수의 죽음은 대속적인 죽음이었으나 인간도 예수를 통해 무서운 심판을 받았다. 예수가 인간이 되어 성서의 제사의 기준에 따라 대속물이 되었기 때문이다. 인간(인류)을 대표하여 십자가에서 죽음으로 속죄함을 이루고, 아담의 '선악과 언약'을 해소했다. 예수는 모든 인간의 맏아들로서 인간의 기업을 이어주는 자(고엘 정신)의 의무를 성실하게 수행한 것이다.

인간이 잃어버린 기업인 에덴을 회복시켜 준 것이다.

    예수를 십자가에 못박기 위한 빌라도의 재판은(마 27:11-26) 이사야의 메시야 고난 예언을 따르고 있다. 이사야의 예언처럼 예수는 사람들에게 고발당해 곤욕을 당하고, 괴로울 때도 입을 열지 않았다. 마치 죄를 전가 당하는 어린 양처럼 아무 말없이 죽었다. 이사야의 예언처럼 도살장에 끌려가는 어린 양과 털 깎는 자 앞에서 잠잠한 양과 같이 입을 열지 않았다. 죄인처럼 곤욕과 심문을 당하며 끌려 갔지만 그의 고난과 죽음은 인간의 허물 때문에 받는 형벌이었다(사 53:7-8). 예수를 고발한 사람들은 그의 죽음이 그의 죄 때문이라고 생각했지만, 예수는 자신의 죄 때문에 죽은 것이 아니었다. 그는 인간의 허물 때문에 죽었다. 하나님이 죄인 대신 예수가 상하고 고통 당하는 것을 원했기 때문이다. 그래서 예수는 "나의 원대로 마시옵고 아버지의 원대로 하옵소서"(막 14:36)라고 고백하며 하나님의 뜻을 이루어 주었다. 예수가 그의 영혼을 속건 제물로 주고 하나님의 기뻐하는 뜻을 성취한 것이다. 의로운 종이 되어 자기 지식으로 많은 사람을 의롭게 하고, 죄악을 친히 담당하려고(사 53:10-11) 빌라도의 재판을 통해 대속물이 된 것이다.

    빌라도의 재판은 세계 정부를 대표하는 로마와 세계의 대제사장 나라인 이스라엘이 예수를 고발하고 죽인 사건이다. 또한 세례 요한에 의해 세상 죄를 지고 가는 어린 양이라고 선포된 예수를 인류가 십자가에 못 박은 속죄 제사였다. 이는 이스라엘의 고함과 대제사장과 서기관들의 고발, 빌라도의 질문과 예수님의 대화를 통해 확인할 수 있다.

첫째, 빌라도는 예수에게 "당신은 유대인의 왕인가?"라고 묻는다. 이 질문에 예수는 "네 말이 옳다"고 했다(마 27:11). 그가 이스라엘의 왕으로 재판을 받고 있다는 의미이다. 예수가 자신을 제사장 나라의 대표라고 인정하고 있는 것이다. 왕은 나라의 대표이다. 로마도 예수를 왕으로 인식하고, 유대인의 왕으로 십자가에 못박았다.

둘째, 빌라도가 예수에게 "이스라엘이 너를 쳐서 얼마나 많은 것으로 증언하는지 듣지 못하느냐?"라고 묻는다. 사람들이 "고발하는 것을 듣지 못하는가?"라고 물은 것이다. 이 질문에 예수는 침묵한다. 이사야의 예언을 따라 잠잠한 양 같이 입을 열지 않고 죄를 전가 받는다. 구약의 제사에 보면 제물이 되는 양은 제사 전에 안수로 죄를 전가 받았다고 한다. 예수도 침묵함으로 이스라엘의 고발을 통해 인간의 죄를 전가(고발) 받았다.

셋째, 빌라도는 "너희는 누구를 놓아주기를 원하는가?"라고 묻는다. "바라바(아버지의 아들)냐? 그리스도라는 예수냐?" 이 질문은 구약의 아사셀에 대한 성취이다. 두 마리의 염소를 선택하여 하나님 앞에 두고 한 마리는 하나님을 위해 속죄제로 바치고, 한 마리는 아사셀을 위하여 광야로 보내는 의식이다(레 16:6-10). 빌라도의 재판은 바라바(인간)를 아사셀하듯 살려 보내고, 예수를 속죄의 제물이 되게 했다.

예수의 죽음이 속죄제의 성격을 갖는 것을 당시 그 해의 대제사장인 가야바의 말로도 확인할 수 있다. 그는 당시의 이스라엘에게 "너희가 알지 못한다. 한 사람이 백성을 위해 죽어서 온 민족이 망하지 않게 되는 것이 유익하다"(요 11:49,50)라고 말했다. 한 사람 예수의 죽음은 자기 백성과 온 민족이 망하지 않게 하는 일이라는 것이다.

넷째, 빌라도는 "그리스도라는 예수를 어떻게 하랴?"라고 이스라엘 사람들에게 묻는다. 이 질문에 예수를 고발한 사람들은 예수를 십자가에 못 박으라고 했다. 그를 나무에 달려 죽게 함으로 저주가 되게 한 것이다. 성서에 의하면 나무에 달려 죽은 사람은 저주를 받아 죽은 자라고 했기 때문이다. 이러한 이유로 인간은 '예수가 나를 위해 죽었다'는 말을 '내가 예수를 희생양으로 삼았다'는 말로 이해한다. 인간은 당시에 예수를 고발한 사람들처럼 자신의 죄로 인해 예수를 십자가에 못 박았기 때문이다.

빌라도의 예수 그리스도에 대한 질문에 이스라엘 사람들은 민란이 날 정도로 강력하게 십자가에 못박으라고 했다. 당시 대제사장의 말처럼 자신들이 살기 위해 예수가 죽어야만 했다.

당시 사두개인들과 바리새인들이 중심이 된 이스라엘은 구약의 하나님을 구원자이자 율법의 수여자와 집행자, 수호자로만 인식했다. 예수 그리스도처럼 하나님을 아바 아버지로 인식하지 못했다. 하나님에 대한 인식의 한계로 하나님은 죄인을 구원하는 분이라는 것을 깨닫지 못한 것이다. 율법을 지키는 자들에게만 인애를 베풀고, 죄인을 미워하는 분으로 인식했다. 죄인을 불러 새로운 삶을 살도록 용서하고 축복하는 분으로 알지 못했다. 덕분에 예수를 죄인으로 알고, 신성 모독자요 율법 파괴자로 십자가에 못박았다.

다섯째, 빌라도는 "이유가 무엇이냐? 예수가 무슨 악한 일을 하였느냐?" 라고 질문한다. 고발하는 이스라엘에게 빌라도는 오히려 예수의 무죄를 입증했다. 재판장 빌라도가 예수의 죽음은 점과 흠이 없이 무죄한 것이라는 것을 증언한 것이다. 성서가 증언하는 바에 의하면 예수가 단지 하나님의 아들이며, 세상 죄를 지고 가는 어린 양이기 때문에 죽었다는 것이다. 의롭기에 이스라엘이 예수에게 모든 죄를 전가하고, 그를 희생양으로 제물 삼은 것이다.

여섯째, 빌라도는 질문을 통해 예수를 심판하고, 그의 무죄를 입증했다. 그러나 민란이 일어날 것 같은 분위기는 막지 못했다. 당황한 빌라도는 민란을 막기 위해 "이 사람의 피에 대하여 나는 무죄하니 너희가 당하라"고 말한다(마 27:24). 정의를 선택한 것이 아니라 여론을 선택하고 자신은 비겁하게 뒤로 빠진 것이다. 그래서 사도신경은 예수가 빌라도에 의해 고난 받았다고 증언한다. 이는 모든 시대 가운데 정의에 무책임한 사람들에게 주는 사도들의 정죄이다. 빌라도가 예수의 재판에서 발을 빼자 예수의 재판을 참관한 사람들은 "그의 피를 우리와 우리 자신에게 돌릴지어다" 하며(마 27:25), 피의 효력을 자신들과 후손에게 돌린다고 선언한다. 예수의 보혈의 능력이 역사에 실제화되는 순간이다. 이들의 예수의 피에 대한 책임 선언은 예수의 죽음과 보혈이 모든 인간에게 효력을 발생시키는 근거가 되었다. 예수는 자기 피로써 백성을 거룩하게 하려고 성문 밖에서 고난을 받았기 때문이다(히 13:13).

예수의 죽음은 과거 이스라엘이 출애굽하기 전에 문설주에 어린 양의 피를 바른 사건과 구약의 제사 전통을 예증으로 갖는다. 문설주에 피를 바른 가정은 구원을 받고, 바르지 않은 가정은 장자가 죽는 전통을 계승한 것이었다. 또한 성막과 성전에서 속죄의 제사를 통해 하나님에게 용서 받는 전통을 계승한 것이다. 그래서 예수의 죽음과 그의 보혈이 죄에서 인간을 구원하는 것이라는 것을 인정하면 용서를 받는다. 하지만 예수의 죽음과 피 값을 인정하지 않으면 용서를 받지 못하고 사망에 이르게 된다.

예수의 피에 대해 책임지겠다는 당시 사람들의 선언은 예수의 죽음이 모든 민족이 망하지 않게 하기 위한 것이라는 대제사장의 선언에 근거한다. 그래서 예수의 죽음에 대한 책임은 모든 인류에게 해당된다. 피에 대한 선언은 인류를 대표하는 국가인 로마와 제사장 나라 즉, 이스라엘이 보증하는 것이기 때문이다. 예수의 피 값을 자신들과 후손들에게 돌림으로 인류는 영원히 피로써 예수와 관계를 맺게 된 것이다. 인류는 이때 예수의 피를 심판과 속죄의 피로 받았다. 예수의 피를 인류가 구원하는 보혈로 받은 것이다. 이 날은 구약에서는 '보복의 날'로, 신약에서는 '은혜의 날'로 표현된다. 예수의 죽음을 대속의 죽음으로 믿지 않으면, 그의 의로운 핏값에 따라 사망이라는 보복을 당한다. 반대로, 예수가 인간의 대속을 위해 죽었다는 것을 믿으면 속죄의 제사가 되어 그의 피로 의롭다 인정을 받는다.

예수의 죽음은 계약의 당사자인 하나님이 죽은 대속이며, 인간의 대표자로서 죽은 대속이다. 인간이 죽어야 하는데, 대신하여 하나님 예수가 먼저 죽어 계약을 해소했으니 대속이다. 또한 아담과 한 몸이 된 인간의 몸으로 인류를 대표하여 죽었으니 나의 대표로서 대속이다. 자기 자신이 인류의 대표인 아담과 한 몸, 예수와 한 몸이 된 것을 알면 대속을 쉽게 이해할 수 있을 것이다. 인간은 자신의 죄를 자신이 해결한 것이 아니라, 하나님이 예수의 피를 통해 해결했기 때문이다. 또한 성서가 생명이 피에 있다고 주장하며, 피로만 죄를 속한다고 했기 때문이다. 성서는 육체의 생명은 피에 있고, 피가 생명과 일체라고 본다(레 17:11,14). 예수의 피를 '보혈'이라고 하는 이유이다.

성서는 예수의 죽음과 보혈이 자신과 상관이 없다고 생각하는 사람들을 위해 다음과 같이 말한다. 예수는 분명 인간의 질고를 지고, 슬픔과 고난을 당했다. 그의 찔림과 상함으로 인간의 허물과 죄악이 용서를 받고, 그의 징계로 평화를 누리고, 채찍에 맞음으로 나음을 입었다. 이것이 보혈의 능력이고 피의 권세다. 전에 인간이 각기 자기 길로 갔기 때문에 하나님이 우리의 죄악을 담당시킨 일을(사 53:4-6) 통해 발생한 권세라고 선언한 것이다.

예수의 십자가의 죽음을 통해 나타난 복음의 모양은 아름답지 않다. 하나님의 팔이 나타난 예수를 보면 "주 앞에서 자라나기를 연한 순 같고, 마른 땅에서 나온 뿌리 같아서 고운 모양도 없고 풍채도 없다"고 했다. 멸시를 받아 사람들에게 버림을 받았으며, 간고를 많이 겪었고, 질고를 아는 자라고 증언했다. 사람들이 얼굴을 가려 멸시하고, 귀히 여기지 않은 모양이라고 가르쳐 준다(사 53:1-3). 복음이 고운 모양과 풍채도 없고, 버림받을 만하며, 귀히 여길 만한 외형이 없다는 것이다. 하지만 교회가 타락하면 복음의 외적인 모양은 아름답게 변한다. 멋진 옷과 아름다운 건물, 부와 권세로 복음의 모양을 멋지게 내려고 한다. 그러나 교회는 언제나 예수가 십자가에 못박혀 고난을 당한 모습으로 세상에 서야 한다. 이 모양이 복음의 모양이며, 세상을 비추는 빛이다. 복음이 아름다운 모양을 가지고, 헤롯의 도시에 존재한다면 교회는 타락할 것이다. 예수는 성전이나 예루살렘 성 안에서 죽지 않았다. 성전과 성 밖에서 죽었다. 그래서 예수의 죽음으로 온 세상이 성전이 된 것이다. 예배를 하다가 형제에게 원망을 들을 만한 일이 생각나면 예배 자리를 이탈해야 하는 이유도 여기에 있다. 형제에게 먼저 가서 화목하고 뒤에 와서 예물을 드리는 예배를 해야 한다(마 5:23,24). 형제와 화목하는 것이 예배보다 먼저 해야 할 일로 정해진 것이다. 형제에게 죄를 범하고, 하나님에게 회개하면 다 용서받는다는 생각은 성전이 무너진 것처럼 무너지고 짓밟혀야 한다. 먼저 이웃에게 용서를 받고 화목해야 예배와 용서받는 회개의 자리에 나갈 수 있기 때문이다.

3. 예수의 대속으로 인한 은혜

예수의 대속은 하나님의 약속대로 된 것이다. 예수는 연약한 사람, 경건하지 않은 사람, 죄가 있는 사람, 하나님의 원수가 된 사람을 위해 왔다. 이 땅에 와서 죄인들을 위해 십자가에 달려 죽음으로 사랑을 확증하고, 인간을 의롭게 했다. 또한 하나님과 인간을 화목하게 하고, 인간을 구원하고, 인간이 하나님을 즐거워하게 했다. 그래서 이런 하나님의 큰 은혜 때문에 인간은 하나님의 생각과 사랑이 인간보다 큼을 인정한다. 큰 은혜를 주었기 때문에 인간은 예수의 은혜를 받아들인다. 이것을 성서는 '영접'이란 말로 표현했다.

그럼 예수의 대속이 우리와 무슨 관계가 있을까? 예수의 죽음은 우리에게 무엇을 알게 하고, 무엇을 성취했을까? 로마서 5장 1절에서 11절 사이의 말씀을 통해 알아보고자 한다.

1) 하나님의 무조건인 사랑을 확증하였다

하나님 예수가 짊어진 십자가는 하나님이 인간에게 '나보다 너를 더 사랑해'라는 의미이다. 또 다른 의미로는 아버지 하나님이 독생자 예수보다 인간

(나)을 더 사랑한다는 뜻이다. 이것을 하나님은 십자가를 통해서 인간에게 메시지로 주었다. 예수의 십자가는 인간이 연약할 때, 죄인이 되고 하나님의 원수 되었을 때에 확증한 아가페 사랑이다(롬 5:8). 그 덕에 사람들은 하나님이 예수로 인간을 사랑하고, 살린다는 것을 알게 되었다. 하나님은 예수를 통해 먼저 시작하는 사랑을 하고, 사랑을 실재화했기 때문이다(요일 4:10).

하나님은 의롭고, 강하며, 건강하고, 부유하며, 친한 사람에게만 사랑을 확증한 것이 아니다. 가인과 이방인 같은 하나님의 반역자들에게도 확증한 사랑이다. 죄인들에게 사랑한다고 프로포즈한 것이다. 복음이 인간에게 의미가 있고, 기쁜 소식이 되게 했다. 인간은 십자가를 거부할 수 있는 힘을 가진 예수가 십자가에서 하나님의 뜻대로 인간을 사랑하기 위해 절제하고, 고통스러워 하며, 인내하는 것을 보았다. 예수는 십자가에서 모욕과 조롱과 아픔을 당하면서도 항거하거나 욕하지 않고, 선함으로 사랑을 확증했다. 그 덕에 인간은 하나님의 사랑의 진실성과 충성됨을 확증 받고, 안심하고, 그를 믿게 되었다.

오늘날도 예수의 십자가는 모든 인간에게 무조건적인 하나님의 사랑을 확증하고, 믿음으로 실재화한다. 하나님은 예수의 십자가를 통해 자신을 믿어달라고 강력하게 호소했기 때문이다. 하나님 자신이 인간에게 재판을 받고, 나무에 달리는 저주를 받아 멸망을 당했다. 그래서 이러한 증거를 통해 인간은 하나님의 살리는 사랑을 확증했다. 인간은 이제 더 이상 하나님의 심판에 놀라지 않는다. 하나님의 변심을 두려워하지 않는다. 오히려 하나님의 사랑에 깊이 빠져 감동을 받는다. 죄인임에도 십자가를 바라보며 멸망 당하지 않을 것이라는 것을 확신한다. 하나님이 도와주고, 붙들어 주고, 인간을 위하시는 하나님을 확인하고, 믿게 되었다. 이는 예수를 화목의 제물로 삼은 하나님의 산 제사 덕분이다.

2) 예수의 피로 의롭다 함을 받았다

예수가 자신을 십자가로 준 것은 인간을 모든 불법에서 건져내고 깨끗하게 하여 선한 일을 열심히 하게 하기 위해서이다(딛 2:14). 그는 인간이 범죄한 것 때문에 내줌이 되고, 의롭다 하기 위해 부활했다(롬 4:25). 이 '의'는 예수를 믿을 때 인간에게 나타나는 '하나님의 의'다. 차별이 없다(롬 3:22). 예수를 영접하고, 믿는 모든 자들에게 하나님의 자녀가 되는 권세를 준다(요 1:12). 그리스도 예수 안에 있는 속량으로 말미암아 하나님의 은혜로 값없이 의롭다 함을 얻은 자 되게 한다(롬 3:24).

하나님은 예수의 십자가 사건을 통해 나타난 하나님의 사랑을 믿는 모든 사람을 의롭다고 인정했다. 하나님을 사랑할 자격을 가진 사람이 되게 했다. 여기서 의롭다 인정을 받는다는 의미는 인간이 하나님의 자녀 됨을 아는 것에 근거한다. 하나님이 인간에게 '내가 너를 사랑하는데 아무 문제가 없어, 그것을 믿니?'라고 물을 때에 '예'라고 말한 사람을 하나님이 '그래 그것이 옳다(의롭다)'고 한 것이다. 의롭다 인정받는 것은 존재의 변화가 아니다. 하나님은 아버지이시고, 그 하나님이 독생자보다 인간을 더 사랑한다는 것을 믿으니 의롭게(옳다) 여겨 줌이다. 자녀가 무슨 죄를 범하더라도 부모가 자녀를 사랑하는데 아무 문제가 없는 것과 같은 의미이다. 자녀가 부모에게 무슨 죄를 범하더라도 '내가 너를 사랑하는데 아무 문제가 없어', '너는 내 자녀야! 그것을 믿니?'라는 말에 믿음으로 반응한 자녀에게 '그게 옳은 거야(의롭다)!'라고 말해 준 것이다. 이런 관점에서 보면 인간의 의로움은 남이 나를 의롭다 해주는 의로움이지, 스스로 의롭게 되는 것이 아니다. 구약의 제사도 '제사를 하라'는 하나님의 명령에 따라 제사하면 하나님이 회개로 인정해 주는 것이지, 존재가 의롭게 된 것은 아니었다. 즉, 존재가 변한 것이 아니라 의롭다고 봐준 것이다.

누가복음 15장에 나오는 탕자의 비유를 예로 든다면, 아버지의 사랑을 믿고 탕자가 돌아오는 것이 '맞다'는 의미이다. 아버지에게 돌아옴이 '옳다, 의롭다'라고 말해 주는 하나님의 응답이다. 하나님이 '그래 맞다. 그렇게 하는 것이 의로운 거야' 한 말을 인간의 입장에서 하나님이 '나를 의롭다고 해주었어'라고 말한 것이다. 예수를 믿으면 의롭다 인정받는 것은 율법을 지켜서가 아니고, 자신의 양심에 근거해서 나온 소리도 아니다.

4) 예수의 죽음으로 하나님과 화목하게 되었다

그리스도인은 예수의 죽음으로 말미암아 하나님과 화목하고, 즐거워하는 관계가 되었다. 삼위일체 하나님과 관계가 회복되었고, 사귐이 가능하게 된 것이다. 화목의 근거는 하나님에게 있다. 예수를 하나님과 인간 사이에 화목제물로 세웠기 때문이다. 독생자 하나님인 예수의 죽음으로 인간이 지은 죄가 간과되었기 때문이다(롬 3:25). 예수 덕분에 하나님과 기뻐하고, 사랑하는 샬롬의 관계를 회복했다. 아울러 하나님이 죄인에게 진노하는 무서운 분이 아니라 죄로 연약해진 인간에게 친밀한 분임을 알게 되었다. 하나님과의 관계 회복은 율법을 지키고 자기 의를 주장하는 것이 아님도 알게 되었다.

성서에 의하면 십자가에서 고난을 받은 예수의 육체만이 하나님과 인간 사이에 막힌 담을 헌다. 원수 된 것과 의문에 속한 율법을 폐한다. 하나님과의 관계를 평화롭게 한다. 민족과 사상이 달라도 예수 안에서 십자가를 통해 새 사람으로 만들어 낸다. 하나님과 인간이 원수 된 것을 십자가로 소멸하고, 평안을 전하여 한 성령 안에서 하나님에게 나가게 한다(엡 2:14-17).

그러므로 인간은 하나님이 노여움을 풀지 않고 멸망케 하는 분이라는 불신을 예수를 믿음으로 극복해야 한다. 또한 내가 남을 미워하듯이 하나님도 나를 미워할 것이라는 막연한 생각을 버려야 한다. 자기 자신을 자신이 미워한다고 하나님이 나를 미워할 것이라는 불신도 버려야 한다. 오히려 예수를 십자가에 못 박아 나를 살린 하나님의 사랑을 깨닫고, 자신이 얼마나 위대한지 깨달아야 한다. 하나님이 나를 즐거워하는 분이라는 것을 확신해야 한다. 믿고 확신해야 하나님의 사랑을 받는 자, 구원 받은 자, 하나님과 화목하고 기뻐하는 자로 행동할 수 있다. 하나님이 나를 즐거워하듯이 남을 즐거워하는 자가 될 수 있다. 자기 자신의 정체성을 정확히 알아야 '서로 사랑'으로 화목이 되는 것이다.

5) 예수의 부활로 구원받았다

많은 사람이 생각하기를 인간이 하나님을 만나면 자신감과 기쁨을 가지고, 그의 품에 안길 수 있을 것이라고 생각한다. 하지만 그렇지 않다. 성서에 보면 하나님과 예수를 만난 사람들의 반응은 죽음에 대한 두려움이었다. 죄와 죄책감 때문에 하나님을 만나면 죽게 되었다는 절망감을 표현했다. 하나님을 만나면 죽을 줄 알고 회피했다. 예수가 죄의 문제를 해결해 주지 않으면 하나님을 만날 수 없기 때문이다. 아울러 인간이 예수 그리스도에 대한 믿음 없이 천국에 간다면 죄책감 때문에 하나님을 거부할 것이기 때문이다. 결국 인간 스스로 천국을 거부하고, 지옥을 선택하게 되는 이유이다. 오직 부활의 예수가 대속자로서 중보자가 되어야 인간은 마음에 권세(자격감)를 얻어 하나님을 만날 수 있게 된다. 성령으로 흠 없이 하나님에게 드린 그리스도의 피가 인간의 양심을 죽은 행실에서 깨끗하게 하기 때문이다. 결국 인간은 예수가 중보자로서 하나님을 섬기는 마음을 갖게 해야 하나님에게 나갈 수 있는 것이다(히 9:13).

부활 사건은 빈 무덤과 목격자들의 목격과 그들의 증언을 통해 확증된 사건이며, 하나님이 자신의 능력과 권세를 나타낸 사건이다. 또한 하나님이 예수의 삶을 지지해 주고, 그가 옳았다는 것을 증명한 사건이다. 그래서 부활은 그리스도인에게 예수가 하나님 됨을 인식하게 하는 근거가 된다. 부활은 믿음의 토대이며, 미래로 나가게 하는 그리스도인의 힘이 된다. 부활은 미래의 종말이 예수의 죽음을 통해 실현되었다는 것을 증명한다. 종말이 미래에 이루어지는 것이 아니라 예수의 죽음을 통해 인간의 종말이 미래로부터 현재로 온 것이다. 아울러 그리스도의 부활을 통해 희망의 미래가 세상에 시작되었다. 부활은 종말이 인간의 시간에 참여한 사건이기 때문이다. 미래에 인간이 성취할 모습을 현재에 실현한 것이기 때문이다. 부활은 인간의 입장에서 우연이고 기적이지만, 예수의 가르침이 길과 진리와 생명임을 확정하는 것이었다.

부활은 인간이 하나님의 나라에서 부활한 예수와 같은 모습으로 살게 될 것이라는 '미래 비전'을 제시한 역사적인 사건이다. 인간이 멸망하는 종말적 존재가 아니라, 우주의 궁극적 목표인 새 하늘과 새 땅에서 영생을 성취할 것이라는 비전을 제시했다. 예수가 부활을 통해 제시한 영생하는 존재로서의 인간은 기쁨, 평화, 행복, 분노, 비참, 고난, 고통, 슬픔, 사랑, 우정 등의 감정을 갖는 존재라는 것을 알게 했다. 물질을 초월하는 존재가 될 것이라는 것도 제시했다. 하나님은 예수를 십자가를 통해 그의 목적에 미달된 것을 삭제하고, 하나님의 뜻을 부활 사건의 기반 위에서 성취할 것이다. 예수의 부활을 통해 역사는 세계를 시작한 하나님의 창조 목적을 성취할 것이다. 종말론적으로 인간들이 하나님의 나라를 영접하여 예수의 모습을 갖는 목표를 성취할 것이다. 이러한 부활신앙은 인류를 성장하게 하고, 평화적 미래로 나가게 하는 커다란 동력이 된다.

예수의 고난과 부활로 성취된 그리스도인의 구원은 '기업을 이어준다'는 고엘의 성격을 가지고 있다. 그리스도인은 예수의 부활을 통해 믿음으로 하나님의 기업을 다시 얻기 때문이다. 고엘 제도는 기업을 빼앗기거나 잃어버린 친족의 기업을 사서 되찾아 주는 제도이다. 빼앗긴 사람의 이름으로 기업을 이어주는 친족과 지인의 긍휼사업이다. 이 고엘의 사업을 예수는 인간이 잃어버린 에덴이라는 기업을 이어주는 것으로 성취했다. 대속으로 하나님의 부르심을 입은 모든 사람에게 영원한 기업의 약속을 얻게 했다(히 9:15). 예수가 인간의 친족이 되어 인간을 죄에서 속량하려고 죽은 것이다.

예수는 친족과 같은 대속자로서 인간에게 주의 은혜의 해와 하나님의 보복의 날을 선포한다. 슬픈 자를 위로하고, 슬퍼하는 자에게 화관을, 재를 대신해서 기쁨의 기름으로 슬픔을 대신하게 했다. 또한 찬송의 옷으로 근심을 대신하게 했다(사 61:2,3). 그는 가난한 자에게 복음을, 포로 된 자에게 자유를, 눈 먼 자에게 다시 보게 함을, 눌린 자에게 자유를 주겠다고 했다. 고엘로 인간에게 주의 은혜의 해를 전파한 것이다(눅 4:18,19).

4. 예수를 영접하는 자의 변화

1) 구원받는 자가 된다(눅 1:26-38)

욕심이 인간의 마음에 잉태되면 죄를 낳고, 장성하여 사망을 낳는다(약 1:15). 탐심은 우상숭배(골 3:5)인데, 잉태를 '마음을 먹는다'는 말로 해석한다면, 탐심은 '우상에 대한 마음을 가졌다'는 의미이다. 탐심도 마음먹는다는 말처럼 잉태되기 때문이다. 우상숭배의 마음이 잉태(영접)되고 성장하면 사망을 낳는다. 그러나 예수를 영접하면 생명(영생)을 낳는다. 성서는 예수를 영접하는 자에게 하나님의 자녀가 되는 권세를 준다고도 했다. 그래서 예수를 처음 영접한 동정녀 마리아를 통해 예수를 어떻게 영접하는지에 대하여 가르쳐 준다. 마리아의 잉태는 그리스도인이 성령에 의해 예수를 처음으로 영접하고 거듭난 예가 된다. 이 사건은 예수의 구원을 하나님이 적용한 첫 사례이다. 그 내용은 다음과 같다.

첫째, 하나님은 예수를 영접하는 자에게 증인을(행 1:8) 보냈다. 마리아에게는 천사 가브리엘을 증인으로 보냈다. 보냄을 받은 가브리엘 천사는 마리아에게 이름이 '구원'이라는 뜻을 가진 '예수'를 잉태할 것이라고 가르쳐 준다. 예수를 영접함으로 구원을 받는다고 전한 것이다. 복음을 전달하는 방식은 천사가 마리아에게 직접 가서 얼굴을 대면하고 전하는 방식이었다. 이

방법은 오늘날도 동일하게 적용된다. 하나님은 자신의 사람을 증인으로 보내 전도 받은 사람을 대면하여 예수를 영접하게 하기 때문이다.

둘째, 마리아는 하나님의 은혜를 받은 자로 선택되었기 때문에 예수를 영접한다. 선택 구원을 적용한 하나님은 예수를 영접하는 마리아에게 평안과 임마누엘을 약속한다. 예수를 영접하는 것이 인간에게 구원이 되는 이유이다. 그래서 복음을 전하는 가브리엘은 복음을 받는 마리아에게 '은혜 받은 자'라고 존중한다. "무서워 말고 평안하라"면서 "하나님이 너와 함께한다"고 가르쳐 준다. 높은 위치에서 협박과 무례함으로 말하지 않고, 하나님을 인격적으로 만나게 했다. 천사의 복음은 일방적으로 '예수천당 불신지옥'이라고 선언하지 않았다. 전도가 무섭고 두렵지 않게 했다. 마리아에게 예수를 영접하고 천국에 가라고 하지 않았다. 믿음의 장소는 죽어서 천국이 아닌, '여기'라는 삶의 현장이기 때문이다.

셋째, 가브리엘 천사는 마리아에게 "보라 네가 잉태하여 아들을 낳으리니 그 이름을 예수라 하라"고 말한다. 이 말을 현대식으로 하면 다음과 같다고 할 수 있다. '보라 네가 예수를 영접하여 믿음을 내는 사람이 될 것이다' 또는 '예수의 이름(구원)을 낳는 전도자가 될 것이다'라는 말이다. 천사는 마리아가 영접할 예수가 위대한 하나님의 아들이고, 다윗의 왕위를 받아 영원히 야곱의 집을 다스릴 사람이라고 가르쳐 준다.

넷째, 마리아가 "나는 남자를 알지 못하니 어찌 이 일이 있으리이까?"라고 의문을 제시했다. 어떻게 이런 일이 처녀에게 가능하냐고 질문한 것이다.

이때 천사는 성령이 임하고, 하나님의 능력이 마리아를 덮으면 가능하다고 말한다. 하나님의 말씀은 모든 것을 가능하게 한다는 것이다. 오늘날의 말로 한다면 성령의 권능이 임하면 예수를 믿게 된다는 의미와 같다.

다섯째, 마리아는 복음을 전하는 가브리엘 천사에게 "나는 주의 사람이니 말씀대로 이루어지기를 바랍니다"라고 말했다. 말씀이 육신이 되는 장면이다. 동시에 예수가 인간에게 임재하시는 장면이다. 마리아는 하나님의 뜻을 자신에게 믿음으로 적용함으로써 예수를 영접한다. 하나님은 인간의 자유를 인정한다. 하나님에 대한 믿음과 계명에 대한 선택은 인간이 하게 했다. 그런 점에서 '순종'은 비인격적 굴복이 아니다. '거부권이 있는 자유'이다. 아울러 순종은 하나님을 닮게 하고, 그와 대등하게 되는 유일한 방법이기도 하다. 문명인은 법을 만들고 순종하여 스스로를 보호하고 발전시키듯이 순종은 이성과 믿음을 가진 자들이 하는 것이지 맹신도가 하는 행위는 아니다.

예수에 대한 영접은 인간이 명백하게 자유의지를 가지고 "나는 주의 사람이오니 말씀대로 이루어집니다" "아멘" 하면 그 순간 이루어지는 것이다. 믿음으로 수용하는 입장에서 영접이다. 마리아는 예수를 영접할 때 "주의 뜻대로 됩니다"라고 했다. 신앙은 '내가 하겠다'가 아닌 '뜻대로 됩니다'이다. '주님의 뜻대로 되지만, 나는 방관합니다'는 의미가 아니다. 그대로 되게 하겠다는 의미이다. 그리고 모든 것을 다하겠다는 의지를 담는 고백이다.

2) 예수의 이름을 부르는 자가 된다

예수를 영접한 사람은 하나님에게 어떻게 나가야 할까? 예수를 주로 영접한 사람이 예수와 어떻게 함께할 수 있을까? 하나님이 늘 인간과 함께하지만 인간이 예수와 함께하는 방법은 무엇인가? 하나님이 나와 함께하는 것을 어떻게 알 수 있을까? 여러 답이 나올 수 있고, 복잡하게 생각되지만 이 질문에 대한 답은 간단하다. 예수의 이름을 부르는 것이다. 과거 이스라엘은 하나님의 이름을 부르며 하나님이 있는 시온의 성전으로 나갔고, 제사했고, 기도했다. 오늘날 그리스도인도 역시 예수의 이름을 맡은 자로서 주의 이름을 믿고, 부르며, 하나님에게 나간다. 마음으로 믿어 의롭다 함을 얻고, 입으로 시인하여 구원을 얻기 때문이다. 에노스가 미약한 자로서 하나님의 이름을 부른 것처럼 예수의 이름을 부르며 그와 함께한다. 하나님에게 나아간다. 예수의 이름을 불러 그와 함께하며, 예수가 자신과 함께함을 확인한다.

주의 이름을 부르는 자는 구원을 얻는다(행 2:21, 롬 10:13). 예수의 이름의 뜻은 '자기 백성을 그들의 죄에서 구원할 이름'으로 '구원'이란 뜻이다(마 1:21). 예수의 또 다른 이름은 '하나님이 우리와 함께한다'는 뜻을 가진 임마누엘(마 1:23)이다. 늘 함께하는 구원자이기 때문에 주의 이름을 부르는 것은 예수가 삶에 임재하고, 개입하여 구원하게 하는 중요한 믿음의 행위이다. '부름'은 인간이 하나님의 이름을 부름으로 하나님과 함께하는 일이다. 에녹처럼 하나님과 동행하는 일이다. 하나님은 예수 이름 외에 천하 사람 중에 구원을 받을 만한 다른 이름을 준 적이 없다(행 4:12). 하나님이 예수의 이름만 지극히 높여 모든 이름 위에 뛰어나게 했다. 하늘에 있는 자들과 땅에 있는 자들과 땅 아래에 있는 자들로 모든 무릎을 예수의 이름에 꿇게 했다.

하나님은 예수의 이름으로 인간과 함께하며, 그 이름을 힘입어 생명을 얻게 하고, 주로 시인하면 하나님에게 영광을 돌리게 했다(빌 2:9-11). 또한 하나님은 그의 이름으로 사람을 구원하고 변호한다(시 54:1). 하나님은 그의 이름(출 15:3)이기 때문이다. 여기서 여호와라는 이름은 하나님이라는 의미로 해석할 수 있다. 즉 '그 이름 주님이시다 그 이름 야훼시다' 또는 '그 분은 여호와이시고, 여호와가 그의 이름이시로다'라고 해석할 수 있다. 예수의 이름이 하나님이기 때문에 인간이 예수님과 함께하는 방법도 하나님이 우리 안에 존재하게 하는 방법도(요일 4:15) 당연히 예수님의 이름을 부르는 것이 된다. 마음의 문을 두드리는 예수에게 인간이 문을 열어주는 방법도 "주는 그리스도요 살아 계신 하나님의 아들입니다"라고 고백하는 방법 외에는 없다.

하나님이 인간과 함께하는 방법이 예수의 이름을 준 것이라고 한다면, 인간이 하나님과 함께하는 방법도 믿음으로 예수의 이름을 부르는 것이다. 하나님은 예수의 이름으로 우리와 함께하고 구원하기 때문이다. 예배 때에 예배의 부름을 하는 것도 하나님이 인간을 부름으로 해석할 수 있지만, 인간이 어떻게 하나님에게 나아 갈 것인지를 가르쳐 준다. 모두 예수(하나님)를 믿고 이름을 부르며 나가야 한다는 것을 알려 준다. 하나님의 이름을 존중하고, 높이고, 찬양하고, 감사하는 이유도 여기에 있다. "우리의 도움은 천지를 지으신 여호와의 이름에 있다"(시 124:8)고 했다. "주의 이름으로 오시는 이여 할 때까지 나를 보지 못하리라"고도 했다(마 23:39). 예수는 주로 인간에게 오는 분이지 위인, 성인으로 오는 분이 아니기 때문이다. 예수를 주로 불러야 하는 이유이다.

3) 사상과 공동체 관계가 변화한다

첫째, 예수를 믿으면 사상과 신분이 변화한다. 예수를 주로 부르는 자는 예수의 아버지를 아버지라고 부르는 양자의 신분을 갖게 된다. 이들은 하나님의 자녀이기 때문에 법에 따라 죄인과 의인의 구도로 평가 받지 않는다. 이러한 법적 구도는 인간을 영원히 죄인으로 살게 한다. 하지만 하나님을 아버지라 부르는 자는 '죄인과 의인의 법적 관계'가 아닌 '부자의 관계'로 평가 받는다. 자녀는 부모에게 죄인이자, 의인이기 때문이다. 자녀는 의인이건, 죄인이건 부모에게는 사랑하는 자녀일 뿐이다. 부모에게 자식이 의인이 되든, 죄인이 되든 문제될 것이 없다. 그는 부모의 자식일 뿐이다.

예수를 믿는 사람은 그를 좋아하고, 그의 신념을 추종한다. 단순히 그를 좋아하기만 하는 것이 아니다. 믿는다는 것은 그의 신념을 믿는다는 의미이다. 그렇기 때문에 믿음으로 예수의 신념을 따라 행하면 의롭다 인정을 받아 구원을 받고 영화롭게 된다. 하지만 두려운 마음을 가진 사람, 의심하고 믿지 못하는 사람, 자신의 구원을 염려하거나 자신감이 없는 사람도 그 믿음대로 된다.

그리스도인은 하나님의 자녀로서 하나님의 아들 예수처럼 '나를 위해 사는 것이 아니라 너를 위해 사는' 삶을 산다. 하나님을 사랑하는 것보다 자기 자신과 돈, 쾌락을 사랑하는 삶과 서로 잡아먹는 경쟁적 삶을 떠난다. 예수의 피로 속량을 받은 사람으로서 하나님의 은혜의 풍성함을 따라(엡 1:7) 현실 사회의 시민의식과 윤리를 앞선 사람이 된다. 섬기려 하고 자신을 용서의 제물로 내놓기를 좋아한다.

둘째, 예수를 믿으면 개인에서 공동체로 변화한다. 개인의 구원은 교회로서의 구원이다. 교회 공동체에 의한, 교회를 위한 구원이다. 개인적으로 신앙생활을 잘하는 것도 중요하지만, 공동체적으로 잘하는 것은 더욱 중요하다. 구원을 받은 사람은 개인적 구원과 개인적 축복을 넘어 교회 공동체적 구원과 축복에 주목해야 한다. 영혼의 구원을 받았으니, 예수의 몸인 교회가 되기 때문이다.

교회의 구성원이 되는 구원은 하나님의 기업을 잃어버린 죄인들에게 기업을 이어주는 의무를 실현한다. 예수의 구원정신(고엘, 희년)에 따라 그리스도인은 하나님의 기업을 얻는 자가 되고, 그의 기업이 된다. 이 기업은 자유와 평등과 인권 등의 소중한 가치를 사회에 실현시켜 나가는 변혁과 평화의 모임이다. 서로 사랑하는 관계를 회복하여 삼위일체 하나님처럼 사는 공동체를 교회를 통해 회복하고자 하는 모임이다. 하나님의 부르심을 얻은 자들이 영원한 기업의 약속을 얻게 하기 위해 예수가 새 언약의 중보자로 희생하여 얻은 기업이다. 그는 죽어서 인간이 진 빚을 속량했고(히 9:15), 그리스도인에게 기업을 얻게 했다(골 1:12).

그리스도인은 자본을 중시하는 자본주의적 기업을 얻기보다 예수의 기업인 교회 공동체를 얻기를 소망한다. 상품을 통해 무한경쟁하며 돈으로 믿음(신용)사회를 만들어 가는 목적으로 살지 않는다. 다국적 기업으로 세계를 정복해 나가는 제국주의를 추구하지 않는다. 착취 구조를 반대하고 사나운 자가 아닌 온유한 자로 기업을 얻는 교회를 세우고자 한다. 교회로 거듭나 에덴동산에서의 기업정신을 회복하는 것을 목표로 삼는다.

그리스도인은 인류를 한 형제로 인정하고, 형제가 가난할 때 자기 기업 중에 얼마를 팔아 가까운 형제를 구원하고자 한다. 기업 무를 자의 의무를 형제로서 지키고자 하는 것이다(레 25:25). 구원 받은 사람이 자기 인격의 변화를 추구하는 것도 중요하지만, 기업을 잃은 형제를 용납하고, 자유롭게 다니게 하는 공동체의 돌봄과 책임도 거듭남의 영역에 속하기 때문이다.

셋째, 예수를 믿으면 교회를 통해 국가가 된다. 흑암의 권세에서 인간을 건져내어 하나님이 사랑하는 예수의 나라로 옮겼기 때문이다(골 1:13). 예수의 나라는 적어도 무엇을 먹을까, 마실까, 입을까 걱정하지 않아도 되는 사회이다. 구성원에게 모든 것이 있어야 될 줄 아는 사회이다. 먼저 하나님의 나라와 정의를 구하게 하여 내일 일을 염려하지 않게 하고, 한 날의 괴로움은 그 날에 족하게 하는 체제이다(마 6:31-34). 국민이 먹고 사는 걱정없이 잘 살게 하는 좋은 나라이며, 그 나라를 위해 직업적 소명을 추구할 가치가 있는 나라이다. 먼저 그의 나라와 의를 구하는 자에게 염려없이 왕과 같은 제사장으로 살게 하는 의인의 나라이다.

역사에 등장한 원시 공동체 사회, 노예제 사회, 봉건제 사회, 자본주의,

사회주의 등은 하나님의 나라에 소망을 품은 그리스도인에게 최종적인 체제와 목적이 되지 못한다. 현재 세상의 나라는 세 가지 체제로 그 모양을 나타내고 있다. 자유 민주적 자본주의, 평등 민주적 사회주의, 진화적 국가주의 체제가 있다. 자본주의는 자유 민주주의라는 이름으로 등장했으나, 여기서 자유는 욕망이다. 자본에 대한 민주를 주장하며, 욕망을 자유롭게 하자는 체제다. 사회주의는 평등을 지향하지만, 전체주의이다. 헤게모니만 자본가에서 노동자가 아닌 당의 소수 귀족이 소유한 체제이며, 평등을 주장하지만 관료 독재체제이다. 진화적 국가주의는 인종, 민족 제일주의에 기반하여 세상을 퇴보와 진보로 나누는 나찌와 파쇼와 같은 형태로 세상에 등장하였다. 물론 후진적인 자본주의와 사회주의 체제 내에서도 진화주의는 맹위를 떨치고 있다. 하지만 그리스도인은 이런 사상과 체제의 지지자가 아니다.

그리스도인은 세상의 나라와 체제에 소속되어 살아가지만 언제, 어디서나, 하나님 나라의 사람으로 산다. 외면적으로 로마에서, 미국에서, 프랑스, 한국 등의 나라 사람으로 살아도 내면적으로는 늘 하나님 나라의 사람으로 사는 것이다. 어느 시대를 막론하고, 그리스도인이 사는 곳과 나라는 달라도 교회 사회를 세워 하나님의 나라를 세우고자 하는 소명을 가지고 산다. 야곱이 이스라엘로 변화하여 이스라엘을 세운 것처럼 그리스도인이 교회로 변하여 예수의 나라를 세우려는 목적의식을 가지고 산다. 현재에도 교회 사회는 예수를 통해 나타난 기업의 풍성함으로 세상의 나라와 체제를 발전시키고 있다.

현재 한국의 경제는 자본주의, 정치는 자유 민주주의 체제이다. 이곳에서 그리스도인은 한국을 하나님의 나라로 발전시키고자 하는 소망을 품고 산다. 한국이라는 나라를 통해 하나님의 나라와 의를 구하며 살고 있고, 세계의 평화에 기여하고 있다. 그러나 세상의 나라는 영원하지 않다. 오직 하나님의 나라만 영원하다. 실제로 고조선, 신라, 백제, 고구려, 고려, 조선은 영원하지 않았다. 영원한 나라는 교회를 통해 성취되는 하나님의 나라뿐이다. 하나님은 택한 족속으로 왕 같은 제사장과 거룩한 나라로 그리스도인을 불러 하나님의 나라를 세우게 한다(벧전 2:9). 교회가 성령의 권능을 받은 그리스도인에 의해 하나님 나라를 전파함으로 성취되게 한다. 이를 위해 성령의 능력을 받아 어디든 갈 수 있고, 모든 사람을 만날 수 있는 마음의 힘과 자격을 얻게 했다. 언제 어디든지 예수의 나라를 꿈꾸고, 실현하는 사람이 되게 했다. 예수 사랑의 증인으로서 그 사랑을 재현하고, 하나님 나라를 가르치고, 교회를 세울 수 있는 권능을 가진 자가 되게 한 것이다.

5. 하나님은 인간을 어떻게 거듭나게 하는가?

성서는 예수가 물과 피로써 임하고, 진리의 성령이 증언하는 분이라고 말하며, 하나님의 증언을 다음과 같이 전한다. 증언하는 성령과 물과 피가 셋이지만 합하여 하나로 하나님의 큰 증언이라고 했다(요일 5:5-9). 성령을 통해 진리로 새로운 마음을 가진 존재가 되고, 물을 통해 세례로 새로운 몸이 되며, 피를 통해 성찬으로 인간이 교회로 거듭나게 한다는 의미이다.

하나님은 독생자 예수가 보낸 성령을 통해 인간에게 말씀, 세례, 성찬의 세 가지 방식으로 자신을 준다. 그리고 말씀과 성찬과 세례로 인간이 거듭나 새로운 존재가 되게 했다. 성령에 의해 말씀을 믿는 존재로 거듭나 하나님 나라의 사람이 되게 하여 예수가 물과 성령으로 주는 세례로 삼위일체 하나님의 이름을 얻고, 예수와 함께 죽고 함께 사는 거듭난 존재가 되게 한다. 또한 성찬을 통해 거듭나 예수의 몸(교회)이 되어 교회로 살게 한다. 거듭나서 친구를 위해 죽어줄 수 있는 사랑을 회복하고, 성령의 증인과 왕과 같은 제사장으로서 하나님 나라를 세울 수 있는 사람이 되게 한다.

나의 나 된 것은 나의 능력으로 된 것이 아니라 하나님의 은혜로 된 것이라고 말씀했던 것처럼 은혜로 된 존재가 된다(고전 15:10). 예수를 영접하여 은혜로 된 사람이 되는 것이다. 이는 인간이 수고해서 된 것이 아니다. 하나님의 은혜로 된 것이다. 자기 자신의 노력보다 사회와 가정, 이웃들의 은혜로 된 것이다.

1) 말씀으로 거듭나 믿는 자가 된다

성령은 예수의 영이기 때문에 예수를 통해서만 인간에게 온다. 성령은 예수의 말씀을 통해서 인간에게 오며, 말씀을 듣는 인간에게 믿음을 발생시킨다. 이렇게 성령의 감동을 받아 믿음이 마음에 탄생된 사람은 예수를 '나의 주'와 '하나님'이라고 인정하며, 자신의 믿음을 확증한다. 성령이 예수 안에 있는 믿음을 사람의 마음과 의지에 갖게 했기 때문이다. 이때 하나님 존재의 증거는 말씀을 믿는 자기 자신이 된다.

성서에 의하면 거듭남(요 3:5,8)이란? 육체가 거듭났다는 말이 아니다. 육체가 새로 태어났다는 의미도 아니다(요 3:4). 성령의 권능을 받은 증인에 의해 예수의 말씀을 듣고(벧전 1:23, 롬 10:17), 예수를 바라보는(요 3:14, 히 11:1-2, 12:2) 사람에게 생성되는 믿는 마음을 가졌다는 의미이다. 증인에 의해 하나님의 사랑과 은사와 계획을(요 3:16) 믿는 믿음을 얻은 자를 '거듭난 자'라고 한다. 인간의 마음에 이전에 없었던 마음이 새롭게 생긴 것을 '거듭남'이라고 하는 것이다.

'거듭남'은 '새로남'이라는 단어와 의미를 같이 한다. 따라서 거듭남이란, 새로운 마음인 예수에 대한 믿음이 마음에 생겼다는 의미이다. 성령이 복음을 듣기 전에 없던 마음인, 믿는 마음을 인간의 마음에 새로 태어나게 했기 때문이다. 아울러 거듭남은 성령이 인간의 믿음에 말씀을 기록하기 때문에 가능하다(히 10:15). 마음에 하나님의 법과 말씀을 가지게 했기 때문이다. 여기서 성령이 말씀을 통해 부여한 새로운 마음인 믿음은 예수의 믿음이다. 말씀을 믿는 믿음으로 믿음에 이르게 한다(롬 1:17). 이 믿음은 예수와 함께 다니며 보고 들은 것을 증언한 사도의 믿음이다. 그리스도인은 사도들의 믿음을 믿어 예수의 믿음에 이르게 된다. 이 믿음은 그리스도인이 예수를 깊이 알게 하고, 하나님이 천지를 창조한 것을 아는(히 11:3) 새로운 피조물이 되게 한다(고후 5:17).

예수의 말씀은 진리이기 때문에 인간을 자유롭게 한다(요 8:32). 더불어 이 자유는 책임도 겸하여 얻게 한다. 진리에 대한 책임은 자유를 보장하기 때문이다. 자유에 책임이 없다면, 자유가 아닌 방종이다. 하지만 이 진리가 주는 이 자유는 거짓을 반대하는 헌신성과 진리를 행동으로 옮길 수 있는 용기도 함께 준다. 진리를 믿음으로 자유와 책임감을 갖는 사람으로 거듭난 사람이 되었기 때문이다. 그리스도인은 진리에 대한 책임감으로 사탄의 교만과 불신, 탐욕을 방어한다. 자유로 해방과 평화를 경험하고, 기뻐하며 감사한다. 길과 진리와 생명이 되는 진리로 자유와 책임을 얻었기 때문이다. 절대 자기욕망과 사회의 잘못된 시스템과 윤리를 진리로 인식하거나 믿지 않는다. 아무리 작은 믿음이라도 예수를 앞에 두고 진리를 외면하는 사람이 되지 않는다.

성서에 의하면 믿음의 크기가 겨자씨와 같다고 했다(마 17:20, 눅 17:6). 그리고 겨자씨만한 크기의 믿음만 있어도 산을 옮길 수 있다고 했다. 뽕나무에게 '뿌리가 뽑혀 바다에 심겨져라' 해도 순종한다고도 했다. 그런데 이처럼 강력한 믿음도 크기는 겨자씨에 불과하다. 우주보다 큰 마음으로 겨자씨를 보면 너무 작아 발견하기가 쉽지 않지만, 겨자씨 능력은 겨자씨 안에 있는 생명력을 통해 확인된다. 있는 듯 없는 듯 해도 때가 되면 발아하여 믿음의 권능을 발휘하기 때문이다. 믿음은 겨자씨가 떨어지는 가장 낮은 곳에서 발견된다. 세상의 가장 낮은 곳은 예수가 있는 곳이다. 이곳에 자기 위치를 두어 낮아진 마음으로 살면 믿음을 확인할 수 있다.

믿음에는 믿는 믿음과 안 믿는 믿음이 있다. 예수를 믿는 믿음도 있지만 예수를 안 믿는 믿음도 있다. 그러므로 자신에게 예수를 믿는 믿음이 '있는가? 없는가?'를 확증해야 한다. 검증 방법은 자기 믿음을 부정해보는 것이다. 예수가 하나님이라는 것이 안 믿어질 때에 안 믿는 이유를 말하는 방법이다. 첫째, 이래서 못 믿겠다. 둘째, 저래서 못 믿겠다. 셋째, 그래도 못 믿겠다는 식으로 계속 질문해 나가는 것이다. 그리고 그 때마다 마음의 밑바닥에서 꿈틀대는 믿음이 있는지 확인해 보아야 한다. 예수가 가장 낮은 곳에 있기 때문이다. 믿음이 '있는가? 없는가?'를 묻고, 또 물어야 한다. 계속 불신을 반복하다가 겨자씨와 같은 믿음이라도 확인이 되면 그는 믿음의 사람이다. 아무리 작은 믿음이라도 믿음은 인간 스스로 만들어 낸 것이 아니기 때문이다. 성령이 그 사람의 마음에 믿음을 주었기 때문이다. 이렇게 자기 믿음을 확인하면 아무리 작은 믿음이라도 산을 옮기고, 역사를 바꿀 능력을 갖게 된다. 믿음이 겨자씨 같았지만, 새가 와서 앉을 정도의 큰 나무(확신하는 믿음)로 성장하게 된다. 마음에 믿음이라는 성령의 전이 세워져 있기 때문에 생수의 강이 배에서 터지고 흘러 영원히 목마르지 않는 존재가 된 것을 확인할 수 있다. 하나님의 자녀가 되게 하고, 구원을 받게 하고, 자신의 믿음을 확신하게 하는 믿음을 가졌기 때문이다. 거듭난 자는 하나님의 심판을 두려워하지 않는다. 하나님과 친밀을 회복한다. 자기 자신을 심판하지 않고, 예수를 믿는 자신을 신뢰해 주고 사랑한다. 예수에 대한 믿음으로 이웃을 믿어주고 신뢰하며 좋아한다. 심판하거나 비난하거나 저주하지 않는다. 이웃에게 서로 사랑의 계명을 실천한다. 성령에 의해 신의 성품에 참여하며(벧후 1:4), 하나님과의 사귐에 들어간 사람이 된다.

2) 세례로 거듭나 예수와 하나된다

예수는 제자들에게 "모든 민족을 제자로 삼아 아버지와 아들과 성령의 이름으로 세례를 베풀라"(마 28:18)고 명령했다. 이 명령에 따라 교회는 물로써 세례(침례)를 베풀고, 삼위일체 하나님의 이름을 세례자에게 수여했다. 삼위일체의 이름을 주어 영원히 삼위일체 하나님처럼 삶을 살게 한 것이다. 세례를 통해 그리스도로 옷을 입고(갈 3:27), 새로운 삶의 방식과 사명을 가지고 살게 한다. 또한 세례로 새로운 신분과 직분을 얻어 계명을 지키는 삶을 살게 하며, 전투에 나갈 경우에는 전신갑주도 입게 한다(엡 6:11,13).

세례에서 사용하는 물의 의미는 예수의 부활에 근거한 구원의 표이다. 그래서 세례는 인간이 하나님에게 깨끗한 양심으로 살겠다고 서약하는 것이며, 선한 양심의 간구이기도 하다(벧전 3:21). 하나님은 노아 시대의 홍수 심판 이후에 다시는 물로 심판을 하지 않겠다고 약속하며 징표로 무지개를 보여주었다(창 9:11-17). 에스겔서와 요한계시록에서도 보좌의 뒷편에 무지개를 보여주며, 인간을 심판하지 않겠다는 의지를 계시했다(겔 1:28, 계 4:3, 10:1). 인간에게 무지개를 보여줌으로 더 이상 사람을 심판하지 않겠다는 언약이 생각나게 한 것이다. 하나님이 심판하지 않겠다는 언약을 지금도 잊지 않고 있다는 것을 나타낸 것이다. 물로 심판했으니, 다음에는 불로 심판하겠다는 것이 아니다. 믿는 자는 다시는 심판하지 않고 구원을 얻게 하겠다는 약속이다(요 3:17). 아울러 예수의 세례는 물로써 현실에 표현되지만, 성령과 불로써 세례를 베푸는 것이 된다(막 1:8, 눅 3:16, 마 3:11, 요 1:33). 맑은 물을 뿌려 더러운 것과 우상숭배에서 정결하게 하며, 새 영을 주어 새 마음을 주고, 굳은 마음을 제거해 부드러운 마음을 주는 예식이다(겔 36:25,26). 베드로의 말처럼 회개하여 각각 예수 그리스도의 이름으로 세례를 받으면 죄사함을 받아 성령의 선물을 받기 때문이다(행 2:38).

예수는 십자가에 못 박혀 죽었다. 이때 그의 몸인 아담의 몸도 함께 죽었다. 아담과 한 몸인 예수의 몸이 죽자 하나님은 예수를 살린다. 이때 부활한 예수의 몸은 아담의 몸이 아니다. 신령한 몸이다. 살리는 영의 몸이다(고전 15:44,45). 이 몸이 인간과 세례로 연합한다. 세례를 통해 신령한 몸인 예수와 연합하여 인간이 새로운 몸이 되는 것이다. 예수가 아담의 몸으로 죽었듯이 세례로 죽어 예수의 신령한 몸으로 다시 사는 부활을 하는 것이다. 이것이 세례의 의미이다. 그래서 세례는 아담의 몸과 하나였던 인간이 예수와 함께 죽고, 함께 살아 거룩한 사람이 되는 예식이다. 또한 세례는 그리스도와 함께 십자가에 달려 죽음으로 죄의 몸이 죽어 다시는 죄에게 종 노릇을 하지 않는 것이다. 세례로 죽은 자가 되어 죄에서 벗어나 의롭다 함을 얻고 그리스도와 함께 죽고 함께 사는 것을 의미한다. 그리고 돌감람나무의 꺾인 가지

들 중에 일부를 참감람나무와 접붙여, 뿌리의 진액을 받아 뿌리의 보존을 받게 하는 것과 같다(롬 11:17-19). 허물로 죽은 죄인이 세례로 예수의 죽음과 합하여 장사되고, 부활한 예수와 연합하여 새 생명 가운데 살게 하는 예식이다(롬 6:3-5).

세례는 결혼식과 같은 의미가 있다. 아담의 몸으로 십자가에서 죽은 예수가 부활한 몸은 아담과 같은 몸이 아니다. 하나님이 살린 새로운 몸이다. 이 예수의 몸과 인간이 한 몸이 되는 의식이 세례이다. 결혼식으로 부부가 한 몸이 되는 것과 같이 그리스도인은 세례로 예수와 연합한 새로운 피조물이 된다. 아담의 몸이었던 인간이 신령한 몸으로 부활한 예수와 연합(접붙임)하여 새로운 몸이 되는 예식이다. 세례로 예수와 연합하여 물과 성령으로 거듭난 새로운 인류로 살게 된다(엡 2:10). 또한 세례는 인간과 예수가 연합, 일체, 합하는 결혼을 통해 예수와 일체가 된 사람으로 거듭나게 하는 의식이다. 결혼이 사랑의 약속과 결혼예식으로 한 몸이 된 것처럼, 그리스도인도 예수와 사랑의 약속에 근거한 세례로 한 몸이 된다. 결혼식에서 신랑과 신부의 결혼 약속에 대한 보증을 주례자가 서고, 그의 권위로 결혼식을 진행하며, 하객이 약속에 대한 증인의 권위를 갖는다. 신랑과 신부의 결혼약속과 주례의 성혼선포로 결혼식이 완료되고, 결혼 증명서를 국가에 제출하여 한 몸이 된다. 세례도 역시 약속에 근거해 목사의 권위로 진행되고, 교회의 그리스도인들이 증인이 된다. 서약한 사람에게 세례를 줌으로 예수와 하나됨을 선포하고, 교회에 등록하여 하나님 나라의 국민이 된다.

국가의 국적을 취득하는 절차와 같다고 할 수 있다. 국적을 취득하고자 하는 자는 일정한 시험을 통과하고 자격 검증을 거쳐야 한다. 국가의 일원이 되고 싶다는 고백을 하고 서약도 해야 한다. 이후 국가 기관이 서약자에게 도장을 찍어 허가하면 국가 국적을 취득하게 된다. 마찬가지로 하나님 나라의 국민으로 국적을 취득하는 절차도 세례로 진행한다. 시험과 자격 검증을 통해 예수를 주와 그리스도로 고백하는 자에게 세례를 준다. 서로 사랑의 계명을 지킬 것과 교회 법, 성서를 인정하는 것을 약속하여 서약하는 자에게 준다. 도장의 역할을 하는 삼위일체의 이름으로 물을 뿌려 세례를 줌으로 하나님 나라의 국민이 되게 한다. 이것을 하나님 나라의 국가기관인 교회와 세례 집례자의 권위로 진행한다. 신비주의자들이 기대하는 것처럼 하늘의 징조로 권위와 자격을 얻는 예식이 아니다. 오늘날의 세례식에 요한에게서 세례를 받은 예수처럼 하나님의 음성이 안 들리고, 성령의 임재가 안 느껴지는 것은 당연하다. 세례식은 사람이 하나님 나라의 국민이 되고, 기존의 그리스도인이 된 국민이 세례자를 영접하는 예식이기 때문이다. 축하하는 공동체의 축제와 환영이 주요한 행사가 되는 이유이다. 예수의 세례처럼 어떤 신비한 일이 일어날 것이라는 기대는 바람직하지 않다.

인간은 세례로 아담의 몸이 죽었기 때문에 옛 율법에서도 해방된다. 법은 사람이 살 동안만 주관한다. 예를 든다면 남편이 있는 여인의 경우는 결혼이라는 율법에 매여 있는 존재이다. 남편의 생전에 다른 남자에게 가면 음녀가 된다. 하지만 남편이 죽으면 법에서 자유롭게 되어 다른 남자를 만나도 음녀가 되지 않는다. 이와 같이 그리스도인들도 세례를 통해 예수의 몸으로 율법에 대하여 죽임을 당하고, 부활의 예수에게 가서 새로운 몸이 된다. 새로운 법의 적용을 받는 삶을 살게 되는 것이다. 인간은 아담의 육신으로 있을 때는 율법으로 말미암아 사망의 삶을 받는다. 죄의 정욕이 지체에 역사하여 사망의 열매를 맺는 삶을 사는 것이다. 하지만 인간은 세례를 통해 이러한 옛 법의 얽매임에서 해방된다(롬 7:1-6). 세례를 통하여 율법에서 벗어나 율법의 조문을 섬기지 않는다. 예수와 함께 사는 교회가 되어 하나님을 위하여 열매를 맺는다. 세례로 예수와 함께 죽고 함께 사는 연합을 통해 신령한 몸이 되며, 그의 역사와 능력이 나의 역사가 되고 나의 능력이 되게 한다.

3) 성찬으로 거듭나 교회가 된다

말씀인 예수는 육신이 되어 이 땅에 왔다(요 1:1, 14). 말씀이 육신이 된 예수는 성찬을 통해 자신의 살을 먹고, 피를 마셔야 한다고 했다. 참된 양식과 참된 음료인 예수의 살과 피를 먹고 마시는 자만 영생을 누린다고 했다. 마지막에 다시 살리겠다고 언약했다. 인자의 살과 피를 먹고 마시는 자에게 예수가 그 안에, 그가 예수 안에 거하게 하겠다고 했다. 예수가 하나님으로 말미암아 사는 것과 같이 그리스도인도 예수로 말미암아 살 것이라고 했다(요 6:53). 그는 성찬식을 통해 자신을 인간에게 주고 인간이 그의 몸 된 교회로 거듭나게 했다.

성만찬은 먹고 마심으로 예수를 기억하는 '식탁'이며, '예식'이다. 말씀을 들음으로 믿음이 나듯이 예수의 살과 피를 먹고 마심으로써 믿음이 나게 하는 밥상이다. 예수를 잊지 않고 기억하며 의미를 다시 현실에 적용하고 미래를 함께 열어가는 교회의 예식이다. 예수가 자신이 잡히던 밤에 성만찬을 친히 진행하며 자신을 기념하라고 했기 때문이다(고전 11:23-25). 그리스도인은 성만찬을 통해 예수의 재림 때까지 그를 기념하며, 그의 죽음을 기억한다.

예수는 성찬식에서 빵을 가지고 축복하며, '이것은 자신의 몸이니 제자들에게 받아먹으라'고 했다. 자신의 몸을 축복의 빵으로 떼어서 제공했다. 이 말을 좀 더 단순하게 말한다면 '내가 너희를 내 몸처럼 여기겠다'는 의미이다. 나의 모든 것이 너의 것이라는 의미이기도 하다. 이후에 예수는 포도주 잔을 들어 감사 기도를 하고 자신의 피를 언약의 피로 제공한다. 이 말은 예수가 제자들을 자신의 피처럼 여기겠다는 언약이다. 또한 예수가 그리스도인을 피처럼 여기는 일에 피 흘려 헌신하겠다고 한 언약이다(막 14:22-24). 이 포도주의 잔을 받음으로 그리스도인은 예수의 피에 참여하게 된다(고전 10:16). 이스라엘 사람들이 예수를 십자가에 못 박아 죽일 때에 '예수의 피를 우리와 우리 자손에게 돌리라'(마 27:25)고 한 그 피에 참여하는 것이다. 이와 같이 성찬을 통해 예수의 죽음에 참여하는 자는 그의 살과 피로 구원을 받고, 참여하지 않는 자는 의로운 예수를 죽인 책임을 지게 된다.

성찬의 살과 피는 예수의 몸이다. 예수는 성찬을 통해 제자들을 자신의 몸과 피처럼 여기겠다고 사랑을 언약한다. 축복의 몸, 언약의 피로 자신을 제자들에게 제공한 것이다. 축복의 잔은 그리스도의 피에 참여하는 것이며, 떼는 떡은 몸에 참여하는 것이 된다. 떡이 하나이니 그리스도인도 예수와 한 몸이 된다. 모두 한 떡인 예수의 몸에 참여하는 것이다. 여기서 참여는 사귐이다. 성찬으로 예수와 한 몸이 되어 서로를 자기 몸처럼 사랑하는 교제(koinonia)에 참여하는 것이다(고전 10:16-17). 성찬으로 예수와 그리스도인, 제자들과 제자들이 서로 피처럼 살처럼 여기는 사귐에 참여하는 것이다.

성찬은 예수의 살과 피를 먹음으로 예수의 몸 된 교회로 거듭나는 예식이다. 예수가 인간을 자신의 살과 피로 여겨 주고, 그리스도인이 서로 예수의 몸이 되어 살게 하는 의식이다. 성찬으로 한 몸이 되었으니, 한 몸과 한마음을 이루어 예수의 가족으로 살게 하는 원인을 제공한다. 성찬을 통해 그리스도인들이 서로 축복을 언약하고, 형제 우애의 사랑으로 교회로 살아가게 한다. 성찬은 예수의 몸 된 교회로 그리스도인이 영생을 얻게 한다. 교회를 자신의 몸으로 축복하고 헌신하게 한다. 예수가 교회의 머리가 되고 그리스도인의 모임은 그리스도의 몸이 된다(골 1:18). 여기서 예수는 교회의 머리로서, 그리스도인들은 몸으로서 서로 교회의 부분이 된다. 예수가 자신의 몸과 피로 여겨 주는 그리스도인들이 성찬의 언약에 참여하여 그의 몸이 되는 것이다.

성만찬은 식탁에서 예수가 주도하는 식사이다. 성찬식은 함께 식구로 잘 먹고 잘 살겠다는 정신이다. 함께 빵을 떼어 먹고 포도주를 마시는 예식이다. 혼자 잘 먹고, 잘 살겠다고 하는 식사가 아니다. 강한 자나 약한 자가 형제와 자매가 되어 함께 잘 먹고, 잘 살겠다고 평등을 결단하는 식탁이다. 교회를 멸시하는 사람들처럼 음식을 자기만 먼저 먹고 치워서는 안 된다. 다른 형제가 굶주리지 않게 해야 한다. 주의 식탁에서 술 취한 사람이 있어서도 안 된다. 무엇인가에 취해 가난한 사람들에게 수치를 주는 식사가 되어서도 안 된다. 먹고 마실 때마다 교회를 사랑함으로 예수의 가르침을 기념하고, 서로 한 몸 된 것을 기뻐하는 식탁이 되게 해야 한다. 예수와 한 몸을 이룬 사람들이 한 집에서 함께 먹고 마시는 형제와 자매가 되게 해야 한다. 성찬을 통해 인간은 서로 자신의 몸처럼 사랑하라는 계명을 실천하는 교회 공동체로 살기 때문이다. 그러므로 음식을 먹고 마실 때마다 서로 나누어야 한다. 서로 살처럼 피처럼 사랑하고 나누는 일을 예수의 재림 때까지 지속해야 한다. 매일 먹는 식사가 주의 성찬이라는 것을 기억해야 한다. 아울러 예수의 몸이 주는 의미를 깨달아 이웃과 한 몸이 되는 식사가 되게 해야 한다. 세상에서 배고파 죽는 자가 사라지게 하는 만찬이 되게 해야 한다. 온 지구에 예수의 이름으로 행해지는 거룩한 회식이 날마다 열리게 해야 한다.

제 6 장

우리로 사는 교회 사회

1. 교회 사회

교회는 예수의 뜻을 믿음으로 얻은 사람들의 모임이다. 함께 하나님 나라를 체험하고 지상에 성취하고자 하는 모임이다. 사람과 사회를 거룩하게 하여 하나님 나라를 세운다. 우리로 사는 교회 사회는 삼위일체 하나님처럼 사는 것을 목적으로 하는 기초 공동체라 할 수 있다.

1) 교회 사회의 역사성

너를 사는 삶을 통해 우리로 사는 교회 공동체는 창조 이후 언약을 통해 존재해 왔다. 시기와 모양은 다르지만 시대에 따라 '아담의 에덴', '노아의 방주', '모세의 성막', '솔로몬의 성전', '예수와 교회'로 언제나 세상에서 독립적인 기초 사회로 오늘날까지 존재해 왔다. 역사에 등장한 성서적인 기초 공동체는 다음과 같은 모습으로 계승되어 왔다.

첫째, 에덴 교회는 남자 아담과 여자 하와였으며, 노아의 방주교회의 구성원은 가족이었다. 신약의 가족도 하나님의 뜻으로 된 가족들이다. 이스라엘은 가족에서 민족으로 그 영역을 확장했다. 모세 시대에는 이스라엘의 12지파의 사람들이 구성원이었다.

둘째, 아담과 하와는 '선악과 언약'을 맺음으로 하나님과 법적인 관계였다. 노아와 구원 받은 구성원은 하나님과 새 언약을 맺는다. 신약의 교회도 예수님으로부터 새 계명을 받는다. 계명이기에 맹세로서 계약의 당사자가 된다. 이스라엘은 광야에서 십계명을 받고 계약의 당사자가 되었다.

셋째, 아담과 노아는 생육과 번성의 약속을 받는다. 신약 교회도 영혼이 잘 됨과 범사에 형통함, 육체의 강건을 받았으며, 기업과 영생을 약속으로 받았다. 이스라엘과 모세도 역시 하나님의 약속으로 번성의 축복을 받는다.

넷째, 아담과 하와는 선악과, 노아와 그의 공동체는 무지개를 언약의 상징으로 받았다. 신약 교회도 언약의 상징으로 십자가를 받았다. 이스라엘은 하나님의 구름기둥과 불기둥으로 임재하는 광야교회와 성막의 법궤를 통해 언약의 상징을 가지고 있었다.

다섯째, 아담이 생육하고 번성하는 곳은 에덴동산이었고, 노아는 구원의 방주에서 내린 곳이다. 신약교회는 교회(반석)를 통해 땅 끝까지 구원의 영역을 확장한다. 아브라함과 이스라엘은 젖과 꿀이 흐르는 가나안 땅을 통해 구원과 평화를 누렸다.

에덴에서부터 교회까지 하나님 나라의 기초 공동체는, 삼위일체 하나님이 서로를 사랑하고, 기뻐하며, 환대하는 정신을 전통으로 계승해 왔다. 일치성과 보편성, 거룩성과 공공성도 함께 계승했다. 분파성과 개인주의의 도전을 극복하며 세계를 하나님의 나라로 거듭나게 하는 일을 해왔다.

2) 교회 사회의 특징(창 12:1-9와 마 16:13-20 비교)

구약의 공동체는 하나님이 아브라함을 부름에서 시작되었다. 신약 공동체는 바요나 시몬이 베드로의 고백과 개명됨으로 시작되었다. 구약성서에서 하나님은 아브라함을 불러 믿음의 조상으로 삼고, 이삭과 야곱으로 계승시켰다. 야곱은 열두 명의 아들들과 식탁 공동체를 형성하는 가운데 12지파를 형성하고 국가를 세웠다. 신약성서에서는 예수가 열두 명의 제자를 불러 말씀과 식탁 공동체를 세우고 각 지역의 진지 역할을 하는 교회를 통해 하나님의 나라를 세우고자 했다. 시대는 다르지만 구약과 신약의 기초 공동체는 다음과 같은 특징이 있다.

첫째, 아브라함과 베드로는 하나님의 계시에 믿음으로 순종했다. 아브라함은 하나님의 부름에 믿음으로 순종했다. 베드로는 하나님으로부터 예수가 주와 그리스도이며, 살아 있는 하나님의 아들이라고 계시를 받고 순종하여 고백했다. 신구약 공동체의 시작이 하나님의 계시와 인간의 순종으로 시작되었다는 뜻이다. 예수의 하나님 나라 선포는 예수가 경험한 하나님 나라를 세상에 실현하고자 하는 비전이었다. 바울 사도도 사도행전 교회의 경험과 자신의 삼층천 경험을 통해 하나님의 나라를 교회를 통해 지상에 실현하고자 했다. 신약과 구약의 공동체가 하나님의 계시와 하나님 나라 경험을 세상에 실현하고자 하는 의도에서 시작되었다는 것을 알 수 있다.

둘째, 이스라엘과 교회 공동체는 땅을 얻음으로 시작되었다. 아브라함은 자신과 자손을 위해 약속의 땅을 받았다. 베드로는 고백을 통해 반석, 즉 공동체를 세울 수 있는 땅을 받았다. 약속을 품은 땅을 얻어 공동체를 세우고 하나님의 나라를 시작한 것이다. 구약의 이스라엘 공동체의 시작이 약속의 땅을 얻음으로 시작되었다면 신약의 교회는 믿음을 가진 사람이 반석이 됨으로 시작했다. 약속을 가진 증인이 땅이 됨으로 시작한 것이다. 하나님이 아브라함에게 가나안 땅을 주었듯이 예수는 베드로에게 반석(땅)이 되게 했다. 반석은 바위이지만 땅이다. 이 땅을 근거로 하나님은 아브라함과 베드로에게 큰 민족과 공동체를 이루게 했다. 과거의 이스라엘이 혈연으로서 민족을 이루었다면 교회는 그리스도의 몸으로서 하나님 자녀라는 민족을 이루었다.

셋째, 구약과 신약 공동체는 고향과 친척과 아버지의 집을 떠나는 것에서 시작되었다. 아브라함의 시작은 아비와 친척과 본토를 떠나는 것이었다. 하지만 이것은 땅에서 가족을 하늘의 별과 바다의 모래처럼 얻는 일이었다. 예수는 가족이란? 혈연이 아닌 하나님의 뜻을 행하는 자라고 했다. 증인으로 자신의 가족과 친척을 떠난 자라고 했다. 그리스도인의 가정은 교회이기 때문이다. 이들은 가족, 친척 뿐만 아니라, 밖으로 부르심을 받은 사람이며, 하나님을 아버지로 부르는 가족이다. 이들의 혈육은 예수를 알게 하는 사람이며, 그리스도인이다.

예수는 자신의 가족과 친척을 하나님 나라를 위하여 버리는 자들에게 가족과 친척을 백 배나 얻도록 축복했다. 개인주의와 이기주의를 버려 백 배나 축복을 받는 사회구조를 세운 것이다. 하지만 많은 사람들은 내 민족, 내 국가, 내 지역, 내 학교, 내 집, 나를 위하는 이기적인 마음을 여전히 가지고 있다. 이기주의로 백 배 축복을 받는 구조를 깬 것이다. 서로 갈등하는 사회가 되게 했다. 하나님은 이 위기를 자신의 혈육(인종, 남녀)과 지역(국가)에서 부르심을 받아 밖으로 나온 사람들을 통해 해결하고자 한다.

넷째, 하나님은 아브라함을 복되게 했고, 그의 이름을 창대하게 했다. 예수도 베드로에게 복이 있다고 했다. 베드로(반석) 위에 교회를 세우고, 음부의 권세가 이들을 이기지 못하게 했다. 하나님은 세상을 축복하기 위해 아브라함과 베드로가 복 자체가 되게 하고, 그들의 이름을 창대하게 했다. 아브라함의 이름을 축복하는 자가 축복을 받고, 그를 저주하는 자가 저주받게 했다. 복이 된 아브라함을 저주하지 못하게 막고, 그를 축복함으로 땅의 모든 백성이 복을 받게 한 것이다. 베드로도 음부의 권세가 그를 이기지 못하게 막았다. 베드로에게도 천국의 열쇠를 주어 땅에서 무엇이든 매고 풀면, 그대로 하늘에서도 이루어지게 하는 방식으로 축복했다. 하나님은 공동체를 시작하는 아브라함과 베드로에게 '나는 복이라'는 의식을 갖게 했다. 복된 그들을 통해 교회와 하나님 나라를 시작하고, 창대하게 하여 많은 사람을 행복하게 하기를 원했다.

다섯째, 이스라엘 공동체와 교회 공동체는 지역과 나이, 국가와 계급을 초월하여 존재하는 공동체이다. 아브라함은 75세에 부르심을 받았고, 베드로는 갈릴리 어부였다. 이들은 모두 하나님 나라에 대해 꿈을 꾸고 예언한 사람들이다. 아브라함은 그의 자손을 통해 베드로는 두 세 사람이 예수의 이름으로 모이는 사람들을 통해 불평등과 차별을 초월한 공동체를 세우고자 했다. 아브라함과 베드로의 부르심과 사명을 통해 세워질 공동체는 성원들 간에 자유와 평등을 지향한다. 인권과 생명권이 보장되는 평화로운 세상이 성서가 보장하는 미래사회라는 것을 알게 한다.

여섯째, 구약의 이스라엘과 신약의 교회의 시작은 나그네와 그와 같은 의미를 지닌 증인에 의해 시작되었다. 하나님의 뜻에 의해 공동체를 떠난 나그네와 증인에 의해 시작되었다. 하나님은 아브라함을 나그네로 만들고, 그의 이름으로 시작하여 순종하는 자녀인 이삭(아브라함의 자손의 대표)을 낳았다. 이삭이 낳은 야곱은 이스라엘이 되어 야곱의 국가를 완성했다. 나그네 아브라함의 자손을 하늘의 별과 바다의 모래와 같이 얻게 했다. 후에 아브라함의 후손 모세는 하나님의 인도대로 히브리인을 애굽이라는 세속에서 '에클레시아(밖으로 불러내다)'하게 했다. 광야에 있는 동안 이스라엘은 하나님 임재의 상징인 성막과 함께했다. 모세는 이스라엘을 시내산으로 인도하고, 율법을 받아 경영하는 '젖과 꿀이 흐르는 약속의 땅'을 기업으로 얻게 했다. 가나안 땅을 분배하고 '고엘'과 '희년' 제도로 이스라엘 공동체를 더욱 공고하게 했다.

신약에서도 나그네와 같은 증인에 의해 하나님 나라가 시작되었다. 베드로는 머리 둘 곳이 없었던 예수의 삶처럼 나그네와 같은 증인이었다. 증인은 모든 것을 버리고 예루살렘과 온 유대와 사마리아, 땅 끝까지 가서 많은 사람을 얻는 사람이다. 이들이 세운 공동체는 예수를 따라가기 위해 자신의 모든 것을 버린 사람들의 교회이다. 하나님 나라는 이 교회를 통해 나타난다. 예수의 명령에 따라 성령의 권능을 받은 열두 사도와 증인들이 교회 사회를 통해 예수의 나라를 세웠기 때문이다. 교회 사회를 통해 나타난 예수의 나라는 그의 이름으로 구원하는 교회 사회이다. 서로 망하지 않게 하는 교회 구조를 만들어 고엘(구속, 구원)의 정신으로 사는 나라이다. 이 나라의 서로 먼저 사랑법은 자기 사랑을 통해 나타난 가인의 나라와 바벨론 성의 탐욕에서 인간과 그의 기업을 보호해 준다.

3) 교회의 시작

예수 교회와 하나님의 나라는 종교가 아니다. 서로 사랑하며 사는 계명 공동체이다. 또한 다음과 같은 종파처럼 활동해서도 안 된다. 예수 당시에 유대교는 종파적으로 완벽한 사두개파, 바리새파, 제롯당, 에세네파가 있었지만, 예수는 그 당파들에 속하지 않았다. 그렇다고 종교인으로 살지도 않았다. 예수는 이들과 달리 하나님의 나라를 선포했다. 예수가 선포한 하나님의 나라는 세상의 체제와 나라가 아니다. 예수의 나라는 예수 당시의 로마제국과 크게 다른 나라였다. 하나님을 아버지로 모시고 자녀들이 서로 사랑을 통해 우리로 사는 나라였다. 예수를 큰 형으로 모시고 형제들이 함께 사는 사회이자, 나라였다. 그래서 교회는 종교기관이 아니라 하나님의 나라를 만들어 가는 기관이었다.

구약성서에 보면 이스라엘은 하나님 사랑의 정신에 근거해 십계명과 율법, 성전과 회당을 통해 '대동계'를 맺고 살았다. 그리고 고엘 정신과 가난한 자나 부자나 행복하게 사는 나단 선지 사회를 실현한 다윗을 통하여 그 정체성을 강화하였다(삼하 12:1-15). 이스라엘은 계명을 받은 사람들에게 계를 받았다는 증표로 할례를 행하여 몸에 증표로 갖게 했다. 약속의 땅에서 함께 계명을 지키며 사는 약속의 사람이라는 것을 몸에 새겨 지니도록 했다. 하지만 결국 빈부의 문제, 차별의 문제 등으로 인해 이스라엘은 하나님 나라의 특성을 잃어버림으로 쇠약해져 갔다.

가나안 땅에서 이스라엘은 서로 '사랑의 언약(계)'을 맺고 살아가는 사람들에게 땅을 기업으로 얻게 했다. 뿐만 아니라 그들의 기업을 보호하고, 회복하게 하기 위해 희년법(레 25:23-28)과 고엘법(룻 3:13) 등을 두었다. 이웃을 보호하는 법이 작동되게 한 것이다. 또한 법을 짓밟는 강자들의 횡포가 나타나면 사울을 다윗으로 교체했던 것처럼 자체의 리더십을 교체함으로 회복하게 했다. 자체적으로 회복이 불가능할 경우는 바벨론 포로의 예와 같이 외세의 간섭에 의해 악한 체제가 무너지게 하고, 다시 회복하게도 했다.

성서에 나오는 고엘 정신은 친족 중에 기업을 잃어버린 사람이 있을 경우에 대속자가 다시 사서 기업을 이어주는 제도이다. 이 제도는 이스라엘 사회를 이해하는 키(Key)이다. 이 정신을 이해해야 사사기와 열왕기 등의 구약성서를 이해할 수 있다. 고엘 제도를 이해하지 않고는 갑자기 하나님이 이스라엘과 왕들을 미워하는 이유와 기뻐한 이유를 이해할 수 없다.

신약성서에서 예수는 베드로라는 반석(터, 땅)을 기반으로 하여 교회를 세웠다. 반석을 약속의 땅으로 얻은 열두 사도와 그 외의 제자들이 복음을 전파한 곳에 서로 먼저 원수까지 사랑하는 교회를 세웠다. 이후 교회는 각 지역에 세워졌다. 통일성과 보편성을 갖는 가운데 지역에서 진지화 된 각 교회는 연합하고 협력하여 교회 사회와 나라를 세워 나갔다. 이스라엘처럼 혈연 중심이 아닌 하나님의 뜻대로 행하는 사람들이 가족이 되어 하나님의 나라를 세웠다. 이 나라는 사도들의 발 앞에 사람들이 가져다 놓은 재물에 의해 강화되었다. 세금과 같은 십일조와 연보로 교회는 형제를 불행과 가난과 슬픔에서 샀다. 예수가 서로를 먼저 네 몸처럼 사랑하라는 말씀대로 형제를 고엘 정신으로 자기 몸처럼 구원했다. 하나님 사랑과 이웃 사랑을 최고의 율법과 선지로 인정했기 때문이다. 제자들은 서로 먼저 원수까지도 사랑하겠다는 대동계를 맺고 살았다. 예수의 계명은 믿음으로 인정되고 세례를 통해 각 개인에게 확증되었으며, 식탁을 통해 강화되었다.

삭개오와 그의 집에 세워졌던 예수 공동체는 고엘 정신을 계승한 아브라함의 자손 공동체였다. 예수는 죄인들의 친구가 되어 삭개오를 구원하고, 그와 그의 가족을 아브라함 공동체의 일원으로 받아들인다. 삭개오에게 아브라함의 기업을 이어준 것이다. 또한 회개하며 자신의 재산을 나눈 삭개오를 예수 공동체의 사람으로 영접했다.

여리고 사람 삭개오는 멀리서도 예수의 그리스도 됨과, 그를 통해 선포되는 하나님 나라의 소식을 듣고 있었다. 들음으로 그에게 예수를 직접 만나고 싶은 마음이 일어났다. 로마의 세리라는 직업으로 이익을 취한 그는 자신의 민족 공동체인 이스라엘을 잃어버린 사람이었다. 이스라엘의 입장에서 보면 죄인이며 잃어버린 양이었다.

키가 작은 삭개오는 예수에 대해 구체적으로 알고 싶어서 나무에 올라가 예수를 직접 보고, 그의 이야기를 들었다. 삭개오는 예수의 가르침을 듣는 중에 예수가 자신의 집에 머물겠다고 제안을 하자 영접한다. 민족 공동체에서 이탈된 죄인이지만, 예수를 통해 이스라엘 공동체의 사람이 되고 싶었기 때문이다. 예수가 자신의 집에 오겠다는 제안은 삭개오를 예수의 공동체의 일원으로 받아들이겠다는 의미였다.

삭개오는 잔치를 열어 예수와 한 식탁 공동체를 형성하고 기쁨으로 하나님 나라의 가족이 되었다. 자신의 집에서 잔치를 열어 부자들이 하나님의 나라를 어떻게 들어가야 하는지를 알게 했다. 재산의 반을 가난한 이웃에게 주고 아브라함의 자손과 형제와 자매가 되는 공동체를 얻고자 했다. 과거에는 물질에 의지하여 자신을 지키려고 했지만, 이제 아브라함 자손 공동체가 그를 책임져 주기 때문에 재물에 대한 집착을 버릴 수 있었다. 이전에는 재물이 자신을 지키는 수단이었다면, 이제 공동체가 자신을 지키는 울타리가 된 것이다. 예수 공동체의 가치가 삭개오 자신의 재산보다 더 큰 것임을 발견했기 때문이다. 삭개오는 자신의 모든 재산이 예수의 교회보다 작은 것임을 알았던 것이다.

삭개오는 토색한 것의 네 배를 갚음으로써 속건제를 하나님 앞에 진행한다. 과거에는 이웃이 착취와 이익의 대상이었다면, 이제 그에게 이웃은 가족이었다. 자신의 인생을 책임져 주는 공동체가 생겼기 때문에 남의 인생을 책임져 주는 사람이 된 것이다. 예수를 통해 삭개오는 대속함을 얻고 고엘 공동체를 얻어 하나님 나라의 유업을 이은 자가 되었다. 식탁 공동체와 예배 공동체, 가치 공동체와 계명 공동체를 얻은 것을 기뻐했다. 인생의 가치가 물질에 있지 않고 예수와 그의 교회와 계명에 있음을 안 것이다.

삭개오는 예수를 통해 하나님의 뜻으로 형제 자매가 되는 가족과 민족을 다시 얻었다. 예수 공동체를 통해 이웃은 사랑의 대상이 되었고, 가난한 자의 친구가 되었다. 예수를 통해 죄인들과 함께 먹고 마시며 누리는 '잔치적인 삶'을 얻은 것이다. 삭개오가 자신의 재산을 나눈 것은 예수를 믿으면 그 순간 자신의 모든 것은 하나님의 것이 된다는 것을 알았기 때문이다. 더하여 자신의 빚도 예수와 그의 공동체의 것이 된다는 것도 안 것이다. 즉 교회의 것이 된다는 것을 알았다. 그래서 삭개오는 재물을 형제의 속량을 위해 사용했다. 재물을 자신의 것으로 알고 형제를 미워하는 것은 예수 공동체에서 있을 수 없는 일이기 때문이다. 삭개오의 이야기는 예수가 세운 교회의 모습이다. 이 밖에도 나사로의 집에 있었던 공동체에서도 교회의 모습을 볼 수 있다. 제자들은 예수가 세운 교회를 사도행전에서 각 지역에 이식하고, 각 지역에 맞게 다양한 모습으로 교회를 세워 나갔다.

2. 사도행전 교회

사도행전 교회는 예수의 가르침과 성령의 충만함을 받은 제자들에 의해 시작되었다. 이들은 예수의 교회를 세우고 사회를 변화시켰다. 이렇게 하나님 나라의 비전을 각 지역에 성취한 교회의 활동은 그리스도인이라고 불리는 이유가 되었다. 예수 교회가 단순히 종교활동만을 하는 단체가 아니라 정치활동을 하는 단체일 수 있는 이유이다. 종교단체가 아닌 예수 교회라고 불려야 하는 이유이다. 카톨릭이나 장로회로 부르는 이유가 여기에 있다고 생각된다.

1) 성령의 충만함

그리스도인의 신앙생활은 성령의 충만함을 받아 사는 삶이다. 성령의 충만함은 무의식이 아니다. 광란적인 열광도 아니다. 예수를 메시야로 믿고 교회를 통한 희망과 하나님 나라에 대한 비전을 마음에 가득 품은 상태와 거룩한 삶의 태도이다. 그래서 모두 성령의 충만함을 받아야 하지만, 성령의 충만을 받은 사람의 마음을 충만하게 받고, 그에게 순종하게 해 달라고 하는 것도 충만에 해당한다. 베드로의 설교에 따르면 성령의 충만함은 회개하고, 예수의 이름으로 세례와 용서를 받은 사람들이 받는다(행 2:38). 이때 복음은 언어의 장벽을 무너뜨리고 하나님의 큰 일을 선포한다. 복음을 다양한 국가와 민족이 자신들의 국어와 모국어로 듣게 한 것이다(행 2:7-8, 11).

베드로는 성령의 충만함을 받은 자신들의 일이 요엘 선지자의 예언을 성취한 것이라고 선포했다. 육체에 성령을 받은 자녀들이 예언하고, 젊은이들이 환상을 보고, 늙은이들이 꿈을 꾸고, 종들도 성령을 받고 예언하는 세상이 되었다고 선포했다(행 2:17-18). 나이와 계급 차이를 극복하고 예수를 메시야로 믿는 사람들이 하나님 나라를 세우는 환상을 보고, 그 나라를 예언을 하고, 꿈꾸는 시대가 왔다고 선포했다.

베드로는 성령의 충만함을 받고 다음과 같이 선포한다. 크고 영화로운 날이 이르기 전에 천지가 변할 것이다. 하늘의 기사와 땅에 징조가 있는데, 이는 '피'와 '불'과 '연기'이다(행 2:20). 성령과 그의 권능을 받은 교회의 시작을 통해 천지가 변할 것이라고 말한 것이다. 또한 그는 성령의 충만은 새로운 세계에 대한 징조와 악을 이기는 징조가 될 것이라고 선포했다. 자기 자신과 자녀, 젊은이와 늙은 사람들이 모두 평등하게 성령을 받는 세상이 된다고 했다. 함께 서로 장래의 일을 말하며 깨어나 비전을 보고, 미래에 대한 꿈을 갖고, 성취하며 사는 세상으로 변한다고 예언한 것이다. 모든 육체에 성령이 계시니 나이 차이와 빈부와 높고 낮음이 없는 세상이 된다고 했다. 이것이 성령의 충만을 받은 사람들이 만들어 가는 세상이기 때문이다. 누구든지 주의 이름을 부르는 자는 구원을 받고, 크고 영화로운 날을 함께 만들어 간다.

베드로에 의하면 성령의 충만함은 다윗이 예언을 통해 말한 것과 같이 예수를 통해 얻는 요동하지 않는 마음이다. 성령을 통해 생명의 길을 보인 것을 마음에 기뻐하고, 혀도 즐거워 하는 상태이다. 때문에 육체에 희망과 꿈이 충만하게 거하고 입술에는 예언이 자신감과 희열 속에 선포된다. 이 마음으로 영화로운 나라를 만들어 간다. 자신의 영혼이 음부에 버려지지 않고, 주가 거룩한 자로 썩음을 당하지 않게 할 것을 믿고 생명의 길을 충만한 기쁨으로 간다(행 2:25-28). 성령을 통해 인격이 선한 의지로 변하고, 교회를 통해 새로운 사회를 만들겠다는 의지를 갖는 사람이 되는 것이다.

스데반은 초대교회에서 성령의 충만함으로 그리스도의 몸인 교회를 세운 사람의 원형이다(행 6:1-17, 행 7:46-60). 성서에 의하면 그는 성령과 지혜가 충만하고, 사람들의 칭찬을 받는 사람이었다. 은혜와 권능이 충만하여 큰 기사와 표적을 행했다. 그는 유대인의 회당에서 논쟁했고, 공회에 끌려가 대제사장 앞에서 그리스도 중심의 역사와 하나님 나라를 진술했다. 그는 순교할 때도 성령이 충만했다. 하나님의 영광과 예수가 하나님 우편에 선 것을 보며, 그리스도 중심의 세계를 표현했다. 예수의 메시야 됨과 하나님 됨을 선포하고, 그의 나라가 왔다고 증언했다.

스데반은 설교를 통해 신약교회가 구약의 역사와 믿음의 조상을 계승한다고 주장함으로써 '구약 무용론'과 구약의 하나님과 신약의 하나님은 다르다는 불신앙을 부인했다. 마틴 루터 킹이 이사야의 말씀을 통해 흑과 백이 하나 되는 세상을 꿈꾸었듯 유대인이 예수를 믿고, 그리스도의 나라를 세울 것을 촉구했다. 하지만 공회에 끌려가 대제사장 앞에서 그리스도 중심의 역사를 진술하다가 돌에 맞는다. 숨질 때는 예수가 자신의 영혼을 하나님에게 맡겼듯이 자신을 예수에게 맡겼고, 자신을 치는 자들을 용서하고 죽었다.

성령의 충만함을 받은 스데반의 설교와 삶은 성전 중심의 제사장 나라에서 예수 중심의 하나님 나라로 체계가 전환되었음을 선포했다. 이스라엘은 성전을 중심으로 율법을 통해 통치되는 대제사장 나라였다. 그러나 이제 율법과 성전의 체제가 예수의 계명과 그리스도의 몸인 교회의 체제로 전환되었다고 선포했다. 대제사장도 하나님이 주와 그리스도인 예수로 바뀌었음을 증거했다.

스데반은 강력하게 기존체제를 부인함으로써 순교를 당했다. 그의 의로운 죽음은 교회가 예수를 주와 하나님으로 믿는(요 20:28) 복음을 통해 하나님 나라를 세워 나가는 동력이 되었다. 성전 중심에서 교회로, 유대인 중심에서 그리스도인 중심으로, 아론의 반차를 따르는 유대교 대제사장에서 멜기세덱 반차를 따르는 영원한 대제사장 예수로 변화된 세상을 그의 설교와 순교로 증거했기 때문이다.

두 사람의 경우처럼 그리스도인은 말씀의 가르치고, 사랑을 추구하며, 성령의 은사를 사모하는(고전 14:1) 삶을 추구해야 한다. 성령의 은사가 성도의 사랑과 복음 증거에 나타나게 해야 교회가 건강하게 부흥하기 때문이다. 믿는 자들에게 나타나는 표적인 예수의 이름으로 악한 영을 쫓아내고 새 방언을 말하며, 뱀(악)을 집어 올리며 독(악한 사상)을 마실지라도 해를 받지 않고, 병든 사람에게 손을 얹어 낫게 하는(막 16:17) 성령의 은사를 받아야 한다. 하나님이 교회에 세운 사도와 선지자와 교사가 되어 성령의 능력을 행하는 자, 병 고치는 은사와 서로 돕는 것과 다스리는 것, 각종 방언과 통변을 말하며 성령의 감동을 받아 예언을 하여야 한다. 지혜와 지식의 말씀, 믿음, 능력 행함, 영들 분별 등의 은사를 받아야 하는 것이다. 이는 하나님의 일을 하는 사람들이 하나님의 능력과 힘을 받지 않고 일을 한다면, 이는 인간의 일이 될 수 있기 때문이다. 교회에 활력이 넘치고, 생동감이 있게 하기 위해서, 사랑의 능력과 윤리적 힘을 발휘하기 위해서는 성령의 은사를 받아야 한다. 말씀과 사랑에 은사가 더해지지 않는다면 교회는 바람 없는 깃발, 바람 없는 타이어와 같을 것이다. 그래서 성서는 더욱 큰 은사를 사모하고 구하여 가장 좋은 길을 볼 수 있는(고전 12:31) 성도가 되라고 가르치고 있는 것이다. 그래야 각각 받은 은사대로 하나님의 여러 가지 은혜를 맡은 선한 청지기가(벧전 4:10) 될 것이기 때문이다.

현대인에게 사도행전의 성령충만을 받은 사람을 예로 들을 수 있는 사람이 있다면, 마틴 루터 킹(Martin Luther King 1929.1.15~1968.4.4)이 있다. 그는 성령의 충만함을 받은 베드로와 스데반처럼 요엘 선지의 예언에 따라 환상을 보고 예언하고, 꿈을 꾸며 말씀을 사람들에게 맡긴 사람이다.

마틴 루터 킹은 이사야의 말씀을 통해 흑인과 백인이 미국이라는 국가에서 행복하게 사는 꿈을 꾸고, 그 환상을 예언했으며, 주의 크고 영화로운 교회의 날을 선포했다. 마틴 루터 킹 목사의 1963년 8월 28일 연설문 'We have a dream'과 관련 동영상을 찾아보면 초대교회의 성령충만한 모습을 짐작할 수 있다. 성령의 충만함을 받은 그는 이사야의 비전을 흑인과 백인으로 갈라진 미국 사회에 복음을 전파하여 복음으로 세상을 변화 발전시켰다. 꿈과 예언과 환상이 가득한 루터 킹 목사의 연설을 직접 보고 연설문을 읽어 베드로와 스데반, 바울의 설교를 통해 나타난 성령의 충만이 무엇인지 비교해 본다면 유익할 것이라 믿는다.

마틴 루터 킹은 1963년 8월 28일, 링컨 기념관 근처에서 다음과 같이 선지자처럼 외쳤다.

"…… 나에게는 꿈이 있습니다. 언젠가 이 나라가 모든 인간은 평등하게 태어났다는 것을 자명한 진실로 받아들이고, 그 진정한 의미를 신조로 살아가게 되는 날이 오리라는 꿈입니다. 언젠가는 조지아의 붉은 언덕 위에, 예전에 노예였던 부모의 자식과 그 노예의 주인이었던 부모의 자식들이 형제애의 식탁에 함께 둘러앉는 날이 오리라는 꿈입니다.

언젠가는 불의와 억압의 열기에 신음하던 저 황폐한 미시시피 주가, 자유와 평등의 오아시스가 될 것이라는 꿈입니다. 나의 네 자녀들이 피부색이 아니라 인격에 따라 평가 받는 그런 나라에 살게 되는 날이 오리라는 꿈입니다. 오늘 나에게는 꿈이 있습니다. …… 흑인 소년 소녀들이 백인 소년 소녀들과 손을 잡고 형제 자매처럼 함께 걸어갈 수 있는 상황이 되는 꿈입니다.

오늘 나에게는 꿈이 있습니다. 어느 날 모든 계곡이 높이 솟아오르고, 모든 언덕과 산은 낮아지고, 거친 곳은 평평해지고, 굽은 곳은 곧게 펴지고, 하나님의 영광이 나타나 모든 사람이 함께 그 광경을 지켜보는 꿈입니다. 이것이 우리의 희망입니다. 이것이 내가 남부로 돌아갈 때 가지고 가는 신념입니다. 이런 신념을 가지고 있으면 우리는 절망의 산을 개척하여 희망의 돌을 찾아낼 수 있을 것입니다. 이런 희망을 가지고 있으면 우리는 이 나라의 이 소란스러운 불협화음을 형제애로 가득 찬 아름다운 음악으로 변화시킬 수 있을 것입니다. 이런 신념이 있으면 우리는 함께 일하고, 함께 기도하며, 함께 투쟁하고, 함께 감옥에 가며, 함께 자유를 위해 싸울 수 있을 것입니다. 우리가 언젠가 자유로워지리라는 것을 알기 때문입니다.

그날은 하나님의 모든 자식들이 새로운 의미로 노래 부를 수 있는 날이 될 것입니다. "나의 조국은 자유의 땅, 나의 부모가 살다 죽은 땅, 개척자들의 자부심이 있는 땅, 모든 산에서 자유가 노래하게 하라. …… 모든 산으로부터 자유가 울려 퍼지게 합시다. 자유가 울려 퍼지게 할 때, 모든 마을, 모든 부락, 모든 주와 도시에서 자유가 울려 퍼지게 할 때, 우리는 더 빨리 그 날을 향해 갈 수 있을 것입니다. 신의 모든 자손들, 흑인과 백인, 유태인과 이교도, 개신교도와 가톨릭교도가 손에 손을 잡고, 옛 흑인 영가를 함께 부르는 그날이 말입니다. 드디어 자유, 드디어 자유, 전지전능하신 하나님, 우리가 마침내 자유로워졌나이다!"

* [네이버 지식백과] 마틴 루터 킹 주니어 목사 '나에게는 꿈이 있습니다' 연설 (미국의 명연설, 2004. 미국 국무부 | 주한 미국대사관 공보과)
출처: https://terms.naver.com/entry.nhn?docId=1714364&cid=43938&categoryId=43943

* 마틴 루터 킹 목사의 연설 동영상 사이트:
https://www.youtube.com/watch?v=8TbLOX7Gi0A

2) 예루살렘 교회의 형성

사도행전 교회는 예수가 보낸 성령과 그의 권능을 충만하게 받은 사람들이 만들어 낸 새롭고 혁신적인 사회였다. 교회 공동체 성원들은 하나님 나라에 대하여 예언하고, 환상을 보고, 꿈을 꾸었다. 이 일은 나이와 계급의 경계를 넘어 이루어졌다. 이들이 성령이 충만하여 비전을 말할 때는 각 나라 사람들의 언어로 들려지는 기이한 일도 생겼다. 이런 기이한 일은 마치 마틴 루터 킹의 "나에게는 꿈이 있다"고 하는 연설을 통해 확인해 볼 수 있다. 한국의 경우 성령의 충만함은 여의도 순복음교회의 조용기 목사의 사역 초기에 나타난 선포가 대표적이라 할 수 있다. 그는 교인들이 가난을 극복하고 행복하게 사는 삶을 영혼이 잘되고, 범사에 형통하며, 몸이 강건하기를 원하는 '삼박자 복음'으로 성령의 충만을 표현했다. 물론 복음을 물질화, 기복화, 개인주의화시킨 일 등 여러 가지 문제점을 드러내기는 했지만, 그의 성령충만은 한국과 세계에 큰 영향력을 준 것은 분명하다. 되돌아보면 긍정적이건 부정적이건 한국 교회는 조용기 목사 등장 이후, 거의 모든 교회가 그의 비전대로 교회의 모습을 갖추었다고 해도 과장이 아니라 생각된다.

초대교회에서 성령의 충만함을 받아 교회 사회에 대한 비전을 가진 자들은 마음에 기쁨과 즐거움, 몸에 희망이 거하는 사람들이었다. 생명의 길을 보았기 때문이다. 그들은 주 예수의 뜻에 기반을 둔 거룩한 공교회(公敎會)를 믿었다. 교회를 믿었다는 말이다. 첫째, 예수를 하나님이 자신들의 '주'와 '그리스도' 되게 한 것을 인정하는 공동체로 믿었다. 둘째, 하나님을 아버지로 모시고 형제와 자매로 사는 교회를 믿었다. 셋째, 교회 사회를 통해 하나님 나라를 세우는 공동체로 믿었다. 예수는 하나님 나라를 세우려고 왔기 때문이다.

　이러한 관점으로 본다면 그리스도인은 장로교인, 카톨릭교인, 감리교인, 성결교인이 되려고 예수를 믿는 것이 아니다. 각 교단을 견고하게 세우는 일을 넘어 예수의 몸으로 사는 사도행전 교회를 세우려고 예수를 믿고 교회로 살고 있다. 사도행전 교회가 가졌던 환상과 예언과 꿈으로 교회 사회를 세우고자 모인다. 진실로 성서가 원하는 교회를 세우는 것이 불가능하고 안 되는 일이라고 포기한다면 이것이야말로 불신앙이고, 이단이다. 아브라함은 하나님의 말씀을 믿어 의롭다고 인정받았다. 그런데 사도들이 세운 교회를 세우지 않고, 각 교단을 세우는 일에만 집중한다면 이는 분명 성서를 믿지 않는 것이 된다. 성서를 믿지 않기 때문에 의롭다 인정을 받지 못하는 상태일 수도 있다는 것을 심각하게 고민해 보아야 한다.

　예수는 베드로의 '주는 그리스도요, 살아 계신 하나님의 아들입니다'라는 신앙고백 위에 교회를 세웠다. 그래서 교회는 예수의 신념을 믿고 복음화(의식화)되고, 교회화(조직화)된 사람들의 모임이다. 이 모임을 통해 하나님보다 높아진 것을 그리스도에게 복종시키고, 음부의 권세를 꺾는 일을 한다. 천국의 열쇠를 받은 교회에 의해 하늘과 땅의 모든 것이 결정되게 하여 세상을 하나님 나라로 만들어 가게 했다. 또한 교회는 사람들에게 십자가에 못 박은 예수를 하나님이 인간의 주와 그리스도가 되게 한 것을 믿게 한다. 그리고 예수를 중심으로 살지 못한 삶을 회개하게 하고 예수의 이름으로 세례를 베풀었다. 지난 날의 삶에 대해 죄사함을 받고, 성령을 선물로 받아 자신들이 믿는 교회를 세우게 한 것이다. 서로 이기주의에 사로잡혀 경쟁하는 패역한 세계에서 인간을 교회를 통해 구원하여 하나님 나라를 세우는 일을 하게 한다.

교회를 구성하는 그리스도인은 성서의 가르침을 받고 예배, 성만찬적인 사귐, 기도와 모임에 힘씀으로 교회 자체의 동력을 발생시켰다. 힘을 발생시키는 교회가 되게 하기 위해 가르침을 받고, 서로 교제하고, 떡을 떼고, 함께 기도에 힘썼던 것이다(행 2:42). 예수의 계명대로 서로 사랑으로 만나는 곳이 교회의 자리가 되게 했다. 흩어진 마음으로 조건에 따라 모이는 것이 아니라 단결된 마음으로 날마다 모이기에 힘썼다. 그냥 시간과 사건을 흘러가게 한 것이 아니라 복음으로 늘 깨어 사건을 만들었다. 마음을 모아 마음의 방향을 교회를 세우는 일에 일치시켰다. 이러한 영향력으로 초대교회는 한 번에 삼천 명의 그리스도인을 얻는 일도 있었다. 이후에도 사도들의 가르침은 하나님의 나라에 대한 신념을 더욱 굳건하게 했다. 새로운 가치관이 생기게 했고, 함께 이야기를 나누며, 함께 일을 도모하게 했다. 선입관과 세상의 가치관에 사로잡혀 변화를 거부하지 않았다. 이들은 초대교인의 신앙이 율법적이거나, 초등학문의 수준에 머무르지 않게 했다.

초대교회는 함께 모여 떡을 떼는 성찬 공동체로 시작했다. 그들이 앉은 자리는 식탁이었고, 교회의 모든 식사가 성찬이 되게 했다. 일상에서의 식사가 예수의 살과 피를 먹고 마시는 예식이었다. 이때마다 그리스도인은 예수의 몸이 되었다. 자신이 예수의 살과 피처럼 여겨지는 체험과 서로가 서로를 살과 피처럼 여기는 사랑을 체험했다. 거룩한 식탁은 서로가 예수의 정신을 본받아 서로에게 살과 피가 되겠다고 언약하는 시간이었기 때문이다. 불신자들에게 예수를 믿으면 '나와 우리의 모든 것이 너와 너희의 것이 된다'는 것을 확인시키는 시간이기도 했다. 또한 교회는 모여서 함께 식사하는 성찬을 함으로 가정에 교회가 있게 했다. 매일 식탁에 모여 음식을 나누는 성찬으로 사랑의 가족 공동체, 평등한 공동체를 세웠다. 성찬을 한다는 것은 그리스도의 몸이 되는 것이기 때문이다. 그래서 초대교회는 손님을 정성을 다하여 대접하는 일에 힘썼다. 그들은 나그네 대접을 잘하는 사람들이었다. 아브라함 이후 계속된 손님 대접의 전통을 계승했다. 서로 극진히 대접하는 성찬으로 서로를 녹여 하나 되게 하는 용광로와 같은 교회를 만들었다. 이와 같은 삶을 통해 하나님을 찬미하는 삶을 살았고, 온 백성에게 칭송을 받았다. 이로써 이들은 로마 제국과 유대인 성전 공동체보다 더 큰 대의명분을 가지는 공동체가 되었다. 성령의 힘과 강한 대의명분 덕분에 성서는 예수가 구원을 받는 사람을 날마다 교회에 더하게 했다고 증언한다. 당시 교회가 예수를 중심으로 모여 형제 사랑을 로마와 유대교인보다 더 훌륭하게 해냈던 것이다.

초대교회는 그리스도인의 성령의 충만함과 서로 사랑의 삶 때문에 사람들이 두려워하는 공동체였다(행 2:24, 5:11). 당시 주변의 사람들이 그리스도인을 함부로 업신여기거나 모욕하지 않게 했다. 그리스도인들은 믿으면 믿을수록 하나님을 경외했기 때문에 세상은 이들을 두려워했다. 그들이 하나님을 경외하니 지혜가 생겨 바른 길을 갈 수가 있었고, 덕분에 세상이 그들을 두려워했다. 또한 사도들은 기사와 표적을 많이 나타냈다. 성령의 권능으로 불필요한 논쟁을 피하고 권위를 세웠으며, 하나님의 영광을 나타냈다. 사도들이 하는 일마다 부족한 것이 채워졌다. 하나님을 두려워하고 영광된 삶을 살았기 때문에 더 많은 사람이 예수를 믿어 교회는 크게 부흥했다. 권위를 가진 교회는 예루살렘 교회를 세우고, 그 교회를 원형으로 하여 교회를 확대해 나갔다. 성령과 교회를 체험한 증인들이 이 일을 했다. 이후 교회는 여러 지역에서 지역사회가 필요로 하는 다양한 몫을 감당했다. 각 지역교회는 지역사회의 모든 영적 요구와 산업과 농사, 병원 등의 다양한 사업을 섬겼다. 각 지역의 영적인 것을 섬기고, 지역사회 봉사와 선교, 복지사업에 힘썼다. 사회의 계급차별, 인종차별, 남녀차별 등의 사회적 문제에 관심을 갖고 참여해 사람을 구원하는 일도 했다. 이 일을 통해 사람들이 두려워하고, 좋아하는 교회를 세워 나간 것이다.

초대교회는 힘써서 기도함으로 성령의 충만함을 받고 계속하여 성령의 인도와 권능을 받았다. 기도로 교통하며 강력한 서로 사랑의 공동체를 구성하고, 증인의 정체성을 나타냈다. 날마다 서로를 믿고, 의지하고, 사랑하고, 기뻐하고, 비둘기처럼 평화와 제물로 서로에게 임재했다. 삼위일체 하나님을 본받아 서로 의를 이루는 합당한 관계로 교제하고 친교(코이노니아)하며 누렸다. 서로 섬기고 책임졌다. 서로에게 이입하며 침투하는 상호관계를 형성하고 살았다. 너와 나를 동일시 하는 공동체로 그리스도의 몸인 교회를 구성했다. 이러한 교회의 활동 가운데서 그들은 우리로 살며 늘 다 함께 있었다. 삼위일체 하나님이 서로에게 임재하여 임마누엘 한 것과 같이 예수의 영으로 하나가 되어 함께 있고자 한 것이다.

초대교우들은 물건을 서로 통용하고, 재산과 소유를 팔아 각 사람의 필요를 따라 나눠주는 공동체적 삶을 살았다(행 2:44-45). 믿음의 분량대로 자신의 것을 모두 헌신한 사람도 있었고 일부를 헌신한 사람들도 있었다. 사도들은 이 헌신을 모아 모두를 책임지고, 성공하게 하는 기초 공동체를 성공적으로 만들어 냈다. 서로를 책임지고, 서로를 위하여 사는 삶의 구조를 만든 것이다. 이러한 과정에서 그 누구도 자신의 것을 자신만의 것이라고 주장하는 사람이 없는 것은 당연했다. 이미 '나는 너를 위해 사는 사람'이라는 마음이 공동체의 정신이 되었기 때문이다. 교회의 정신은 '너를 위해 나와 내 것이 존재한다'는 삶의 방식이었다. 그래서 '나의 것은 다 너의 것'이라고 서로 응원하고 격려하며 사랑한 것이다. 이들의 전도 역시 '내가 너를 예수의 이름으로 내 몸과 피처럼 여겨 준다'는 마음에서 비롯된 것이었다. 예수를 믿으면 내가 너의 가족이 되어 너와 너의 가족을 대속하고 지켜주겠다고 하는데 예수를 안 믿을 사람이 어디에 있겠는가? 이들은 예수를 안 믿는 것이 상식적으로 이해가 되지 않는 교회사회를 만들었다. 이러한 교회 정신과 체제 때문에 전도가 땅 끝까지 갈 수 있었다.

초대교회는 평등과 기쁨을 기적적으로 성취한 공동체였다. 사도행전에 따르면 베드로는 나면서부터 못 걷게 된 사람을 걷고 뛰게 하는 기사와 이적을 일으켰다. 이 일은 금이나 은으로 된 일이 아니다. 나사렛 예수의 이름을 줌으로 일어나게 한 사건이다. 이 일은 많은 사람들의 주목을 받게 했고, 베드로 앞에 많은 사람들을 모이게 했다. 장애인이 평등하게 형제의 대접을 받고 그의 신체가 온전하게 되었기 때문이다. 이때 베드로는 다음과 같이 복음을 요약하며 성령 충만한 가운데 전도한다. 예수가 완전한 순종과 아가페 사랑으로 율법이 요구하는 모든 의를 성취했다고 선포한 것이다. 또한 예수는 죄인 된 인간이 범한 죄값을 지불하기 위해 십자가에 달려 죽음으로써 대속했다고 선포했다. 이 대속은 고엘 정신을 성취하고, 사람들이 잃어버린 하나님 나라를 인간에게 되찾아 주는 일이다. 아울러 증인 베드로는 예수가 죽었다가 삼일 만에 사망 권세를 이기고 부활했다고 전하며, 부활의 예수가 모든 믿는 자에게 구세주가 된다고 선포했다. 그리고 회개하여 죄사함을 받으라고도 촉구하며, 구세주 예수를 통해 성령의 충만함을 받아 온전한 삶을 회복하라고 가르쳤다.

베드로는 병자를 예수의 이름으로 고친 일 때문에 예루살렘 성전의 공회 앞에 피고인으로 선다. 사도들은 유대인의 공회 앞에서 자신들의 일이 하나님의 일임을 보고하고, 복음의 선포를 멈추지 않겠다고 공언했다. 이 일로 베드로와 요한은 공회에 의해 매를 맞고 복음을 전파하지 말라고 협박을 받았지만 오천 명의 사람들이 더 교회에 참여하는 계기가 되었다. 이후 초대교회는 교회가 한마음과 한뜻으로 교회 사회를 이루고 삶의 방식을 더 확대한다. 아울러 믿는 사람들은 더욱 단결했으며 모든 물건을 공동으로 사용했다. 자기 소유를 자기 것이라고 하지 않았다. 그리스도인들이 자신의 것을 모두의 것이 되게 했다. 서로가 서로를 대속물로 주는 것이 성취된 것이다. 이때 교회는 자유와 평등이 충만한 기쁨의 해방구였다. 교회에 더 이상 가난한 사람이 없었다. 교회 구성원들이 서로를 철저하게 지키고, 보호함으로 불행한 사람이나 가난한 사람이 없게 했다. 밭과 집 있는 사람들이 그 판 것의 값을 가져다가 사도들에게 주어 각 사람의 필요에 따라 나누어 쓰게 했기 때문이다. 특별히 사도행전은 바나바의 전적인 헌신이 초대교회 사람들의 본이 되었다고 자랑하고 있다.

초대교회는 내우외환의 위기를 극복한 공동체였다. 초대교회에 늘 좋은 일만 있었던 것은 아니었다. 내적으로 초대교회는 사적인 소유와 탐욕으로 인해 나타나는 위기를 잘 정리했다. 교회가 사람을 모이게만 한 것이 아니라 아나니아와 삽비라 사건을 통해 알 수 있듯이 교회 안에서 반그리스도적인 사람을 정리해 교적을 정리하는 성결의 작업을 한 것이다. 외적으로 핍박을 극복하는 모습도 보고되고 있다. 이 사건은 하나님의 사자가 감옥을 파괴함으로 옛 체제가 하나님에 의해서 부인되고, 교회가 성전 중심의 유대교를 대신하고 있음을 기록했다(행 5:17-32). 그래서 이 일에 그리스도인들은 고난을 받는 것을 스스로 감수하고, 기뻐했다고 한다.

초대교회는 재정의 불균형적 사용 때문에 일어난 분파적 갈등을 극복하기 위해 새로운 인재와 조직을 만들어 낼 줄 아는 공동체였다. 초대교우들은 이제 성전에 바치는 것이 하나님에게 헌신하는 것이 아님을 깨달았다. 사도들의 발 앞에 두는 것이 하나님에게 헌신하는 것임을 깨달은 것이다. 그래서 재물을 사도들에게 바쳐 하나님과 교회의 것이 되게 함으로 형제우애의 사랑을 하는 일에 헌신했다. 그러나 헬라파 과부들이 구제에 빠짐으로 불평등이 생겨 교회 안에 원망이 일어났다. 히브리파 과부와 헬라파 과부 사이에 불공평이 발생한 것이다. 이 일은 일꾼이 부족하고, 제도가 정착되지 않아 생겨난 문제였다. 그래서 사도들은 회의를 소집하여 성령과 지혜가 충만하고 칭찬받는 일곱 집사를 세움으로 불공정의 문제를 해결했다. 원망과 분열의 원인이 차별에서 나온다는 것을 깨달고 교회의 일꾼인 일곱 집사들에게 구제의 일을 하게 해서 교회를 평화롭게 한 것이다. 이후 사도들은 구제의 문제에 손을 떼고 기도와 설교의 일에 전념함으로 교회 내의 재정적 차별의 문제를 성공적으로 해결했다. 회의를 소집하여 형편에 맞게 조직을 정교하게 하고 확대한 것이다.

초대교회는 사도들에 의해 양육된 모범적인 그리스도인들이 있는 교회였다. 사도행전은 예루살렘 회의를 통하여 선출된 일곱 집사 중에 스데반을 초대교회의 모범과 자랑이 되는 사람으로 제시한다. 스데반은 은혜와 권능이 충만하고, 지혜와 성령으로 말하는 사람이었다. 놀라운 일과 큰 기사를 일으켰으며 천사 같은 얼굴을 가진 집사였다. 사도행전은 스데반의 설교와 순교를 기록하며 본받아야 할 그리스도인의 상으로 제시한다. 스데반은 설교를 통해 교회가 구약을 계승한 공동체라는 것을 구약 무용론자들에게 확인시켜 주었다. 아브라함과 이삭과 야곱, 요셉과 모세, 다윗과 솔로몬을 믿음의 조상으로 제시했다. 아울러 자신이 예수가 하나님의 우편에 서 있는 것을 보고 있다고 하며, 교회와 그리스도인의 정통성을 주장했다. 그는 아브라함의 할례 언약, 모세의 광야 교회, 솔로몬의 성전을 계승한 이스라엘 공동체의 한계를 지적하며 교회의 정통성을 주장했다. 그는 과거의 이스라엘이 하나님의 이름을 맡은 제사장 나라로서 십계명과 율법에 따라 통치되고, 성전을 중심으로 다섯 가지 제사와 네 가지 절기, 삼대 명절을 통해 하나님을 섬기며 움직이는 나라였다는 것을 인정했다(새로운 성경공부, 통박사 조병호의 성경핫이슈 1회 70년만의 해방, 새로운 시작. 강의에서 인용. http://youtu.be/LyjIX6TzHzE). 하지만 이제 예수의 이름을 맡은 교회가 영적 대표가 되었다고 주장했다. 그러나 그는 당시의 이스라엘 사람들에게 인정받지 못하고 순교했다.

3) 초대교회의 확대 재생산

교회는 예루살렘 교회를 세우고, 그 교회를 원형으로 하여 교회를 확대해 나갔다. 성령과 교회를 체험한 증인들이 이 일을 했다. 이후 교회는 여러 지역에서 지역사회가 필요로 하는 다양한 몫을 감당했다. 각 지역교회는 지역사회의 모든 영적 요구와 산업과 농사, 병원 등의 다양한 사업을 섬겼다. 개인에게 직업을 갖게 하고, 지역사회 봉사와 치유, 선교와 복지사업에 힘썼다. 사회의 계급차별, 인종차별, 남녀차별 등의 사회적 문제에 관심을 갖고 참여해 사람을 구원하는 일도 했다.

사도행전에 의하면 교회의 모델을 형성한 예루살렘 교회는 스데반의 순교와 큰 핍박으로 흩어진다. 예수가 "예루살렘과 온 유대와 사마리아와 땅 끝까지 이르러 증인이 되라"고 명령한 대로 복음과 교회를 전파했다. 자원해서 흩어진 것은 아니다. 내부적으로 행복했지만 외부적 핍박에 의해 강제적으로 흩어졌다. 이로 인하여 복음이 다른 지역에 전파되었다. 그리고 예수의 명령에 따라 가장 먼저 사마리아 지역에 이식되었다. 예루살렘 교회를 지역교회에 맞게 재구성하면서 초대교회를 사마리아에 실현한 것이다.

당시 사마리아는 로마의 식민지였고, 유대인으로부터 율법과 혼혈의 이유로 차별을 받는 고장이었다. 이 지역에 빌립 집사가 예수의 증인으로 가서 전도를 했다. 그는 성도를 온전하게 하여 봉사의 일을 하게 함으로 그리스도의 몸을 세우고자 하였던 사람이었다. 그는 예수의 가르침을 전파하고 예루살렘 교회의 제도를 이식했다. 성령의 권능으로 표적을 행하고, 귀신이 나가게 하고 병자가 치유되어 사마리아성에 큰 기쁨이 있게 했다(행 8:5-8). 그는 성령을 돈으로 사려는 사람을 예수가 중심이 되는 사람으로 변화시켰고, 사회도 이와 같이 변화시켰다. 사람들을 마술로 놀라게(홀려) 하며 사람들의 지도자가 된 시몬이라는 사람도 변화시켜 제자가 되게 했다. 빌립의 단독사역만으로는 사마리아 선교가 어려웠으므로 사도들과 동역자들이 와서 함께 동역했다. 함께 협력하여 일함으로 교회는 성령이 충만하게 되었고, 사마리아는 평화와 기쁨이 넘치는 곳이 되었다.

교회의 사마리아 전도는 유대와 사마리아의 화해를 성취했다. 바벨론 포로 이후부터 이어져 온 불평등과 차별의 문제를 해소한 것이다. 복음으로 민족적 차별과 지역 갈등을 해소하고, 예수 안에서 모든 것을 초월해 평등과 평화를 맛보게 했다. 결론적으로 교회를 세워 사마리아 성에 큰 기쁨이 있게 했다. 예루살렘 교회의 모형과 경험을 성공적으로 사마리아 지역의 특성에 맞추어 이식시켰기 때문이다.

유대와 사마리아 지역으로 확장한 초대교회는 복음으로 국경과 인종, 지역, 성적인 차별을 초월하여 안디옥 교회로 확장되었다. 환난을 당해 흩어진 사람들이 예수의 그리스도 됨과 하나님 됨을 전파했기 때문이다. 그러자 안디옥에서도 주의 손이 함께하여 허다한 사람들이 예수 공동체로 들어왔다. 예루살렘 교회의 스데반과 사마리아의 빌립 집사처럼 안디옥에서도 바나바와 바울이 복음을 전파하여 교회를 세웠다. 특히 바나바(권위자)는 구브로에서 난 레위 족속이며, 자신의 밭을 팔아 사도들의 발 앞에 두고 예루살렘 교회의 파송을 받은 사람이었다. 착한 사람이었고, 성령과 믿음이 충만한 사람이었다. 예루살렘 성전과 제사장들에게 헌신함으로 하나님에게 헌신하는 제도와 벽을 깨고, 예수와 그의 사도들에게 헌신하는 것이 하나님에게 헌신하는 것이 되게 한 사람이다. 그는 하나님의 은혜를 볼 수 있는 안목을 갖고, 다른 그리스도인들에게 강한 마음으로 예수에게 붙어 있으라고 단결을 호소했다.

안디옥에서 철저한 제자 교육과 공동체적인 삶을 통해 초대 교인들은 그리스도인이라는 새로운 이름을 얻었다. 또한 안디옥 교회는 동역하는 기쁨을 누리는 공동체였다. 공동체의 모임은 용광로와 같았다. 서로의 단점을 사랑으로 녹이며 예수를 닮아가게 하는 활동을 했다. 모임이 없으면 동역도 없다. 그러므로 협력하여 선을 이루는 것은 초대교회의 중요한 덕목이었다. 그리스도인은 개인적으로도 잘 살아야 하지만 공동체적으로도 잘 살아야 하기 때문이다. 초대교회는 서로 자기를 나타내고 높이는 경쟁이 없었고, 서로의 신실함과 믿음을 증명하는 관계였다. 그래서 사람들이 바울의 그리스도인 됨을 믿지 못할 때에 바나바는 바울이 예수를 어떻게 만났는지를 사람들에게 대변하며 변호해 주기도 했다.

초대교회 당시의 사도들은 예루살렘 성전과 회당에서 일하는 유대교 종교 지도자들이 생각하기에 모두 평신도였다. 유대인이지만 예루살렘 외곽 지역 사람들이었고 권위 있는 지도자적 위치에 있는 사람들도 아니었다. 초대교회는 평민들로 시작되었다. 계급이 높지 않았다. 교회는 이런 사람들에 의해 세워졌고, 교회는 그들의 지지를 받는 연약한 공동체였다. 하지만 교회는 성령의 인도에 순종하는 공동체였다. 성령에 의해 흉년에 대한 예언을 듣고, 어려움을 당한 형제 교회를 위해 힘을 다해 부조함으로 순종했다. 또한 교회는 예언과 돕는 대안이 있는 나눔의 공동체라는 동일성을 매우 중요하게 여겼다. 그리고 교회에 큰 축복이 되었던 것은 큰 돈을 안심하고 맡길 수 있는 신실한 장로들이 있었다는 것이다. 교회는 이들을 통해 긴밀한 협조와 연합, 일치와 다양성을 갖고 발전할 수 있었다. 당시 형제 교회에 어려움을 극복하는 일에 많이 부조했던 교회의 연합은 오늘날 교회가 반드시 계승해야 할 모습이다.

초대교회는 예루살렘을 넘어 유대와 사마리아와 안디옥을 넘어 지금의 터키와 그리스 지역으로 확장해 나갔다. 특별히 고린도 교회의 경우는 그리스의 아테네를 떠나 고린도에 도착한 바울이 아굴라와 브리스길라 부부를 만나 함께 생업을 같이 하며 교회 사회를 세웠다. 고린도 교회는 교회를 세우려는 목적을 공유한 사람들이 직업적 연대를 통해 단결하여 세운 사례이다. 그들은 초기에 유대인에게 말씀을 전파하다가 핍박으로 흩어져 이방인들에게도 복음을 전파했다. 바울이 유대교인을 위해 복음을 전파했지만 그들의 거부와 핍박으로 교회를 세우는 것을 실패했기 때문이다. 그래서 바울은 유대인을 향해 옷을 털며, 그들이 구원을 받지 못하는 것은 자신의 책임이 아닌 그들의 책임이라고 선언했다. 이후에 그는 이방인에게 복음을 전파하겠다고 하며 엄숙하게 단절을 선포한 뒤 이방 선교에 집중했다. 그들은 선교 초기에 가정에서 모였고, 이곳에서 바울은 예수가 그리스도라는 것을 증언하며 예루살렘 교회와 같은 교회를 고린도에 탄생시켰다.

이후에 바울은 성령의 인도를 받아 로마까지 복음을 전파한다. 예수가 승천하기 직전 제자들에게 "오직 성령이 너희에게 임하시면 너희가 권능을 받고 예루살렘과 온 유대와 사마리아와 땅 끝까지 이르러 내 증인이 될 것이라"는 말씀을 성취하기 위해서였다(행 1:8). 또한 당시의 땅 끝이 로마였기 때문에 로마로 간 것이다. 사도행전에 나타난 누가의 시각에서 보면 땅 끝은 물리적, 지리적 땅 끝이 아니다. 정치, 경제, 문화, 종교, 부와 가난의 최고의 절정, 마지막은 당시 로마 제국의 수도였기 때문이다. 아울러 모든 길은 로마로 통하고 물류의 끝도 로마였기 때문이다. 모든 인간들의 꿈과 좌절의 끝이 로마였기에 사도행전은 바울의 로마 전도로 마치고 있는 것이다. 이 깨달음은 오늘날의 그리스도인들이 복음을 들고 어디로 가야할 것인가하는 복음의 방향을 가르쳐 준다. 땅 끝까지를 오늘의 시대적 의미로 이야기 한다면, 빅데이터, 자본, 권력이 있는 곳이라 하겠다.

4) 교회사회를 세우기 위한 선교전략

사도행전 1장 8절에 보면 예수는 승천하기 전에 제자들에게 성령의 임재와 그의 권능을 받아 증인이 되라고 했다. 그리고 사람들에게 예수의 말씀을 전파하여 하나님의 나라를 세우기 위한 직분과, 사람들을 사랑할 수 있는 권능(힘)을 주었다. 제자들이 세상의 모든 곳에까지 갈 수 있고 모든 사람을 만날 수 있는 권리도 주었다. 그래서 예수의 제자들은 그의 가르침에 따라 교회 사회를 세우기 위해 전략을 가지고, 하나님의 나라를 세우자는 복음을 전파하며 각 나라와 사회를 변화시켰다. 그러므로 복음 전파의 사명을 가진 그리스도인들은 현대에 교회사회를 세우기 위해 근대의 선교전략을 배울 필요가 있다. 믿음의 조상이 주는 교훈을 배워 현대에 계승하고 발전시켜 복음을 효과적으로 전해야 하기 때문이다. 성서는 "전략을 세운 다음에야 전쟁을 할 수 있고 참모가 많아야 승리할 수 있다"(잠 24:6)고 가르쳐 주고 있다. 이러한 가르침에 따라 중국 선동성에서 선교사들이 복음을 어떻게 전파하고 어떠한 사회를 세웠는지를 찾아보고, 한국교회의 선교와 비교하는 것은 오늘날 우리의 복음전파에 큰 도움이 될 것이다.

중국의 산동성 연태지역 선교는 영국과 미국의 선교사들에 의해 추진되었다. 처음 연태에 복음이 전파된 계기는 영국의 허드슨 테일러 선교사와 그의 동역자들에 의해서이다. 초창기 선교사들은 1880년에 선교기지에 선교사 학교와 기숙사, 유치원과 예배당, 주택을 건축하고 소학교와 중학교 수업을 했다. 이들 학교를 통해 선교회는 섬세하게 자녀를 교육함으로써 이들을 통해 선교의 일이 계승되게 했다. 여기에서 배출된 학생들은 스코틀랜드 선교사 가정 출신이며, 파리 올림픽 400M에서 금메달을 따고 중국선교에 헌신하다가 순교한 에릭 리들이 있으며, 한국의 대천덕 신부 등이 있다. 1831년 연태의 선교기지는 선교사와 가족, 관계자들이 271명에 이르렀다고 한다. 하지만 일본군이 점령하며 대부분 수용소에 수용되어 열악한 생활 가운데서 천국인처럼 살다가 많은 사람들이 순교한다.

연태의 선교기지 외에도 주목할 만한 곳이 있다. 연태 만국 공묘이다. 한국의 양화진 선교사 묘역과 같은 곳이라고 하면 이해가 편할 것이다. 연태의 선교사들이 선교지에서 모두 건강하게 잘 산 것은 아니다. 열악한 환경과 토착화의 어려움을 극복하지 못하고, 현지 적응에 실패한 선교사와 자녀, 부인들이 사망했기 때문이다. 여기서 우리는 하나님이 선교지에서 선교사의 가족들을 죽게 했는가 하는 영적의미를 묻게 된다. 이 물음에 대한 답은 한 알의 밀알이 떨어져야 많은 열매를 맺는다는 말씀에 그 해답이 있다. 하나님은 선교지를 선교사의 땅으로 얻고 선교의 대상이 되는 사람들을 형제와 자매, 친척으로 얻게 하는 방법으로 선교사의 가족을 그 땅에 묻어, 선교지가 그들의 약속의 땅이 되게 했다. 마치 성서의 아브라함이 사라를 헤브론의 막벨라 무덤에 묻어 그의 고향이 되고, 자신의 땅에 되게 한 것처럼 선교지가 자신의 고향이 되게 한 것이다. 자신의 아내나 남편, 자식이 선교지에서 묻힌다면 선교사의 고향과 조국은 자신의 가족이 묻힌 땅이 되기 때문이다.

많은 어려움 가운데도 연태에 정착한 연태의 선교사들은 통일된 지도부를 만들고, 효과적으로 선교를 해 나간다. 선교기지를 세우는 일부터 시작하여 연태지역에 복음을 전파하기 위해 통전적은 접근을 한 것이다. 연태의 선교 지도부는 내적으로는 선교사의 삶과 사역을 섬겼으며, 외적으로는 사회와 나라에 공동 메시지와 태도를 가지고 대처해 나갔다. 선교를 총괄하는 지도부는 선교지의 역사와 지역의 선교정책을 연구하고, 통일적인 실천과 바른 길을 가지 않는 선교사와 일부단체에 대해 제제하여 바른 길로 이끌었다. 또한 선교사의 사역과 지역의 봉사가 중복되지 않게 했으며, 사역이 개인에 의존하여 단기간에 끝나게 하지 않았다. 계속성과 지속성을 가지고 목표에 접근해고자 한 것이다. 아울러 지역사회와 국가의 발전을 위해서 언론과 교육, 경제, 정치, 문화 등에 접근하여 교회사회를 세우고자 했다. 연태의 근대 선교는 다음과 같은 특징이 있다.

첫째, 연태 선교회는 교회설립만을 목적으로 선교하지 않았다. 의료와 문화, 교육 등의 사업에 헌신했다. 연태지역의 육황정병원(毓璜頂医院)의 설립자 헌터 코벳(郭顯德)을 예로 들 수 있다. 그는 1863년 중국의 상해를 거쳐 등주에 거주하다가 연대로 이주했다. 56년간 연대에 거주하며 산동에 40여 개의 소학교를 설립하고, 1866년에 장로교회를 세웠다. 1875년 연대 시내 중심에 땅을 매입하여 당시 중국 최고의 박물관을 세웠다고 한다. 1890년에 진료소를 개설하고, 1914년 산동에서 규모가 가장 큰 육황정병원을 세웠다. 이 병원은 육황정 공원 앞에 있으며 현재 연태에서 규모가 가장 큰 병원으로 성장하였다. 헌터 코벳은 의화단 사건 때 척양을 외치며 외국인들을 무조건 잡아 죽였던 중국인들이 '외국인 헌터 코벳과 중국인 조두남(코벳의 제자)은 죽이지 말자!'고 결의할 정도로 겸손하고 진실하며, 헌신적인 선교사 생활을 했다고 한다. 영국의 토마스 선교사가 순교했을 때, 조선에 진상조사단으로 조선에 갔으며, 몇 년 후에 토마스 선교사를 죽인 조선에서 첫 장로교 선교사를 파송하였을 때, 조선 선교사를 만나 복음이 조선에 열매 맺는 놀라운 일을 경험하며 놀라워했다고 한다. 1920년 주님의 부르심을 받고 육황정공원의 묘지에 안장되었다. 조선의 경우, 알렌 선교사는 광혜원(제중원, 현재 서울 세브란스 병원)에서 한국인을 의료선교로 섬겼다.

둘째, 연태 선교회는 약한 자들의 친구가 되고자 노력했다. 이 일을 시작한 사람은 1884년 연태 농아 학교(烟台市聾啞中心学校)를 세운 미국의 안네트 밀스(梅耐德) 여사였다. 그녀는 1887년에 중국에서는 처음으로 등주에 농아학교를 세워 봉사했다. 후에 남편 찰스 밀스 선교사가 죽자 안네트 밀스 여사는 1898년에 농아학교를 연대로 옮겼다. 이 학교는 처음에 남성학부만 있었으나 1907년에 여성학부를 증설했다. 1912년 이후부터는 장애인을 위하여 교사들을 양육하여 파송함으로 중국 각지에 농아학교를 세우는 일에 헌신했다고 한다. 현지에서 듣기로는 이 학교에 조선의 선교사가 방문하여 학교의 운영원리를 배워갔다고 한다. 사실 한국교회가 선교 초기에 장애인의 인권을 높이기 위해 노력한 것만 보아도 교회의 선교는 약한 자를 고치고, 그들과 어울려 함께 살아가는 일이었음을 확인할 수 있다.

셋째, 연태 선교회는 교회와 산업발전을 위해서도 헌신했다. 그 예가 연태 치산 교회(烟台奇山教会)와 인덕양행(仁德洋行)이다. 영국 선교사이며 기업가인 제임스 맥뮬란(马茂兹)은 1884년 중국에 도착하여 1888년 릴리와 결혼한 후, 1890년에 연대로 이주하여 활동하였다. 1893년에 연대 대마로(大马路)에 인덕양행이라는 자수회사와 자수부녀학교를 세웠으며, 당시에 이 학교는 학생이 대략 500여 명이 넘는 학교로 발전하였다고 한다. 1902년에는 삼마로(三马路)의 남산로(南山路) 입구에 치산교회당(奇山教会堂)을 중국인들과 같이 설립했는데, 현재 삼자교회로 사용되고 있다. 연대 치산 교회는 외국인이며, 선교사이자 기업가가 어떻게 하나님의 나라와 지역에 봉사할 것인가에 대한 모범이 되고 있다. 자기 직원을 가족과 같이 여기고 잘 살게 하며, 그들의 영적인 일을 위해 교회를 세워 나가는 실업인이 되는 방법은 매우 유익한 선교방식이기 때문이다.

넷째, 연태 선교회는 현지 교회의 토착화를 위해 헌신했으며, 연태지역의 경제를 살리는 일에도 헌신했다. 존 리빙스턴 네비우스(倪维思 예유사)가 그 예이다. 그는 미국 북장로회 파송으로 중국에서 40여년의 선교사 활동을 했으며, 소천하여 육황정 묘지에 안장되었다. 그는 1877년 중국의 임구현 재해 때 재난 당한 중국인을 위해 기부하는 일도 했다. 또한 연태의 육황정공원 앞에 농장을 만들고 유럽과 미국에서 복숭아, 사과, 배, 체리, 땅콩, 포도 등의 종자를 들여와 중국 농업에 헌신했다. 그의 포도 재배 성공은 1892년 장필사(張弼士)가 3백만냥을 투자하여 설립한 장유공사(張裕公司)라는 포도주 생산 회사를 설립하는 계기가 되었다. 이 회사는 민족경제를 발전시켰고, 2019년에 이르러서는 중국에서 매우 유명한 포도주 생산 회사가 되었다. 한국의 경우는 선교사들이 농촌 근대화를 위해 세운 대전의 기독교 연합 봉사회가 있다. 이 봉사회는 농촌 지도소와 농촌 진흥원이 생기기 전에 선진 농업을 한국에 전파하는데 기여했다. 또한 네비우스는 중국과 한국의 교회 정책에도 지대한 영향을 끼쳤다. 영국의 '헨리번의 선교 이론인 자치(정치 조직의 자주성), 자전(자력 전도와 선교), 자립(자력 운영과 재정의 자립)의 삼자 정책을 기반으로 하여 선교를 했기 때문이다. 그는 서구 교회를 선교지에 이식하는 선교정책을 탈피하여 현지 중심적 선교정책을 확립한 공로가 있다. 그래서 그는 서구문화와 백인 우월주의적 인종주의가 선교지에 영향력을 끼치는 것을 최소화했다. 이러한 네비우스 선교정책은 조선에 들어 온지 얼마되지 않은 언더우드 선교사 포함 6명의 젊은 선교사의 요청으로 1890년 6월 2주간 인천에 잠시 들려 교육함으로 한국 선교정책을 수립하는데 지대한 영향력을 주었다. 네비우스 선교사는 한국 교회의 예배 순서에도 지대한 영향력을 끼쳤다. 현재에 한국 교회의 예배의 순서는 '참회의 기도'를 제외하고는 네비우스 선교사의 예배 순서를 차용한 것이기 때문이다. 이에 대해 관안련(Charles Allen Clark) 선교사는 한국 교회가 예배의 순서에 '참회 기도'를 빼는 것을 반대하기도 했다.

다섯째, 연태 선교회는 대학을 만들고, 출판사, 학회, 신문 등을 만들어

지역의 학문의 발전과 문명의 발전에 헌신했다. 또한 선교지도부의 역할을 감당하며, 교회사회를 세우기 위한 여러 가지 작업을 해나갔다.

칼빈 윌슨매터(狄考文)는 미국장로교에서 1863년 파송을 받아 교회와 소학교를 설립하고, 1872년에 고등교육기관인 "문회관(文会馆)"을 설립하였다. 이 문회관은 중국에 처음으로 시작된 현대 종합 대학 과정이다. 이 학교가 발전하여 1917년 9월에 제노대학(齐鲁大学)으로 바뀌었다가 현대에 이르러 산동사범대학과 산동대학으로 발전하였다. 우리나라 대한민국에서 칼빈 윌슨매터의 역할을 한 사람은 첫째 언더우드와 알렌, 등의 선교사들이다. 그들은 연세 대학교와 배제대학, 교회들을 설립하여 인재를 양성했다. 그들의 노력은 우리나라의 지성을 깨우고 선진 문물과 문화, 학문으로 한국인들을 계몽하였다.

알렉산더 윌리암슨(韦廉臣)은 스코틀랜드 성서공회 파송으로 1864년 연대에 도착하여 선교했다. 연대에 교회와 소학교와 병원을 설립하였고, 1887년에 광학회라는 출판사를 창립하여 만국공보 등의 신문을 발행하다. 그의 활동은 중국의 많은 지식층에 지대한 영향을 주었고 출판, 과학, 정치, 식물학 등의 발전에 영향을 끼쳤다. 1890년 상해에서 소천하였다가 후에 연대의 육황정묘지에 안장되었다. 우리나라에서 윌리암슨의 역할을 한 사람은 미국 출신 선교사 호머 헐버트이다. 1886년부터 대한 독립을 지원하였고, 1896년 서재필, 주시경 등과 함께 독립신문을 창간하였다. 그는 독립신문을 작성하며 영어의 띄어쓰기, 쉼표, 마침표를 적용하여 한글이 완성되는 데 공헌했다. 과거 허균의 홍길동전 등에 보면 한글은 띄어쓰기와 점찍기가 없었다. 그는 최초의 한글 교과서 "사민필지"를 만들었고, 그 외 다수의 논문을 통해 한글의 우수성을 알렸다.

조선선교의 문을 여는데 통로의 역할을 한 사람은 윌리암스이다. 그는 '북중국, 만주, 몽고 여행기'라는 책을 통해 서구에 최초로 한국을 다음과 같이 소개했다. '조선인은 대단한 지적 능력이 있으며 예리하고 탐구력이 있을 뿐만 아니라 결단력을 갖춘 자랑할만한 민족, 조선은 위대한 가능성의 나라(영국 선교사 알렉산더 윌리엄슨의 북중국, 만주, 몽고 여행기. 1870년).' 라고 서구에 조선을 소개한 것이다. 당시 서구에서는 조선을 중국에 속한 지역으로 알고 있었지만 그의 활동으로 선교사들이 자원하여 조선의 선교에 자원할 수 있었던 것이다. 사실상 조선의 선교는 연태 지역의 선교사들이 서구에 소개한 덕에 시작되었던 것이다. 바로 서구에서 조선이라는 나라를 알고 언더우드와 알렌, 헐버트 선교사 등이 들어온 것이 아니라는 말이다.

윌리암슨은 조선 상인들이 무역하는 단동 고려문에 자주 방문하여 전도지와 중국 성경을 주며 복음을 전했다고 한다. 1865년 가을 조선 상인과 접촉하고 한국에서 건너온 조선 상인을 토마스 선교사에게 소개해 주었고, 후에 토마스 선교사가 조선으로 가는데 지대한 영향력을 끼쳤고, 그에게 조선에 선교하도록 성경을 공급해 주었다. 토마스 선교사가 순교한지 1년이 지난 후에도 윌리암슨의 조선에 대한 선교적 사랑은 교회와 평신도 단체를 중심으로 선교했다. 특히 1867년 9월 9일 다시 고려문에 방문하여 전도지를 나누어 주고 조선인들에게 성경을 전해줌으로 표현되었다. 또한 그는 1882년에 한국말로 쪽복음을 번역한 존 로스 선교사에게 조선을 소개함으로써 더욱 조선 선교에 영향을 끼쳤다. 로스의 활동은 중국 심양의 삼자 교회를 방문하면 기념관을 통해 그의 선교 활동을 확인할 수 있다.

여섯째, 연태의 선교 지도부는 교회와 평신도 단체를 중심으로 선교했다. 특히 YMCA 등의 단체를 만들어 평신도 운동을 했다. 한국 교회처럼 교회가 모든 선교를 독점하지 않았다. 교회와 선교단체라는 두 가지 각자의 족자적인 영역을 통해 교회사회를 세우고자 한 것이다. YMCA는 조지 윌이암스(George Williams)가 12명의 청년들과 함께 선업혁명 직후 젊은이들의 정신과 영적인 상태를 개선하기 위해 설립한 작은 단체였다. 이 단체는 급속히 확장하여 1855년 프랑스 파리에서 세계 YMCA 연맹이 결성되었다. 이 단체는 세계 대전 중에 전쟁 포로를 위한 사업과 난민 사업을 하다가 지금은 거의 모든 국가에 조직되어 있고, 수많은 회원을 보유한 단체가 되었다. 이 단체는 만인 사제론에 근거해서 평신도성의 자각, 선교에 대한 열정 등의 정신으로 활동하고 있다. 연태에서도 YMCA가 활동했다. 일본의 침략에 맞섰으며, 공산당이 비밀 모임을 할 때 장소도 제공했다고 한다. 연태 지역의 선교사들은 이 단체를 통해 중국의 독립을 위해 헌신하고 참여했다. 중국 독립을 위해 헌신한 사람 중에 대표적인 예가 불의 전차로 유명한 에릭 리들이다. 그는 천진에서 활동하다가 연태와 웨이팡 수용소에 수용되어 있다가 1945년 44세의 나이로 순교했다. 한국에서의 YMCA는 1903년 10월 28일 정회원 28명, 준회원 9명으로 황성기독교청년회(서울YMCA의 전신)로 창설되었다. 일제강점기 때는 YMCA는 2·8독립선언의 산실로써 독립운동에 큰 영향을 끼쳤다. 물산장려운동, 계몽운동, 농촌운동, 전쟁구호운동, 청소년운동, 부정부패추방시민운동, 한강물 되살리기 시민운동 등에 앞장서 한국의 발전에 헌신해왔다.

　연태의 선교 전략은 한국의 선교의 사례와 매우 비슷하다. 한국 선교의 시작점이 연태였기 때문이다. 연태의 나이 많고 노련한 선교사들의 한국 소개와 중국 선교의 경험을 한국 선교사들과 함께 나누었기 때문이다. 근대의 선교사들은 선교 지도부를 구성하고, 선교지에 선교기지를 만든 다음에 의료, 교육, 언론, 외교, 경제, 문화 등의 각기 다른 전문 영역을 담당하는 가운데 통전적으로 교회 사회를 만들어 가는 일을 했다. 각기 다른 사람들이 각자의 일을 하지만 통일성을 갖게 했고, 사역에 단절 없이 연속적인 계속해 나가도록 했다. 개인의 영웅적 헌신과 단기간에 개별적인 일로 선교의 일을 한 것이 아니라는 이야기다. 각자의 영역에서 최선을 다하여 일선에서 일했지만, 국가적인 일과 지역 전체의 일을 위해서는 선교 연합체와 지도부가 통일된 입장을 가지고 전체의 힘을 모아 대처한 것이다. 이러한 일은 연태에서만 있는 것이 아니었다. 초대교회에서도 사도들의 회의를 통해서도 이와 같은 일을 했으며, 현재에는 총회와 교회 연합기관들이 이 일을 하고 있다. 다만 아쉬운 것이 있다면 총회와 연합기관들이 국가와 세계에 대해, 교회의 기관과 교회의 조화와 선교의 일에 상당히 무력하다는 것이다. 앞으로 총회와 연합기관들이 교회사회를 세우기 위해 상당한 권한을 가지고 선교와 교회의 정책을 통일적으로 이끌어 가기를 기대한다.

3. 교회의 경제 제도

1) 기업을 얻게 하는 교회

하나님이 이스라엘에게 준 가나안 땅은 젖과 꿀이 흐르는 약속의 땅이었다. 서로 사랑의 약속을 하고 서로 구속을 약속하는 믿음의 땅이었기 때문이다. 십계명과 여러 율법이 성막을 중심으로 하는 공동체 속에 있었다. 이들은 이러한 체제 속에서 서로 법을 지키기로 약속하고 살았다. 하나님은 이스라엘 사람들에게 가나안 땅을 기업으로 주었고, 제사장과 특수 계층에는 직업을 기업으로 주었다. 가나안 땅이 젖과 꿀이 흐르는 땅이 되게 하기 위해서는 기업과 직업을 기반한 경제활동이 필수적이었기 때문이다. 그리고 하나님은 기업을 강화하기 위해 안전장치로 고엘과 희년 제도 등을 두었다. 기업을 잃은 사람이 없게 하고, 가난한 사람들이 생기지 않도록 보호하기 위해서였다.

법은 국가의 정신이다. 고로 국가는 법이다. 국가에 대한 법이 세워지면 국가가 세워진다. 법으로 국가를 지키고, 기관을 만들어 법을 실현하고, 개인의 권리를 보존하며, 법치로 국가를 유지한다. 법으로 힘이 센 사람과 외세의 반칙과 침략, 군림을 막는다. 율법을 위반하는 자와 외세의 공격을 막지 못하면 법을 수호할 수 없기 때문이다. 그래서 국가가 멸망했다는 것은 법이 망했다는 의미가 된다. 가나안 땅에 정착한 후에 이스라엘 지파들은 율법 중심의 국가를 세워 체제를 보존하고자 했다. 율법으로 조직을 만들고 체제화하여 국가를 유지하고 발전시키고자 했다. 하나님이 이스라엘에게 십계명과 여러 율법을 만들어 국가를 탄생시켰기 때문이다. 이스라엘에게 율법이 존재 이유가 되는 이유이다. 율법이 이스라엘이라는 국가였기 때문이다. 이것은 오늘날 '교회가 무엇이냐?'고 묻는 사람들에게 역시 '계명'이라고 말할 수 있는 근거가 된다.

이스라엘은 가나안 땅에 정착하면서 모든 사람들에게 기업이 있게 했다. 이와 같은 선례는 현대의 교회가 자기 안에 소속된 사람들에게 직업과 기업을 얻게 해야 한다는 당위성을 갖게 한다. 노예가 되지 않게 하기 위해 교회가 계약에 근거한 기초 공동체의 역할을 해주어야 하는 것이다. 직업과 기업 활동으로 젖과 꿀이 흐르는 땅에 살게 해야 하는 것이다. 학문과 직업교육을 통해 평생 일할 수 있는 직업과 기업, 토지를 얻게 하며, 지키고 발전할 수 있도록 해야 한다. 더불어 산업자본과 상업자본, 금융자본에 참여할 수 있는 기회를 얻을 수 있게 교육과 더불어 다양한 도움을 주어야 한다. 각처에서 자본을 이용하여 자기 공동체와 세계의 발전에 기여하게 해야 하는 것이다.

그리스도인의 경제 참여는 국가와 기초 공동체의 자립에 근거하여 세계의 분업 구조에 접근하는 것이어야 한다. 아울러 기업 활동을 통해 각국의 경제 침탈을 막는 보호자가 되게 해야 한다. 경제적 착취와 수탈을 방지하는 일에 헌신하는 활동을 통해 세상에 배고프고 병든 사람이 없도록 해야 한다. 교회도 국가와 같이 일자리를 창출하고, 기업을 세움으로 실업자가 없게 해야 한다. 교회 사회를 통해 세계가 젖과 꿀이 흐르는 땅이 되게 해야 하는 것이다. 만민이 행복하게 사는 서로 사랑의 법을 가진 기초 공동체(언약 공동체인 교회)를 세워 세계가 행복의 동산(에덴동산)이 되도록 헌신해야 한다.

2) 고엘 정신

성서의 고엘 정신은 기업을 다시 찾도록 돕는 법이다. 체제를 유지하고 사회를 건강하게 하는 법이다. 가까운 친척 중에 땅을 잃어버린 사람이 있을 경우 친족이 다시 사서 잃어버린 자의 기업을 다시 찾아 주는 제도이다(레 25:24-25). 대를 이을 자식이 없을 경우에는 친족이 기업 무를 자의 의무를 행하여 이름과 다음 세대를 이어주고, 기업도 이어주는 제도이다(신 25:5-6, 룻 4:5). 또한 친족이 종으로 팔렸을 때는 대신 몸 값을 지불하고 그를 찾아오는 제도이다(레 25:47-50). 고엘법에는 억울하게 죽은 친족의 원수를 갚아주는 보복법이 있는데(민 35:19, 21), 이는 모든 국가와 사회법의 근간을 이루고 있다. 국가간 보복과 개인과 기업간에 있는 형사법과 민사법 등이 보복법에 해당한다.

하나님은 출애굽을 통해 이스라엘의 속량자로서 고엘의 의무를 실천했다. 그리고 고엘법을 이스라엘에게 의무로 주었다. 고엘법을 받은 이스라엘은 이 제도로 언약의 백성으로서 정체성을 지켜 나갔으며, 위기에도 강한 회복력을 보였다. 하나님은 고엘 제도가 이스라엘에 잘 실행될 때 기뻐했고, 이 법이 무시될 때 분노하며 심판했다. 하지만 고엘법을 실천하지 않자 이스라엘은 정통성을 잃었고, 다른 나라의 침공을 받아 국가를 잃어버렸다. 고엘 제도는 족속 간의 평화적 사귐과 서로가 연대하여 안전을 지키는 법이었기 때문이다.

사울 왕과 다윗 나라를 비교해보면, 고엘 제도에 대한 하나님의 뜻을 이해하는데 도움이 된다. 하나님은 환난을 당한 사람과 빚진 사람, 압박을 받는 사람과 원통한 사람을 만들어 내는 사울을 왕으로 세운 것을 후회했다. 사울은 처음에 이스라엘의 형제를 지키고 고엘 제도를 튼튼히 지켰다. 하지만 사울에게 권력이 집중되자 그의 궁정은 하나님의 율법을 무너뜨리고 사람들을 착취했다. 그러나 다윗이 거주했던 아둘람 굴은 그의 가족과 친척, 환난 당한 사람, 빚쟁이, 억압받는 사람, 원통한 사람이 함께하는 평등 공동체였다. 사울의 왕궁에서는 고엘 제도가 폐지되고 있었지만, 다윗의 아둘람 굴에서는 고엘 제도가 실현되고 있었다. 다윗의 가문은 그의 할아버지 보아스와 할머니 룻에 의해 고엘 정신을 충실히 계승한 가족이었다. 또한 다윗은 사울의 왕위 계승자 요나단과 서로 자기 생명처럼 여기는 고엘 관계를 형성한 사람이다. 이러한 관계는 사울과 요나단이 죽자 왕권에 대한 정통성이 고엘 정신의 충실한 실현자이자 대변자인 다윗에게 넘어가는 계기가 되었다.

다윗의 나라는 빚쟁이들이 만든 나라였다. 억압받는 약자들, 가난한 자들, 장애인들, 나그네들, 포로들, 쫓겨난 자들, 억울하고 원통한 자들이 만든 나라다. 도망자 다윗이 약자들과 함께 주의 은혜의 해를 선포하고 만든 나라이다. 당시에 '최소 투자. 최대 이익'의 복술을 가진 사람들은 사회적 약자들에게 빚과 무능함을 선물로 주었다. 그러나 다윗과 아둘람 공동체는 평생 빚만 갚고 살다가 죽을 윤리와 율법의 정죄를 극복하고 나라를 만들었다. 모든 사람들이 환난과 억눌림을 당하고 빚쟁이가 될 수밖에 없는 구조악을 폐했다. 다윗은 고엘과 은혜의 정신으로 모두가 친족이 되는 나라를 세웠다. 사랑의 고엘법으로 은혜와 법치사회를 세운 것이다.

하나님은 모든 그리스도인의 아버지다(갈 4:6). 예수는 모든 형제들 중에 맏아들(롬 8:29)이 된다. 동생 되는 그리스도들인은 형제관계로 고엘의 의무를 갖는 친족관계를 형성한다. 이들은 하나님 아버지의 사랑과 친족 되는 이웃 사랑을 계명(법)으로 갖는 교회 사회를 구성하고 있다. 하나님의 자녀들이 가족이 되어 서로 먼저 사랑하는 교회법 안에서 고엘의 의무를 가진 교제와 나눔을 하며 산다. 사도행전에 보면 교회의 고엘은 사도들의 발 앞에 놓은 재물에 의하여 시작되었다.

예수와 한 몸이 된 친족들이 서로를 구원하는 재물과 자기 자신의 생명을 내놓아 형제들을 환난과 빚, 억눌림과 가난에서 샀다(고후 12:15). 고엘 제도의 모범을 예수가 보여주었기 때문이다. 그는 사람들을 섬기려고 세상에 왔고, 자기 목숨을 많은 사람들의 대속물로 주려고 왔기 때문이다(막 10:45). 여기서 대속물이라는 의미는 속량자, 구속자라는 의미를 함축한다. 예수가 종으로 팔려가는 형제의 빚을 대속하고, 죄값을 대신 치르는 고엘 정신의 구현자라는 의미이다. 예수가 인간을 대속하여 죄값을 다 갚고, 잃어버린 하나님의 기업을 얻게 했기 때문이다.

예수가 십자가 상에서 마지막으로 한 말은 '다 갚았다'라는 의미를 가진 "다 이루었다"라는 말이었다. 이 말의 의미대로 그리스도인은 예수에 의해 고엘 정신에 따라 대속을 받고, 하나님 나라의 기업을 이어받는 사람이 되었다. 예수가 하나님의 뜻을 따라 악한 세대에서 인간을 건지고, 죄를 대속하기 위해 자기 목숨을 주었기 때문이다. 첫 언약 때에 범한 죄 때문에 기업을 잃어버린 인간을 속량하려고 죽어 하나님의 부르심을 받은 사람들이 영원한 기업의 약속을 얻게 하기 위해서였다(갈 1:4, 히 9:15).

예수에 의해 기업을 이어받은 사도들과 초대교회는 고엘의 성실한 실천자로서 교회의 사람들 중에 가난한 사람이 없게 했다. 밭과 집이 있는 자는 팔아 그 판 것을 가져다가 사도들에게 맡겨 각 사람의 필요에 따라 나누었다(행 4:33-35). 기업이 없는 사람이 없도록 기업을 찾아주고, 사람을 노예에서 해방하고 직업을 갖게 했다. 사탄에게 원수를 갚고, 죄인을 용서하며, 나그네와 가난한 사람들을 책임졌다. 땅을 잃어버린 사람, 빚진 사람, 팔려간 사람, 강제로 노동하는 사람, 열악한 환경에 몰려서 살아가는 사람들의 구원공동체가 되었다. 자유를 잃은 사람, 평등하게 대우받지 못하는 사람들, 특히 죄를 지은 사람들, 소외 받는 사람들의 친족이 되어 그들을 해방시켰다. 해방을 하되 갚아서, 보상을 해서 갚겠다는 것이다. 빼앗아서 해방하는 것이 아니라 자신의 모든 것을 내놓아 갚아서 형제를 고엘한 것이다.

3) 십일조 정신

구약의 이스라엘 공동체와 신약의 교회는 정의와 긍휼과 믿음을(마 23:23) 위해 헌신하는 십일조라는 율법을 가지고 있었다. 평화를 위해 일하는 사람에게 바친 십일조는 하나님 사랑에 근거해(눅 11:42) 기업이 없는 사람, 하나님 나라의 일을 하는 사람, 고아와 나그네와 과부를 위해 사용하는 성물이었다. 또한 성읍 안에서 사람들이 배부르게 먹게 하는 축제와 구제의 평화 기금이었다(신 26:12). 자기가 사는 성읍에서 배고픈 사람이 없게 하기 위해 내는 돈이었기 때문이다. 하나님이 택하신 곳에서 자신의 자녀와 노비, 성중에 거주하는 레위인과 함께 먹고, 함께 즐거워하기 위해 십일조를 했다(신 12:17). 이 일을 위해 하나님은 이스라엘에게 온전한 십일조를 창고에 들여 하나님의 집에 양식이 있게 하라고 했다(말 3:10). 십일조는 종교 지도자 레위인만을 위해 한 것이 아니었다. 사무엘을 통해 하나님은 왕에게도 십일조를 거둘 수 있는 자격을 주었다. 십일조를 관리와 신하에게 주어 나라를 평화롭게 하는 일에 쓰게 했다(삼상 8:15). 이러한 의미로 볼 때 십일조는 사회적 안정 장치였다. 축제의 기금이며, 평화와 복지의 기금이고, 교육기금이자 나라를 위한 헌신이었다. 십일조는 성중의 모든 사람을 평등하고, 배부르게 하는 율법이었다. 이웃 사랑의 제도였다. 세금과 같은 십일조로 불행과 가난과 슬픔에 잠긴 형제를 구원하는 제도였다. 레위인과 과객과 고아와 과부, 자녀와 노비와 본인이 성읍 안에서 평화롭게 살게 하는 제도였던 것이다.

십일조는 하나님의 이름을 두려고 택한 곳에서 곡식과 포도주와 기름의 십일조를 배부르게 먹고, 소와 양의 처음 난 것을 먹고, 하나님 경외하기를 배우기 위해 존재한 예물이었다(신 14:22,23). 이 정신은 법이자 이념, 생활의 방식이었다. 오늘날 일부 십일조 무용론자들과 십일조의 정신을 왜곡하여 사용하는 사람들은 십일조의 근본정신을 다시 찾아야 한다.

십일조는 믿는 사람들이 다 함께 있고, 함께 모든 물건을 서로 공동으로 소유하게 하는 일을 위한 자본이었다. 재산과 소유를 팔아 각 사람의 필요에 따라 나눠주고 날마다 마음을 같이 하여 교회에 모이기를 힘쓰게 하는 장치였다. 함께 집에서 떡을 먹고 순전한 마음으로 서로 음식을 먹는 식탁 공동체를 위한 것이었다. 자신의 것을 십일조로 내고 하나님 앞에서 함께 먹고 마시며 즐거워하기 위한 제도이다. 말라기 선지자의 말대로 하나님의 성전에 온전한 십일조를 들여 놓아 하나님의 집을 넉넉하게 해야 하는 이유이다(말 3:10). 재물이 성전에 있으면 마음도 함께 성전에 있게 되고, 하나님이 성전에서 하늘문을 열고 쌓을 곳이 없도록 복을 부어 주기 때문이다. 성서는 보물이 있는 곳에 너와 너희의 마음도 있다(마 6:21, 눅 12:34)고 했다. 이제 우리는 보물을 자기만의 재산 축적을 위해 은행과 창고에 둘 것인가? 아니면 교회 공동체에 둘 것인가? 자기 자신에게 물어봐야 한다. 물질이 있는 곳에 마음이 있다. 십일조를 드려 하나님의 집에 마음을 두고 십일조 정신의 구체적 실천을 통해 자기 구성원을 위하였던 교회의 본질을 지켜 나가야 한다.

4) 연보의 정신

성서적 의미를 실현하는 교회와 교회 사회를 세워가기 위해서는 재정이 차지하는 비중이 크다. 이기적 소유와 경쟁적 야만적인 경쟁 문화를 극복하고, 생명을 지키는 상생의 문화를 만들어야 하기 때문이다. 연보 제도를 교회의 견고한 법과 실제적인 제도가 되게 해야 한다. 구제는 구원의 또 다른 이름이기 때문이다. 한국의 성서는 연보를 버릴 연(捐), 도움 보(補)라는 단어를 써서 표현했다. 버려서 남을 돕는 자금이라는 의미이다. 고엘법과 십일조는 자기 공동체를 건강하게 하기 위한 법이었다면, 연보는 다른 공동체를 위한 기금이다. 다른 지역 교회를 돕는 자금이며, 멀리 있는 사회와 이웃을 돕는 선교적 의미를 갖는 돈이다. 이 연보를 초대교회 사람들은 환란과 시련 가운데서도 넘치는 기쁨으로 했다. 극심한 가난 중에도 풍성한 연보를 실천했다. 하나님이 자신과 교회에 준 은혜를 알았기 때문이다. 힘에 지나도록 자원하여 은혜와 섬기는 일에 적극적으로 참여했다(고후 8:1-5).

그리스도인에게 있어 헌금은 은사이다. 하나님이 그리스도인에게 준 은혜이며 능력이다. 환난과 시련 가운데서도 넘치는 기쁨으로 해야 하는 것이며, 극심한 가난 중에도 풍성하게 해야 할 헌신이다. 힘대로 할 뿐만 아니라 힘에 지나도록 자원해야 하는 일이다. 뿐만 아니라 연보는 섬기는 일에 직간접적으로 참여하는 일이다. 자신의 힘을 하나님의 뜻에 따라 타인에게 주는 일이다. 또한 연보는 할 마음이 있는 사람들이 하는 것이다. 연보할 마음이 없는 사람을 강요해 징수하는 것이 아니다. 연보하는 사람을 곤궁하게 하기 위해서 있는 제도가 아니다. 다른 사람을 평안하게 하는 일이며, 나와 공동체에 기쁨을 충만하게 하는 제도이다. 넉넉한 것으로 이웃의 부족한 것을 보충하는 것이 연보이다. 부족함을 이웃의 넉넉함으로 보충받는 평등과 균등을 위한 일이다. 많이 거둔 자도 남지 않고, 적게 거둔 자도 모자라지 않게 하는 제도로 하나님의 뜻을 성취하게 하는 헌신이다(고후 8:12-15).

초대교회는 연보를 넉넉하고, 너그럽게 하라고 가르치고 있다. 다른 그리스도인의 부족을 보충하는 것이 하나님에게 헌신하는 일이 되기 때문이다.

연보는 봉사의 직무이다. 초대교회는 연보를 '복음을 진실히 믿고 복종하는 증거'로 삼았다(고후 9:11-15). 연보를 통해 자기 공동체를 넘어 다른 지역에서 어려움을 당한 사람들의 고난과 슬픔에 도움이 되고자 했다. 이러한 정신을 본받은 현대교회는 연보로 교회 사회를 세우는 일과 세계 복음화, 세계의 평화와 세계의 환경을 보존하는 일에 앞장서야 한다. 핵으로부터 지구의 구원과 독점자본과 정치적 독재에서 세계인의 해방, 세계의 민주화, 세계 각지의 재난에 연보로 참여해야 한다. 기아와 전쟁을 반대하고, 국가의 발전과 지역 구제의 일을 하는데 연보를 사용해야 하겠다. 각 사회적 단체와 국가에 물자를 공급하여 세계의 전쟁과 분쟁을 적극적으로 막고, 화해와 협력을 하게 하는 일에 헌신해야 한다.

5) 재정과 사역

예수는 하나님의 뜻을 행하는 사람이 자신의 가족이라고 했다. 성찬을 통해 자신의 살과 피를 먹여서 자신이 그리스도인의 것이 되고, 그리스도인이 그의 것이 되게 했다. 그리스도의 식탁을 통해 그리스도인이 그의 몸으로서 한 가족이 되어 살아가기를 원했다. 예수의 이름으로 모여 서로를 피와 살처럼 여기는 사랑을 하며 살게 하기 위해 모이게 했다. 빈부와 신분의 차별을 하나님의 뜻으로 극복하고 서로 한 몸처럼 서로 사랑하게 했다. 기업을 얻게 하고 고엘과 십일조, 연보를 통해 교회 공동체를 견고하게 한 것이다.

요한복음을 보면 예수는 베드로에게 그를 사랑하면 그의 양을 먹이고, 치라고 명령하였다. 이 명령을 본받아 모든 그리스도인은 예수의 사람들을 먹이고 목양하는 것을 공동체 생활의 목표로 삼았다. 그래서 예수의 명령에 근거한 제자들의 목양의 임무는 막강한 힘과 권위가 되었다. 섬김을 통해 교회는 세상에서 많은 영향력을 발휘할 수 있게 되었다. 모든 교회가 막강한 권세로 바른 리더십을 발휘한 것은 아니지만, 사람을 먹이고, 인도하는 섬김은 많은 긍정적인 효과를 얻게 했고, 더불어 막강한 권위와 힘을 갖게 한 것은 사실이다. 사람을 지배하려고 하는 것이 아니라 사람을 살리는 힘은 예수가 교회에게 준 큰 힘이다. 이 힘은 '이웃을 네 몸과 같이 사랑하라'는 큰 계명에서 나왔다. 이 계명은 기업을 얻게 하고 고엘과 십일조, 연보로 견고한 교회를 세우게 했다. 서로가 예수에 대한 믿음과 계명으로 계약(계, 동맹)을 맺고 지켰기 때문이다.

초대교회 당시 그리스도인이 자기 재물을 조금이라도 자기 것이라고 주장하는 이가 하나도 없었다(행 4:32). 이유는 헌금이 세금과 같이 자신을 위해 사용되었기 때문이다. 당시에 그리스도인은 교회의 재물이 모두의 것이었지만 자신의 것이라는 것을 인식했다. 아울러 자신의 것이었지만 모두의 것이라는 것을 알고 있었다. 이러한 믿음을 가진 사람들이 한마음과 한뜻이 되어 모든 물건을 통용했다. 필요에 따라 재물을 나누어 사용함으로 사적 소유에 기반한 야만적 경쟁 문화를 제어했다.

구약에 보면 모세의 율법을 지킨 이스라엘은 국민들이 기업과 직업을 얻게 하고, 기업과 직업을 잃은 사람에게 기업과 직업을 다시 회복시켜 주었다. 역시 예수의 가르침을 받은 초대교회는 교인 중에 가난한 사람이 없게 했다. 바울을 예로 든다면 구약의 이스라엘 사람들의 전통에 따라 직업을 가질 수 있는 기술을 익혔으며, 성도의 기업에 참여하는 직업생활을 했다. 교회를 세우는 일과 직업의 협동을 통해 약자를 돌보고, 망한 사람이 없게 하였다. 언약과 소득을 기반한 교회공동체는 사회적 약자가 된 사람들을 돌보는 일을 통해 자신이 약해져도 버려지거나 비참하게 되지 않는다는 것을 확인시켜 주었다. 참여와 사귐, 봉사의 정신이 온전히 발휘되었던 것이다. 초대교인들에게 교회는 서로를 예수의 몸처럼 여겨 책임지는 해방구와 같았다.

사울 왕국에서 도망친 다윗의 아둘람 동굴 공동체처럼, 로마와 성전 중심의 유대 사회에서 벗어난 그리스도인들은 교회를 통해 해방구를 만들었다. 동료 그리스도인들이 예수를 믿은 것 때문에 포로가 되어 재산을 잃어도 그리스도인다운 삶을 살게 하기 위해 회복시켜 주었다. 사회적으로 실패한 사람조차도 집과 먹을 것이 있게 했다. 어려운 가정의 자녀인 경우에는 학업을 포기하지 않게 했다. 실업한 사람에게는 직장을 얻게 했다. 약자에겐 가족이자, 후견이 되어 주었다. 교회가 재정을 서로를 내 몸과 같이 여기는데 사용했기 때문이다. 이와 같은 활동은 재정의 축적과 부패를 막고 그리스도인의 적극적인 재정 참여와 그리스도인이 된 것에 자부심을 드높였다. 예수를 믿고, 교회를 얻는 것이 자기가 자신의 인생을 책임지는 부자가 되는 것보다 더 유익한 것이 되었다. 예수를 믿으면 교회와 타 그리스도인의 모든 것이 나의 것이 되는데, 예수를 안 믿고 교회의 일원이 안 되는 것이 더 이상해 보였다. 초대 교인들이 교회를 자신의 모든 것으로, 자신의 생명으로 여긴 이유이다. 이렇게 하나님 나라를 교회가 세울 수 있다는 가르침이 전파됨으로 교회는 각 지역에 수출되었고, 각처에서 적극적으로 수입했다. 각 지역마다 교회는 하나님 나라의 전초기지로 세워지고 영역을 확장해 나갔다. 교회가 서로 사랑의 계명으로 사람들을 행복하게 했기 때문이다. 교회의 헌금을 서로 내 피와 살처럼 여기는데 사용했기 때문이다. 이로써 교회는 구성원들의 참여와 자부심을 높였다. 덕분에 교회와 선교는 더욱 강화되었으며, 어떠한 사회적 제도도 교회의 서로 사랑의 계명과 삶을 능가할 수 없음을 세상에 확인시켜 주었다.

초대교회 때에 그리스도인은 예수를 믿는다는 이유로 순교한 사람을 존경했다. 순교자의 가족을 책임져 주었으며, 모든 재산을 빼앗겨도 복구해 주었다. 예수가 '너희는 내 살이고, 내 피다'라고 한 말씀과 '그리스도인은 그리스도의 몸'이라는 말씀을 교회가 자체의 봉사로 실현했다. '예수 믿으면 주 안에서 나의 것이 다 너의 것'이라는 교회의 질서를 어떠한 탄압의 상황에서도 실제화했다. 어떠한 사람도 계명을 공허한 말처럼 듣지 않았고, 공허한 말처럼 증거하지도 않았다. 교회의 이웃사랑 계명을 현실화하기 위해 그리스도인은 어떻게 하나님의 법을 실제화할 것인가를 고민하고 정책으로 내놓았다. 서로 정책을 가지고 대화하며, 현실에서 기업의 획득과 헌금을 어떻게 사용할 것인지를 구체적으로 의논했던 것이다.

교회는 하나님을 아버지로 모신 하나님의 자녀들이 예수를 주로 믿고, 계약을 맺고 살아가는 자치 공동체이다. 서로 먼저 사랑하자는 큰 계명을 앞에 두고 여러 약속을 맺고 살아가는 기초 공동체이다. 그러므로 각처에서 교회를 세우고 연대하여 빈곤과 재난, 전쟁으로부터 인간을 어떻게 지켜 나갈 것인가를 연구하고 실천해야 한다. 안식일에 애굽의 바로에게서 떠나 광야에서 하나님을 예배하겠다고 선포하며 자신의 백성을 보호하고자 했던 모세의 정신을 계승해야 한다. 교회에 모인 그리스도인이 세상의 지배에서 벗어나는 시간을 만들어 내야 하는 사명이 있다. 압제와 빈곤, 차별로부터 사람들을 해방하는 일에 적극적으로 참여해야 한다. 하나님의 계명에 의해 세워진 교회로서 생명을 지키겠다는 약속을 지켜야 한다. 믿음으로 세워진 교회를 통해 세상에 빛과 소금의 역할을 해주어야 한다. 이기적인 사랑을 하는 사람들이 세운 착취의 체제와 사람을 임의로 주관하려는 세력으로부터 세상을 지켜 나가야 한다. 사람들을 이와 같은 약탈 사회에서 탈출시켜야 한다. 서로 사랑의 계명대로 교회의 재정을 서로 내 몸과 같이 여기며 사는 일에 사용해야 한다. 그리스도인의 건강을 지키기 위해 의료 실비보험과 교육보험, 아동과 노인, 장애인 복지 등의 사회복지를 위해서도 교회는 적극적으로 헌신해야 한다.

4. 교회 사회와 하나님 나라

1) 현대교회의 과제

교회는 헬라어로 '에클레시아'이다. 밖으로 불러낸 사람들의 모임이란 뜻이다. 이 말은 고대 그리스에서 직접 민주주의 회의의 이름을 '에클레시아'라고 부른 것에 근원한다. '민회'라는 의미이다. 민회는 시민이 법을 만들고 실행하는 통치기구였다. 그들은 민회를 통해 국가의 정치를 했다. 민회를 통해 국가의 제반 문제를 토론하고, 재판을 하여 상과 벌을 주는 방식으로 사회를 유지했다. 그런 점에서 '에클레시아'로서 교회는 예수 그리스도의 복음을 세상에 실현하는 곳이라 할 수 있다. 하나님 나라의 기관으로서 예수를 '주'로 믿는 모임과 법, 정치체제를 포함하고 있다. 또한 교회는 현대 국가가 학교, 동학이 집강소, 유교가 향교를 통해 자신의 철학과 신념을 풀어낸 것처럼 하나님 나라의 교육기관이라는 역할도 감당하고 있다. 교회는 예수를 믿는 사람들이 그들의 땅(반석)인 교회에서 큰 민족을 이루고, 하나님의 복을 받는 곳이다. 천하만민이 복을 받는 회의를 하고, 조직을 만들고 정치 활동을 실천해야 하는 기관이다. 그러므로 현대교회는 교회 자체의 계명과 회의를 통해 작금에 제기되는 문제를 해결해야 할 책임이 있다. 현대 교회의 과제는 다음과 같다.

첫째, 핵전쟁의 위기이다. 핵폭탄은 일개 국가의 문제가 아니다. 인류의 멸종과 관련된 문제이다. 교회가 비핵화를 강력하게 주장하고, 핵확산을 막는 주요한 기관이 되어야 하는 이유이다. 미국, 러시아, 중국, 파키스탄, 인도, 이스라엘, 북한, 영국, 프랑스 등에 있는 핵무기를 유엔(UN)이 통합 관리해야 한다. 유엔의 공동관리하에 핵무기가 인류의 공익을 위한 것이 되도록 공공성을 확보해야 한다. 더 이상 인류의 멸망을 위협하는 것이 되지 않게 해야 한다. 핵이 자국만의 이익과 생존을 위해 사용되어서는 안 된다. 다른 나라를 위협하거나 제압하려는 의도로 사용되어서도 안 된다. 엄청난 화력을 가진 핵무기를 사용한다면 지구의 공멸을 초래할 것이다. 이러한 위기를 방지하기 위해 교회는 단결하여 '핵 반대'라는 한 목소리를 내야 한다. 온 세계의 교회가 단결하여 꾸준히 핵을 감축하고, 인류를 위협하는 제국주의를 해체하는 일에 앞장서야 한다. 세계의 핵문제를 해결하기 위해 지금의 유엔 안보리 상임 이사국 체제를 해체하고, 일 국가 일 투표로 의회를 구성하고, 내각제로 운영되어야 한다. 현 체제는 2차 세계대전 이후에 만들어진 옛 체제이다. 이제 세계기구도 변화되어야 한다. 현재의 안보리 중심의 체제는 민주적이지 않고, 불공평하다. 일부 국가들의 독점적 지위가 오히려 인류의 평화를 위협하고 있는 형편이다. 이제 더 이상 강대국들에게 세계의 미래를 맡겨서는 안 된다. 세계의 제국주의와 패권주의가 해체되고, 세계의 자유와 평등을 보장하는 일은 여전히 국가 간 민주주의가 답이다.

둘째, 생태계 파괴와 기후변화에 따른 위기이다. 이 위기는 생태계를 인간의 욕망을 위해 파괴해서 나타난 문제이다. 인류의 멸족을 막기 위해 교회는 지구의 환경을 지키는 일에 역량을 집중해야 한다. 환경을 지키는 문제는 더 이상 일개 국가의 문제가 아니다. 온 인류의 생존문제이다. 교회는 인류가 지구를 소비의 대상으로 인식하고 착취하는 일을 멈추게 해야 한다. 인간의 욕망에 무한한 신뢰를 주었던 소비의 시대를 마감하게 해야 한다. 화석연료의 무한소비를 막고, 상품소비의 제어를 통해 하나님의 창조질서를 보존해야 한다. 세계는 플라스틱과 쓰레기로 더 이상 쌓아 놓을 곳이 없을 정도가 되었다. 속히 지구를 파괴하는 개발과 소비 중독에서 인류를 해방시켜야 한다. 인류의 산소통인 정글, 갯벌, 늪, 모래, 산과 바다, 들 등을 지켜야 한다. 이산화탄소를 줄이고, 기타 유해가스를 배출하지 못하게 국제적으로 규제하도록 환경운동을 강력하게 전개해야 한다. 남극과 북극의 빙산과 높은 산의 빙산이 더 이상 녹게 해서는 안 된다. 생태계의 파괴를 막아 기온 상승, 바다의 침수, 산불과 가뭄, 바이러스와 전염병, 메뚜기 떼의 확장, 벌의 멸종 등의 문제를 속히 해결해야 한다.

셋째, 불평등의 문제에 따른 위기이다. 세계는 심각한 불평등으로 인권과 자유가 심각하게 위협당하고 있다. 나라와 나라, 계급과 계급, 민족과 민족, 종교와 종교 사이의 갈등은 세계의 위기를 자초하고 있다. 불평등으로 인해 이민과 난민, 폭력과 전쟁, 심각하게 높은 여러 장벽이 여기저기에서 생기고 있다. 식량의 차별, 의료와 교육의 차별, 거주와 인종의 차별, 남녀차별, 인간차별 등이 생겨나고 있다. 각처에서 테러와 국가간 전쟁, 폭동, 기아, 난민 등의 문제가 양산되고 있다. 이와 같은 불평등의 문제를 해결하기 위해 교회가 단결하여 대응해야 한다. 식량과 소득의 분배, 교육과 복지, 법의 개정 등의 일에 교회가 대안을 세우고 실천해야 한다. 정치, 경제, 문화에 참여해야 한다. 각 나라의 복지 확대와 민주화를 이끌어 내고, 반제국주의 운동으로 정치와 경제의 민주화를 이루기 위해 헌신해야 한다. 만약 어떤 지역과 세력에 분쟁이 일어날 경우 일단 무조건 편을 나누어 그 상태 그대로 안정시키고, 분리한 후에 독립과 자치권을 나누어 갖게 해야 한다. 그리고 향후 화해와 협력을 통해 다시 통일을 하게 하는 일을 해야 한다. 이 일을 적극적으로 추진하는 단체에 뜻을 같이하고 지원해야 한다. 국민을 향해 총을 쏘는 정권과 군부에 유엔이 적극적으로 권고와 선언, 제재(制裁)와 무력으로 개입하도록 촉구하고 각국의 민주화를 지원해야 한다.

현대에 이르러서는 금융자본과 개인이 대면하는 불평등은 매우 심각한 상황이다. 1차 세계 대전 후 전쟁 전승국은 전쟁에 패한 국가들에게 전쟁의 배상금을 물리고 패전국의 경제가 어려움에도 일방적으로 수금해 갔다. 덕분에 패전국의 경제는 더욱 침체해졌고, 그들의 땅은 황폐해져 갔다. 이와 같이 경제적으로 어려운 상황은 패전국들이 다시 2차 세계 전쟁을 일으키는 원인이 되었다. 그래서 2차 세계 대전 후에는 전승국과 패전국이 전쟁 배상금을 지불하는 방법을 바꾸었다. 일단 먼저 패전국들의 산업을 일으키는 자금을 지원하고, 기업을 일으켜 세워 전쟁 배상금을 갚도록 했다. 막대한 패전 배상금을 갚으면서 패전국 국민도 함께 부강하게 살도록 도운 것이다. 이와 같은 방식은 향후 전쟁을 막는 데 큰 도움을 주었다.

마찬가지로 현대 금융자본은 돈을 융자 받은 사람들이 원금과 이자를 갚도록 하는 일에 지혜를 발휘해야 한다. 일방적 추심보다는 각자의 신용을 조사하고 기업활동과 성실한 직업활동으로 빚을 갚게 해야 한다. 융자해주고 무책임하게 원금과 이자만 받아서는 안 된다. 융자 받은 사람에게 금융지원만이 아니라 정보와 타 금융과 주식에 대한 접근, 기업 창업 등의 일을 할 수 있도록 도움을 주어야 한다. 이자를 통해 이익을 주는 빚진 사람들을 위해 펀드를 조성하여 대신 빚을 갚는 방법으로 이익을 나누어야 한다. 직원들과 주식을 가진 사람들만 이익을 독점하는 구조에서 이자로 이익을 주는 사람들에게도 이익을 나누도록 제도를 바꾸어야 한다. 그래서 금융회사와 자본을 사용하는 모든 사람들이 함께 잘사는 사회가 되도록 해야 하다. 현대 사회는 신용사회이다. 바른 이익 분배로 금융 자본과 국민 사이의 신용도를 더욱 향상시킬 필요가 있다. 이 균형이 깨지면 국가와 사회는 발전할 수 없다. 돈을 못 갚은 사람들에게 신체를 포기하는 각서를 쓰게 하거나, 폭력에 시달리게 해서는 안 된다. 심지어 인생의 행복을 포기하거나 자살하게 해서도 안 된다. 빚을 못 갚는 신용불량도 있지만, 빚진 자에게 폭력을 행사하는 가진 자의 신용불량도 있어서는 안 된다. 은행에 빚진 자들이 모여 든다면 은행이 금융사회의 리더로서 금융 자본을 사용하는 구성원들을 행복하게 해야 할 사회적 책임이 있기 때문이다. 아울러 국가가 국민을 최종적으로 책임지는 권력이라고 한다면 국민을 빚의 억압으로부터 해방시켜 주는 것은 너무도 당연한 일이다. 국가가 적극적으로 국민을 가난에서 벗어나게 해서 모든 국민이 자유와 평등을 누리며 평화롭게 살게 해 주어야 한다.

넷째, 교회의 위기이다. 먼저 위에서 언급한 세계의 문제를 교회의 문제로 안고 활동하는 교회가 등장해야 한다. 세상의 위기에 무관심한 교회가 되어서는 안 된다. 교회 밖의 위기에 민감하게 반응해야 세계는 평화와 정의가 충만한 세상이 될 것이다. 교회는 사상과 계급, 차별과 독선, 미움과 배타성을 예수의 가르침으로 극복한 공동체이기 때문이다. 서로 사랑의 계명으로 평화를 구현하는 선한 세력이 되도록 교회의 정체성을 계속 유지하고, 교회를 시대에 맞게 개혁해 나가야 한다. 평화의 대안 세력이자 마지막 보루가 되어 강대국과 강자, 폭력적이고 파괴적인 집단을 견제해야 한다.

아울러 교회는 교회의 이교화와 종교화라는 문제를 극복해야 한다. 인간의 욕망을 무한대로 확장하는 자본주의 야만 문화와 경쟁 문화, 물신(物神) 문화가 교회 안으로 들어와서 생긴 이교화의 문제를 복음으로 극복해야 한다. 세계의 문제에 개입하지 않고 종교인으로 살아가고자 하는 고립주의의 유혹도 극복해야 한다. 그리스도인으로서 세계의 정치와 경제, 사회, 문화 등에 적극적으로 참여하고, 세상을 하나님의 나라로 변화시키는 일에 앞장서야 한다. 교회가 문을 닫고 담을 높이 쌓아 '우리끼리' 모여 살자고 해서는 안 된다. 선민의식으로 인종, 타종교, 동성애, 북한, 좌파와 우파에 대한 혐오와 배타성이 나타나서는 안 된다. 진화론과 현대과학, 인문학과 문화에 대한 반지성적 접근과 우민화가 일부 신앙인에 의해 공공연하게 용인되고 있는 상황을 잘 극복해야 한다.

교회의 성직 문제도 속히 해결해야 하는 과제이다. 소명의 민주화와 교회의 공공성을 되찾아야 한다. 현재 그리스도인의 소명은 그 자체로 존중을 받고 있지 못하고 계급화되어 있다. 사유화의 수렁에 빠짐으로 교회가 특수계층에 의해 이리저리 제 마음대로 휘둘려지고 있다. 교권 강화에 따른 부작용으로 큰 교회와 작은 교회, 큰 목사 작은 목사, 담임목사와 부목사에 대한 계급적 개념이 생기고 차별화가 심해지고 있다. 교회의 지도자들에 대한 수구성과 권위주의가 쉼없이 비판되고 있다. 교회가 세습화되어 가고 있다. 아울러 대형교회가 부목사를 중형교회에 자리배치하여 한국교회의 교권을 장악하고 있는 상황이며, 심각한 도덕적 타락을 지적 받고 있는 상황이다.

한국교회의 자주성 문제는 매우 심각하다. 교회는 타국가의 사상과 믿음에 예속되어서는 안 된다. 신학도 마찬가지이다. 외국의 신학을 맹신해 신학이 독점 당하고, 교회에 사대주의 사상이 자리 잡게 해서는 안 된다. 심지어 외국 유학을 경험한 자만 교단과 신학교의 강단을 차지하게 해서는 안 된다. 신학교를 세웠으면 자신의 신학교에서 가르친 자를 학교의 강단에 세워야 한다. 지나친 외국 신학 의존은 한국에서 자생하는 문제의 해결을 어렵게 할 뿐만 아니라 국민의 자주성을 심각하게 훼손할 수 있다.

현대 교회는 교리적인 신앙과 도덕성의 약화로 이단으로부터 심각한 도전을 받고 있다. 하지만 어느 때나, 어디서나 이단은 존재해 왔다. 이단을 두려워하거나 이단들에 대한 선교를 포기하고 그들을 배척해서는 안 되는 이유이다. 이단의 문제가 일어나면 이단이 발생되는 원인을 분석하고, 교회의 건강성과 전통성을 더욱 강화하여 교회를 회복하는 계기로 삼아야 한다. 이단에 빠졌던 사람들의 의견을 경청해보고, 교회가 바꿀 것은 바꾸어 개혁하고, 이단에 빠진 자들을 바르게 이끌어야 할 책임이 있음을 자각해야 한다. 이단에 빠진 사람을 배교자라고 해서 그들에 대한 선교를 포기하거나 버려서는 안 된다.

교회는 자체의 무지와 위선, 미신과 미성숙을 극복하고, 국가와 다른 단체들보다 형제를 더 많이 사랑하는 교회를 세워야 한다. 교회는 잃어버린 광장과 길, 다음 세대, 좋은 지도자를 얻고자 노력해야 한다. 단결해야 한다. 자본과 상품으로 최소투자, 최대이익을 목적으로 하는 회사와 상인들이 왕족 노릇하며 착취하는 시대를 끝내야 한다. 생명에 대한 존중과 사랑을 목적으로 하는 윤리와 사랑과 정의로 다스려지는 하나님 나라의 정치, 경제, 문화 시스템을 작동시켜야 한다. 다윗과 나단처럼 부자와 가난한 사람들이 서로 잘사는 국가, 강한 사람이 반칙으로 약자에게 피해를 주었을 때 벌하는 법이 작동되는 국가(삼하 12:1-6)를 세워야 한다.

다윗은 하나님의 뜻을 실천하는 공동체를 세워 착취 정신이 아닌 고엘(기업을 이어주는) 정신, 원수 갚음이 아닌 은혜, 종이 아닌 식구로서 함께 사는 나라를 건국했다. 어린 아이와 같이 약한 사람들에게 주의 '은혜의 해'를 선포했다. 이스라엘은 공동체 성원을 축복하고 책임지는 정신으로 다윗이 국가를 세웠기에 그의 왕권이 영원하기를 바랐다. 약자를 구원하여 기업을 이어주고, 차별과 억압이 아닌 서로 평등과 자유를 보장하며, 한 몸으로 사는 공동체로 하나님 나라를 지향해 나갔기 때문이다.

예수는 두 세 사람이 자신의 이름으로 모인 곳에 함께하며(마 18:20), 서로 협동하여 교회를 세워 나가기를 원했다. 예수의 이름으로 모인 연약한 자와 강자, 죄인과 의인, 원수와 친구, 채무자와 채권자, 종과 주인, 사원과 사장, 노동자와 자본가가 서로 사랑하는 관계가 되기를 원했다. 하나님의 뜻을 행함으로 상반된 의견과 이익관계를 가진 사람들이 가족이 되기를 원했다. 이들의 연합의 원리는 예수 이름으로 모여 서로 사랑하며 사는 것이었다. 형제와 같이 연합하고 동거함으로 하나님이 복을 명령하는 곳을 세우고자 한 것이다(시 133:1-3). 예나 지금이나 교회는 세상의 빛이다. 교회는 현대를 중세교회처럼 어두운 지성의 시대로 만들어서는 안 된다. 과학과 신앙으로 빛을 비추어야 한다. 이성과 믿음으로 자유와 평등의 세상을 만들어야 한다. 사랑과 기쁨이 넘치는 평화로운 세상이 되게 해야 한다.

믿음의 선진들은 예수와 그의 몸 된 교회를 통하여 각 국가에 하나님의 나라를 세우고자 했다. 하나님 나라를 추상적으로 생각하지 않았다. 하나님 나라를 세울 수 있다는 믿음을 실제화하고자 했다. 각 국가에 하나님의 뜻을 실제화시키고자 한 것이다. 사도들은 십자가의 도를 가지고 땅 끝까지 갔다. 증인이 가야 할 십자가의 길(道)이 땅 끝까지 연결되어 있었기 때문이다. 교회는 십자가의 도로 교회 사회를 세우는 일에 지혜와 힘을 모으고 단결했다. 힘써 기도했다. 교회가 하나님 나라를 세운다는 것은 온 세상이 교회를 기초 공동체로 갖게 되는 교회 사회이기 때문이다. 교회가 세우는 하나님 나라는 군사력에 의존한 나라가 아니다. 사랑의 계명에 의존한 나라이다. 때문에 교회를 통해 현대적인 지역 국가는 사라지고 도시가 중심이 되는 소규모 국가(연합체)로 재편될 것이다. 교회는 강력한 로마제국을 그리스도의 국가로 체질을 변화시켰던 역사적 경험이 있다. 로마제국을 각 지역의 여러 국가로 나뉘어 교회 사회를 세운 경험도 갖고 있다. 현대교회는 이러한 경험을 계승하여 교회를 기초 공동체로 갖는 교회 사회를 통해 하나님 나라(국가)를 세우는 일에 헌신해야 하겠다.

2) 사도행전적 교회와 교회 사회 세우기

교회는 예수를 사는(live & buy) 삶으로 우리를 사는 공동체이다. 자기 중심적인 세계관을 버리고, '나는 죽고 너를 살리는 삶'을 통해 '너와 우리를 먼저 사랑하는 삶'을 실천하는 공동체이다. 삼위일체 하나님처럼 서로 사랑하며 사는 것을 언약하고, 교회로 살기를 원하는 사람들의 모임이다. 이 모임은 지역 사회와 국가, 세계의 기초 공동체이다. 교회 사회를 기반으로 하나님 나라를 세우고자 하는 목적을 가지고 활동한다. 교회는 생산과 소비를 강요하는 탐욕 사회에서 안식을 얻으려고 저항을 하는 대동계이기도 하다. 예수의 뜻에 따라 사는(live) 사람들과 죄인, 약자들을 예수가 자신의 보배로운 피로 사서 탄생시킨 공동체이기 때문이다. 그래서 그리스도인도 헌신을 통해 예수를 사는(buy) 위대한 생명의 교환을 한다. 교회는 예수가 그의 피로 세웠고, 교회의 구성원은 그의 몸으로 사는 공동체이기 때문이다. 이 공동체는 서로 사랑의 법에 근거한 정치와 치리(治理)가 있다.

삼위일체 하나님처럼 공동체로 사는 인간은 사회적 존재이다. 혼자서는 살아갈 수 없는 존재이다. 인간은 항상 '우리로' 존재한다. 자신의 정체성을 자신 혼자 결정할 수도 없다. 인간의 마음에 말씀과 성령이 있고, 이웃이 있어야 나의 나 됨의 모양이 나온다. 나 중심이 아닌 너와 우리 중심으로 살아야 자신의 존재 가치를 깨닫고, 세상을 이롭게 한다. 인간은 자신의 마음 안이라고 해서 자기 혼자만 존재할 수 없다. 마음 안에 나와 너, 하나님과 우리가 함께 있어야 살아 있는 존재가 된다. 자신의 마음에 자신만 있다고 주장하는 사람은 무지한 사람이며, 건강한 자아를 가지고 있지 않은 사람이다. 각자의 마음에는 본질적으로 예수와 함께 '우리'라는 공동체가 있어야 마땅

하다. 예수가 하나님을 위한 삶을 통해 '우리로' 살았듯이 그리스도인도 '너를 사는 삶'을 통해 '우리로 사는 삶'을 산다. '우리'라는 것은 나와 너를 배제하고 형성될 수 없는 참여와 교제의 공동체를 의미한다. 혼자 독처하는 상태가 아니다. 독존한다는 것은 이웃이 아무도 없다는 의미이다. 또한 자신이 무의미한 존재가 되었다는 말이다. '나'라는 존재도 연합을 통해 나오기 때문이다. 인간은 혼자 스스로 탄생할 수 없고, 혼자 존재할 수도 없는 존재이다. 독처하고자 하는 마음은 존재의 근본을 인정하지 않는 무지이다. 사리를 분별해 본다면 존재, 사상, 종교, 국가, 그리고 철학, 경제학, 의학 등의 모든 학문도 관계를 통해 나오는 것이다. 태초에 삼위일체 관계를 통해 인간과 세상이 존재했던 것처럼 모든 만물들은 관계를 통해 생성되었고, 존재와 의미를 갖는다. 교회는 존재 중심이 아닌 관계 중심적인 사고체계를 가지고 산다. '우리'는 '나'와 '너'를 배제하고 형성될 수 없는 공동체 개념이다. 그리스도인이 삼위일체 하나님의 뜻에 따라 독처가 아닌 관계로 존재하고자 하는 이유이다. 하나님과 예수가 하나인 것 같이 예수와 하나가 된 것을 믿기 때문이다(요 17:21-22).

이스라엘이 야곱의 혈연가족 공동체에서 발전된 나라였다면, 예수의 나라는 하나님의 뜻대로 사는 교회 사회에서 발전한 새 계명과 샬롬의 공동체이다. 종교가 아니었기에 '이스라엘은 자신을 이스라엘'로, '교회는 자신을 교회'로 정의한 것이다. 그래서 교회는 우리로 사는 공동체이며, 한 몸이다. 보편성과 일치성, 우주성을 갖는다.

건전한 교회라는 것을 전제로 한다면, 한 지역 교회만 자기 교회라고 섬기는 것은 바람직하지 않다. 지역 교회와 아울러 인터넷을 통한 비대면 광대역 교회도 그리스도인의 교회이다. 두 개 이상의 교회 공동체를 갖는 체제로 변하는 것은 미래의 자연스런 경향이 될 것이다. 한 교회가 그 교회를 섬기는 그리스도인의 모든 것을 독점하는 체제는 벗어나야 한다. 한 명의 그리스도인이 자유롭게 여러 교회와 선교회를 섬길 수 있어야 한다. 모임도 대면 모임과 비대면 모임으로 이원화해야 한다. 건물 안에서 활동하는 교회와 교회 밖에서 활동하는 교회, 주일 중심의 교회와 평일에 모이는 교회로 범위를 확대해 모든 날을 거룩하게 해야 한다. 예배를 중심으로 하는 모임과, 봉사를 중심으로 하는 모임, 시민단체와 함께하는 모임도 활성화되어야 한다. 성직자 중심의 제도적 교회 뿐만 아니라, 비성직자 중심의 교회도 자유롭게 생겨야 한다. 교회는 교단 체제와 교단 정치가 중심이 아니라, 예수를 주로 믿고 선교와 친교, 예배와 봉사가 있는 모임이 본질적인 교회의 모습이기 때문이다. 아울러 이 일을 위해서 교회는 개교회 중심이 아니라 노회 중심의 교회로 전환해야 한다. 노회의 여러 분과를 통해 교회의 예배와 행사가 조정되고, 그리스도인들이 다양하게 활동하게 해야 한다.

교회는 계명으로 구성된 모임이며, 법을 통해 운영되는 자치기구이다. 예수를 믿고 계명에 자신을 못 박아(이것이 자신을 십자가에 못박는 것이다) 예수가 십자가를 통해 자신보다 이웃을 더 사랑한다는 정신을 실현하는 공동체이다. 그러므로 교회는 하나님과 그의 보내신 예수를 믿는 일에 헌신하고, 착하고 충성되며, 조용히 하나님과 이웃을 사랑하는 삶을 계속하는 자치공동체여야 한다. 조용히 신앙생활을 하라는 말의 의미는 '울리는 꽹과리'가 되지 않기 위함이다. 마음이 조용해야 하나님을 만나고 세상을 조용하게 하기 때문이다. 엘리야는 하나님의 음성을 지진, 바람, 불이 지난 후에 세미한 소리로 들었다(왕상 19:12). 하나님의 음성을 듣고 싶다면, 바람을 일으켜 유행을 만들어서는 안 된다. 운동으로 세상을 진동시키고, 세상을 흔들거나 열 받는 마음(열광)으로 불을 일으켜서도 안 된다. 온 천하가 잠잠하기 위해서는 그리스도인이 먼저 잠잠해야 한다.

교회는 예수가 인간을 믿어 주고 함께하는 것과 같이 서로 믿어 줌으로 함께 사는 공동체이다. 개인과 단체의 성향과 활동이 '사랑할 것인가? 사랑하지 않을 것인가'를 선택하는 근거가 되어서는 안 된다. 그리스도인이 계명에 따라 교회로 사는 것은, 복을 받는 술법을 배우기 위해서가 아니다. 경쟁에서 이겨 남들을 임의로 주관하는 자가 되기 위함도 아니다. 예수를 수단으로 여겨 그를 믿고 천국을 가고자 하는 것도 아니다. 오직 복음을 이때에, 여기서 실현하기 위해서이다. 아울러 그리스도인의 신앙적 자세는 어떠한 경우에도 반교회적이어서는 안 된다. 교회를 진실로 사랑하고, 교회의 본질을 실천하기 위해 헌신해야 한다. 교회와 세상의 일에 찬성하거나 반대하는 일에 몰두하기보다 대안을 찾는 사람이 되어야 한다. 사도행전적 교회의 본을 세우고 확장하는 일에 헌신해야 한다. 하나님이 신실하고 인자한 것처럼 서로 신실하고 인자해야 한다. 사랑의 약속과 신뢰를 지켜야 한다. 계명을 어겨서 하나님과 교회, 그리스도인들의 격이 떨어지게 해서는 안 된다. 어떤 경우에도 먼저 사랑하는 것에 근거하여 서로를 돕는 계약을 실천하여 복음의 가치를 높여야 한다. 성실과 인자는 교회의 얼굴이며, 그리스도인의 인격이기 때문이다.

요즘 교회를 다니는 일부 사람들이 사랑 못하는 이유를 많이 만들어 내는 것 같다. 이슬람인, 불교인, 등의 타 종교인을 사랑하면 안 된다는 사람들이 있다. 또한 공산주의자, 뜻이 다른 소수자, 약자를 사랑해서는 안 된다고 하는 사람들도 있다. 과연 그들의 말이 맞는 말일까? 그리스도인들의 사랑의 한계와 분량은 거기까지일까? 성서가 말하는 그리스도인의 사랑은 예수 그리스도처럼 사랑하는 것이다. '먼저 사랑, 무조건 사랑, 자신의 몸처럼 사랑, 원수 사랑'이다. 이 사랑을 할 수 있을 만큼, 사랑을 최대치로 해보겠다는 것이 우리의 신앙이다. 이 사랑을 실현하기 위해 재산과 생명을 다 빼앗겨도 실천하겠다는 것이 그리스도인의 사랑법이기 때문이다. 예수 사랑에 대한 바른 이해로 잘못된 사랑의 세계관을 극복하고, 교회가 세상의 밝은 빛이 되기를 기대해 본다.

3) 선교적 교회 사회를 기반한 국가 비전

하나님의 나라와 의를 구하라(마 6:33)는 말씀의 의미는 그리스도인이 국가의 건국자와 운영자로서 하나님의 의를 세상에 세우고, 교회 사회를 통해 나라를 세우라는 의미다. 그리스도인은 택한 족속, 왕과 같은 제사장, 거룩한 나라(벧전 2:9)이기 때문이다. 세상의 단체들과 공산당이 교회를 당(黨)으로 여기는 이유가 여기에 있다. 그 자체로 당파성과 국가성을 가지고 있기 때문이다. 교회가 국민을 돌보고, 사랑하고, 지도하는 역량을 가진 세력이기 때문에 탄압하는 것이다. 교회가 증인들의 선교를 통하여 예수를 주로 하는 법과 정치체제를 가진 교회 사회를 각 지역에 세우기 때문이다. 아울러 교회는 세계 교회와의 연합과 협력으로 강대국과 약소국의 체제, 강자와 약자의 체제, 빈부의 체제에 저항하는 자치기관이기 때문이다. 교회는 탐욕의 제국주의와 쉼이 없는 체제, 통제 사회, 사람이 기계처럼 여겨지는 사회에 저항하는 기관이다. 각 지역에 교회 사회를 세워 자유롭고 평등한 평화의 체제를 만들기 위해 헌신한다. 하나님의 사람을 해방하고 사람의 생명과 인권, 창조의 질서와 자연을 지키는 것이야말로 교회의 큰 과제이기 때문이다.

교회로서 그리스도인은 현대적 의미로는 투표권과 봉사의 권리로서 화목의 제사장권, 주권을 가지고 국가권력에 참여할 수 있는 역사적인 주체이다. 재난과 실패로부터 사람을 구원하고, 정치, 경제적으로 사람을 의롭게 하는 예수의 나라를 위해 헌신하는 사람들이다. 세계적 전염병과 전쟁, 내전, 독재, 테러 등의 재난 해결을 위해 주도적인 마음으로 동참하는 지체이다. 실패한 사람들과 재난으로 생명과 재산을 잃어버린 사람들을 도와서 일상을 평화롭게 살도록 헌신하는 사람들이다. 사회적으로 약자가 된 사람들과 어려운 가정을 돌보고, 지켜 나가는 일을 통해 교회를 보존하고, 확대하고, 강화해 나가는 일꾼들이다. 그러므로 이러한 일을 하기 위해 각각의 교회와 선교단체가 선교의 거점에서 연합하여 지도부를 만들고 선교의 전략을 공유하여 함께 실천하는 선교 활동을 해야 한다. 연합된 힘과 통합된 정보로 소속된 국가와 지역 사람들의 특성을 연구하고 지역을 섬겨야 한다. 사람들을 성령과 말씀으로 거듭나게 하고, 삼위일체 하나님이 사는 것처럼 살겠다고 언약하는 사회를 세워야 한다. 계명을 지키겠다는 언약으로 연합하고, 서로 피와 살처럼 여기는 성찬 공동체를 세워야 한다. 그리스도인이 주도적인 역할을 하는 교회 국가의 성격을 갖는 나라를 세우고자 해야 한다. 하나님 나라를 세우기 위해 절대적으로 국가의 권력에서 멀어져서는 안 된다. 교회의 선교는 개인적 감동과 헌신만을 기반해서도 안 된다. 조직적, 전략적, 통일적으로 접근해야 한다. 초대교회의 계승이라는 선교 목적을 갖고 접근해서 사회를 복음적 교회 사회로 변화시켜야 한다. 언론, 정치, 문화, 교육, 기업 등과 활동을 함께하며 영향력을 끼치는 연합기관을 세워야 한다. 이들 기관으로 윤리의식과 가치의식을 바꾸어 사회와 국가에 봉사해 나가야 한다.

역사적으로 교회의 선교를 책임진 선교사들은 자신의 고국과 친족을 섬기지 않았다. 선교지 사람들의 역사와 사회를 자신이 헌신해야 할 역사와 사회로 여겼다. 그들은 선교지 사람들의 가족이 되어 함께 살다가 함께 죽는 것이 소원이었다. 그들은 자녀들이 살아갈 선교지에 학교를 세우고, 그들이 살아갈 삶의 터를 닦았다. 아울러 죽을 자리를 그곳에 미리 마련하고, 일생을 바쳐 하나님 나라를 세우고자 했다. 선교사들의 선교사역은 열악한 환경과 토착화의 어려움을 극복하지 못하고 현지적응에 실패하는 경우도 많았다. 이로 인해 본인 자신과 부인, 많은 자녀들이 순교하였다. 하지만 그들은 본국으로 돌아가지 않았다. 자신이 맡은 선교지에서 죽기까지 충성하다가 죽어 그리스도의 땅, 평화의 땅으로 얻고자 했기 때문이다. 선교지에서 사람들을 얻는 방법은 자신이 한 알의 밀알처럼 떨어지는 방법 밖에는 없었기 때문이다. 선교사들은 현지에 자신의 자녀와 부인을 묻고, 현지의 사람들을 가족으로 삼았다. 그들은 선교지를 젖과 꿀이 흐르는 약속의 땅으로 믿고 살았다. 아브라함이 사라를 가나안 땅 헤브론의 막벨라 무덤에 묻음으로 자신의 고향이 브엘세바가 되었듯이 말이다. 그리고 브엘세바에서 자녀를 기른 것처럼 말이다. 선교지에서 선교사들은 음식이 입에 맞지 않아 먹는 일에 고생

했고, 외로움과 고독, 일의 막연함 때문에 많은 고생을 했다. 하지만 함께 기도하고, 서로 도우며, 견뎌내고, 이겨냈다. 선교의 일을 열심히 했지만, 낙담한 선교사와 적응하지 못하는 선교사들에 대한 돌봄에도 열심을 냈다. 한 가정이라도 잃지 않으려고 단결했으며, 겸손함으로 현지인들과 협동했다.

선교사들은 선교지에 들어가 먼저 선교 본부와 주거지를 만들고, 통일된 지도부와 안전한 거주지를 만들었다. 병원과 의과 대학을 세워 약자들과 함께했고, 아픈 자들을 치료했다. 그들은 장애인 학교를 만들어 장애인에 대한 사랑을 실천했으며, 박물관을 만들어 선교지 사람들에게 역사의식을 갖게 했다. 여러 사회운동단체를 만들어 제국주의와 탐욕과 독재의 체제에 맞서서 저항했고, 농업을 발전시켜 식량 문제를 해결하는 일에 힘썼고, 기업을 세워 선교지의 경제 발전과 자립을 위해서도 노력했다. 증인으로서 선교사들은 성서를 번역하는 일과 선교지 배분, 교회의 개척과 부흥운동을 주도했으며, 교회가 사회적으로 선한 영향력을 행하도록 했다. 초등과 중등, 고등 교육 기관과 대학을 세우고 인재를 양성했으며, 언론사와 출판사를 세워 현지인들을 계몽하고 복음화시켜 나갔다. 예수의 증인으로서 복음만 전파하지 않았다. 교회 사회를 세워 나간 것이다. 이들은 또한 선교지를 세계에 소개하고, 자랑했으며, 위대한 가능성을 선전했다. 반식민지운동, 물산장려운동, 계몽운동, 농촌운동, 전쟁구호운동, 청소년운동, 부정부패 추방 시민운동, 환경에 대한 시민운동 등에 앞장섰다. 자유와 평등, 인권을 위하는 정권을 지지하고, 독재와 억압하는 불의한 정권에 항거했다. 제국주의에 의해 국가가 위기에 직면했을 때, 독립과 민주화, 경제발전을 위해 헌신했고 뜻이 맞는 여러 단체와 힘을 합하여 일했다. 정치, 문화, 경제 등의 모든 영역에 교회가 일치된 마음으로 참여하고, 선도하며, 정책과 기관을 가지고 유기적인 활동을 했다. 복음을 받은 국가들은 교회를 중심으로 하는 새로운 마을과 도시, 국가를 만들어 나갔다. 교회를 진지(陣地)로 만들어 지역 사회를 교회 사회로 변화시켜 하나님 나라를 세우고자 한 것이다.

예수 이후 증인들이 이동하며 진지화된 교회를 만들고, 교회 사회를 세우는 선교 방식은 눈부시게 성공적이었다. 그러므로 오늘날의 교회도 이를 계승하고 발전시켜 미래에 임재할 하나님의 나라를 소망하며, 지역과 국가에 예수를 '주'로 하는 교회 사회를 세워야 한다. 복음의 정신으로 법을 만드는 일에 헌신하고, 정의와 공정을 실행하는 기관을 세우며, 계명을 실천하는 정치를 통해 하나님의 뜻이 상식이 되는 세상을 만들어야 한다. 미래에 임할 세상은 새 예루살렘이 하늘에서 내려와 세워지는 새 하늘과 새 땅이기 때문이다. 또한 미래의 세상은 하나님이 인간을 위하여 단장할 세상이다. 인간이 사는 이 땅은 없어지거나 저주받은 땅이 아니다. 새 하늘과 새 땅을 영접할 영광의 땅이고, 하나님의 장막을 영접함으로 영광스럽게 될 땅이다(계 21:1,2). 거룩한 도성, 새 예루살렘이 하나님으로부터 내려오는 곳이 바로 여기 이 땅인 것이다. 그렇기 때문에 하나님은 교회가 이 세상의 악을 정리하고, 세상을 변화시키기를 원한다. 하나님 나라를 맞이할 수 있는 정의와 평화, 사랑과 희망이 충만한 세상을 만들어 내기를 원하는 것이다. 하나님은 교회가 그의 나라가 내려올 동안 아무 것도 안 하는 게으르고 나태한 종으로 사는 것을 바라지 않는다. 예수가 다시 올 때, 교회에 맡긴 달란트를 이용하여 이익을 남기기를 원한다. 하나님의 나라를 위해 열심히 일한 사람들을 예수가 '착하고 충성된 종'이라고 하며, 잘했다고 칭찬하기를 원한다는 것이다

(마 25:21,23).

하나님이 새롭게 만들 세상은 하나님의 장막이 인간과 함께 있은 거듭난 사회이다. 하나님이 인간과 함께 사는 세상인 것이다. 하나님이 친히 백성의 눈물을 닦아주는 곳이다. 사망과 애통이나 곡하는 것과, 아픈 것이 없는 세계이다(계 21:3,4). 하나님이 세상의 만물을 다 죽이고 파괴하는 것이 아니라, 만물을 새롭게 하고(계 21:5), 인간이 멸망치 않고 쉼과 영생, 평화를 얻을 수 있도록 완전하게 한 세상이다. 땅이 인간의 탐욕에 의해 생산과 소비의 연속성이라는 체제에 빠져 자연의 파괴로 저주가 되지 않게 구원한 세상이다.

하나님은 이 세상에 하나님이 임재하여 새로운 세상을 만들겠다고 재창조의 의지를 계시했다. 그러므로 그리스도인은 '만족을 모르고 일하라'는 바로의 명령과 '탐욕을 성취하라'는 맘몬의 명령에 맞서 '수고하고 무거운 짐 진 사회'를 염려해야 한다. 쉼이 없는 사회, 예수에 대한 배움이 없는 사회를 해방해야 한다. 예수의 십자가의 죽음을 통해 성취된 죄인의 심판과 세상을 멸망하게 하지 않고 구원하겠다는 하나님의 뜻을 성취해야 한다. 인간이 거듭나서 하나님의 나라를 위해 살듯이 교회도 사회를 거듭나게 해서 하나님 나라가 되게 해야 한다. 사람이 예수에 대한 믿음을 얻어 마음이 거듭나고, 예수의 세례를 통해 한 몸이 되며, 성찬으로 교회가 되듯이 교회도 사회를 거듭나게 해야 한다. 거룩한 영의 힘을 입어 사람들이 원수까지도 서로 사랑하는 사회로, 생존권과 인권이 존중되며, 자유와 평등이 충만한 사회로 거듭나게 해야 하는 것이다.

예수 그리스도의 몸 된 교회는 예수의 계명이 충실하게 지켜지는 언약사회를 실현하기 위해 노력해야 한다. 세계와 국가, 각 자치단체를 사랑의 법으로 묶어(못박아) 언약 공동체가 되게 해야 한다. 함께 일하고 즐거워하는 한 몸 된 인류가 하나되게 해야 한다. 그리스도인이 계명을 믿음, 세례, 성찬을 통해 교회로 거듭나듯이 인류가 정의로운 법과 한 몸 된 연합, 풍성한 식탁을 통해 하나의 공동체인 것을 확인하게 해야 한다. 정치 민주화, 경제 민주화와 사회 민주화, 세계 민주화로 거듭나 평화로운 복지 세상이 되도록 노력해야 하는 것이다.

요한 계시록의 말씀인 "수정 같이 맑은 생명수의 강"(계 22:1)을 시편 23편의 푸른 초장과 맑은 시냇가라는 구절과 병행해서 보면, 미래에 이루어질 하나님 나라를 상상해 볼 수 있다. 가인이 만든 에녹성은 도시만 있고 강이 없다. 그렇지만 하나님의 세상은 강을 품었다. 생명수의 강을 품은 세계는 하나님이 창조한 에덴의 환경이자 모양이었다. 하나님은 새 예루살렘이라는 도시(계 21장)의 중심에 동산을 세우는 비전을 가지고 있었다. 새 예루살렘은 건물이 아닌 공원이 중심에 있고, 그 중심인 성전에는 하나님과 복의 근원인 예수, 성령이 언제나 함께 하고 있다. 인간의 행복과 세상의 조화와 평화는 하나님이 동산의 중심에 서있어야 생성된다는 의미이다. 아울러 하나님이 계명과 약속으로 인간의 삶의 중심에 현존하는 상태가 바로 행복의 동산이라는 뜻이다. 미래에 성취될 것이지만 이제도 현존하는 행복동산에는 생명수의 강이 하나님의 보좌에서 나와 길 가운데로 흐르고, 강 좌우에는 생명나무가 있다. 생명나무에는 열두 가지 열매를 달마다 맺고, 그 나무 잎사귀로 만국이 치료된다. 그래서 영원히 인간은 삼위일체 하나님이 사는 것처럼 살게 된다. 여기에는 다시 저주가 없다. 하나님이 사람들에게 빛이 되어 줌으로 등불과 햇빛이 필요 없는 세상이 되었기 때문이다(계 22:15).

계시록은 교회를 통해 세상이 하나님 나라를 영접하는 비전을 그리스도인에게 제시한다. 그러므로 그리스도인은 성령의 충만함을 받아 교회를 통해 계명 공동체를 만들어야 한다. 서로 사랑과 교회 간의 연합으로 세상의 각 분야에 참여해 하나님 나라 비전을 성취해야 한다. 예수가 전파한 삼위일체 하나님에 대한 신비를 선포하고 삼위일체 하나님이 사는 것처럼 서로 사랑의 사귐을 갖는 샬롬의 세계를 만들어야 한다. 사람들을 복음화, 교회화하는 일에 헌신해야 하고, 각 분야에 개인적으로 참여할 뿐만 아니라 조직으로 참여해야 한다. 절대 하나님 나라를 추상적으로 생각하지 않아야 한다. 세상에서의 삶이 제한적이고 불완전하지만 하나님 나라를 완전에 가깝게 세우도록 끊임없이 연구하고, 혁신하며, 세워 나가야 한다. 그러나 지상에 그리스도인이 건설하는 나라를 하나님 나라로 착각해서는 안 된다. 체제에 대한 헌신은 지극해야 하지만, 인간이 만든 체제는 하나님의 장막이 하늘에서 내려올 때까지 임시적으로 존재하는 것임을 명심해야 한다. 체제에 대한 집착으로 반체제 인사를 학대해서도 안 된다. 이것이야말로 이웃사랑의 계명을 범하는 것이다. 이데올로기가 먼저가 아니다. 생명이 먼저이다. 서로 예수를 위해 헌신하며 사랑의 계명에 근거해서 함께 하나님의 나라를 영접하는 교회 사회를 세워야 하겠다.

부록: 신앙생활을 어떻게 할 것인가?

그리스도인이 목표하는 신앙생활은 신이 되기 위해 하는 것이 아니다. 내공을 갖거나 지위와 권세, 권능과 전지함을 소유하기 위함도 아니다. 공동체를 위해 헌신하는 삶이다. 이는 개인과 공동체 모두에게 매우 중요한 의미를 지닌다. 하나님 사랑과 이웃 사랑을 서로 사랑의 신앙생활로 승화시켜야 하는 과제를 갖기 때문이다.

그리스도인의 신앙생활은 하나님(神)을 사랑(仰)하는 것을 계속하는 삶이기에 매우 중요한 의미를 지닌다. 신앙은 언제나 완성된 상태가 아니고, 계속 정진해야 하는 삶이기 때문이다. 진지함을 가지고 고된 노동을 하는 듯한 땀이 요구된다. 대부분의 사람들이 세상의 일보다 신앙의 일이 쉽다고 생각하는데, 이는 올바르지 않다.

신앙생활에 대한 진지한 고민이 없으면 목사와 평신도 간에 오해가 발생한다. 예로써, 한 성도가 나에게 세상에서 먹고 살기 힘들다고 상담한 적이 있다. 그러면서 목회가 경쟁이 치열한 자신들의 삶보다 쉬워 보인다고 비교하여 평가해 온다. 그래서 그의 질문을 들은 나는 그 성도에게 몇 가지 질문을 했다. '신앙생활을 바르게 하십니까?', '성서에서 말씀하시는 사랑을 해 보았습니까?', '마음을 다스리는 자는 성을 빼앗는 자보다 낫다고 하는데, 자신의 마음을 다스릴 수 있습니까?', '바랄 수 없는 중에 바라고 믿어 보았습니까?' 그러면 그는 별다른 답을 하지 못한다. 신앙생활은 정말 하기 시작하면 쉽지 않기 때문이다. 온전히 해도 한 알의 밀알 만한 크기이기 때문이다. 또한 목회자가 자신의 신앙생활에 더하여 신앙인의 신앙생활을 지도하는 것을 함께 하는 것은 쉬운 일이 아니다. 이런 어려움을 이야기하면 나와 상담한 그도 곧잘 목회자의 일이 쉬지 않음을 깨닫는다. 그리고 서로의 삶의 어려움을 함께 나누었기에 그와 나는 더 가까워진다. 그가 느끼기에, 내가 십자가를 그와 함께 지고 가는 동료처럼 느껴졌기 때문이라 생각된다.

다음과 같이 신앙생활을 하면 쉽다는 생각을 버리게 될 것이다.

1. 회개하는 신앙생활

그리스도인은 회개의 무용, 오용, 남용을 경계해야 한다. 회개의 참된 의미를 발견하고 실천해야 한다. 자기가 과거에 어떤 사람이라고 폭로, 고발, 혐오, 정죄, 헤아리는 것은 회개의 일이 아니다. 지금까지 회개는 과거의 죄에 대한 지적과 양심의 가책을 강조하고, 사회성이 없는 개인의 인격적 변화에만 초점을 맞추어 왔다. 빗나간 과거를 지나치게 지적하며, 변화의 의지를 꺾거나 서로 미워하고 창피하게 했다. 그러나 회개는 성인군자가 되기 위해서 하는 것이 아니다. 죄 없는 사람이 되어 남의 죄를 정죄하고, 죄인을 추방하기 위한 것도 아니다. 예수와 함께 십자가에 못 박히는 것이다. 자신이 사는 것이 아니라, 자기 안에 예수가 살게 하기 위해 하는 일이다(갈 2:20).

회개는 자신이 하나님보다 자신을 더 사랑한다는 생각을 부인하는 자기부인의 일이다. 삶의 방향을 전환하여 날마다 자기 십자가를 지고 예수를 따라 가기 위해 하는 것이다(눅 9:23). 이러한 회개가 자신과 이웃에게 인정되지 않아 새로운 시작이 없는 사회는 불행한 사회이다. 예수가 간음한 여인을 정죄하지 않고, 다시 살게 한 것처럼 사람을 살리고 삶의 터로 보내야 한다. 이것이 예수가 회개를 명한 이유이다. 교회가 원하는 사람은 의인이 아니다. 태어날 때부터 완전한 사람도 아니다. 율법으로 남을 판단하고, 정죄하는 재판관도 아니다. 교회가 원하는 사람은 '회개한 사람'이다. 그런 점에서 회개는 그리스도인의 특권이다. 아울러 경고이기도 하다. 예수는 "회개하라 천국이 가까웠다"(마 4:17)고 하면서 회개하지 않으면 그와 다투겠다고(계 2:16) 말했다.

회개는 삼위일체 하나님처럼 서로 사랑하는 하나님의 나라가 가까이 왔음을 깨닫고 참여하는 일이다. 하나님 나라의 법을 위반한 사람이 회개하고, 용서를 받아 공동체가 되는 용납이다. 죄인에게 긍휼을 입게 하고, 다시 시작하게 하는 제사전통이다. 탐욕의 가인 사회에 저항하고, 나눔의 교회 사회로 전향하는 것이다. 가인의 나라와 결별하고 가까이 온 하나님 나라를 영접하고, 확장하는 일에 헌신하게 하는 일이다. 예수가 가져온 하나님 나라는 법과 회개, 용서가 함께 조화를 이루고 있기 때문이다.

회개의 진정한 의미는 반성의 개념을 초월한다. 반성은 예수를 바라보고, 자신의 죄와 잘못을 깨닫고, 고치는 것이다. 하지만 회개는 자신이 죄인 됨을 깨닫는 것을 넘어 인간을 사랑하는 하나님을 바라고, 그의 뜻을 수행하는 것이다. 반성은 자신이 자신에게 잘하겠다고 결단을 하거나 더 발전하겠다고 결론을 내리지만, 회개는 예수와 이웃을 바라보고 예수와 이웃에게 잘하겠다는 결론을 내린다. 자신에게 잘하고, 자신이 잘 되기를 원하는 것이 아니라, 너에게 잘하겠다며 '너를 사는 삶'을 선택해 그의 구원을 돕는 사랑을 하는 것이다. 나에게서 너로 방향을 전환해 우리로 사는 삶으로 표적을 바꾸는 것이 회개이다. 회개의 결과가 너를 사는 삶이 아니면, 결국 자기 개발과 자기 사랑이다. 반성은 예수를 보고 나를 보지만, 회개는 자신이 아닌, 예수와 우리를 과녁으로 바라본다.

회개는 '바르게 알라'는 의미를 품고 있다. 그러므로 회개는 인간 자신이 주가 아니고, 예수가 주라는 선지식이 있어야 가능하다. 이 지식이 있어야 주와 그리스도 예수를 인간이 십자가로 죽인 것을 깨닫는다. 이 소리를 들을 때 "우리가 어찌할꼬!" 하는 반응이 나온다. 십자가에서 죽은 예수를 통해 인간은 하나님의 원수가 아닌 하나님의 사랑하는 자녀라는 것을 깨닫기 때문이다. 하나님의 인간에 대한 구원도 거룩하게 변화시켜 구원하는 것이 아니라, 인간을 죄 있는 그 모습 이대로 구원한다는 것을 깨닫는다.

회개는 예수의 죽음을 통해 하나님의 사랑을 깨달은 인간이 자기 가치관과 역사를 가지고 하나님을 대면하고, 변화되는 의식이다. 나는 회개하지 않고 남이 해야 할 일로 생각해서는 안 된다. 역사적으로 보면 그리스도인들은 자기 할 일로 얻은 회개로 개인과 교회를 개혁하고 사회를 부흥하게 했다. 먼저 하나님의 말씀과 성령으로 회개하여 자신을 개혁한 후에 사회와 대면함으로 사회가 본받게 한 것이다. 회개를 이웃을 정죄하거나, 굴종을 강요하는 용도로 사용하지 않았다. 또 교회가 부흥할 때에는 하나님의 말씀을 자신에게 주는 말씀으로 받고 회개했다. 통회하며 자신의 삶을 뒤돌아보고, 생각과 행위를 고쳤다. 그러나 교회가 사회적 지탄의 대상이 될 때에는 하나님의 말씀을 들을 때 그리스도인은 남이 들어야 할 이야기로 듣는다. 내 이야기가 아니므로 남을 판단하고, 정죄하며 예수를 죽인 바리새인처럼 행동한다.

회개하라고 책망하고, 양심의 가책과 겁을 주는 것은 율법이다. 그러므로 하나님의 은혜인 회개를 율법적 강요에 의해 하는 것으로 만들어서는 안 된다. 회개는 하나님의 사랑을 믿고, 자신을 개방하고 의지하는 것에 의미가 있다. 하나님에게 자기를 개방하는 고백의 경험이 없는 사람은 하나님 앞에 서 본 적이 없는 사람이다. 하나님의 도움 없이 섬기고, 율법에 순종하고자 하는 사람이다. 여전히 과녁(십자가)을 벗어나게 하는 잘못된 마음과 힘을 모으는 사람이다. 그러므로 회개를 통해 자신의 믿음을 점검하며, 마음에 어떤 집(세력)을 짓는가 관찰해야 한다. 하나님을 섬기지 못하게 하는 마음인 교만과 탐욕과 불신으로 마음의 집을 짓고 있다면 회개해야 한다. 회개로 육의 체제를 해체하고, 성령의 전을 마음에 지어야 한다. 죄의 소원을 해체하기 위해 자신의 죄를 있는 그대로 써서 객관화, 외부화 해보는 것도 한 방법이다. 사실 인간은 수치와 두려움, 자신을 변호하는 마음 때문에 지은 죄를 정직하게 기록하여 객관화하기 어려워한다. 아무도 그를 보지 않음에도 자기 자신에 대한 죄를 자백하기 어렵다. 하지만 성막과 성전에서 이스라엘이 자신을 제물과 동일화하고, 양의 머리에 죄를 고백하여 전가하듯이 예수에게 자신의 죄를 고백하여 전가하는 회개를 해야 한다. 죄에 대한 구체적 직면과 시인, 자복이 회개의 전제이기 때문이다. 죄를 인정하는 곳이 사망의 터가 되고, 그리스도와 함께 죽고, 함께 사는 곳이 되기 때문이다. 이런 점에서 회개는 세례와 순교와 같은 죽음의 의미가 있다.

성서에서 죄는 '과녁을 빗나간 화살'이라는 의미가 있다. 이런 의미로 본다면 회개는 하나님의 사랑이 나타난 십자가로 방향을 전환해 예수를 바라보는 것이다. 삶의 데이터를 가지고 과녁에서 빗나간 마음과 삶의 방향을 바로잡는 것이다. 사람이 큰 병이나 일을 당하고 난 뒤에 삶의 우선순위를 바로잡고, 삶의 방식을 고치는 것과 같은 의미가 있다. 회개는 십자가의 예수를 바라보며 자신의 모습을 고치는 것이기 때문이다. 예수를 바라보며 단정하게 서서 취할 것은 취하고, 버릴 것은 버리는 결정을 하는 것이다. 그리스도인의 과녁인 예수에게 화살이 향하게 하는 것이다. 독존하는 마음이 만들어 낸 자기 사랑으로 인하여 이웃이 원수가 되고, 만나면 분노하고, 공격하며, 상처받고, 서로 보복하는 삶의 방식을 고치는 것이다.

회개가 없으면 마음에 일어나는 분노를 다스리지 못하고, 형제에게 마음의 상처를 준다. 죄의 상처로 이웃을 라멕처럼 보복하고 죽일 수 있다. 회개를 모르기에 자신이 용서받을 수 있는 사람이라는 것 또한 모른다. 갈 곳이 없는 자는 길이 없고, 길이 없는 자는 절망하는 것이다. 자신의 죄를 용서받지 못한 사람은 자신에게 절망하게 되고, 남을 용서하지도 못한다. 회개는 '내 탓이요', '남의 탓이요' 하는 것도 아니다. 둘 다 완전하지 않은 단어이다. 우리 탓이 맞는 이야기이다. 회개는 무조건 자신이 잘못했다고 하며, 죄를 개인화시키는 것과 울며 감정화시키는 것도 아니다. 회개는 자기 사랑 때문에 죄를 범한 것에 대한 자기죄책과 자기비하, 열등감, 자괴감으로부터의 탈출이다. 잘못된 체제에 의한 교육과 사회적 억압으로 인해 생성된 왜곡된 사고에서의 해방이다. 거대한 사회악에 희생된 자신을 발견하고, 자신의 죄가 자신만의 죄가 아니라는 것을 발견하는 것이다. 거대한 사회악에 왜곡된 자기자아를 발견하고, 회개로 자신을 죄책에서 해방하는 것이다. 회개를 통해 사회악에 무능력하게 당할 수밖에 없었던 자신의 무력함을 인정하고, 자괴감과 열등감에서 자신을 예수의 이름으로 해방하는 것이다. 자신의 문제가 자신만의 잘못과 책임만은 아니라는 것을 깨닫고, 자신과 같은 이웃을 용서하는 것이다. 죄인이 된 이웃들이 자기와 같은 연약과 절망에 갇혀 자책감 속에 살아가지 않도록 돕고, 사회를 개혁하여 하나님 나라로 세워 나가야 한다. 회개는 탈속한 도덕군자가 되는 일이 아니다. 죄악의 세력을 몰아내고, 악의 체제를 개혁하여 정의로운 교회 사회의 일원으로 살아가는 일이다.

회개는 자기역사와 사건을 하나님 나라의 관점에서 재해석하는 일이다. 자신의 죄와 죄책, 몰락을 자신의 죄로 돌리는 것에서 벗어나게 한다. 예수에게 용서함을 받아 자기범죄와 사회적 악에서 벗어나 예수와 함께 책임을 지는 사람으로 거듭나게 한다. 자신의 죄와 실패를 부끄러워하거나 자신을 경멸하는 것에서 벗어나게 한다. 자학과 패배감과 굴욕감에 휩싸인 자신을 구원하게 한다. 이웃을 향한 증오와 분노, 항의, 원망과 비난을 반복하는 일에서 벗어나게 한다. 같은 처지의 고통받는 사람들을 경멸하고, 학대하고, 비난하는 것에서 벗어나 서로 이해하고, 연대한다. 서로 의지하는 가운데 함께 극복하고, 서로를 기뻐하며, 삶의 방향을 자신에게서 공동체로 전환하는 것이다. 불우한 과거를 버리는 것이 아니라, 예수처럼 사랑으로 껴안는 것이다.

인간은 회개함으로 절망과 자괴감에서 빠져나와 자신의 역사와 사건을 예수의 가르침과 뜻대로 재해석해야 한다. 패배자의 관점과 과거지향적인 자세에서 벗어나 승리적 관점과 미래적 관점에서 자신을 평가하고, 자신을 응원하여 절망에서 일으켜 세워 새로운 삶의 시도를 해야 한다. 역사에서 하나님의 나라는 승리할 것이고, 역사는 승리자의 것이므로 승리적, 미래적인 관점을 견지해야 한다. 아울러 회개는 죄인 되었던 연약한 과거의 자신을 찾아가서 껴안아 주는 사랑의 행위이다. 자신을 소중하게 여기는 마음으로 안아주고, 인정해 주고, 용서해 주며, 자기를 용납하는 행위이다. 자신을 율법으로 대우하는 것이 아니라 복음으로 대우하는 것이다. 재시작의 기회를 얻는 것에 감격하고, 다시 시작하는 자신을 축복하는 행위인 것이다. 자신의 문제가 자신의 문제만이 아니라 공동체의 문제라는 것을 인식하는 행위이다. 모든 일을 개인적인 잘못으로 인식했던 사람이 하나님의 나라를 받아들임으로 공동체적 관점을 갖고, 자신만이 아니라 사회의 변화를 위해 나서는 행위이다.

인간이 구원을 받기 위해서 꼭 필요한 것은 죄의 인정과 예수이다. 자기의와 공로가 아니다. 자기 죄에 대한 인정이다. 자신의 죄가 예수의 피로 용서받았음을 아는 깨달음이며, 자신에 대한 용서이다. 죄를 범했음에도 하나님과 이웃이 사랑으로 용납(봐 줌)한 것을 깨닫고, 감사함으로 하나님과 이웃을 영접하는 일이다. 이웃보다 의로워지려는 노력을 중지하고, 이웃을 사랑하고, 의롭게 하는 일에 헌신하는 일이다. 자신보다 약한 사람을 사랑함으로 자신과 사회의 운명을 바꾸는 사람이 되는 일이다. 회개하고 천국을 맞이하는 행위이다. "회개하라 천국이 가까이 왔다"는 예수의 말씀대로 회개하고, 하나님 나라를 세우는 일이다. 이 일만이 우리 사회를 구원하는 유일한 대안이다. 개인과 사회의 구성원이 함께 죄의 고백을 하고, 사랑으로 하나님 나라를 위해 연대함에서 시작되기 때문이다. 또한 가인의 세계에서 함께 신음하며, 사회악에 의해 왜곡된 자신들을 용서하고, 죄책에서 해방될 때 가능한 일이다. 이제는 구약의 율법에 따른 동물제사가 아닌, 자신의 죄를 이웃과 하나님에게 직접 회개하여 용서받음이 필요하다. 용서받았다는 자기확신과 면죄부가 필요한 것이 아니라, 함께 예수의 이름으로 모여 회개와 합당한 열매를 맺고 예수처럼 하나님 나라를 시작해야 한다. 그리스도인의 사랑은 의인 사랑이 아닌, 서로 먼저 하는 죄인 사랑이기 때문이다.

2. 하나님을 사랑하는 신앙생활

인간이 하나님의 사랑을 체험하면 그 사랑의 광대함에 현기증과 두려움을 체험하게 된다. 큰 산 앞에 서면 장엄함에 현기증이 나고 두렵듯이 하나님을 만나면 그 사랑에 두렵고, 죽을 것 같은 느낌을 갖는 것이다. 그래서 신앙은 관념과 기분이 아니다. 예수의 죄인들에 대한 십자가 사랑을 깨닫고, 하나님에게 송구한 마음으로 경외와 두려움을 가지고, 그를 기뻐하고 즐거워하는 것이다. 하나님을 두려워하는 마음이 지혜와 지식의 근본이 되기 때문이다.

하나님의 사람들은 하나님의 큰 사랑을 체험하고, 하나님을 두려워하는 마음을 통해 지혜와 지식을 얻었다. 칼빈의 '하나님 앞의 삶'도 조금 깊이 생각해 보면, 구약의 선지자들과 맥을 같이 하는 하나님을 두려워하는 신앙이다. 아울러 그리스도인이 신앙생활을 해야 하는 이유는 하나님은 사랑이기 때문이다. 그래서 하나님을 사랑하는 것은 그리스도인의 법과 도가 되고, 길과 생명이 된다. 하나님이 사랑이기에 그가 말하면 사랑은 법이 되고, 그가 가면 십자가 길과 생명의 길이 된다. 광야에 길(道)이 생기고, 사막에 강(생명)이 생긴다. 증인의 가야할 길이 땅 끝까지 펼쳐진다. 때문에 그리스도인들도 신앙생활을 하고자 하는 것이다. 사랑으로 계명을 얻고, 십자가로 도(道)를 실천하는 삶을 살기 위해서이다.

사랑이 가는 길이 십자가의 도(道)이며, 사랑이 명하는 일이 법(法)이고, 사랑이 하는 일이 생명(生命)이다. 이와 같은 신앙생활은 그리스도인이 사는 방법이며, 그들의 길(道)이다. 예수의 계명을 따르는 신앙생활로 이 땅에 사랑으로 법을 세우고, 길을 만들고, 생명을 강같이 흐르게 해야 한다. 아울러 신앙생활은 그 자체로 면류관이다. 하나님의 사랑을 세상에 선포하여 그 곳이 하나님의 나라가 되게 한다. 하나님을 아버지로 모시고, 인류가 서로 사랑하는 자녀들의 나라가 되게 하는 것이다. 사랑하는 삶의 지극성과 계속성으로 차별을 만드는 개인과 단체의 중력을 무너뜨려 연합을 이루게 한다.

그리스도인의 가장 큰 계명은 "마음을 다하고 목숨을 다하고 뜻을 다하여 하나님을 사랑하는 것이다"(마 22:35). 하나님 사랑 계명은 온 율법과 선지자의 강령이므로 이것을 실천하는 삶을 신앙생활이라고 한다. 이 일은 쉽지 않다. 늘 신실함과 집중력을 갖고 섬겨야 하기에 신앙의 길은 기쁨의 길이지만, 고난의 길이기도 하다. 신앙생활은 악의 반대자가 아니다. 악을 자신의 앞에 두지 않고 예수만 바라보는 일이다. 예로써, 주기철 목사의 전기를 쓴 민경배 교수의 가르침에 따르면 주기철 목사님은 천황을 반대하지 않았다. 그는 하나님을 사랑하는 일을 온전히 했기 때문에 그와 천황은 부딪칠 수밖에 없었다고 한다. 이 말을 수업시간(1996년)에 듣고, 또 그가 쓴 주기철 목사에 대한 책을 읽고, 저자는 십여 년이 지나서야 원수를 반대하고, 세속을 반대하는 것은 신앙생활이 아니라는 것을 깨닫게 되었다(순교자 주기철 목사, 저자: 민경배, 대한기독교서회. 1997).

민경배 교수의 가르침에 따르면 '주기철 목사는 세속과 천황을 반대하지 않았다. 세속과 천황이 그를 반대했다'. 세속을 따른다는 것은 세속적인 삶을 따라가는 것이라고 생각하지만, 세속에 반대하는 것도 세속을 따르는 것이기 때문이다. 세속을 따름과 세속을 반대함은 둘 다 세상을 바라보는 것이다. 온전히 하나님을 사랑하는 삶이란 온전하게 하는 예수를 바라보고 가는 섬김이다. 주기철 목사처럼 하나님을 믿고, 사랑하는 일만 하면 된다. 하나님을 믿으면서 일본 천황을 반대하는 것도 천황의 일을 따르는 것이다. 그리스도인은 그리스도인의 일을 하여 반대자들이 추종하든지, 반대하든지 하게 해야 한다. 이것이 신앙생활이다. 이 본질을 놓쳐서는 안 된다. 그리스도인이 세상과 사람을 반대하는 것은 신앙생활의 본질이 아니다. 세상과 세속이 그리스도인을 반대하게 해야 한다. 예수는 세상을 반대하지 않았다. 마귀와 세상이 예수님을 반대했다. 그리스도인도 이처럼 세상을 따라 살거나 반대하지 말고, 오직 신앙생활에 자신의 역량을 집중해야 한다. 하나님을 힘써 아는 가운데 착하게, 조용하게, 신앙생활을 하고, 조급함이 없어야 한다. 열광주의와 냉담, 소영웅주의적 신앙을 조심해야 한다. 고소, 고발, 비판, 비난하지 않아야 한다. 죄인에게 보복하는 일로 하나님 사랑하는 일을 멈추지 않게 해야 한다. 그리스도인이 바라보고 쫓아가야 할 분은 예수 그리스도 뿐이다. 그래야 손양원 목사처럼 하나님을 사랑하는 마음으로 자기 자식을 죽인 자를 먼저 용서할 수 있다. 원수를 자녀 삼은 사랑과 당시 사회적 약자인 한센병자와 같은 약자를 사랑할 수 있는 힘을 얻는다. 하나님 사랑의 신실함만이 원자폭탄과 같은 사랑으로 신사참배를 강요한 천황과 공산주의를 극복할 수 있다.

하나님을 사랑하는 삶이란? 임마누엘 하나님을 인정하고, 그와 함께하는 마음을 갖는 것이다. 이익과 함께하는 마음이 아닌 하나님과 함께하는 마음이다. 임마누엘 마음, 이것이 그리스도인의 핵심 마음이다. 하나님과 함께하는 믿음은 여호수아와 같이 강하고, 두려워하지 않는 마음을 갖게 한다. 사랑은 두려움이 없고 온전한 사랑은 두려움을 내쫓는다(요일 4:18). 사람은 두려운 마음으로 자신의 행동을 결정하면 실패한다. 하나님과 함께하는 사람이 되기 위해 우리는 항상 기도, 쉬지 않고 기도, 범사에 기도를 하는 삶을 살아야 한다. 쉬지 않고 기도한다는 것은 쉬는 날 없이 기도한다는 의미일 것이다. 예수가 늘 하나님에게 기도했던 것을 본받아서 새벽, 늦은 밤, 따로 떠나서, 금식, 철야, 골방, 잠시 기도 등의 여러 기도의 방법으로 하나님에게 기도해야 한다. 기도와 부름은 그리스도인이 하나님과 함께하는 방법이다. 기도가 있어야 일을 할 수 있고, 일에 지치거나 포기하지 않고 계속성을 가질 수 있다. 열정과 관심과 의무는 가지고 있으나 기도 없이 신앙생활을 하면 오래가지 못한다. 일로 인하여 지치기 쉽다. 늘 하나님이 가까이 있고 기도를 듣고 있다는 것을 믿고 기도해야 한다. 그리스도인은 기도를 할 때, 힘과 지혜를 받아 신이 되고자 하는 마음을 버릴 수 있다. 하나님이 되는 것에 욕심을 내는 자들이 아니라 하나님이 사는 것처럼 살고자 한다. 신이 되는 것이 아니라 신이 인간이 된 것처럼 인간으로 살아야 한다. 예수가 본을 보인 것처럼 먼저 사랑하며 살고자 하는 것이다. 그리스도인은 이미 하나님의 형상이며, 그리스도인이기 때문이다.

그리스도인은 예수의 십자가 고난에 참여할 때에 전능과 전지함을 구하지 않는다. 오직 임마누엘만 구한다. 임마누엘 신앙 때문에 십자가 상에서 예수는 고통을 능가하는 기쁨을 소유하고 있었고, 수치스러움을 능가하는 자부심을 가지고 있었다. 몸의 아픔 때문에 정신이 무너지지 않았다. 고난 속에서 뜻을 이루었고, 죄인을 구원하였으며, 십자가 사랑을 인간의 마음에 채웠다. 그리스도인이 예수가 십자가 상에서 아파하는 모습만을 묵상하지 않는 이유이다. 오히려 하나님과 함께하는 사랑을 통해 모든 고난을 이기는 마음과 기쁨을 묵상한다. 그 마음과 기쁨을 예수와 함께 누리고 힘을 얻는 것이다. 예수가 십자가에서 죽어가며 이루고자 했던 하나님 사랑, 하나님이 독생자 예수 자신보다 인간을 더 사랑한다는 것을 온 몸으로 증명한 충만함을 체험하기 때문이다.

하나님을 사랑하는 신앙생활은 그의 고통과 연약을 사랑하는 것도 포함한다. 파울 게르하르트는 다음과 같이 찬송한다. "나의 마음이 가장 불안하게 될 때 당신의 불안과 고통의 힘으로 나의 불안으로부터 나를 도우소서." (십자가에 달리신 하나님, 몰트만 저, 김균진 역, p54에서 재 인용, 한국신학연구소) 이 찬송을 통해 우리는 고통의 멍에를 벗기보다 고통의 힘으로 타자를 도울 수 있다는 것을 배워야 한다. 고통도 힘이라는 것을 재발견하고, 고통의 힘을 얻기 위해 연약함을 배우고, 소유해야 한다. 하나님을 사랑한 예수는 약함으로 십자가에 못 박혔지만, 하나님의 능력으로 살아 있기 때문이다(고후 13:4). 예수는 슈퍼맨적 구원자가 아니었다. 그리스도인은 왕과 귀족과 같이 높아져서 강한 권력과 부로 사랑하고자 했던 헤롯과 바리새인의 누룩을 조심해야 한다. 출세하여 부와 권세로 사람을 섬기고 사랑하려는 마음을 버려야 한다. 오히려 예수의 연약함을 사랑해야 한다. 예수는 십자가에서 연약함으로 모든 인간의 감정과 고통을 다 체험하였다. 그는 십자가에서 연약함으로 죽어 인간을 구원하였다. 권능과 기적으로 구원하지 않았다. 오직 그의 연약함으로 하나님의 뜻을 이루고, 인간을 구원하고, 오늘날까지 인간을 강력하게 도와주고 있다. 그리스도인이 예수의 기적과 힘, 지혜에 믿음을 집중시키지 않아야 하는 이유이다. 예수처럼 십자가로 통치자와 권세들을 무력화하고, 드러내어 구경거리 삼고, 십자가로 이긴 방식을 따라야 한다(골 2:15). 예수의 연약함을 고민하면서 하나님의 연약함을 실천해야 한다. 그리할 때 예수가 연한 순 같고 아름다운 모양이 없는 구원자의 모습으로 다가올 것이다(사 53:1-3).

3. 자기 자신을 사랑하는 신앙생활

본문에서는 하나님이 인간에게 준 자격과 권리를 논하지 않겠다. 대신 1948년 12월 10일 선포된 '세계인권선언'을 통해 성서의 정신을 이해하고자 한다. '세계인권선언'은 인간의 권리와 자격, 의무에 대한 무지에서 벗어나 인간에 대한 이해도를 높여주기 때문이다. 세계인이 자신의 권리를 알아야 하는 이유가 있다. 자신의 권리와 자격을 알아야 남을 지키고, 사랑할 수 있기 때문이다. 내 권리를 모르고 이웃을 사랑한다는 것은 불가능하다. 의무와 계명은 권리와 자격에서 나온다. 아울러 이웃의 권리를 알아야 이웃의 권리를 지킬 의무가 자신에게 있음을 알게 된다. 인간의 권리를 모르고, 이웃의 의무와 계명을 먼저 지킨다면 무거운 짐이 된다.

성서는 "이웃을 자기 자신(몸)처럼 사랑하라"(마 22:39)고 하였다. 내 몸에 대한 권리를 알아야 내 몸처럼 이웃의 권리를 존중하는 사랑을 할 수 있다는 말이다. 그런 점에서 인권선언은 내 몸을 사랑하는 법을 알게 하고, 이웃을 내 몸처럼 사랑하는 데 도움을 준다. 자기의 권리와 자격을 알려주지 않고 사랑하라고 명령하며, 사랑을 의무와 계명으로 알려 주는 것은 타인을 지배하고자 하는 논리이다. 인간 자신의 인권에 대해서 먼저 알고, 자신을 온전히 대우할 줄 알아야 자신의 몸처럼 이웃을 사랑할 수 있기 때문이다.

'세계인권선언문'에는 자기 자신, 내 몸의 권리에 대하여 잘 표현하고 있다. 공동의 이익과 상식, 이해관계를 위해 보편 권리를 이해하는 것은 매우 중요하다. 자신의 권리에 무지하고, 권리와 의무를 혼동하면 남의 지배를 받게 되고, 타인의 인권을 침해한다. 협력할 것이 무엇이고, 반대할 것이 무엇인지 명확히 알아야 정의롭게 행동한다.

　'세계인권선언'을 본문에 기록한 것은 자신의 권리가 무엇인지, 자격이 무엇인지 깨닫고, 주장하라고 기록한 것이다. 인권에 무지하여 권리를 남이 호의로 베풀어 주는 것, 자신이 노력해서 얻어야 할 것으로 인식해서는 안 된다. 인간의 고유한 권리와 자격은 인간이 당연히 누리고, 소유하고, 추구하고, 존중을 받아야 하는 것이다. '세계인권선언'은 현대인에게 자신의 자격과 권리, 이웃 사랑의 방법을 가르쳐 주고 있으므로 모든 나라는 '세계인권선언'을 모두에게 모두 공개하고, 교육하며, 체득하게 해야 한다. 모두 공개하지 않고 부분활용하는 것은 바람직한 것이 아니다. '세계 인권 선언'을 세계인이 세세하게 더 잘 알 수 있도록 교육현장에서 가르치고, 토론해야 한다. 아울러 더 많은 인간의 권리를 알리기 위해 헌법, 노동법, 환경단체, 인권단체의 정강, 정당법, 소상공인법, 기업법, 공정 관리법, 핵확산 금지조약, 유엔헌장 등을 연구하는 것도 매우 중요하다.

　'세계 인권선언'에 의하면 인간은 더 이상 사용자가 시간 외의 노동 강요를 거부하는 것에 양심의 가책을 느끼지 않게 한다. 노동의 강요에 순응한다고 정이 있거나, 인간성이 좋은 것은 아니다. 하청업체를 같은 작업장에 두는 차별적인 작업환경의 강요와 비정규직의 강요로 저임금을 활성화하는 것은 인권의식의 부재에서 나오는 것이다. 주택도 내 돈 주고 사지 못하면 주택을 가질 권리가 없다고 생각하는데, 인권선언에 의하면 주택은 내가 누려야 할 권리이다. 교육도 마찬가지이다. 누구도 공공의 이익에 희생되지 않고 보장받아야 하는 것은 당연한 것이다. 어떠한 차별도 있어서는 안 된다.

현대를 살아가는 그리스도인들은 성서의 정신에 근거해서 '세계인권선언'의 권리로 자기 몸을 사랑하고, 이웃을 자신과 같이 사랑하고자 해야 한다. 자유롭고 존엄하며, 평등하게 형제애의 정신으로 모든 권리와 자유를 누릴 수 있어야 한다. 자기 안전을 지킬 권리, 법 앞에서 한 사람의 인간으로 인권을 인정받을 권리가 보장되는 사회를 만들어야 한다.

세계인권선언(1948년 12월 10일 유엔총회에서 채택)

우리가 인류·가족·모든 구성원의 타고난 존엄성과, 그들의 평등하고 빼앗길 수 없는 권리를 인정할 때, 자유롭고 정의롭고 평화적인 세상의 토대가 마련될 것이다.

인권을 무시하고 짓밟은 탓에 인류의 양심을 분노하게 한 야만적인 일들이 발생하였다. 따라서 보통사람들이 바라는 간절한 소망이 있다면 그것은 바로 모든 사람이 말할 자유, 신앙의 자유, 공포로부터의 자유, 그리고 결핍으로부터의 자유를 누릴 수 있는 세상의 등장이라고 우리 모두가 한 목소리로 외치게 되었다.

인간이 폭정과 탄압에 맞서 최후의 수단으로써 폭력적 저항에 의존해야 할 지경에까지 몰리지 않으려면 법의 지배를 통해 인권을 보호해야만 한다.

오늘날 각 나라들 사이에서 친선관계의 발전을 도모하는 일이 반드시 필요하게 되었다. 유엔의 모든 인민들은 유엔헌장을 통해 기본적 인권에 대한 신념, 인간의 존엄성 및 가치에 대한 신념, 남성과 여성의 평등한 권리에 대한 신념을 재확인했으며, 더욱 폭넓은 자유 속에서 사회 진보 및 더 나은 생활수준을 촉진시키자고 다짐한 바 있다.

유엔 회원국들은, 유엔과 협력하여, 인권과 기본적 자유를 함께 존중하고 준수하며, 그것을 증진하자고 약속하였다.

그런데 이러한 서약을 온전히 실현하려면 인권이 무엇인지 또 자유가 무엇인지에 관해 모든 사람이 공통적으로 이해하는 것이 무엇보다 긴요하다.

따라서 이제, 유엔총회는, 사회의 모든 개인과 모든 조직이 이 선언을 언제나 마음 속 깊이 간직하면서, 가르침과 배움을 통해 이러한 권리와 자유가 존중되도록 애써 노력하며, 국내에서든 국제적으로든, 전향적이고 지속적인 조치를 통해 이러한 권리와 자유가 보편적이고 효과적으로 인정되고 지켜지도록 애써 노력하기 위하여, 모든 인민과 모든 국가가 다함께 달성해야할 하나의 공통 기준으로서 유엔 회원국 인민들과 회원국의 법적 관할 하에 있는 영토의 인민들에게 세계인권선언을 선포하는 바이다.

제 1조

모든 사람은 자유로운 존재로 태어났고, 똑같은 존엄과 권리를 가진다. 사람은 이성과 양심을 타고 났으므로 서로를 형제애의 정신으로 대해야 한다.

제 2조

모든 사람은 인종, 피부색, 성, 언어, 종교, 정치적 견해 또는 그 밖의 견해, 출신 민족 또는 사회적 신분, 재산의 많고 적음, 출생 또는 그 밖의 지위에 따른 그 어떤 구분도 없이, 이 선언에 나와 있는 모든 권리와 자유를 누릴 자격이 있다.

더 나아가, 어떤 사람이 속한 곳이 독립국이든, 신탁통치령이든, 비자치령이든, 그 밖의 어떤 주권상의 제약을 받는 지역이든 상관없이, 그 곳의 정치적 지위나 사법관할권 상의 지위 혹은 국제적 지위를 근거로 사람을 구분해서는 절대로 안 된다.

제 3조

모든 사람은 생명을 가질 권리, 자유를 누릴 권리, 그리고 자기 몸의 안전을 지킬 권리가 있다.

제 4조

어느 누구도 노예가 되거나 타인에게 예속된 상태에 놓여서는 안 된다. 노예제도와 노예매매는 어떤 형태로든 일절 금지된다.

제 5조
어느 누구도 고문, 또는 잔인하고 비인도적이거나 모욕적인 처우 또는 처벌을 받아서는 안 된다.

제 6조
모든 사람은 그 어디에서건 법 앞에서 다른 사람과 똑같이 한 인간으로 인정받을 권리가 있다.

제 7조
모든 사람은 법 앞에서 평등하며, 어떤 차별도 없이 똑같이 법의 보호를 받을 자격이 있다. 모든 사람은 이 선언에 위배되는 그 어떤 차별에 대해서도, 그리고 그러한 차별에 대한 그 어떤 선동 행위에 대해서도 똑같은 보호를 받을 자격이 있다.

제 8조
모든 사람은 헌법 또는 법률이 보장하는 기본권을 침해당했을 때 해당국가의 법정에서 적절하게 구제받을 권리가 있다.

제 9조
어느 누구도 함부로 체포 또는 구금되거나 해외로 추방되어서는 안 된다.

제 10조
모든 사람은 자신의 권리와 의무가 무엇인지를 가려내고, 자신에게 가해

진 범죄혐의에 대해 심판 받을 때에, 독립적이고 불편부당한 법정에서 다른 사람과 똑같이 공정하고 공개적인 재판을 받을 자격이 있다.

제 11조

1. 형사상 범죄 혐의로 기소당한 사람은 누구나 자신의 변호를 위해 필요한 모든 법적 보장이 되어 있는 공개재판에서 법에 따라 정식으로 유죄판결이 나기 전까지 무죄로 추정받을 권리가 있다.

2. 어떤 사람이 이전에 국내법 또는 국제법 상 범죄가 아니었던 일을 행하거나 행하지 않았던 것을 두고 그 후에 유죄로 판결해서는 안 된다. 또한 범죄를 저지른 당시에 부과할 수 있었던 처벌보다 더 무거운 처벌을 그 후에 부과해서도 안 된다.

제 12조

어느 누구도 자신의 사생활, 가족관계, 가정, 또는 타인과의 연락에 대해 외부의 자의적인 간섭을 받지 않으며, 자신의 명예와 평판에 대해 침해를 받지 않는다. 모든 사람은 그러한 간섭과 침해에 대해 법의 보호를 받을 권리가 있다.

제 13조

1. 모든 사람은 자기 나라 내에서 어디든 갈 수 있고, 어디에서나 살 수 있는 자유를 누릴 권리가 있다.
2. 모든 사람은 자기나라를 포함한 어떤 나라로부터도 출국할 권리가 있

으며, 또한 자기나라로 다시 돌아올 권리가 있다.

제 14조

1. 모든 사람은 박해를 피해 다른 나라에서 피난처를 구할 권리와 그것을 누릴 권리를 가진다.
2. 그러나 이 권리는 순수하게 비정치적인 범죄로 제기된 법적 소추, 또는 유엔의 목적과 원칙에 위배되는 행위로 제기된 법적 소추의 경우에는 적용되지 않는다.

제 15조

1. 모든 사람은 국적을 가질 권리가 있다.
2. 어느 누구도 함부로 자신의 국적을 빼앗기지 않으며, 또한 자신의 국적을 바꿀 권리를 부정당하지 않는다.

제 16조

1. 성인이 된 남녀는 인종이나 국적, 종교에 따른 어떠한 제약도 받지 않고, 결혼할 수 있는 권리 그리고 가정을 이룰 권리가 있다. 남성과 여성은 결혼 시, 결혼 중, 그리고 이혼 시에 서로 똑 같은 권리를 가진다.
2. 결혼은 오직 배우자가 되려는 당사자 간의 자유롭고 완전한 합의에 의해서만 유효하다.
3. 가정은 사회의 자연적이고 기초적인 구성단위이므로 사회와 국가의 보호를 받을 자격이 있다.

제 17조

1. 모든 사람은 다른 사람들과 공동으로 그리고 단독으로 재산을 소유할 권리가 있다.
2. 어느 누구도 자기 재산을 함부로 빼앗기지 않는다.

제 18조

모든 사람은 사상의 자유, 양심의 자유, 그리고 종교의 자유를 누릴 권리가 있다. 이러한 권리에는 자신의 종교 또는 신앙을 바꿀 자유도 포함된다. 또한 이러한 권리에는 혼자 또는 다른 사람들과 함께, 공개적으로 또는 사적으로, 자신의 종교나 신앙을 가르치고 실천하고 예배드리고 엄수할 자유가 포함된다.

제 19조

모든 사람은 의사표현의 자유를 누릴 권리가 있다. 이 권리에는 간섭받지 않고 자기 의견을 지닐 수 있는 자유와, 모든 매체를 통하여 국경과 상관없이 정보와 사상을 구하고 받아들이고 전파할 수 있는 자유가 포함된다.

제 20조

1. 모든 사람은 평화적 집회와 결사의 자유를 누릴 권리가 있다.
2. 어느 누구도 어떤 모임에 소속될 것을 강요당해서는 안 된다.

제 21조

1. 모든 사람은 자기가 직접 참여하든 또는 자유롭게 선출된 대표를 통해

서 간접적으로 참여하든 간에, 자기나라의 국정에 참여할 권리가 있다.
2. 모든 사람은 자기나라의 공직을 맡을 평등한 권리가 있다.
3. 인민의 의지가 정부 권위의 토대를 이룬다. 인민의 의지는, 주기적으로 시행되는 진정한 선거를 통해 표출된다. 이러한 선거는 보통선거와 평등선거로 이루어지고, 비밀투표 또는 비밀투표에 해당하는 자유로운 투표 절차에 따라 시행된다.

제 22조

모든 사람은 사회의 구성원으로서 사회보장을 받을 권리가 있다. 또한 모든 사람은, 국가의 자체적인 노력과 국제적인 협력을 통해, 그리고 각국이 조직된 방식과 보유한 자원의 형편에 맞춰 자신의 존엄성과 인격의 자유로운 발전에 반드시 필요한 경제적·사회적·문화적 권리를 실현할 자격이 있다.

제 23조

1. 모든 사람은 노동할 권리, 자유롭게 직업을 선택할 권리, 공정하고 유리한 조건으로 일할 권리, 그리고 실업상태에 놓였을 때 보호받을 권리가 있다.
2. 모든 사람은 어떠한 차별도 받지 않고 동일한 노동에 대해서 동일한 보수를 받을 권리가 있다.
3. 모든 노동자는 자신과 그 가족이 인간적으로 존엄을 지키고 살아갈 수 있도록 정당하고 유리한 보수를 받을 권리가 있다. 또한 이러한 보수가 부족할 때에는 필요하다면 여타 사회보호 수단을 통한 부조를 제공받

을 권리가 있다.
4. 모든 사람은 자신의 이익을 지키기 위해 노동조합을 결성하고 그것에 가입할 권리가 있다.

제 24조
모든 사람은 휴식을 취하고 여가를 누릴 권리가 있다. 이러한 권리에는 노동시간을 적절한 수준으로 단축할 수 있는 권리 그리고 정기적인 유급 휴가를 받을 권리가 포함된다.

제 25조
1. 모든 사람은 자신과 가족의 건강과 안녕에 적합한 생활수준을 누릴 권리가 있다. 이러한 권리에는 음식, 입을 옷, 주거, 의료, 그리고 생활에 필요한 사회서비스 등을 누릴 권리가 포함된다. 또한 실업상태에 놓였거나, 질병에 걸렸거나, 장애가 있거나, 배우자와 사별했거나, 나이가 많이 들었거나, 그 밖에 자신의 힘으로 어찌할 수 없는 형편이 되어 생계가 곤란해진 모든 사람은 사회나 국가로부터 보호를 받을 권리가 있다.
2. 자식이 딸린 어머니 그리고 어린이·청소년은 사회로부터 특별한 보살핌과 도움을 받을 자격이 있다. 모든 어린이·청소년은 그 부모가 결혼한 상태에서 태어났건 아니건 간에 똑같은 보호를 받는다.

제 26조
1. 모든 사람은 교육받을 권리가 있다. 적어도 초등교육과 기본교육 단계

에서는 무상교육을 실시해야 한다. 초등교육은 의무적으로 실시해야 한다. 보통 사람들이 큰 어려움 없이 기술교육과 직업교육을 받을 수 있어야 하며, 고등교육은 오직 학업능력으로만 판단하여 모든 사람에게 똑같이 개방되어야 한다.

2. 교육은 인격을 온전하게 발달시키고, 인권과 기본적 자유를 더욱 존중할 수 있도록 그 방향을 맞춰야 한다. 교육은 모든 국가, 모든 인종집단 또는 모든 종교집단이 서로 이해하고 서로 관용하며 친선을 도모할 수 있게 해야 하고, 평화를 유지하기 위한 유엔의 활동을 촉진해야 한다.

3. 부모는 자녀가 어떤 교육을 받을지를 우선적으로 선택할 권리가 있다.

제 27조

1. 모든 사람은 자기가 속한 공동체의 문화생활에 자유롭게 참여할 권리, 예술을 즐길 권리, 학문적 진보와 그 혜택을 함께 누릴 권리가 있다.
2. 모든 사람은 자신이 만들어 낸 모든 학문, 문예, 예술의 창작물에서 생기는 정신적·물질적 이익을 보호받을 권리가 있다.

제 28조

모든 사람은 이 선언에 나와 있는 권리와 자유가 온전히 실현될 수 있는 사회체제 및 국제체제에서 살아갈 자격이 있다.

제 29조

1. 모든 사람은 자신이 속한 공동체에 대하여 의무를 진다. 어떤 사람이든 그러한 공동체를 통해서만 자신의 인격을 자유롭고 온전하게 발전시킬

수 있기 때문이다.
2. 모든 사람이 자신의 권리와 자유를 온전하게 행사할 수 있지만, 다음과 같은 경우에는 예외적으로 그러한 권리와 자유가 제한될 수 있다. 즉, 타인에게도 나와 똑같은 권리와 자유가 있다는 사실을 인정하고 존중해 주기 위해 제정된 법률에 의해서, 그리고 민주사회의 도덕률과 공중질서, 사회전체의 복리를 위해 정당하게 요구되는 사안을 충족시키기 위해 제정된 법률에 의해서는 제한될 수 있다.
3. 그 어떤 경우에도 이러한 권리와 자유를 유엔의 목적과 원칙에 어긋나게 행사해서는 안 된다.

제 30조

이 선언에 나와 있는 어떤 내용도 다음과 같이 해석해서는 안 된다. 즉, 어떤 국가, 집단 또는 개인이 이 선언에 나와 있는 그 어떤 권리와 자유라도 파괴하기 위한 활동에 가담할 권리가 있다고 암시하거나, 그러한 행동을 할 권리가 있다는 식으로 해석해서는 절대로 안 된다.

번역: 조효제 (성공회대학교 사회과학부 교수)

출처: https://amnesty.or.kr/resource/%EC%84%B8%EA%B3%84%EC%9D%B8%EA%B6%8C%EC%84%A0%EC%96%B8/

4. 이웃을 사랑하는 신앙생활

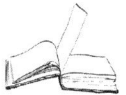

그리스도인의 관계는 자연적 관계가 아니다. 언약관계이다. 예수의 서로 사랑의 계명(요 13:34)을 실천하는 관계이다. 새 계명에 의해 이웃에 대하여 사랑의 언약적 의무를 진다. 계약에 의해 제자의 신분을 얻고 언약적 관계로 이웃에 대한 사랑의 의무를 갖는다. 그리스도인이 이웃을 사랑하는 것은 하나님의 계명을 실천하는 신앙생활이다. 서로의 구원을 돕는 생활은 사랑이 목적이고, 사랑의 실천은 제자직의 표현이다. 예수가 "내가 너희를 사랑한 것 같이 너희도 서로 사랑하라 너희가 서로 사랑하면 이로써 모든 사람이 너희가 내 제자인줄 알리라"(요 13:35)고 말하였기 때문이다. 서로 사랑하라는 계명은 갑과 을의 인간관계를 평등한 관계로 변화시키며, 어떠한 사상과 목적도 사랑을 반대하는 수단과 도구가 되지 못하게 한다. 어떠한 제자교육도 죄인을 혐오하며 수치를 주는 방식으로 사랑을 교육하거나 정죄하는 것을 정당화하지 못하게 한다.

예수의 계명은 서로 사랑으로 친구가 되는 방법을 알려 주고, 친구를 위하여 자기 목숨을 버리는 큰 사랑을 가르쳐 준다(요 15:10-15). 또한 예수의 사랑 안에 거하며, 그의 기쁨을 충만하게 누릴 수 있는 힘을 준다. 새 계명을 받았다는 것은 계명에 따라 서로를 구원하는 새 계약 관계를 맺고 산다는 의미이다. 서로 사랑하는 계약(契約) 관계를 맺어 서로의 생명과 기업을 구원(고엘)하는 계약을 맺고 사는 것이다. 구약에서 형제의 기업을 이어주는 고엘 계약이 여기에 해당된다. 서로가 계명 공동체를 만들고, 서로를 지키며 보호하고 사는 삶이다. 서로 사랑은 예수를 중보자로 한 교회의 규약이다. 예수를 보증인으로 둔 언약을 통해 그리스도인은 교회 공동체로 거듭나서 예수와 한 몸이 된다. 서로를 위하여 목숨을 버리는 완전한 사랑을 약속하고 사는 공동체 관계를 형성한다. 이 구원(고엘) 공동체는 계약을 맺은 두 세 사람이(주인과 노예, 채권자와 채무자 등) 예수의 이름으로 모여 새 계명에 따라 약속 관계를 맺고 활동하는 공동체이다. 사랑으로 서로를 구원하는 규약을 작성하여 구원 공동체의 성격을 갖는다. 그러므로 다양한 계급과 계층이 서로 사랑할 수 있는 계약을 작성하여 위기에 빠진 사람의 구원을 돕는 교회를 세워야 한다.

그리스도인의 신앙생활은 예수가 선생과 주라는 것을 인정하고, 그가 보여준 본을(요 13:13-15) 실천하는 삶이다. 목적과 가치가 이끄는 삶이 아닌, 그리스도가 주가 되어 이끄는 삶이다. 가치와 목표를 스스로 결정하지 않고, 예수가 결정한 계명을 실천한다. 그리스도인은 자신이 주인이라고 생각하지 않기 때문이다. '주' 없이 자기의 뜻과 의지대로 사는 것이 아니라, '주'가 선생으로서 보여준 본을 따라 사랑하고, 이웃을 자신의 몸처럼 사랑한다(약 2:8). 교회의 사랑은 독존하는 자기 사랑과 보복법으로 완성하는 것이 아니다. 네 이웃을 네 자신 같이 사랑하라(마 22:39)는 율법을 통해 완성하는 사랑이다. 예수가 보여준 사랑은 두려움을 극복하고, 담대함을 가진 완전한 사랑이다. 친구의 구원을 돕기 위해 저주의 십자가를 지고, 불 속이라도 들어가는 것을 자처하며, 목숨까지 바치는 마음이다. 이런 마음을 가진 자를 예수가 내 안에, 내가 예수 안에 있는 하나됨을 이룬 사람이라고 말할 수 있으며, 거듭난 사람이라고 정의할 수 있다.

이웃 사랑은 하나님이 아담의 몸을 나누어 둘이 되게 한 것에 기원한다. 하나님이 이웃(성性)을 만든 이유는 돕는 배필이 되라는 것이었다. 그래서 곁에서 구원을 돕는 자, 서로 벌거벗었으나 부끄럽지 않고 투명하며 명예로운 관계로 이웃을 주었다. 삼위일체 하나님처럼 서로 사랑을 하라고 이웃을 준 것이다. 서로 남녀차별을 하고, 종속되라고 만든 것이 아니다. 서로 사랑의 시작은 한 몸에서 출발하기 때문이다. 한 몸에서 나누어진 둘은 한 몸이 되는 계약(결혼, 사회적 계약, 공동체 계약)을 통해 공동체(한 몸)가 된다. 예수가 머리가 되고, 그리스도인이 몸이 되는 교회가 되는 것과 같다. 서로 자기 몸처럼 사랑하는 것을 언약한 사람이 이웃과 공동체 관계로 한 몸을 이루기 때문이다. 이렇게 공동체로 한 몸을 이룬 사람들이 서로 사랑으로 자기 몸을 사랑하는 것이 신앙생활이다. 하나님인 예수가 인간이 되었기 때문이다.

신앙생활의 목적은 신이 되는 것이 아니라 예수가 보여준 것처럼 인간으로 살며 서로 사랑하는 것이다. 이는 예수에 의해 자신의 목숨을 바치는 친구 사랑으로 계시되었고, 친구를 위해 목숨을 바치는 이웃 사랑을 통해 체험되었다. 또한 하나님 사랑은 아버지의 자녀 사랑으로 인간에게 계시되고 체험되었다. 성령의 사랑은 사랑을 위해 목숨을 바치는 증인 사랑으로 발전하여 계시되고 있다. 삼위일체 하나님의 사랑은 인간이 하나님의 자녀로서 사랑받는 것을 넘어 친구 사랑과 증인 사랑으로 사랑의 범위를 확장시켰다. 이웃을 자기 몸처럼 사랑하는 일을 통해 인간이 하나님이 되는 것이 아니라, 인간이 서로 사랑하며 사는 것이 하나님처럼 사는 것이 되게 한 것이다. 이것을 교회는 신앙생활이라고 한다.

그리스도인의 이웃을 사랑하는 생활은 예수와 같이 이웃을 위해 채찍에 맞고, 찔리고, 죽어 주고자 하는 것에 목적이 있다. 그래야 세상이 나음을 입고, 허물이 용서를 받기 때문이다. 주의 제자가 된 것은 세상을 비판하고 정죄하고자 함이 아니다. 율법을 근거로 비판자가 되는 것 자체가 자기 위치를 잘못 잡은 것이다. 이는 그리스도 밖에 있다는 의미이다. 비판받는 사람을 보고, 아파하는 자가 되어야 그 사람이 교회의 사람이다. 비판하기보다는 동시대를 살아가는 사람들과 하나가 되어, 그들의 죄와 빚을 나의 죄와 빚으로 고백하고, 용서하며, 하나님 앞에 그들의 대속물로서야 한다. 정죄하는 자가 되어 세상을 향해 그가 죄인이며, 빚쟁이라고 떠들지 않아야 한다. 오히려 자신의 옷을 찢고, 베옷을 입고, 재를 뒤집어 쓰고, 하나님 앞에 겸비해야 한다.

요한복음에 보면 예수는 두 번에 걸쳐 아가페(무조건 사랑)를 베드로에게 요구했지만, 베드로는 필레오(친구 사랑)로 대답한다. 친구 사랑을 고백하는 베드로에게 예수는 그 사랑의 기준을 낮추어서 세 번째는 필레오 사랑을 하느냐고 물으면서 사랑의 기준을 낮춘다(요 21:15-17). 예수의 사랑은 크고 넓은 아가페 사랑이다. 상대중심적 사랑이다. 이 사랑의 본질은 상대의 사랑을 인정하는 것임을 알려 준다. 상대가 아가페 사랑이 아닌 필로스 사랑을 해오면, 그 사랑도 인정해 주는 것이 무조건 사랑인 것이다. 친구를 위하여 목숨을 버리겠다는 베드로의 이웃 사랑을 확인한 예수는 베드로에게 예수의 양을 돌보는 사명을 준다. 이웃을 사랑하고, 돌보고, 먹이는 일을 준 것이다. 이러한 예수의 요구에 베드로는 즉시 사랑하고, 양육하는 삶을 두 팔을 벌려 환영하고 하나님에게 영광이 되는 삶을 선택했다(요 21:18,19). 이웃을 위하는 목자로 부름을 받아 선지자와 의인과 제자의 이름으로 대접하는 사람이 된 것이다(마 10:41,42). 하나님으로부터 사람들이 파종할 좋은 땅으로 일으킴을 받아 기근과 수치를 당하지 않는 제자로 세워진 것이다(겔 34:29). 사람들이 파종할 땅, 사람들이 대접하면 제자의 상을 받게 하는 제자로 세움을 받은 것이다.

니시다덴꼬의 '참회생활'이란 책을 보면 복전(福田, 복의 밭)이란 말이 나온다(참회생활, 니시다덴꼬오, 엄두섭, 은성, 1987). 복전이란? 섬김을 받는 사람들이 섬기는 제자에게 주는 기업을 말한다. 복전은 제자가 개인적 요구, 욕심 없이 참회하고, 사랑하는 마음으로 이웃을 섬길 때에 생기는 기업이다. 이는 사랑으로 섬김을 받는 사람들이 주는 축원이다. 이웃이 나에게 '제발 나의 것을 먹고 살아주십시오' 하고 부탁함으로 생기는 것이다. '당신이 희생 봉사의 마음으로 우리를 도와준다면, 내 집에서 먹어도 좋고, 내 것을 입어도 좋으며, 내 방에 머물러도 좋다'는 부탁을 받는다는 것이다. 이때 섬기는 자에게 복전이 생겼다고 하는 것이다. 섬김을 받는 자가 도움을 주는 제자에게 몇십 배, 몇백 배의 복전이 생기기를 원할 때 생기는 밭이다.

사랑의 섬김과 봉사의 대가로 이웃에게 받는 대접이 복의 밭인 것이다. 예수가 오직 평안을 빌고, 전대나 두벌의 옷과 신을 가지고 가지 말라는 이유이다. 이웃을 자기 몸처럼 사랑하는 제자에게는 대접을 받고, 축복을 받을 수 있는 복전이 있기 때문이다. 제자가 이와 같이 사랑으로 섬기면 누구나 30배, 60배, 100배의 열매를 거둔다. 하지만 이와 같은 복은 너그러움이나 엄격한 자기규제를 통해서 나오는 것이 아니다. 이웃을 사랑하는 신앙생활은 이웃에게 율법적으로 엄격하고, 자신에게 너그러운 사람이 되는 일이 아니다. 이웃에게는 너그럽고 자신에게 율법을 적용하여 엄격한 사람이 되는 것도 아니다. 이는 둘 다 바른 신앙관념이 아니다. 이웃과 자신에게 모두 복음적인 사람이 되어야 한다. 제자가 무엇을 하고 안 하는 행동을 결정하고, 의의 기준을 잡는 것은 율법이 아닌 사랑이다. 제자에게 이웃은 서로 사랑의 대상이며, 그의 복전이다. 그의 영원한 복인 것이다. 이 기업은 율법이 아닌 사랑의 섬김과 봉사를 통해 생긴다. 이웃을 정죄하고, 차별하는 차가운 시선에서는 발생되지 않는다. 죄인의 친구가 되고, 죄인을 정죄하지 않은 예수의 마음으로 죄인을 안식처와 일터로 돌려보내어 평안히 살게 할 때 발생된다(요 8:3-11).

5. 말씀을 실천하는 신앙생활

그리스도인은 말씀의 증인이다. 말씀을 묵상하고, 성육신을 이루어 자신의 시대에 메신저가 되고, 이웃의 성서가 되어야 한다. 성서를 기록한 저자들이 보고 들은 것과 믿음을 성령의 인도로 깨달아 시대에 적용시켜야 한다. 성서의 교훈과 상황과 인물에 자신을 대입시켜 현재에 실천하는 삶을 살아야 한다. 아울러 하나님의 뜻을 오늘을 사는 자신의 삶에 믿음으로 적용시켜야 한다. 예수의 마음에 이입하고, 선지자와 제자들의 믿음에 이입하며, 자신의 삶에 하나님의 뜻을 대입시키는 생활을 해야 한다.

예로써, 요셉의 입장이 되어 기가 막힌 웅덩이에 빠져 보고, 보디발의 아내의 유혹도 이겨보고, 형제도 사랑하고 용서하는 지점까지 묵상해서 성서의 말씀처럼 자신의 삶의 문제를 해결해야 한다. 말씀 해석과 뜻을 아는 것을 넘어 입장이 되어 보고, 믿음의 삶으로 참여해야 하는 것이다.

에스겔서를 읽으며, 하나님을 하나님으로 인정할 때까지 심판은 계속되고, 하나님을 인정할 때 심판이 멈춘다는 사실을 배워야 한다. 예루살렘을 향한 하나님의 심판을 자신의 심판으로 여기고, 하나님을 하나님으로 고백하여 하나님의 사람(남는 자)이 되도록 해야 한다. 에스겔서를 읽음으로 하나님의 심판이야말로 육과 불순종을 처리하는 심판의 방식이라는 것을 인정하는 태도를 가져야 한다. 그래야 하나님을 하나님으로 인정함으로 심판을 견뎌내고, 남는 자가 되는 방식을 습득하고, 현실에 실천한다.

욥기의 내용 중 욥의 처지를 가족의 죽음과 망함과 나병이 난 상태로 평가할 때 그는 죽었으면 좋았을 저주받은 자가 된다. 아내의 말대로 하나님을 떠나야 하는 사람이 되고, 욥의 친구들의 말처럼 율법을 범한 죄인이 된다. 하지만 하나님의 뜻을 기반하여 욥을 보면 온전하고 정직하여 하나님을 경외하고, 악을 떠난 자, 하나님의 기대와 의를 입은 사람이 된다. 이와 같은 묵상을 통해 욥기를 읽는 그리스도인은, 하나님이 피조물을 그의 뜻대로 창조하고, 운영하는 능력과 권리가 있음을 깨닫게 된다. 인간에게는 고난과 악의 문제를 풀 수 있는 능력이 없기 때문이다. 그래서 욥은 하나님을 판단한 것, 자신이 생각하기에 세상은 이래야 된다고 하는 생각과 판단이 죄가 됨을 깨닫게 된다. 고난에 대한 판단과 심판을 하나님에게 맡기고, 하나님을 경외하는 삶으로 믿음의 지조와 온전성을 지켜 나가고자 한다. 욥기는 고난 속에서 불신앙을 거부하고 하나님이 존재함을 믿고 견디는 것이야말로 불신앙을 극복하게 한다는 것을 가르쳐 준다. 의심을 극복하게 하는 것은 영원히 알 수 없는 하나님인 것을 인정하는 것임을 배우게 한다. 그러면서 과제로 하나님의 존재에 대한 의심이 들 때에, 그 의심을 견디는 것이야말로 신앙이라는 가르침을 주고, 현실에서도 불신앙을 견디는 믿음을 갖게 한다.

성서를 기록한 제자들은 변화산 하늘에서 "이는 내 사랑하는 아들이요

내 기뻐하는 자라" 하는 하나님의 음성을 직접 듣고 기록했다. 현장에 있었던 제자들이 하나님의 음성과 예언, 성령의 감동을 받아서 기록한 것이다. 성서는 비유를 통해 말씀이 어두운 곳을 비추는 등불과 같다고 했다. 날이 밝아올 때 뜨는 샛별과 같이 말씀이 그리스도인의 마음에 예수가 떠오르게 한다고 했다. 그러므로 그리스도인들은 어둠 속에서 비치는 등불을 대하듯이 말씀에 주의를 기울여야 한다. 성서는 교묘하게 꾸민 신화가 아니고, 예수의 위엄을 눈으로 본 사람들의 증언이다(벧후 1:16-20). 성서를 그저 배우기만 해서는 안 되는 이유이다. 성서에 대해 많은 것을 배웠다면, 이제 마음으로 확신하는 일을 해야 한다(딤후 3:14). 마음으로 믿어 의에 이르게(실현하는) 해야 하는 것이다. 배웠으면 배운 것을 확신하는 마음의 일을 계속하고, 확신에 거하는 방식으로 예수 안에 거하며, 행함으로 누리는 삶을 살아야 한다. '평생 배우기만 하다 망한다'는 옛말대로 평생 배우다 망해서는 안 된다. 또한 배움이 없는 신앙생활도 매우 위험하다. 무지한 신앙생활은 사회적 지탄의 대상이 될 것이기 때문이다.

렘브란트(Rembrandt Harmensz, 1606~1669)는 성서를 묵상할 때 말씀의 상황에 자신을 이입시켰고, 이를 그림으로 표현하였다. 그림에 자신을 집어넣어 현장에 있게 했다. 성서를 오감으로 묵상하고, 상황과 삶의 자리에 자신을 넣고 자신도 참여시켰다. 성서의 현장을 자신의 현장으로 인식하고, 자신의 삶의 자리에서 하나님의 뜻을 실천한 것이다. 그리스도인들은 교실에서 배우기만 하는 사람들이 아니다. 자신의 삶의 자리가 예수가 말씀하는 현장이다. 교회와 삶의 현장에서 하나님의 말씀을 느끼고 실천해야 한다. 복음도 뉴스다. 현장감을 상실하면 생동감을 가질 수 없다. 복음은 예수의 '옛 소식'이 아닌, 오늘의 '산 소식'이어야 한다. 그리스도인이 어제의 소식을 전할 때, 더 이상 복음은 뉴스가 아니다. 지나간 역사이다. 어제의 영광과 공로를 주장하지 말고 렘브란트처럼 오늘의 삶의 자리에 자신을 예수의 제자로 참여시켜 말씀이 선포되는 현장이 되게 해야 한다.

오늘날 일부의 사람들은 하나님의 말씀 속에서 하나님을 보는 것이 아니라, 자기 자신을 본다. 성서를 공동체적으로 읽는 것이 아니라, 개인적으로 읽고 적용하여 자신을 사랑하는 용도로 성서를 사용한다. 성서를 묵상할수록 이웃을 사랑하는 것이 아니라, 자신을 사랑하는 나르시시즘을 갖게 된 것이다. 성서 묵상을 개인적으로만 하고, 자기만을 위해서 읽는다면 자신을 먼저 사랑하게 된다. 하나님도 자신이 만들어 낸 현상이 되고 만다. 자신의 욕망을 반영하여 신을 만들고, 소외된 인간이 된다. 포이에르바하(Feuerbach)의 말대로 '신은 인간이 만든 투사'라는 말에 대답할 수 없는 종교인이 되는 것이다. 그리스도인이 신을 만드는 사람이 되지 않기 위해서는 올바로 성서를 묵상해야 하다. 성서가 개인만이 아니라, 공동체 앞에서 읽어 주는 용도로 기록된 이유이다. 성서는 개인적 묵상의 용도로만 있는 것이 아니라, 공개적으로 회중이 함께 듣는 용도도 있다. 그래서 성서는 공개된 문서이다. 계시록과 바울의 서신, 구약을 읽어 주었던 이스라엘의 회당 전통에서도 잘 나타난다. 성서를 소리 내어 읽고, 회중 앞에서 읽게 한 것이 성서의 기록 목적이다. 현재라는 삶의 자리에서 낭독자가 읽는 말씀을 들을 때, 공동체는 운율과 저자의 의도와 글의 분위기를 체감했다. 말씀을 들으며 찬송의 분위기와 운율을 마음에 느끼며, 위로와 기쁨의 흥에 참여하여 말씀의 힘을 공동체가 함께 체험한 것이다. 이와 같이 읽고 듣는 것은 하나님의 임재를 체험하기 위해서였다. 말씀과 언약으로 임재하는 하나님을 체험하기 위해 들음으로 말씀의 뜻을 묵상한 것이다. 아울러 저자의 입장에 서서, 그의 마음과 장소와 상황을 묵상하고, 역사를 알아보아야 한다. 신앙생활은 자신의 뜻과 신념으로 하는 것이 아니고 말씀을 믿음으로 하는 것이기 때문이다.

역사적으로 많은 영성의 대가들은 성서 묵상을 통해 하나님의 은혜를 체험하고, 저자들이 어떻게 마음에 힘을 모으고, 나누는지 관찰했다. 마음에 언약을 적용하여 하나님의 임재를 체험하고, 언약이 있는 마음이 하나님이 임재한 마음이라는 것도 체험했다. 성서를 읽고, 뜻을 묵상하는 중에 스스로 가족이나 이웃의 처지와 사정을 헤아려 사랑했다. 어려운 이웃을 위하여 눈물을 흘리고, 그를 섬기고 봉사하는 사랑의 상상을 실제화시켰다. 또한 광야에 홀로 서서 세상에 오직 하나님과 자신만 존재하는 것도 묵상했다. 그 묵상을 통해 세상과 자신은 간 곳 없고, 십자가로 구속한 예수님만 보이는 체험도 했다. 감정적으로 화가 나거나, 조롱 받거나, 상처 받을 때 예수에게 잠시 뒤에 있으라고 말하지 않았다. 구속한 주만 보고자 묵상했다. 이것이 길 잃은 양이 되지 않는 방법이기 때문이다. 그리스도인들이 길을 잃은 경우는 세상과 자신을 앞에 두고 정작 앞에 있어야 할 목자를 뒤로 두어 발생한 결과이다.

하나님은 언약으로 인간과 함께하고, 언약은 인간에게 하나님이 생각나게 한다. 언약으로 믿음을 주며, 언약으로 믿음의 주를 따라 가게 한다. 그래서 성서는 하나님이 인간에게 언약으로 감동을 주어 임재하는 중요한 통로가 된다. 가난과 연합하여 성자가 된 프란체스코는 "너희 가난한 자는 복이 있다. 하나님 나라가 너희 것이다."(눅 6:20)라는 말씀을 언약으로 믿고, 가난을 섬겨 하나님의 임재를 체험했다. 그는 솔로몬이 아가서에서 술람미 여인과의 사랑을 통해 하나님을 사랑하였듯이 가난과 결혼하여 평생 가난을 사랑함으로 하나님을 섬겼다. '가난'이라는 신부와 함께 예수를 사랑하고 섬긴 것이다. 그리고 이 가난을 거룩한 가난(성빈, 聖貧)이 되게 했다. 프란체스코는 가난이라는 신부를 솔로몬이 아가서에 기록한 모양대로 사랑했다. 솔로몬이 아가서를 통해 구스 여인을 사랑하고 아름다움을 표현했듯이, 그도 가난을 사랑하고 아름답게 했다. 그러므로 프란체스코와 같이 말씀 묵상과 언약에 대한 확신과 성서의 덕목과 영적 사랑을 배우는 것은 신앙생활에 많은 유익함을 주는 성서묵상 방법이다. 거룩과 지혜와 순결 등 성령의 9가지 열매와 결혼하여 프란체스코처럼 아가서적인 사랑으로 섬기는 신앙생활은 교회에 큰 덕이 될 것이다.

그리스도인의 완전한 곳, 완전하게 되는 곳은 십자가가 선 곳이다. 그곳은 성서를 묵상하는 곳에 있다. 그래서 그리스도인들은 성서묵상을 통해 십자가를 지고 삶 속에서 예수를 따라 가야 한다. 성서가 각 사람을 십자가로 권하고, 모든 지혜로 십자가 사랑을 가르치기 때문이다. 성서는 그리스도인을 예수 안에서 완전한 자로 세우는(골 1:27) 목적을 가지고 있다. 그리스도의 초보가 되는 도를 버리고 완전한 곳으로 나가기를 원한다. 거기에만 머물면 안 된다. 죽은 행실을 회개함과 하나님에 대한 신앙, 세례와 안수와 죽은 자의 부활, 영원한 심판은 성서에 의하면 초보적인 교훈이다. 이 교훈의 터에 만족하지 말고 하나님이 허락한 대로 완전한 곳, 십자가가 선 곳으로 나아가야 한다(히 6:1-3).

6. 맏아들 역할을 하는 신앙생활

　성서의 리더십은 맏아들 리더십이며, 하늘에 기록된 집회도 장자들의 모임이다(히 12:23). 그래서 하나님은 그리스도인들이 예수의 형상을 본받게 하기 위해서 예수를 많은 형제 중에서 맏아들이 되게 했다. 예수의 이미지를 닮게 한 것이 아니라, 맏아들의 직분을 따라하게 했다(롬 8:29). 장자의 권한을 탐하는 것이 아니라 장자의 명분으로 형제를 사랑하며 섬기는 리더십을 요구했다. 성서의 리더십은 가인처럼 동생에게 분을 내고 죽이는 것이 아니다. 아랫사람의 마음에 한을 만들고, 상처를 주고, **빼앗는** 가인의 행위는 맏아들 리더십이 아니다(창 4:3-15). 한 그릇 음식(자기 목숨이나 이익)을 위하여 장자의 명분을 팔았던 에서의 망령된 행동은(히 12:16) 바른 리더십이 아니다. 그 외에도 사울과 아합, 헤롯 등과 같은 사람들은 맏아들 리더십에 실패한 사람들이다. 바른 리더십은 예수를 닮아 세상 사람에게 사랑으로 선한 큰 형, 큰 누나의 역할을 해 주는 것이다. 동생들에게 사랑으로 아버지의 역할을 대신해 주는 사람이다. 하나님을 아버지로 둔 자녀들이 서로 사랑하며 살 수 있게 해 주는 역할을 하는 사람이다. 이 일을 통해 형제와 자녀들의 중심에 있는 사람을 맏아들이라 할 수 있다.

예수는 하나님의 뜻대로 행하는 모든 이들의 맏형이다. 그는 사람들이 생명을 얻고, 더 풍성하게 얻게 하는 일에 목숨을 버리는 선한 목자 리더십으로 맏아들 역할을 했다(요 10:10). 그는 혈육을 중요하게 여기는 장자가 아닌 누구든지 하나님의 뜻대로 행하는 자를 자신의 형제, 자매, 어머니로 섬겼다(막 3:35). 섬김을 받는 맏아들 입장이 아닌 섬기고 자기 목숨을 많은 사람의 대속물로 주는 맏아들이었다(막 10:45). 세상의 집권자들처럼 임의로 다스리며 세상을 바꾸려 하지 않았다. 그는 '바꿀게'가 아니라 '줄게'라며 섬기려 하고, 자신을 대속물로 주었다. 독생자 자신을 주고, 은혜, 성령, 말씀, 교회를 줌으로 사람들이 변화되게 했다. 자신의 뜻대로 바꾸려고 하지 않고, 변화할 수 있도록 섬김과 줌으로 함께했다. 인간을 변화시키려 하지 않았다. 자기 자신도 변화되기 어려워하면서 남들에게 변화하라고 하는 것은 임의로 세상을 주관하려는 집권자의 말이다. 세상을 바꾸려는 마음은 하나님처럼 높아진 마음이다. 당신이 세상을 변화시키는 체인저가 되라는 멋진 말에 넘어가서는 안 된다. 이는 사탄이 너도 하나님처럼 될 수 있다는 말과 동일한 말이다. 자신도 변화시키기 어려운데 남들에게 변하라고 하지 말고, 예수처럼 사랑으로 섬기고 자신을 주는 것을 목적으로 삼아야 한다. 강도 만난 자를 정성스럽게 섬긴 선한 사마리아인처럼 자신의 것을 주어야 한다. 이웃의 생명을 살리는 일에 시중들고 헌신해야 한다. 하나님의 사랑으로 섬기고 주는 일이 그리스도인의 일이기 때문이다. 이웃을 자신의 주관과 이데올로기로 변화시키고자 하는 것은 그리스도인이 할 일이 아니다. 생명을 보존하고 삶을 구원하는 일 자체가 세상을 아름답게 변화시키는 것이다.

아브라함의 맏아들 리더십은 양을 목축할 땅이 부족해 각 진영의 목자들 사이에 다툼이 일어났을 때 잘 드러난다. 그는 분쟁이 일어나자 일단 다투지 못하게 막는다(창 13:8,9). 그리고 서로의 기업을 나눈다. 롯이 거주할 땅을 먼저 선택하게 한다. 여호와의 동산 같고 애굽 같은 요단 들과 소알 땅을 양보한다. 좋은 땅을 양보한 이후에도 아브라함은 후에 전쟁포로가 된 롯의 가족을 구원한다. 야만적인 약탈자의 편에 선 것이 아닌 타인을 사랑하고 축복하며, 연대함으로 약자의 편에 선 것이다. 조카 롯이 약하다고 자신이 먼저 좋은 것을 선택하지 않은 아브라함의 양보와 롯이 사는 소돔과 고모라의 구원을 위한 중보기도는 분명 '맏아들의 리더십'의 모범이다. 한국의 경우 한국인에게만 있는 '한'이라고 하는 감정이 있다. 이 한(恨)은 강자들에 의해 일방적으로 지배되는 가운데 비참함을 체험함으로 얻은 감정이다. 온 한국인이 수천 년 동안 지배구조를 개혁하지 못하고 속으로 상처를 삭히면서 나타난 마음의 멍이다. 아브라함과 같이 양보하는 리더십을 만나지 못했기 때문에 나타난 마음이다. 한국에도 예수의 교회를 통해 아브라함처럼 양보하는 맏아들 리더십이 나타나 약자들의 마음 속에 있는 한을 씻어줄 날을 기대한다.

성서에 의하면 맏아들은 혈연으로 정해지지 않는다. 들 사람 에서와 장막 거주자 야곱 사이의 맏아들 명분 전쟁이 교훈을 준다. 맏아들은 명분을 누구보다 더 중요하게 여기는 자가 된다는 것을 가르쳐 주는 것이다. 야곱은 에서가 장자의 명분을 가볍게 여기자 장자의 권리인 리더십을 식량을 통해 침노하여 평화적으로 이양을 받는다. 사회적 약자에 대한 책임을 다하지 못하는 리더에 대해 새로운 경제주체가 등장하여 리더십을 교체한 것이다. 새로운 시대적 사명을 가진 그룹이 등장하여 부요한 경제력을 바탕으로 구시대의 리더십을 평화적으로 교체할 수 있다는 것을 가르쳐 준다. 시대적 사명을 감당하지 못하거나 명분을 중요하게 여기지 않는 리더십을 붕괴시키는 일에 폭력을 수반하지 말라고 가르쳐 준 것이다. 예로써, 봉건사회의 붕괴는 자본가들의 부를 통해 진행되었듯이 부의 사회적 이동을 통해 평화적으로 리더십을 교체하는 것이 바람직하다. 교회도 역시 교회의 헌금제도를 통해 평화적으로 교회 사회를 세워 세상의 맏아들의 역할을 하는 것이 바람직하다.

그리스도인들의 신앙생활은 자신이 이웃에게 어떤 역할을 해 줄 것인가를 깊이 숙고하고 실천하는 것이어야 한다. 그 예로써, 야곱의 넷째 아들인 유다의 맏아들 역할을 이야기할 수 있다. 그는 애굽에서 베냐민을 볼모로 놓고 가라는 총리 요셉의 명령에 자신이 대신 볼모가 되어 담보물을 자처한다. 유다는 아버지 야곱과 동생 베냐민의 생명이 하나로 연결됨을 알았기 때문이다. 그는 아버지 야곱의 뜻을 알고 형제 베냐민을 살리고 보존하기를 원했다. 베냐민을 보호하고, 자신을 희생하려고 했다(창 44:30). 이와 같이 유다의 자손 된 예수도 맏아들로서 하나님 아버지와 인간의 생명이 서로 연결된 것을 알고, 맏아들로서 담보물의 리더십을 발휘했다. 맏아들 리더십은 동생들에게 잘하는 것이 목적이기 때문이다. 요셉도 맏아들의 리더십으로 형제와 그의 가족을 섬겼다. 요셉의 형제들은 아버지 야곱이 죽자, 과거에 요셉에게 악한 일을 한 것 때문에 보복을 두려워했다. 그때 요셉은 야곱의 모든 족속이 두려워하지 않게 하고, 하나님이 자신을 통해 악을 선으로 바꾸어 더 많은 생명을 구원한 뜻을 밝힌다. 그리고 간

곡하게 위로하며 형제들과 형제들의 자녀들을 기르겠다고 선언한다. 요셉은 총리로서 형제들의 목숨을 좌우할 수 있는 사람이 되어서도 하나님을 대신하려고 하지 않았다. 하나님의 뜻에 따라 악을 선으로 바꾸어 생명을 구원하는 맏아들의 일을 했다(창 50:15-21).

'그리스도인이 이웃에게 어떤 사람이 될 것인가?', '어떻게 사랑할 것인가?' 하는 것은 신앙생활의 큰 과제이다. 이 과제를 훌륭하게 수행한 사람은 요나단이다. 그는 다음 대의 왕을 계승할 왕자였지만, 자신의 왕권을 위협하는 다윗을 미워하지 않고 그에게 맏아들의 역할을 해 주었다. 그는 다윗을 자기 생명처럼 사랑하고, 다윗과 더불어 가정과 자녀들을 서로 지키는 사랑의 언약을 맺었다. 자기가 입었던 옷을 벗어 다윗에게 주고, 자기 군복과 칼과 활과 띠를 줄 정도로 그를 자신과 같이 사랑했다. 다윗을 자신의 생명처럼 여겨 권위와 능력을 나누고, 다윗을 보호하는 맏아들의 역할을 한 것이다. 후에 다윗의 왕권에 대한 정통성과 권위는 요나단이 다윗을 생명과 같이 여김에서 나왔다. 다윗은 그 자체로 요나단이었기 때문이다. 요나단이 다윗을 자기 생명처럼 여김에서 왕위 계승에 대한 정당성이 생긴 것이다. 그래서 요나단이 죽었을 때, 다윗은 그를 '나의 형(맏아들)'이라고 한 것이다. 하나님이 준 사명대로 요나단이 맏아들의 역할을 훌륭하게 해냈다는 것을 다윗이 고백한 것이다.

다윗의 맏아들 리더십은 아둘람 굴에서 도망했을 때에 잘 나타난다. 사울에게서 쫓겨난 그는 아둘람 굴에서 형제와 아버지의 온 집안 사람들과 함께 그곳에 거처를 정하고 살았다. 이때 환난 당한 모든 사람, 빚진 사람,

마음이 원통한 사람, 약 사백 명이 아둘람에 모여 들었고, 다윗은 그들의 맏아들이 되었다(삼상 22:1,2). 사회에서 버림받은 사람들이 와서 의탁할 정도로 다윗은 대단한 포용력을 가지고 있었다. 그곳에서 다윗은 자기 가족과 약한 자들을 가족으로 여기고 생활하는 해방구를 만들었다. 후에 해방을 경험한 그 곳에서 길러진 사람들은 다윗 왕국의 중요한 인재로서 활동했다.

다윗의 사상은 우리아의 아내 밧세바를 범하고 난 후, 나단 선지자의 책망을 통해서도 잘 드러난다. 이들의 대화를 통해 보면 다윗 왕국의 건국 이념은 강자와 약자가 서로 행복하게 사는 삶이었다. 이들이 꿈꾸는 세상은 모두 공평하게 재산을 갖는 사회가 아니었다. 권력이 모든 것을 주관하는 사회도 아니었다. 양 백 마리 가진 사람이나 양 한 마리를 가진 사람이나 각자의 형편에 맞게 행복하게 사는 세상이었다. 부자나 가난한 사람이나 서로의 삶을 존중하며, 착취하지 않고, 각자의 영역에서 행복하게 사는 나라였다. 강자에 의해 약자들이 환난당하고, 빚 지고, 원통함을 갖지 않게 하는 나라였다. 맏아들의 리더십을 가진 사람들이 약한 자의 것을 빼앗는 나라가 아니었다. 오히려 남의 기업을 빼앗지 못하는 나라였고, 빼앗긴 기업도 다시 얻게 하는 고엘 정치가 이스라엘 정치의 핵심이었다. 고엘 정신은 율법과 이스라엘 역사를 이해하는 키가 된다. 그런 점에서 사울과 아합은 악한 리더로 평가된다. 사울 왕이나 아합 왕은 자신의 권력으로 약한 사람의 것을 빼앗아 사람들이 환난을 당하게 하고, 빚지게 하고, 원통함을 갖게 하는 악한 맏아들 리더였다. 아합은 하나님이 나봇에게 기업으로 준 땅을 빼앗았다. 아무리 왕이라도 나봇의 포도원은 그의 기업이었기 때문에 권력이 빼앗을 수 없는 것이었다. 그러나 아합은 자신의 힘을 형제의 기업을 착취하고 사람을 괴롭게 하는 일에 사용했다.

신약성서에서 대표적으로 맏아들 리더십을 발휘하여 사람들을 동생처럼 섬긴 사람은 바울이다. 그의 리더십은 첫째, 예수의 뜻으로 사도와 제자 된 리더십이다. 생물학적이고, 인습적인 방식에 따라 주관적인 리더십을 행사하지 않았다. 하나님의 뜻으로 예수의 사도가 갖는 맏아들 리더로 살았다. 둘째, 예수의 복음 안에서 제자 디모데와의 관계를 형제관계로 발전시키는 리더십이다. 그는 자신의 제자 디모데를 직분관계에서 형제관계로 발전시켰다. 셋째, 예수로부터 나오는 은혜와 평강을 주는 리더십이다. 이웃이 예수의 은혜와 평강 속에서 살게 하기 위해 평생을 헌신한 사람이다. 이외에도 맏아들 리더십은 신약성서의 여러 제자들에 의해 나타났고, 현재까지 교회를 통해 실현되고 있다. 예수를 본받아 큰 형님과 같은 리더가 되기 위해 기도하고, 신앙 인격을 함양해 나가고 있다.

한국에서도 맏아들의 역할을 한 많은 선배 그리스도인이 있다. 김구 선생님, 상록수의 최용신 선생님, 유관순 열사, 주기철 목사님, 손양원 목사님, 손정도 목사님 등의 리더들이 있다. 이들은 성서의 리더십을 한국 사회에 실현하여 따스한 돌봄이 있는 사회가 되게 한 사람들이다. 하지만 이들의 노력에도 불구하고 일본 제국주의자들로부터 해방된 후에 이데올로기와 집권자의 주관대로 나라를 세우려다 민족과 국토가 분단되고 말았다. 외세와 결탁한 지도자들의 이데올로기 정신과 정치적 집권의지가 늘 사랑으로 먼저 섬겨야 할 민족과 민족의식을 버렸기 때문이다. 민족을 위한 도구인 이데올로기와 집권자들의 주관이 민족보다 더 귀하게 취급됐기 때문이다. 이데올로기가 먼저가 되고, 집권자들이 대접받는 것이 당연한 것으로 여겨지면서 한민족은 전쟁을 경험했고, 지금도 분단의 아픔을 겪고 있다. 해방 후의 지도자들은 김구 선생처럼 이데올로기와 체제를 소모품과 도구로 여겨야 했다. 성서의 맏아들 리더십을 본받아 민족이 한 가족이 되어 서로 사랑하며 사는 것을 우선순위에 두고 행동을 했어야 했다. 한민족이 단결하고 사랑하며 살 수 있는 길을 우선적으로 모색하고, 희생적으로 섬겼다면 한민족에게 불행이 되는 분단은 없었을 것이다. 이데올로기와 체제보다는 서로 사랑을 주장하고, 화합과 단결된 통일 조국을 위해 헌신을 했어야 했다.